新・MINERVA
福祉ライブラリー
30

保健・医療・福祉専門職のための
スーパービジョン

支援の質を高める手法の理論と実際

福山和女・渡部律子・小原眞知子
浅野正嗣・佐原まち子 編著

ミネルヴァ書房

刊行にあたって

　ソーシャルワークは，個別支援といったミクロ・ソーシャルワークから，地域支援といったマクロ・ソーシャルワークも含めた体系へと実践面で拡大化している時期にある。こうした時にあり，社会からの要請に応えられる質の高いソーシャルワーカーの人材養成が急務な課題となっている。このためには，単に大学等での養成教育だけではなくそれらを超えて，スーパービジョンの体系化を核にした実践現場での継続した養成教育が不可欠である。

　こうしたソーシャルワーカーの専門性を確立するためには，そして個々のソーシャルワーカーが自らの実践に対して客観的な評価ができ，専門職として自信や誇りをもって業務を遂行できるためには，ソーシャルワーカーの職場でのスーパービジョン体制の確立が求められる。そのため，本書では，欧米や日本でのスーパービジョンの歴史や蓄積された理論を基本に据えて，保健医療領域でのソーシャルワーカーのスーパービジョンについての具体的事例をいくつも紹介している。

　こうした事例では，領域や実施方法といった多面的な観点からスーパービジョン事例が取り上げられていることに特徴がある。従来のスーパービジョン研究は，主としてスーパーバイザーとスーパーバイジーとの対人的な援助方法として論述されることが多かったが，スーパービジョンを援助方法に加えて，どのような社会・組織の仕組みの中で実践できるかを具体的に提示していることに，本書の大きな意味がある。すなわち，スーパービジョンの実践は，それを可能にする社会システムに基づいてこそ対人的な援助とすることが可能となる。これは，保健医療領域以外の他領域でのソーシャルワーク・スーパービジョンについても相通じることであり，他領域のソーシャルワーク・スーパービジョンのあり方に示唆することが多いと考える。

　この他の本書の特徴は，スーパービジョンに関する教育と研究に関してまで論述していること，スーパービジョンの研究者と実践者が協働してソーシャルワー

i

ク・スーパービジョンの体系化を図っていること等にある。

　保健医療領域だけでなく，多様な領域でソーシャルワークの一層の必要性が指摘されている中で，その期待に応えていくためには，どうしても援助方法とその実施システムを合わせたスーパービジョン体制の確立が不可欠である。本書が，このスーパービジョン体制確立の一助になることを期待したい。

　　2017年7月17日
　　ソーシャルワーカー・デイにあたって

桜美林大学大学院老年学研究科

白澤政和

はじめに

　本書では，その専門職を支援してきた職能集団である日本医療社会福祉協会が，他の領域のソーシャルワーク実践に，スーパービジョン体制が寄与しているさまを，専門職協働により提示すること，またその業績を妥当化するための理論的精査をも加えることを目的としました。

　まず，本書の発行に至った経緯を説明します。保健・医療・福祉領域では，ソーシャルワーカーが専門職としてその力量を発揮してきました。それにはソーシャルワーカーという専門職の職能集団として，スーパービジョン体制の構築に向けて30年以上取り組んできた業績があります。その一例として，日本医療社会福祉協会の活動を取り上げます。その活動の中心となったのは，「スーパーバイザー養成認定研修」です。

　また，ここでは，この研修活動に影響を与える社会的背景を，以下，いくつか取り上げます。

人材不足の対応策

　社会福祉施設や機関において，専門職だけでなく，ボランティアをも含め，人材不足の事象が押し寄せてきており，スーパーバイザーに影響を与えています。特に，従事者のうち，中間スタッフ層の空洞化が目立ち始めています。これが，スーパーバイザーの業務負担を増加させ，部下の育成をも一手に引き受けざるを得ない結果をもたらしました。スーパービジョン体制において一人の長が複数の部下グループを担当せざるを得なくなり，業務量の分担，配分が非常に難しくなっています。

社会資源の拡張・多様化とその対応策

　また，人材を確保できても支援者が提供するサービスなど，社会資源の不足が深刻であり，社会資源の開発や創造が喫緊の課題となっています。その結果，ケ

ア提供者やソーシャルワーカーという対人援助の専門家に，この開発や創造の能力が問われることになりました。利用者や当事者，および家族が生活課題と取り組むために活用するものが社会資源ですが，地域ケアシステムが構築され，ケアやソーシャルワークによる支援範囲は地域全体に拡大されました。その意味では，支援の対象者の特定の問題だけでなく，地域の住民全体が生活する上で，支援やケアを必要とし，全員に行き渡る社会資源の量や質が求められてきています。

プロフェッショナルの限界に対峙する

　プロフェッショナルに対する期待が援助の効果，すなわち問題解決であるとの認識がプロフェッショナルを取り巻く多職種や関係機関に固定されている現状があります。その意味では，援助を依頼された時に，的確に，しかも短期に解決方法の提示を求められます。これは，専門職にとっては，自らの専門性の低さを個人的に問うことにつながってしまいます。その意味では，専門職としての社会的認知が得られていないことへの，いら立ちを覚える日々となります。

専門領域間の境界線のあいまい化と協働のあり方との関係

　協働関係の構築が今まで以上に求められたことにより，その成果を上げるためには，他機関から情報開示の要求に応じることが，よき連携であると自覚することが強化される現状にあります。また，他機関から質問されたから，関係上応えることが妥当であるとの捉え方になってしまう傾向もみられます。しかし実際には，このような対応は，専門職にとって慎重に行うべきものです。その意味では専門領域間の境界線の曖昧化は，協働のあり方に大きく影響を与えていると考えます。

　以上のように，保健・医療・福祉領域の現場では，周囲のこれらの社会的背景から多大な影響を受け，ソーシャルワーカーの社会的認知の低さや専門性の低下として捉えられており，新しく生まれかわることを強いられているような現状がみられます。中でもスーパービジョンに関しては，一つの方法や技術であるとの捉え方がなされているためか，長い歴史的業績のある対人援助実践の活動が個人的能力，つまりコミュニケーション能力の域を出ないのはなぜでしょうか。20年，30年もの長い経験者はもちろんのこと，1～2年の経験の人たちも，実践では，

はじめに

個人的に実力を発揮してきた結果であると捉えているようです。

　その対人援助の実践活動は，関係機関や施設で働いてきたという組織レベルでの取り組みであると考えます。これらの考え方は権威に対する抵抗，改革や新しい理論の導入により出てきたのかもしれません。専門家実践より組織運営の一員であるとの意識が軽視されるようになったのは何故でしょうか。「スーパービジョンを受けたことがない」「上司から声をかけてもらったことがない」「うちの職場は全く専門性がなく，スタッフに対する理解がない」との堂々としたクレームが，スーパービジョン研修会などで横行する様をみて唖然とします。

　職場における日常業務の中で，スーパービジョン体制（システム）が稼働してこそ，実践活動が成立することを今一度実感することが，対人援助の専門職に求められていると考えます。それには，この目で，この耳を通して，「現場でのスーパービジョン体制が生きて動いている'さま'」を実感したい。そこには，素晴らしい成果もあれば，限界のなかで，もがき苦しみ，血のにじむほどの苦悩もあれば，なかなか効を奏しない現実もあります。しかし，保健・医療・福祉の現場では，その実践活動から得たものが専門職像の質の向上につながるのも事実でしょう。

　本書では，現場実践でのスーパービジョン体制の'生きているさま'を実感できるように，編集に大切な工夫を致しました。その工夫として，スーパービジョン体制の各事例に関する領域，形態，機能を一覧できるように表にまとめて，各事例の冒頭に掲載しています。現場実践でのソーシャルワーカーをはじめ，対人援助者たちの活動を，尊厳を保持しながら理解を進めていきたいとの思いからです。

　このように，これまでの業績を基盤として，そこに新たなものを加え，積み上げることが，ソーシャルワークが次なる段階に発展するための近道であると信じます。

2018年1月

福山和女

保健・医療・福祉専門職のための
スーパービジョン
——支援の質を高める手法の理論と実際——

目　次

刊行にあたって

はじめに

事例一覧

第Ⅰ部　スーパービジョンの理論

第1章　スーパービジョンの効果と意義 ……………………………………… 4

 1　スーパービジョンの効果を論じる際の視座 …………………………… 4

 2　スーパービジョンの3機能と機能を発揮するための条件 …………… 5
  （1）管理的機能　5
  （2）教育的機能　5
  （3）支持的機能　8

 3　先行研究が見出したスーパービジョンの効果 ………………………… 8
  （1）燃えつき予防効果　8
  （2）ロールモデル提供・専門職アイデンティティ形成・専門職の
  　　　価値伝達　9

 4　わが国におけるスーパービジョン経験 ……………………………… 11
  ――介護支援専門員の「気づきの事例検討会」にみるその効果・課題
  （1）気づきの事例検討会の発展の経緯とその特徴　11
  （2）気づきの事例検討会の効果と課題　12
  （3）支持的・教育的機能を重視したスーパービジョン研修参加者の
  　　　コメントから読み解くスーパービジョンの意義　13

 5　スーパービジョンの必要性の再認識と今後の課題 ………………… 15
  （1）スーパービジョンの必要性　15
  （2）今後スーパーバイザーとスーパーバイジーに求められること　15

第2章　欧米におけるスーパービジョンの理論的変遷 ………………… 20

 1　ソーシャルワーク・スーパービジョンの発展 ……………………… 20
  （1）ソーシャルワーク・スーパービジョンの主要文献　20
  （2）ソーシャルワーク・スーパービジョンの定義　21

2 ソーシャル・ケースワークの進展とスーパービジョン……………… 25
　　3 ソーシャルワーク・プラクティスの進展とスーパービジョン ………… 27
　　　　（**1**）ソーシャルワーク・プラクティスの発展　27
　　　　（**2**）ソーシャルワーク・プラクティスの定義　28
　　　　（**3**）ソーシャルワーク・スーパービジョンとクライエント・システム　29

第3章　新たなソーシャルワーク・スーパービジョンの発展 ………… 34
　　1 精神療法的アプローチと管理的アプローチ ……………………………… 34
　　2 「機関／施設」の中でのソーシャルワーク・スーパービジョン ………… 35
　　3 ソーシャルワーク・スーパービジョンのモデル ……………………… 36
　　　　（**1**）1つのスーパービジョン・モデルとしてのプラクティス理論　37
　　　　（**2**）構造・機能モデル（Structural-Functional Models）　37
　　　　（**3**）機関モデル（Agency Models）　38
　　　　（**4**）相互関係過程・モデル（Interactional Process Models）　39
　　　　（**5**）フェミニスト・パートナーシップ・モデル
　　　　　　　（The Feminist Partnership Model）　40

第Ⅱ部　スーパービジョンの理論と実践の統合化に向けて

第4章　スーパービジョンを説明するためには …………………………… 47
　　1 スーパービジョンの構成概念を明確にする ……………………………… 47
　　　　（**1**）スーパービジョンの現状と混乱　47
　　　　（**2**）病棟チームに共有されにくい組織のストレスを
　　　　　　　ユニットスーパービジョンで考える　49
　　2 スーパービジョンのイメージと概念をつなげる ……………………… 57
　　　　（**1**）スーパービジョンの概念を考えてみる　57
　　　　（**2**）スーパービジョンの定義を考えてみる　59
　　　　（**3**）わが国のスーパービジョンの変遷と定義を考えてみる　60
　　　　（**4**）新たな分野へ職場移動した中堅ソーシャルワーカーへの
　　　　　　　介入困難事例に向き合うためのスーパービジョン　62

　　　　（5）特別養護老人ホームの介護現場における
　　　　　　見取り事例の振り返りをしたグループスーパービジョン　70

第5章　スーパービジョンの効果をあげるには……………………………81
　1　スーパービジョンの3機能の配分率………………………………81
　　　　（1）スーパービジョンの3機能を考慮する理由　81
　　　　（2）市町村社会福祉協議会における住民主体の地域課題解決のための
　　　　　　スーパービジョン　83
　2　スーパービジョンの形態の効率性——利点限界………………………91
　　　　（1）スーパービジョンの6形態　91
　　　　（2）精神科病院新人ソーシャルワーカー育成のための
　　　　　　個別スーパービジョン　93
　　　　（3）生活介護事業所で長年継続支援する個別事例を見直し
　　　　　　再アセスメントしたスーパービジョン　101

第6章　スーパービジョン実施のための準備作業……………………112
　1　スーパービジョンの内容の焦点化…………………………………112
　　　　（1）スーパービジョンの内容分類項目　112
　　　　（2）周産期医療現場における外部スーパーバイザーによる
　　　　　　個別スーパービジョン　114
　2　スーパービジョンの展開方法………………………………………125
　　　　（1）スーパービジョンの計画づくり　125
　　　　（2）患者との死別体験によるグリーフを抱えた
　　　　　　ソーシャルワーカーに対するライブスーパービジョン　126

第7章　スーパービジョン体制の評価を考える………………………140
　1　組織内のスーパービジョン体制の評価……………………………140
　　　　（1）組織内のスーパービジョン体制の意義　140
　　　　（2）複数の部下を抱えるソーシャルワーカー組織責任者に対し，
　　　　　　医療法人統括ソーシャルワーカーによるユニットスーパービジョン　141
　　　　（3）大学病院の相談室で複数ソーシャルワーカーの組織マネジメントの
　　　　　　効果を得ることのできたグループスーパービジョン　149

2　組織外のスーパービジョン体制の評価……………………………159
　　　　（1）組織外のスーパービジョン体制の意義　159
　　　　（2）児童相談所の虐待事例に新しい理論・技術を用いた
　　　　　　 ライブスーパービジョン　160
　　　　（3）成年後見制度利用の認知症被後見人のニーズに沿うための
　　　　　　 スーパービジョン　171

第8章　スーパーバイザーの悩み……………………………………182
　　1　欧米の歴史的変遷にみるスーパービジョン………………………182
　　　　（1）欧米の歴史的変遷にみるスーパーバイザーの取り組み　182
　　　　（2）多文化共生時代の外国籍家族支援に対するスーパービジョン　187
　　2　日本の歴史的変遷が与えたスーパーバイザーへの影響…………196
　　　　（1）日本のスーパービジョンにおける歴史的変遷を理解する　196
　　　　（2）経験の浅いソーシャルワーカーの戸惑いを他職種と検討する
　　　　　　 回復期リハビリテーション病院でのスーパービジョン　200
　　　　（3）介護老人保健施設退所直前に不安を示す家族支援に対する
　　　　　　 ユニットスーパービジョン　211

第9章　スーパーバイジーとスーパーバイザーの協働作業…………224
　　1　社会的事象の限界に対峙する………………………………………224
　　　　（1）人材の確保　224
　　　　（2）サービスや社会資源の創造──社会資源不足　226
　　　　（3）離職防止策と人材確保策との関係　227
　　　　（4）ひとり親家庭を支援する福祉事務所の相談員が実施した
　　　　　　 セルフスーパービジョン　228
　　2　職場環境の限界に対峙する…………………………………………236
　　　　（1）サービスの質の変化　236
　　　　（2）専門職性の同質化と異質化　237
　　　　（3）異領域にみる共通業務の争奪戦と業務の私的化との関係　239
　　　　（4）家庭裁判所調査官補による非行少年に対する司法支援現場の
　　　　　　 スーパービジョン　240
　　　　（5）退院支援役割に葛藤する急性期病院ソーシャルワーカーの
　　　　　　 組織内グループスーパービジョン　249

3 プロフェッショナルの限界に対峙する……257
- （1）専門化から非専門化への移行　257
- （2）自立した個人としてスタッフが自己を捉えることの弊害　258
- （3）自立性と自律性の混同と業務責任との関係　259
- （4）スーパービジョンにおけるマネジメント機能と専門的知識や技術の提供機能との境界線の曖昧さ　260
- （5）専門領域間の境界線の曖昧化と協働のあり方との関係　261
- （6）生活保護法の「引き取り廃止」制度をめぐる当事者・関係機関によるユニットスーパービジョン　262
- （7）地域包括支援センターで家族への対応困難事例への家族療法を用いたスーパービジョン　270

第Ⅲ部　スーパービジョンの倫理・教育・研究

第10章　スーパービジョンの倫理……287

1　倫理綱領……287
- （1）ソーシャルワークとスーパービジョン　287
- （2）ソーシャルワーカーの倫理　288
- （3）スーパービジョン倫理の必要性　289
- （4）スーパーバイザーの倫理責任　289
- （5）ソーシャルワーク・スーパービジョンの課題　296

2　スーパーバイザーの行動基準……296
- （1）スーパーバイザーの行動基準　297
- （2）行動基準の遵守のために　305

3　契　約……306
- （1）契約の意義　306
- （2）認定団体のスーパービジョン契約　308
- （3）組織内スーパービジョンと組織外スーパービジョン　309

目　次

第11章　スーパーバイザーの教育 …………………………………………… 314

1　人材活用・養成教育 …………………………………………………… 314
（1）人材活用・養成教育におけるスーパービジョンとその枠組み　314
（2）スーパーバイザーによる「人材活用および養成」の方法に関する展開　317
（3）スーパービジョンの実践上の困難とスーパーバイザー教育上の課題　323

2　異質性と同質性のスーパービジョン ………………………………… 325
（1）グローバリゼーションとスーパービジョン・システム　325
（2）わが国におけるスーパービジョン・システム　326
（3）ソーシャルワーク・スーパービジョンにおける同質性と異質性　327
（4）課題と展望　337

第12章　スーパービジョンの研究 …………………………………………… 339

1　スーパービジョンに関する質的研究 ………………………………… 339
（1）スーパービジョンにおける質的研究の意義　339
（2）わが国におけるスーパービジョンに関する質的研究の文献レビュー　341
（3）英語圏における質的研究成果　343
（4）スーパービジョンに関する質的研究の課題　347

2　スーパービジョンに関する量的研究 ………………………………… 348
（1）スーパービジョンにおける量的研究の意義　349
（2）わが国におけるスーパービジョンに関する量的研究の文献レビュー　350
（3）質問紙を用いたスーパービジョンの量的研究の概要　352
（4）スーパービジョン実践と評価における量的研究の必要性　355
（5）スーパービジョンに関する量的研究の課題　358

おわりに
索　引

事例一覧

- 病棟チームに共有されにくい組織のストレスをユニットスーパービジョンで考える（第4章1（2），49頁）
- 新たな分野へ職場移動した中堅ソーシャルワーカーへの介入困難事例に向き合うためのスーパービジョン（第4章2（4），62頁）
- 特別養護老人ホームの介護現場における看取り事例の振り返りをしたグループスーパービジョン（第4章2（5），70頁）
- 市町村社会福祉協議会における住民主体の地域課題解決のためのスーパービジョン（第5章1（2），83頁）
- 精神科病院新人ソーシャルワーカー育成のための個別スーパービジョン（第5章2（2），93頁）
- 生活介護事業所で長年継続支援する個別事例を見直し再アセスメントしたスーパービジョン（第5章2（3），101頁）
- 周産期医療現場における外部スーパーバイザーによる個別スーパービジョン（第6章1（2），114頁）
- 患者との死別体験によるグリーフを抱えたソーシャルワーカーに対するライブスーパービジョン（第6章2（2），126頁）
- 複数の部下を抱えるソーシャルワーカー組織責任者に対し，医療法人統括ソーシャルワーカーによるユニットスーパービジョン（第7章1（2），141頁）
- 大学病院の相談室で複数ソーシャルワーカーの組織マネジメントの効果を得ることのできたグループスーパービジョン（第7章1（3），149頁）
- 児童相談所の虐待事例に新しい理論・技術を用いたライブスーパービジョン（第7章2（2），160頁）
- 成年後見制度利用の認知症被後見人のニーズに沿うためのスーパービジョン（第7章2（3），171頁）
- 多文化共生時代の外国籍家族支援に対するスーパービジョン（第8章1（2），

187頁）
- 経験の浅いソーシャルワーカーの戸惑いを他職種と検討する回復期リハビリテーション病院でのスーパービジョン（第8章2（2），200頁）
- 介護老人保健施設退所直前に不安を示す家族支援に対するユニットスーパービジョン（第8章2（3），211頁）
- ひとり親家庭を支援する福祉事務所の相談員が実施したセルフスーパービジョン（第9章1（4），228頁）
- 家庭裁判所調査官補による非行少年に対する司法現場のスーパービジョン（第9章2（4），240頁）
- 退院支援役割に葛藤する急性期病院ソーシャルワーカーの組織内グループスーパービジョン（第9章2（5），249頁）
- 生活保護法の「引き取り廃止」制度をめぐる当事者・関係機関によるユニットスーパービジョン（第9章3（6），262頁）
- 地域包括支援センターで家族への対応困難事例への家族療法を用いたスーパービジョン（第9章3（7），270頁）

第Ⅰ部　スーパービジョンの理論

第Ⅰ部　スーパービジョンの理論

　時代によって，国によって，あるいは，たとえ同じ時代と同じ国においても，その各種専門家の間において，そして，その同じ専門家の間においてさえ，「スーパービジョン（supervision）」という"ことば"は，本人が意識しているか，あるいは意識していないかにかかわらず，多様な意味で使われてきた。英語の辞書を見ると，「監督」や「管理」という"ことば"で示されている。「スーパービジョン」という"ことば"が意味しているものは，千差万別である。しかし，その"ことば"が多様な意味をもつことは自然なことである。ここで"問われていること"は，その"ことば"が，人々によって語られるとき，自分が語っている「スーパービジョン」と，他の人の語っている「スーパービジョン」が，"同じこと""同じ意味"を語っていると思い込んでしまうという問題である。この問題を乗り越えるために，後述するが，「管理・運営（アドミニストレーション／マネージメント〔administration/management〕）」と，"対等""契約""申請"が前提となる「ソーシャルワーク・スーパービジョン」の一つである「管理的スーパービジョン（アドミニスタラティブ・スーパービジョン〔administrative supervision〕）」は，意識的に区別して意味づけられなくてはならない。

　そこで，ここでの「スーパービジョン」とは，何を意味するのか。第Ⅰ部において，この"問われていること"を，まず明確にしておく。一言でいうと，ここでは「スーパービジョン」は，「ソーシャルワーク・スーパービジョン（social work supervision）」を意味する用語である。「ソーシャルワーク（social work）」あるいは，「ソーシャルワーカー（social worker）」が行う「ソーシャルワーク・プラクティス（social work practice）」が大前提としてあり，その"ことば"の後に「スーパービジョン」という"ことば"がくることになる。そこで，「ソーシャルワーク・プラクティス」を行っている「ソーシャルワーカー」（「スーパーバイジー（supervisee）」）がいないところに，「ソーシャルワーク・スーパービジョン」はありえない。そして，「ソーシャルワーク・スーパービジョン」を行う「スーパーバイザー（supervisor）」は，「ソーシャルワーク・プラクティス」を行っていたか，もしくは，現在も行っているかである。後述するが，たとえば，カデューシンは，その「ソーシャルワーカー」を，"「資格（license）」をもっている専門家"とし，ムンソンは専門教育・訓練を受け，その"「学位（degree）」をもっている

専門家"と定義している。

　現在の「ソーシャルワーク・スーパービジョン」という"ことば"も，過去から現在に至るまで"同じ"意味をもって使われてきたわけではない。その定義は，時代とともに，ダイナミックに変化してきた。「慈善組織団体（COS）の時代」，その後の「ソーシャル・ケースワークの時代」，そして，「ソーシャルワーク・プラクティスの時代」と，その「スーパービジョン」という「ことば」の意味は大きく時代的変遷をとげてきた。現在は，「ソーシャルワーク・スーパービジョン」を，意識的，あるいは無意識的に「ソーシャル・『ケースワーク』・スーパービジョン」あるいは，「ソーシャル・『グループ』・スーパービジョン」に限定して考えることがある。たとえば，わが国で高く評価されてきた"バイステックの7原則"は，その本のタイトルが示すように，それは"Casework Relationship"であり，「ソーシャル・『ケースワーク』」に関する「原則（principle）」である。その「ケース」を取った，現在使われている意味のような「ソーシャルワーク（プラクティス）」の「原則」を意味しているわけではない。

　時代的な変遷を得て，その意味は大きく変化し，現在では，「グローバル・スタンダード・ソーシャルワーク（global standard social work）」として，その定義がなされている。その定義の中では，その「原則（fundamental principle）」は，「人間の尊厳（human dignity）」であり，「社会正義（social justice）」等と明記されている。そこで，第Ⅰ部は，スーパービジョンの理論編である。第1章では，スーパービジョンの効果と意義を述べた。そして，続く第2章と第3章では，まず過去を振り返り，「ソーシャルワーク・スーパービジョンの理論的変遷」を踏まえ，現在の「ソーシャルワーク・スーパービジョン」の歴史的位置づけを明らかにしている。過去から現在へ，そして，その現在の「スーパービジョンの限界と効果」を見据え，これからのを展望も試みた。今までに蓄積されてきた体験と知識を振り返り，現在の位置づけを理解するために，その体験の積み重ねと，知識の蓄積を基に，その道のりを，「欧米におけるスーパービジョンの理論的変遷」において3つの時代に区分して議論し，「新たなソーシャルワーク・スーパービジョンの発展」の中でまとめたのが，この第Ⅰ部である。

　　　　　　　　　　　　　　　　　　　　　　　　　　（北島英治）

第1章 スーパービジョンの効果と意義

1 スーパービジョンの効果を論じる際の視座

「スーパービジョン(以下,SV)の効果」と聞いて,読者の人々はどのような反応をするだろうか。「SVは効果がある」と考えるのであれば,「効果を何で判断されたのですか」と問いかけなければならない。それは,自分が受けたSVが,業務のどの機能に焦点が当たっていたかによって,効果のとらえ方が変化するからである。

そこで,本章はSV研究の第一人者であるKadushin & Harkness (2014) に従い,SVが管理的,教育的,支持的の3機能に分類できるものとして論を進めていく。この分類に従えば,所属組織の方針に合わない仕事の仕方をしたことでスーパーバイザー(以下,バイザー)からマイナス評価をされた等の理由から,SVを否定的に捉えている人は,SVの管理的機能に着目している。一方,SVを受けることで仕事上の困難さから脱却できたり,援助職者としての成長を感じている人は教育的機能に,また,SVを受け心理的サポートを得たことで離職を踏みとどまった人は,支持的機能の恩恵を受けたと言える。

ここで,本章の構成を簡単に説明したい。続く第2節では,SVの3機能をKadushin & Harkness (2014) に従い解説し,機能別に,それぞれの「効果」と「効果をあげるために必要な条件」を概観したい。SVの大前提は,「トレーニング法として効果・意義がある」ということだが,筆者自身さまざまな人から異なるスタイルのSVを受け,バイザーとスーパーバイジー(以下,バイジー)の両方が必要な条件を満たしていなければ,効果が出にくいことを痛感している。そのためここでは,バイザーに要求される条件をきっちりとおさえたい。第3節では,主に質的・量的データを伴った代表的な研究結果レビューから,どのような場合にどのような効果が得られたのかを検証する。このような研究の多くは,職場

内・外での SV が制度化されている海外の事例を考察したものであり，わが国では，バイザーになっている人の中にも，SV を受けた経験のない人も多い。このような現状を考慮して，第4節では，わが国の SV の現状をふまえ「気づきの事例検討会」という名称で，筆者がこれまで関わってきた支持的な SV の要素を取り入れたピアグループ SV と呼べる実践例を用いて，SV の効果や意義を考えたい。最後の第5節では，本章のまとめと今後の課題を述べ，今後の SV 発展のためにバイザーとバイジーに求められることを考察したい。

2 スーパービジョンの3機能と機能を発揮するための条件

SV の定義や実施法等に関しては，研究者によってさまざまな考え方がある（北島 2015）。本節では，それらの中からソーシャルワーク・SV の主要研究者としてテキストも次々と改訂を重ねてきた Kadushin & Harkness（2014）[1]の理論を用いる。以下，本項ではその2014年出版の第5版を基に，SV の3機能を紹介する。

（1）管理的機能

管理的 SV が考慮するのは，実践の環境を作り上げる事とワーカーが仕事を効果的に成し遂げるために必要な資源の提供をすることであると Kadushin & Harkness（2014）は述べ，①職員募集と選択，②職員の配属，③SV の説明，④仕事の計画，⑤仕事の割り当て，⑥仕事上の権限委任，⑦仕事のモニター，レビュー，評価，⑧仕事の調整，⑨コミュニケーションの通路，⑩アドボケート，⑪管理的な緩衝，⑫必要な変化を作り出し，コミュニティとの橋渡しをすること（Kadushin & Harkness 2014：53）の12項目が含まれている。この12項目の多くは，ソーシャルワーク以外の職場上司が実施している内容であり，3つの機能の中でも外部の人から最も理解されやすいだろう。

（2）教育的機能

教育的機能とは，バイザーがバイジーに対して実践に必要な専門職としての価値，知識，技術を伝達することであり，そこには広範な知識・技術が含まれる。

他の2つの機能と比べると，ソーシャルワークの固有性が一番出る機能かもしれない。教育内容について，Kadushin & Harkness（2014）が先行研究をレビューしているので，そこから2つを選択して要点を簡単に紹介する。Aasheim（2007）によると，教育的 SV の90％以上 SV が「臨床的な課題に焦点を当てている」。Milne（2009：120）[2]は効果的な SV とは何かを研究した52の論文を系統的にレビューした。その結果，バイジーの知識と技術の向上を助けるのは，「バイザーが，バイジーの実践を観察すること，ケースについて話し合うこと，課題を出してそれをチェックすること，彼らが担当しているクライエントの成果をモニターすること，実際のデモンストレーションを通して彼らを鼓舞したり教示したりすること，リハーサルやロールプレイをすること，建設的でかつクリティカル（無批判に受け入れるのではなく多面的な角度からその事象を判断する姿勢）なフィードバックと賞賛を提供すること」であった，と報告している（Kadushin & Harkness 2014：102）。

　教育的機能は管理的機能とは異なり，そこに含まれる内容と伝達法において，ソーシャルワークという職業の固有性が見られるので，バイザーが SV において，最も多くの時間を使うと言われている。何かを学ぶには，教育者の力と学習者側のモチベーションの両方が必要である。Kadushin & Harkness（2014）は，かなりの紙幅を割いて，学習効果を最大限にするための6原則とその原則が実現されるための具体的な方法を解説している。表1-1はその内容を筆者がまとめたものである。

　ここで，表1-1のいくつかの項目をさらに補足説明したい。(1)-④は，バイジーがある領域や内容に関して学習のモチベーションを持っていない時の対応方法である。バイザーは，やる気を見せてくれないバイジーにどう対応すべきかで悩むことも少なくない。そのような時，バイジーが実際に実行できている事，できる事，するべき事，そうなりたいと思っている事，の間にあるギャップをはっきりと提示し，バイジーがきちんとこの事実に向き合うようにする事が提案されている。(2)-⑥は，バイザーは役に立ちたいという思いだけではなくて実際にその能力を持っていなければならない，ということである。これは，当然のことのように見えるが，研修等で「スーパーバイザーには援助職者としての力が必要です」と話すと驚く人が少なからずいる事を考えると，強調しておく必要があるだ

第1章　スーパービジョンの効果と意義

表1-1　学習効果が最大限になる6原則とその具体的な方法

学習者の学習効果が最大限になる時	原則が実現されるために必要な具体的方法
(1) 学習に高いモチベーションを感じた時	①学習内容の意義の説明，②個人の動機やニーズに見合った学習の意味の説明，③モチベーションの低い領域とモチベーションの高い領域の結びつけ，④学習のモチベーションに問題がある時にとれる保護手段，刺激方法，モチベーションの段階的な高め方の工夫
(2) 学習に自分の持つ最高のエネルギーを捧げる時	①学習の明確な枠組み提供（時間・場所・役割・制限・期待・責任・目的の明確化），②制限内での中でワーカーの権利尊重，③安全で安心できる雰囲気を作り上げる，③既にしていること，できること，を認識して使用，④学習内容は馴染みのあるものから少ないものへ段階的に移行，⑤バイジーの学習能力に対してバイザーが持つ自信の表明（バイジーにも伝わる），⑥バイジーに役立つ力を確実に身に付けている。
(3) 学習で成功体験をし，それが報われる時	①バイジーの技術・実践におけるチャレンジのバランスをとる，②専門職としてできた事を褒める，③フィードバックを通して誉める，④進歩の評価，⑤学習内容の分割化，⑥段階的に成功に導くように資料を作成し提供，⑦バイジーの失敗に備える
(4) 学習プロセスに積極的に関わる時	①アジェンダ計画にバイジー参加を勇気づける，②話し合いに参加するよう勇気づける，③知識を使う機会の提供
(5) 学習内容が自分にとって意味を持つ形で提供された時	①興味を引く内容の選択，②理論的な枠組みに基づく内容の提供，③選択的に教える，④想像力を喚起する「繰り返し」の使用，⑤教育内容の継続性を考慮した計画性，⑥学習を意識的に明確にする
(6) ユニークさを考慮した学習法を提供された時	①学習に関する診断に基づいた学習の個別化，②教育的診断の応用，③バイジーが何を学びたいかのアセスメントに積極的に関わる，④バイジーの学習ペースを考慮に入れる

出所：Kadushin & Harkness（2014：127-140）を基に筆者作成。

ろう。(3)-③は，心の中で思っていても，きちんと言語化しなければ相手には伝わらないため，バイジーに対して誉めるべき内容が生き生きと感じられる時に誉めることが大切であるということである。(3)-⑤は，長年バイザーを務めてきた人でもできていないことが多い，「学習のためには，必ず明確でわかりやすく実際に達成できるような学習の単位を作る事」である。バイザーは，バイジーが成功してくれることをいつも願っているが，成長のためには，チャレンジも必要である。そのような時に備えて，(3)-⑦のように，バイジーの失敗を想定し，バイジーがそれを予測する準備を手伝う事，が挙げられている。(6)-①は，バイジー

が持っている知識や技術を明確に定義し，バイジーの特徴に合わせて到達すべきレベルの知識と技術をバイザーがはっきりと提示する事である。ここから言えるのは，バイザーが教育的機能の効果を発揮させるには，彼らが「優れた援助者」であるとともに，「優れた教育者」でなければならないということである。

（3）支持的機能

支持的 SV 機能は「スーパーバイジーの仕事に関するストレスに対応し，最善の業務行動に必要な態度と感情を伸ばしていくことを支援する」と定義されており，管理的または教育的機能が手段的なニーズに対応しようとしているのに比べると，支持的機能はバイジーの感情的・表現的なニーズを考慮しているといえる (Kadushin & Harkness 2014：205)。

3　先行研究が見出したスーパービジョンの効果

（1）燃えつき予防効果

SV の効用として最も注目を浴びてきたものの一つに，「燃えつき（Burnout, バーンアウトとも表記される）予防」効果がある。村田は，バイザーの任務の一つとして，バイジーの苦しみを和らげることを挙げている（村田 2010：12）。1980年代のアメリカでは，燃えつきの原因を求める研究が盛んであった。そのような中で，Courage & Williams（1987）は，先行研究論文をレビューし「燃えつきに関係する3つの要因」として，援助職者要因，サービスを提供する所属組織要因，クライエントが持つ要因の3要因を導き出した。たとえば，クライエント要因として，クライエントが援助職者に対してみせる怒りや不安・悲しみ・失望といった感情表現の激しさ，問題の慢性性・緊急性・複雑さ，があると，ケース対応が難しくより燃えつきやすいということである。"*Burnout in Social Work*" を著した Söderfeldt, Söderfeldt & Warg（1995）も，先行研究レビューを行い，役割のあいまいさ・葛藤，仕事の退屈さ，満足感の欠如，慢性疾患を持つクライエントとの長期の関わり，価値の相反，昇進の不公平さ，働く場所の環境の悪さ，等が燃えつきの度合いと関連が高いことを発見した。この研究で指摘された，燃えつきを防ぐために必要なことは，スタッフ間のコミュニケーション促進，組織の

構造上の方針の改善，職員が参加できるようなリーダーシップの実践，働く人たちのサポート，支持的な環境の提供，仕事が何を要求しているのかの明確化，自立性の必要性の認識，ワーカーの自尊心の向上・受容・サポート，適切なトレーニング，バイザーのトレーニング，等であり，この研究により，適切なスーパービジョンの必要性がさらに明確になった。Lloyd, King & Chenoweth（2002）は，前述した1995年のレビュー論文後のイギリスでの主要な研究レビューを行い，燃えつきに関連している危険要因は「仕事でのチャレンジの欠如」「自立度の低さ」「役割のあいまいさ」「クライエントにサービスを提供することの難しさ」「専門職としての自己評価の低さ」であり，バイザーからのサポートが，燃えつき度に関連する媒介変数であった，と報告した。これらの先行研究からは，燃えつき予防の有効な方法として「ワーカー支援」が必要不可欠であることが指摘された。ワーカーが持つさまざまな課題，役割のあいまいさや満足感の欠如等に代表される組織構造上の課題や，最適な支援法がとれないことに見られる技術上の課題等の対応には，SV が持つ管理的・教育的・支持的機能のどれもが重要な役割を果たすことは明らかである。

（2）ロールモデル提供・専門職アイデンティティ形成・専門職の価値伝達
1）ロールモデル提供・専門職アイデンティティ形成の効果

　Hantman & BenOz（2014）は，特に実習を通した「知識・技術と実体験の統合」プロセスで，教員，バイザー，実習現場で働いている他のソーシャルワーカーたちが，ロールモデルとして重要な役割を果たしたことをデータの分析を通じて報告している。彼らは，バンデューラの自己効率感モデル応用の有効性とは，成功体験，熟練の行動化，（うまく対応している人を観察することで可能になる）疑似体験，周囲の専門職などの心理的なサポートによるコンピテンス（competence）の感情の強化，言語によるフィードバック等，であると指摘しているが，これはまさに SV が有効に働くための要素であるともいえよう。SV に対する満足度が高いと，ソーシャルワーカーを目指す学生たちのアイデンティティ形成に役立つこと，SV の重要性が「過小評価」されている事（Levy, Shlomo & Itzhaky 2014；Shlomo, Levy & Itzhaky 2012），バイザーが学生たちの葛藤を共有する事の必要性（Baum 2004）等が実証研究で指摘されてきた。しかし，田村（2008）は実習バイ

ザーがソーシャルワーカーのアイデンティティ形成に大きな役割を果たすためには，教育機関の実習事前学習として「知識・技術の習得や価値の形成」が必要だということも指摘している。

2）専門職の価値伝達に関する課題と効果

ソーシャルワークは専門職発展の歴史の中で，共通知識基盤を追い求め続け，アイデンティティをめぐっては激しい議論を戦わせてきた（例：Flexner 1915）[3]。その理由の一つは，広範な領域と対象者を含めた仕事なので，人と環境との関わりを重要視する事，社会機能を高めるための社会に対する働きかけ，十分な資源を持たないために機能を発揮できない人々に対して可能で最大の自律性を手に入れる事を支援する事，科学の応用を考慮する事，ニーズに関心を払いエンパワメントを目指す事，等を要求されているからである（Gibelman 1999：301）。しかし現時点では，「より大きな統合可能な枠組みの発展に失敗…（中略）…一般的に教育可能な実践テクニックを発展させられなかった…（中略）…スペシャリストの教育カリキュラムを発展させられなかった…（中略）…役割に関してはあいまい…」等の課題が指摘されており（Morris 2008：55），これらの課題はSVを困難にしているといえる。

このような役割のあいまいさとも関連する課題として，ソーシャルワーカー（以下，ワーカー）たちが，社会福祉制度・政策や自らの所属組織のゴールを専門職価値やクライエントの真のニーズよりも優先させてしまい，単なる「連絡役・サービスの手配師」（大井 2002：142），「落穂拾い・後始末役」（山崎 1968：129），「施策の不備への走狗」（太田 2010：19）と誤解される仕事をしている点が指摘されてきた。その結果犠牲になるのはクライエントであった。保健医療分野で働くソーシャルワーカーたちは，特に同じ職場で働く同僚たちが持つ医療の価値・知識基盤や高い専門性に直面し葛藤することが多く，その結果として，患者たちを無力化する可能性，クライエントを犠牲にして社会のコントロールシステムに貢献する危険性があることも指摘されている（Beddoe 2013）。バイザーが，ソーシャルワーク専門職の価値（クライエントの福利優先等）を明確に持ち，SVにおいてこのような課題を適切に処理できることが，効果あるSVといえるだろう。

4 わが国におけるスーパービジョン経験
―― 介護支援専門員の「気づきの事例検討会」にみるその効果・課題

(1) 気づきの事例検討会の発展の経緯とその特徴

　これまで紹介してきた理論や研究の多くは，職場内・外で定期的にシステム化されて実施される個別 SV を想定したものである。しかし，冒頭で述べたように，わが国では，このような形の SV を提供できなかったため，職場外でのグループ SV 等が発展した。その一つである「気づきの事例検討会」は，2001年に厚生労働省による介護支援専門員リーダー研修で，奥川幸子氏が用いた OGSV（奥川グループ・SV の略称，奥川 2001；2007）を基に作られた。この研修で実施されたピアグループ SV は，その後，各都道府県で伝達研修を要請され，筆者は兵庫県介護支援専門員協会のメンバーとともに，OGSV を基にして，わが国の実情に合わせて制限ある条件下で実践可能な修正版の基礎的枠組みを作成した。以下は，この枠組みを基にした気づきの事例検討会の概要である。

　OGSV では，一定の力量を持つバイザーが必要であったが，バイザー役を務める経験・力量を持った人が十分でない条件下で，力量向上に役立ち，かつ，多人数に SV 経験を提供するためにたどり着いた方法は，「支持的 SV 機能」を取り入れた「気づきの事例検討会」と呼ばれるピア（同僚）による事例検討会の実施であった。その実施法の詳細は本や DVD（渡部 2007a；2007b；2015）に詳しいので，ここでは簡単な概要のみを説明したい。気づきの事例検討会の最終目標は当然「利用者へのより良い支援」であり，この目標のために援助者の力量を上げることを意図していた。気づきの事例検討会に参加するまで，担当ケースを振り返る機会を持たなかった人たちが，他者から非難されることを心配して防衛的になることなく，安心して事例を振り返る機会を提供することを目指した。しかし，力量的にバイザー役割をとれる人が少ないため，事例検討会の最終到達点は通常の SV で期待できる「ケースの課題を明らかにしその課題を解決する方策を見つけ出す」にはせず，丹念な再アセスメントの機会とした。ケースに関する理解をできる限り深めるため，事例検討者たちは，事例提出者が，情報の収集不足，利用者との向き合い方に関する課題（援助関係），利用者や利用者を取り巻く状況の理解の視点（アセスメント）の偏りといった課題に気づけるようなやりとり（主に

質問）に努め，SVの支持的機能・教育的機能を特に重視した。

　担当ケアマネジャーの問題点を指摘したり非難したりするのではなく，「建設的な問いかけ」を重ねていくことを重視し，このような限定付きの目的で行われる事例検討会実施に必要な条件として，①基礎的な知識習得のための事前学習実施，②事例検討のための4～5頁程度の記録提出（事例の概略，初回面接の一部の逐語録，ケアマネジャーのアセスメント・支援方針予定・支援経過，等を含む），③このような事例検討会の目的に適さない事例への対処法（緊急性を要するもの，非常に基本的な知識・技術の欠如で問題が起こっているもの，逆転移など担当ケアマネの深い痛みを伴う振り返りが必要なもの等は，個別アドバイスや適切な経験者への紹介をする），④事例検討会にはバイザーとは呼べなくても，一定以上の経験と力を持つ人が必ず入っている事，⑤検討事例のその後の展開を報告する事，⑥可能であれば事例検討会の録音・文字起こしをし，その振り返りをする事，⑦事例検討会でのやり取り内容は秘密保持の原則を必ず守る事（事例の回収，必要に応じた内容改変等）等を決めた。

（2）気づきの事例検討会の効果と課題

　兵庫県介護支援専門員協会では，このような事例検討会を10年以上実施してきた。その経験から見えてきた支持的なスーパービジョンの要素を取り入れた事例検討会がもたらす効果は，次のようにまとめられるであろう。①時期尚早なアドバイスや問題解決法の提示，非難・批判をせず，利用者と利用者が抱えている課題，事例提出者の考えや行動を理解の機会の提供，を心がけたことで他者の前で仕事を振り返ることへの抵抗が減少したとともに心理的サポートを得た，②事例検討会に先立ち必要な情報を言語化し振り返る作業自体が，課題整理と自己の課題に気づく機会となった，③複数の視点からケースを再アセスメントすることで見落としていた点に気づいた，④事例検討会メンバーとの関係性が検討会外での支援関係に発展した，等である。ここに挙げた効果のいくつかはグループ効果ともいえるが，個別SVが目指す目的にも合致した成果を見せたといえよう。気づきの事例検討会の効果に関して，安達・谷（2015）は，2014年度の主任介護支援専門員研修に参加した86名を対象にした質問紙調査を実施し，13項目の質問中10項目で研修前後の評価に有意な差を見出した。その結果，対人援助職としての価

値・知識・技術の一体化や他者への伝達において意義があったと結論づけている。
　一方で実践経験を十分持ち，知識・技術に加えて，それらの伝達方法をも習熟している「バイザー」が存在しないピアによるSVの課題も明らかになってきた。それらは，①事前学習をしてもケースによっては，事例理解を深めるのに必要なやり取りができず，十分な再アセスメントに至らず検討会が終了してしまうことがある，②グループ間でのルールを決めてはいるものの仲間内であるため，日常的な関係性に引きずられる，③安心で安全な事例発表の場を提供するという規則が裏目に出て，単なる慰め合いの場になる，④グループのメンバーがある程度の力を付けてきた時，新たに出てくる課題（支援の方法，問題のより深い理解の仕方）等を解き明かすことができない，といったものであった。つまり十分な知識・技術・それらの伝達方法を習熟したバイザーが提供できるSVのゴールの明確さ，バイジーの課題を抽出しその課題に取り組むために必要な学習内容の指摘，利用者や利用者が置かれている状況の深い理解に必要な知識やスキルの枠組みの提供，バイジーの力量に見合った問題対応の課題と今後の学習目的の設定，といった点では十分な効果を得にくいといえよう。

（3）支持的・教育的機能を重視したスーパービジョン研修参加者のコメントから読み解くスーパービジョンの意義

　これから紹介するのは，関東の都市部で2013年に実施された介護支援専門員の研修の中で，「SV」を取り上げた3日間の研修の合計260名の受講生を対象としたアンケート調査結果の一部である。調査では，研修開始前と研修終了後の2回にわたり，無記名の自記式アンケート調査を用いた。研修は，1日目はSVの全体像理解のための講義と演習，2日目・3日目は，実際の公開SVセッション，受講者のSV体験演習，という構成で，特に教育的，支持的機能に焦点を当て，バイジー自身が課題に気づくことを目指したSVを実体験してもらった。アンケート調査票は，研修前が39問，研修後が30問であり，その中には19問から構成されるスーパービジョン・相談援助実践に必要な知識・技術に対する自信度の自己評価（4段階評価）や自由記述式質問が含まれている。
　回答者は，介護福祉士とホームヘルパーの資格者が75％を占めており，資格取得後の実践経験年数は平均で約6.84年である。資格取得以前に相談職を経験して

いない人の方が経験した人より多く，55％が相談経験なしである。そして，次が今回のテーマに大きな関係を持つ結果であるが，今後バイザーとして活躍することを期待され研修に出席している介護支援専門員の41.8％が自分自身，担当事例を1時間以上かけて検討してもらった経験がなく，SVに該当するような経験をしていなかったことが明らかとなった。このような事情もあるためか，他の調査でも，介護支援専門員は情報収集・問題把握（アセスメントに相当）が不十分になりがちであることが報告されている（渡部 2006）。

　研修後のアンケート調査の最後の自由記述式質問で「スーパービジョンに関して今お考えのこと，また研修に期待されることなどをご自由にお書きください」と尋ねたところ，260名中無回答の28名を除く232名（89％）が，丁寧な感想を書いてくれた。それらの回答を内容別に分類し回答数が多かった順に挙げると，①自分にとって重要な意味を持った研修内容，②SVの難しさ，③SV体験を通して気づいた自分の課題，等であった。質問が全般的な感想を尋ねるものであったため，その回答は必ずしもSVの効果に触れたものだけではないが，今後バイザー役割を期待されている介護支援専門員が実際にSVのデモンストレーションを見たり，自分たちもきちんと事例報告書を作成しバイザー，バイジー，観察者としてSV経験をしたりした結果の感想の中には，SVの意義，意味，効用に言及したものも少なくなかった。特に，前述した分類の「③SV体験を通して気づいた自分の課題」は，SV効果の一つと考えられる。コメントの中からいくつかを紹介すると，「バイジーとして自分の質を反省した」「ケースを振り返り，さまざまな意見を頂くことで大きな気づきを得られた」「スーパービジョンを行うことによって課題が明確になり，次の実践に繋がっていくことが，成長していく過程において，いかに重要で効果的なものであると感じたと同時に，バイザー役として質問する難しさを感じた」「人に意見を聞くこと，さらに意見を聞くことで，『気づき』はどんどん増え，アイデアは拡がる」などであった。この研修では，演習で受講生がバイザーの役割もとったので，バイザーとしての自分自身の課題やバイザーという役割が持つ困難さに触れたコメントも多く見られた。たとえば，「バイジーに答えを教えるのは簡単だが，バイジーが自身の問題点や課題に気づき，解決のカギを見出していけるように関わっていくのは，本人にとって難しいことだと思った。しかし建設的に共に成長していけるのは素晴らしいと思った」

といった感想もあった。[6]

5　スーパービジョンの必要性の再認識と今後の課題

（1）スーパービジョンの必要性

　これまで，理論的，実証的の両側面から，SVがどのような効果を挙げることができるか，また効果を挙げるためにはどのような条件が満たされなければならないか，に関して論じてきた。ソーシャルワークという職業が持つ特性（知識や技術に関する基本をクライエントの固有の問題に合わせて応用することが常に要求される，感情を消耗する仕事である，職場での役割があいまいなことが多い，仕事内容が可視化できないことが多い＝面接や支援の中身がブラックボックス内で見えにくくその評価が困難）を考えると，SVシステムが必要不可欠であることに異論はないだろう。ワーカーの燃えつき予防，アイデンティティ形成，必要な知識・技術の基本の応用，そして，自分の仕事の「具体的内容の評価を通して次の学習課題を発見」することに貢献していることは明らかである。

　しかし，SVの効果測定は，ソーシャルワークの効果測定と同様，どの側面をどう測るかで異なる結果となり，容易な最善の効果測定はない。そのため，どの側面をどのように測定するかを綿密に記した研究と，深い結果の解釈が必要である。冒頭で述べたように，SVには，何に焦点を当てるかの視点，スタイル（個人・グループ），実施場所とバイジー・バイザーの関係性（職場内・職場外），正式なバイザーの存在の有無（ピアSV）等の多様な状況が考えられる上，わが国では自らがしっかりとしたSVを受けた経験のないままバイザーになっていくという養成システムの課題も抱えている。

（2）今後スーパーバイザーとスーパーバイジーに求められること

　本章を読み，「SVは必要だ。しかし，今自分が働いている職場では，SVをしたりされたりする時間さえもないし，そのようなシステムができていない」と言う感想を持たれる方も少なくないのが，わが国の現状であろう。筆者はたまたま日本でもアメリカでも，実習先や職場で毎週バイザーからの個別SVとピアSVを受ける機会を得，継続的な実践の検証経験ができたが，このようなことは，わ

が国では難しいだろう。そのため，多くのワーカーたちは職場外 SV や研修受講等，自らの力を向上させるためにさまざまな工夫をしている。そこで，本章を締めくくるにあたり，職場外 SV と職場内 SV の両方に関して，現在の課題と，その課題に対して何ができるかを考えてみたい。SV の議論ではとかく「バイザーはかくあるべき論」になりがちだが，ここでは，バイザーとバイジーの両方に焦点を当てていきたい。

　わが国では職場内で教育的・支持的な機能を果たす SV を時間をかけてじっくりと実施する余裕がないため，自らを向上させたいと考えるワーカーたちは職場外に SV の機会を求めてきた。職場外バイザーが直面する課題は，バイジーが働いている組織の構造や規則等に関する理解が不十分である事と，組織に直接関わることができない事である。そのため，SV の教育的・支持的機能に特化せざるを得ないが，実は本章で紹介した先行研究で指摘されたように，それらの課題も管理的機能と複雑に絡み合っている。職場外バイザーは，バイジーが直面している組織関連課題に対し直接影響を与える事はできないが，バイジー自身がその課題とどう向き合っていけるかを話し合い，間接的な支援をすることは必要であろう。一方，バイジーとなる人々は，バイザーの質を見極める「賢い消費者」としての知識を持ち，受け身にならず自らを向上させるために必要な努力を怠らない姿勢が必要であろう。つまり，「SV を受けている」という事実だけで満足・安心するのではなく，SV を通して自らが成長しているかどうかをしっかりと確認できるスタンダードを持つことである。さらに，より効果的に SV を受けるためには必要な情報をしっかりと書き込んだケース記録を作成し，その記録の作成のプロセスでどこに課題があるのかを考える習慣を付けていくことが重要である。そうすることで見えてきた「自らに欠けている学習内容」を認識し，それらを積極的に補う努力が不可欠だろう。

　職場内 SV では，時間的制約もあり，個別のケースを継続的にスーパーバイズする時間をとれないバイザーが多く，バイザーは管理的機能と危機的な状況における支持的機能に限定した SV の実施で精一杯かもしれない。しかし，そのような時でもバイザーが教育的機能を最大限にするためにできる方法がある。それは，バイザー自身が自分の業務の中で具体的にどのような仕事をしているのかを文章化して，バイジーに資料として提供することである。その資料に含められる内容

第1章　スーパービジョンの効果と意義

をいくつか挙げると，①どのような仕事で，どのようなワーカーの役割を果たしているのか（例：コーディネーション，カウンセリング，アドボカシー等），②日々の業務で応用している専門職が持つべき価値・知識・技術はどのようなものなのか，③ソーシャルワーク専門職としてのゴールが制度政策や組織のゴールに飲み込まれそうになった時，どのような判断で何をしたのか，またできるのか，④クライエント支援（例：退院・転院支援）で他職種とは異なる視点で支援をするというのは，具体的にどういうことなのか（例：クライエントの生活を忘れることなく，その人が持つ問題対処の方法やそのための資源，強さに着目したアセスメントや支援計画）等である。さらに自分は直接教えることができないがバイジーに必ず読んで学習しておいてほしい内容が掲載された書籍を選択し，バイジーにその要点と応用法のレポートを作成を課することも有効であろう。バイジーは，このようなバイザーの課題に積極的に関わるとともに，SVを定期的に実施してもらえなくても，自分の仕事を言語化しそれを振り返るという「省察習慣」を付けることが必要である。もしバイザーから個別ケースに関するSVを受けられるなら，前述したようにケース記録を書き「なぜどのような点で自分は困っているのか」を十分考えた上で，バイザーとのセッションに臨むことが重要だろう。

　以上，職場内外でのバイザーとバイジーの課題とその対応策を筆者の経験も踏まえてまとめてみた。最後に，SVは「受けていること」に意味があるのではなく，その本来の目的であるバイジーの専門職としての成長と，そして，最も重要な「クライエント支援の質の向上」が達成されなければ意味がないことを強調したい。

注
(1)　本書は，2010年に邦訳が出版されたが，本原稿執筆時には，邦訳が存在しなかったこともあり，原著を筆者が翻訳している。
(2)　Milneの原典の参考ページ数を示している。
(3)　1915年の学会発表は，以下の形で再出版されている。Flexner, Abraham (2001) "Is Social Work a Profession?" *Research on Social Work Practice*, Vol. 11 No. 2, 152-165.
(4)　本調査は2013年7月25日付で，日本女子大学倫理審査会の承認を受けたものである。
(5)　本調査は，事情により事前・事後の同一回答者を同定する方法をとっていなかったため，事前・事後の回答の差を統計的に比較分析していない。

第Ⅰ部　スーパービジョンの理論

(6) 本調査に当たり研修・調査票作成に多くのご助言・ご協力を頂いた NAGATA ケアマネジメント研究所主宰長田貴氏，芦屋市精道地域包括支援センター針山大輔氏と研修受講生の皆様への感謝の意を表します。

参考文献

安達眞理子・谷義幸（2015）「主任介護支援専門員研修の『気づきの事例検討会』活用と評価」第9回日本介護支援専門員協会全国大会 in 千葉，2015年10月2日・3日。

大井英子（2002）「障害児の地域療育支援におけるソーシャルワークの立場から（カウンセリングとソーシャルワーク──臨床的アイデンティティを求めて；臨床体験を通して）」『現代のエスプリ』至文堂，422，140-148頁。

太田義弘（2010）「臨床福祉学への序説──Clinical social work のアイデンティティ」『総合福祉科学研究』1，関西福祉科学大学，17-30頁。

奥川幸子（2007）『身体知と言語』中央法規出版。

奥川幸子監修・OGSV 研修企画（2001）『OGSV──グループスーパービジョン実践モデル』。

北島英治（2015）「ソーシャルワーク・スーパービジョンの機能と役割」日本社会福祉教育学校連盟監修『ソーシャルワーク・スーパービジョン論』中央法規出版，45-89頁。

田村綾子（2008）「実習スーパービジョン──問い直すプロセスで育むソーシャルワーカーの『目』と『芽』」（特集：ソーシャルワーク実習とスーパービジョン）『ソーシャルワーク研究』33(4)，相川書房，232-239頁。

村田久行（2010）『援助者の援助──支持的スーパービジョンの理論と実際』川島書店。

山崎美貴子（1968）「問題家族に対するケースワークの役割と課題──再びパールマンの問題提起をめぐって」『明治学院大論叢』173，1-24頁。

渡部律子編著（2007a）『基礎から学ぶ気づきの事例検討会』中央法規出版。

渡部律子監修，奥川幸子協力（2007b）DVD『気づきの事例検討会──スーパービジョンの要素を取り入れて実戦力を磨く』中央法規出版。

渡部律子（2006）「介護支援専門員の困難事例分析──ソーシャルワークの機能に焦点をあてて」『Working Paper No. 33』School of Policy Studies, Kwansei Gakuin University.

渡部律子編著・兵庫県介護支援専門員協会編（2015）『ケアマネジメントの進め方』中央法規出版。

Aasheim, L. (2007) A Dexcriptive "Analysis of the Tasks and Focus of Individual Supervision" in *An Agency Setting*. Doctoral Dissertation, Oregon State University.

Baum, N. (2004) "Social Work Students Cope with Terror". *Clinical Social Work Journal*, 32(4), pp. 395-413.

Beddoe, L. (2013) "Health Social Work-Professional Identity and Knowledge". *Qualitative*

Social Work Research and Practice 12(1), pp. 24-40.

Courage, M. & Williams, D. (1987) "An Approach to the Study of Burnout in Professional Care Providers in Human Service Organization". *Burnout among Social Workers*. NY: The Haworth Press, pp. 7-22.

Flexner, A. (1915) "Is Social Work a Profession?" In *Proceedings of the National Conference of Charities and Correction at the Forty-second Annual Session* Held in Baltimore, Maryland, May 12-19, pp. 576-590, Chicago: Hildmann.

Gibelman, M. (1999) "The Search for Identity: Defining Social Work-Past, Present, Future". *Social Work* 44(4), pp. 298-310.

Hantman, S., & BenOz, M. (2014)" There Are No Shortcuts-Trusting The Social Work Training Process". *Journal of Social Work* 14(5), pp. 491-505.

Kadushin, A., & Harkness. D. (2014) *Supervision in Social Work*. Fifth..Edition. New York: Columbia University Press.

Levy, D., Shlomo, S. B., & Itzhaky, H. (Aug 2014) "The Building Blocks' of Professional Identity among Social Work Graduates. *Social Work Education* 33(6), pp. 744-759.

Lloyd, C., King, R., & Chenoweth L. (2002). "Social Work, Stress and Burnout: A review". *Journal of Mental Health*. 11(3), pp. 255-265.

Milne, D. (2009) *Evidence Based Clinical Supervision: Principals and Practice*. Oxford, UK:BPS Blackwell.

Morris, P. M. (2008) "Reinterpreting Abraham Flexner's Speech Is Social Work A Profession?-Its Meaning and Influence on the Field's Early Professional Development". *Social Service Review*, 82(1), pp. 29-60.

Shlomo, S. B., Levy, D., & Itzhaky, H. (2012) "Development of Professional Identity among Social Work Students-Contributing Factors. *The Clinical Supervisor* 31(2), pp. 240-255.

Söderfeldt, M., Söderfeldt, B., & Warg, Lars-Erik (1995) "Burnout in Social Work". *Social Work* 40(5), pp. 638-645.

（渡部律子）

第2章　欧米におけるスーパービジョンの理論的変遷

1　ソーシャルワーク・スーパービジョンの発展

　本章では,「ソーシャルワーク・スーパービジョン（social work supervision）」について述べる。「スーパービジョン（以下, SV）」という言葉には多義性があり,多様な場面で使われている。「SV」という言葉は同じではあるが,その言葉をつかっている人々や各種の専門家の間でも,その意味が異なっていて,違ったことを指示しているにもかかわらず,互いが同じ意味であるという前提で議論していることがある。そこでまず,議論をすすめていくために,仮の定義を示しておこう。「ソーシャルワーク・SV」とは,クライエント（あるいは,クライエント・システム）に対し,ソーシャルワーク・プラクティス（social work practice）を行っているソーシャルワークの専門家であるソーシャルワーカーA（あるいは,ソーシャルワーカーのグループ）と,他のソーシャルワーカーBが,スーパーバイザー（以下,バイザー supervisor／ソーシャルワーカーA）とスーパーバイジー（以下,バイジー supervisee／ソーシャルワーカーB）として,ソーシャルワーカーBの行っているソーシャルワーク・プラクティスについて話し合う,その相互の関係／過程であるとする。図式化すると,図2-1のように示すことができるであろう（参考として,後述するすべての図を統合した「ソーシャルワーク・スーパービジョンとソーシャルワーク・プラクティスの全体図」は資料2-1として章末に掲載した）。

（1）ソーシャルワーク・スーパービジョンの主要文献

　ソーシャルワーク・SVを理解するためには,ソーシャルワークの発展を理解する必要がある。なぜなら,ソーシャルワークの実践と理論の発展とともに,ソーシャルワーク・SVも発展してきたからである。そこで,ソーシャルワーク・SVを概観するために,以下のように主要文献を3つの時期に分けて,年代

第2章 欧米におけるスーパービジョンの理論的変遷

図2-1 ソーシャルワーク・スーパービジョンとソーシャルワーク・プラクティス

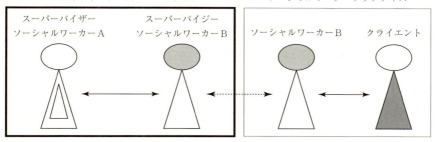

順に示してみる。他の分類の仕方も可能であろうが、理解を進めるための便宜上3つに分類したものである。その3区分は、①ソーシャルワーク・SVの起源（1930～1970年）、②ソーシャルワーク・SVの確立（1971～2000年）、③ソーシャルワーク・SVの新たな展開（2000年以降）の年代区分として列挙し、表2-1に示した。

（2）ソーシャルワーク・スーパービジョンの定義

ソーシャルワーク・SVには、多くの定義があるが、ここでは、ムンソン（Munson）の「クリニカルソーシャルワークSV」と、カデューシン（Kadushin）の「ソーシャルワークにおけるSV」の2つの特徴の異なった定義を比較することで、議論をすすめる。

1）ムンソンのクリニカル・ソーシャルワーク・スーパービジョン

Munson（2002）は、「ソーシャルワークにおけるクリニカルSV（clinical supervision in social work）」を、以下のように定義している。

　クリニカル・ソーシャルワークSVは、
- 一つの相互過程であり、
- 教育的、管理的、援助的な分野において、
- バイジーの（ソーシャルワーク）実践を支援、指導するために、
- バイザーが任命、あるいは指名される。

バイジーは、

第Ⅰ部　スーパービジョンの理論

表 2-1　ソーシャルワーク・スーパービジョンに関する年代別の主要文献

① 　ソーシャルワーク・スーパービジョンの起源（1930〜1970年）
・Robinson, V. P. (1930) *A Changing Psychology in Social Casework*, Chicago: University of Chicago Press. ・Robinson, V. P. (1936) *Supervision in Social Case Work*. Chapel Hill: University of North Carolina Press. ・Robinson, V. P. (1949) *The Dynamics of Supervision under Functional Controls: a Professional Process in Social Casework*. Philadelphia: University of Pennsylvania Press. ・Pettes, D. E. (1967) *Supervision in Social Work: A Method of Student Training and Staff Development*. ・Bessie, K. (1969) *Social Work Supervision in Practice*. Pergamon Press.
② 　ソーシャルワーク・スーパービジョンの確立（1971〜2000年）
・Kadushin, A. "22. Supervisor-Supervisee: a Survey (pp 244-257)", (Copyright 1974, National Association of Social Workers, Inc. Reprinted with permission from *Social Work*, Vol. 19 (May 1974), pp. 288-297.) (Carlton E. Munson (Edited by) (1979) *Social Work Supervision: Classic and Critical Issues*. The Free Press.) ・Munson, C. E. (Edited) (1979) *Social Work Supervision: Classic statements and Critical Issues*. The Free Press. ・Kadushin, A. (1992) *Supervision in Social Work*, Third Edition. Columbia University Press. ・Morrison, T. (1993). *Staff Supervision in Social Care: An Action Learning Approach*. Longman (UK), Pavilion Publishing (Brighton) Ltd.
③ 　ソーシャルワーク・スーパービジョンの新たな展開（2000年以降）
・Munson, C. E. (2002) *Handbook of Clinical Social Work Supervision* (Third Edition). The Haworth Social Work Practice Press. ・Morrison, T. (2005) *Staff Supervision in Social Care: Making a Real Difference for Staff and Service Users*, Third edition. Pavilion Publishing and Media Ltd. ・Tsui, Ming-sum. (2005) *Social Work Supervision: Contexts and Concepts*. Sage Sourcebooks for the Human Service Series. ・Wonnacott, J. (2012) *Mastering Social Work Supervision*. Jessica Kingsley, *Publishers*. ・McKitterick, B. (2012) *Supervision*. Social Work Pocketbooks, In association with Community Care. The McGraw-Hill Company. ・Hawkins, P. & R. Shohet (2012) *Supervision in the Helping Professions*, forth Edition. Open University Press, McGraw-Hill Education. ・Howe, K. & I. Gray (2013) *Effective Supervision in Social Work*. SAGE. ・Kadushin, A. & D. Harkness, Fifth Edition (2014). *Supervision in Social*

第2章　欧米におけるスーパービジョンの理論的変遷

- ソーシャルワーク学位（学士，修士，博士）を与えるソーシャルワーク学校の卒業生であり，
- 個人，集団，家族への介入方法を通して，
- 身体的，経済的，社会的，心理的機能上の困難を克服できるように，人々を支援する実践に従事している者である。

　この定義は2つの文章からなっている。最初の文章では，クリニカルSVとは，バイザーとバイジーとの相互関係の過程であるということ，次の文章では，バイジーは，ソーシャルワークの専門教育・訓練を行う公式に認定された学校を卒業し，学位として学士号（B.S.W.），修士号（M.S.W.），博士号（D.S.W./Ph.D.）のいずれかを取得し，ソーシャルワーク・プラクティスに従事しているものと規定している。図式化すると，図2-2のように示せるであろう。
　つまり，「ソーシャルワーク・SV」とは，「ソーシャルワーカー（以下，ワーカー）」が，「ソーシャルワーク・プラクティス」を行っている他の「ワーカー」に対して行うものである。たとえば，「実習指導者」あるいは，「教員」による「実習生」に対するソーシャルワーク教育としての「SV」「ソーシャルワーク以外の他の専門家」による，「ワーカー」に対する「SV」，あるいは，「ワーカー」が，「他の専門家」あるいは，「民間の人々」等に対する「コンサルテーション」も，この定義によると，"ソーシャルワーク・SV"に含まれないことになる。

2）カデューシンの「ソーシャルワークにおけるスーパービジョン」の定義
　カデューシン（Kadushin）は，1992年に『ソーシャルワークにおけるスーパービジョン（*Supervision in Social Work*）』の第3版を，そして，2014年に第5版を出版している。SVの定義については，第3版と第5版はほぼ同じである。ただし，1992年の定義は，「ソーシャルワーク・スーパーバイザーは機関の管理スタッフ・メンバー（an agency administrative-staff）」としていたのが，第5版では，「資格を持ったソーシャルワーカー（a licensed social worker）」に変更されている。カデューシンのソーシャルワークにおけるSVのバイザーの定義は，以下の通りである。

　ソーシャルワーク・バイザーは，

第Ⅰ部　スーパービジョンの理論

図2-2　ムンソンのクリニカル・ソーシャルワーク・スーパービジョン

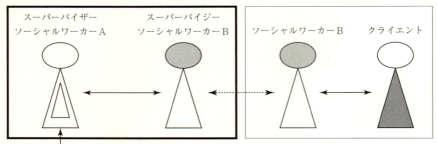

- バイジーの責任ある業務活動を指導，協力，発展，そして評価する権限が与えられているところの機関の管理スタッフ・メンバー／資格を持ったワーカーである。

この責任を実現するために，

- バイザーは，建設的な関係の枠組みにおいて，バイジーとの相互関係の中で，管理的，教育的，そして支持的機能を遂行する。

バイザーの最終目的は，

- 機関の方針と手続きに基づいて，機関のクライエントに，量的にも質的にも，最も可能なサービスを提供することである。

　図式化すると，図2-3のように示せるであろう。カデューシンの定義は，一般的に，バイジーとバイザーが，同一の社会機関／施設に所属し，その関係は，バイジーの上司である場合があることを特徴としている。これは，ムンソンの定義においては，バイザーは，バイジーの所属する機関から，基本的には独立し，

第2章 欧米におけるスーパービジョンの理論的変遷

図2-3 カデューシンのソーシャルワーク・スーパービジョン

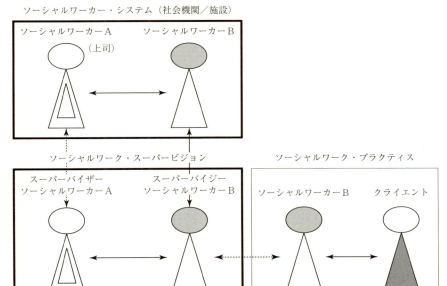

"クリニカル", つまり "臨床的" な SV を行うという特徴とは対照的である。

続いて以下の議論を, 本節第1項中に示した2つのテーマ (1. ソーシャル・ケースワークの進展とスーパービジョン, 2. ソーシャルワーク・プラクティスの進展とスーパービジョン) に沿って議論をすすめていく。

2 ソーシャル・ケースワークの進展とスーパービジョン

前述したように, ソーシャルワークの発展は, ソーシャル・ケースワークの発生に端を発するといってもよい。そこで, まずソーシャル・ケースワークの発展をみておこう。カシウス (Kasius) 編の『1950年代のソーシャル・ケースワーク——1951-1960年論文選出 (Cora Kasius (ed) (1962) *Social Casework in the Fifties. Selected Articles, 1951-1960.* Greenwood Press, Publisher.)』(アメリカ家族サービス協会, 1962年) は, その当時のケースワークの発展をよく示している。たとえば, ソーシャル・ケースワークの発展に寄与した, ハミルトン (Hamilton), ホリス (Hollis),

第Ⅰ部　スーパービジョンの理論

表2-2　『ソーシャル・ケースワークの理論』に掲載されている理論

ソーシャル・ケースワークの理論（一般的アプローチ）	執　筆　者
1．ケースワーク・プラクティスへの心理社会的アプローチ 2．ケースワーク・プラクティスへの機能的アプローチ 3．ソーシャル・ケースワークにおける問題解決モデル 4．行動変容とケースワーク	フローレンス・ホリス ルース・E・スモーレイ ヘレン・H・パールマン エドウイン・J・トーマス
ソーシャル・ケースワークの理論（中間的アプローチ）	執　筆　者
5．家族療法の理論とプラクティス 6．短期療法としての危機介入 7．社会化とソーシャル・ケースワーク	フランシス・シェルツ リディア・ラポポート エリザベス・マックブルーム

出所：Roberts & Nee (1970).

アッカーマン（Ackerman），パールマン（Perlman），そして，オースティン（Austin）等の論文が記載されている。

　ロバーツ（Roberts）とニー（Nee）は，1970年に『ソーシャル・ケースワークの理論（*Theories of Social Casework*）』をまとめている（表2-2）。ここでは，ソーシャル・ケースワークの理論が，フロイトの精神分析理論からの影響を受けた「診断主義的ケースワーク」と，ランクの影響を受けた「機能主義的ケースワーク」といった二大主流があり，その中間的な位置にあるともいわれる「問題解決ケースワーク」が理論として取り上げられ，さらに「中間的アプローチ」が加えられている。

　この2つの主流であった理論についてケースワークに影響を与えたフロイト派とランク派の主要な5つの概念を基に，アプテカー（Aptekar）が，『ケースワークとカウンセリングのダイナミックス（*The Dynamics of Casework and Counseling*）』の中で以下のように比較している（Aptekar 1955：165-166）。

- ケースワーク理論と実践の発展に重要な部分を占めることになったフロイト派の概念は，以下の通りである。
  1．行動を決定づける無意識のこころ
  2．抑圧の産物としてのアンビバレント（両面価値性）
  3．現在の行動の決定要因としての過去の体験
  4．治療に必須のものとしての感情転移

表2-3 フロイトの影響による診断主義派とランクの影響による機能主義派

診断主義派	機能主義派
1. 無意識の心 ←→	1. 意　　志
2. 両面価値性 ←→	2. 対抗意志
3. 過　　去 ←→	3. 現　　在
4. 感情転移 ←→	4. 分　　離
5. 抵　　抗 ←→	5. 創 造 性

出所：Apteker（1955）を基に筆者作成。

5．すべての援助において取り扱われる要因としての抵抗
- 機能主義派（functional school）によって取り入れらた，機能主義的アプローチ（functional approach）に用いられたランク派の5つの概念は以下の通りである。
  1．人格を組織立てる力としての意志
  2．自分自身が変わろうとする個人のニードの表明としての対抗意志
  3．心理療法的成長の源としての現在の体験
  4．分離することの意義
  5．人の本来の創造性

アプテカーは，「専門性の発展」（Aptekar 1955：1-40）の中で，リッチモンド以降における「精神分析からの影響」について指摘している。また，フロイト精神分析の3大流派からの影響（アドラー，ユング，ランクの理論や思想）について概略的に説明している。その影響において，特に，フロイトとランクからの影響として発生したと考えられるソーシャル・ケースワークにおける診断主義派と機能主義派の発生に関して説明し，両者の比較をした表を示している。その表を参考に，その要素だけをまとめたのが，表2-3である。

3　ソーシャルワーク・プラクティスの進展とスーパービジョン

（1）ソーシャルワーク・プラクティスの発展

先に，ソーシャルワーク・SVとソーシャルワーク・プラクティス（図2-1）を示したが，その図をつかって，ソーシャルワーク・プラクティスとソーシャル

図2-4 ソーシャルワーク・プラクティスとソーシャルワーク・スーパービジョン

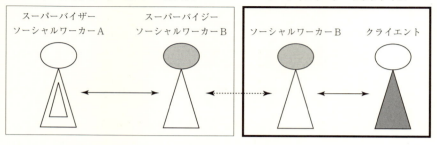

ワーク・SV の関係を示したのが図2-4である。

(2) ソーシャルワーク・プラクティスの定義

全米ソーシャルワーカー協会は，"ソーシャルワーク・プラクティスとは何か"を示す基準として，『ソーシャルワーク・プラクティスの分類のための NASW 基準――方策4 (*NASW Standards for the Classification of Social Work Practice, Policy statement 4.*)』を1981年に報告書としてまとめ，その中で「ソーシャルワーク・プラクティスの定義」を，以下のように示している。

> ソーシャルワーク・プラクティスは，以下，4つの目標を実践する専門的責任あるインターベンション（professional responsible intervention）からなる。
> ① 人々の成長，問題解決，取り組み能力（coping capacity）を強化する。
> ② 人々への社会資源とサービスを提供している効果的で，人間的な多数のシステム／制度の活動（operation of system）を促進する。
> ③ 社会資源，サービス，そして機会を提供している多数のシステム／制度と人々を結びつける。
> ④ 社会政策（social policy）の発展と改善に貢献する。

1980年以降，「ソーシャルワーク・プラクティス（Social Work Practice）」に関する論文や専門書等が欧米を中心に発刊されてきた。その発展は現在も続いており，その量は大部になる。「ソーシャルワーク・SV」を考えるとき，「ソーシャルワーク・プラクティス」を抜きに考えられないことは先述した。そこで，参考

のため2000年以降に出版されたものに限定して，その主要文献を年代順に示して資料2-2に示しておいた。

（3）ソーシャルワーク・スーパービジョンとクライエント・システム

　次に，ソーシャルワーク・SVとクライエント・システムとの関連をみておこう。特に，「ソーシャルワーク・SV」と「ケース検討」や「ケース研究（ケース・スタディ）」とを，スーパービジョン過程において同一視し，混乱することがあるので，その相違と関連を明確にしておこう。図2-5は，先に示したソーシャルワーク・SVとソーシャルワーク・プラクティス（図2-1）に，クライエント・システムを付け加えたものである。

　前述した定義から，ソーシャルワーク・プラクティスは，プロフェッショナルであるワーカーが，クライエント・システムへの「介入（intervention）」，あるいはクライエントへの「援助のかかわり（practice）」をすることだといえる。そのワーカーとクライエント（クライエント・システム）との「相互関係（interaction／transaction）」が，この「かかわり」によって生じるのである。その相互関係には最初と終結があるが，その時間的経緯を「過程（process）」といい，そして，空間的，地理的広がりによっては，「方法（method）」（ケースワーク，グループワーク，コミュニティワーク等）と呼び，あるいは，「モデル」（ライフ・モデル，ストレングス・モデル等），「アプローチ」（システム・アプローチ等），または，「パースペクティヴ」（エコロジカル・パースペクティブ等）ということがある。

　それらは，ソーシャルワーク・プラクティスにおける，図2-5中においてのワーカー・クライエントの相互の関係（A）として示されている。その（A）に焦点化しながら，バイザーとバイジーの間でソーシャルワーク・SVが行われる。特に，ソーシャルワーカーによるクライエントに対する「援助的かかわりかた（プラクティス）」「ワーカーの専門性（professionとしての，専門価値，専門機能，専門知識（理論／方法／アプローチ／パースペクティヴ等），専門技術等）」が話題の中心となる。このためSVを「ワーカー（バイジー）が（SV／話し合いの）まな板の上に上がる」行為と言うことができよう。しかし，「クライエント／クライエント・システムが（話し合いの）まな板の上にあがる」場合は「ケース検討」あるいは「ケース研究」ということができる。つまり，SVとは，クライエントをとりま

図 2-5 ソーシャルワーク・スーパービジョンとクライエント・システム

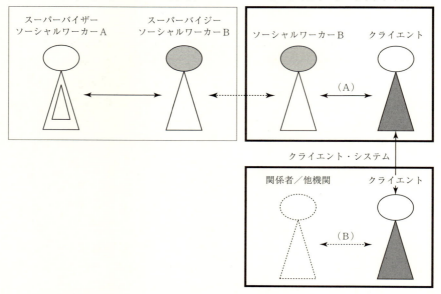

く関係者／他機関間の相互の関係であり，図中では関係（B）のことである。

　ケース検討においては，「クライエント／クライエント・システムについて，一緒に話し合ってみましょう」と言い，ソーシャルワーク・SV においては，バイザーは，バイジーに対し，「クライエントに対して，（SW である）あなたはどのようにかかわって（ソーシャルワーク・プラクティスを行って）きたか，あるいは，これからかかわっていくか，一緒に話し合ってみましょう」と言うことになる。つまり，ケース検討は，ソーシャルワーカーによるソーシャルワーク・プラクティスが行われていなくもよいし，あるいは，ソーシャルワーク・プラクティスを行う前でもケース検討は可能である。しかし，プロフェッショナルとしてのワーカーの存在と，なによりも，専門家としてのワーカーによる専門方法／過程であるソーシャルワーク・プラクティスが行われていないところでは，ソーシャルワーク・SV は実施できないのである。ただし，ソーシャルワーク・SV の中で，ケース検討を「操作的」，あるいは「意識的」にもちこみ，その「ケース（検討）」において"あなたであれば，今，ケース検討してきたクライエント／ク

ライエント・システムに対し，ワーカーとして，ソーシャルワーク・プラクティスをどのように行うか，一緒に話し合ってみましょう"という問いかけをすることで，ケース検討をソーシャルワーク・SV の手段とすることはありえる。

参考文献

Aptekar, H. H. (1955) *The Dynamics of Casework and Counseling.* Houghton Mifflin Company.

Howe, K. & I. Gray (2013) *Effective Supervision in social Work.* Sage Publications.

Kadushin, A. (1992) (Third Edition) *Supervision in Social Work.* Columbia University Press.) (Alfred Kadushin and Daniel Harkness (Fifth Edition) (2014). *Supervision in Social Work.* Columbia University Press.

Kasius, C. (ed) (1962) *Social Casework in the Fifties: Selected Articles, 1951-1960.* Family Service Association of America.

Munson, C. (2002) (Third Edition) Handbook of Clinical Social Work Supervision. The Haworth Social Work Press, Inc.

Pettes, D. E. (1967) *Supervision in Social Work: A Method of Student Training and Staff Development.*

Roberts, R. W. & Nee, R. (1970) *Theories of Social Casework,* Chicago University Press.

Tsui, Ming-sum (2005) *Social Work Supervision: Context and Concepts.* Sage Publications.

Wonnacott, J. (2012) *Mastering Social Work Supervision.* Jessica Kingsley, *Pulishers.*

（北島英治）

第Ⅰ部　スーパービジョンの理論

資料2-1　ソーシャルワーク・スーパービジョンとソーシャルワーク・プラクティスの全体図

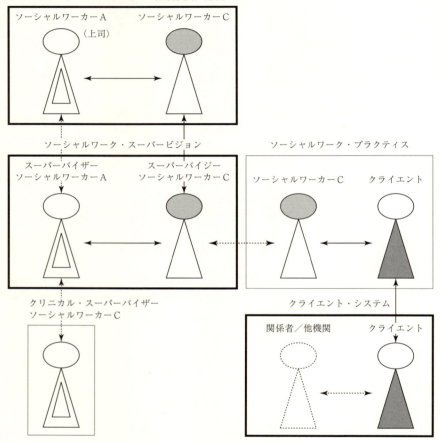

第2章　欧米におけるスーパービジョンの理論的変遷

資料2-2　2000年以降のソーシャルワーク・プラクティスの主要文献

Loewenberg, F. M., Dolgoff, R., and Harrington D. (6th Edition). (2000). *Ethical Decisions for Social work Practice*. Thomson, Brooks/Cole.

Paula Allen-Meares and Charles Garvin (Edited by) (2000). *The Handbook of Social Work Direct Practice*. Sage Publications, Inc.

Peter Lehmann and Nick Coady (Editors) (2001). *Theoretical Perspectives for Direct Social Work Practice: A Generalist-Eclectic Approach*. Springer Publishing Company.

Alex Gitterman (Editor) (2nd Edition) (2001). *Handbook of Social Work Practice with Vulnerable and Resilient Populations*. Columbia University Press.

Louise C. Johnson and Stephen J. Yanca (7th Editon) (2001). *Social Work Practice: A Generalist Approach*. Allyn and Bacon.

Karla Krogsrud Miley, Michael O'Melia, and Brenda DuBois (3rd Edition) (2001). *Generalist Social Work Practice: An Empowering Approach*. Allyn and Bacon.

Marlene G. Cooper and Joan Granucci Lesser (2002). *Clinical Social Work Practice: An Integrated Approach*. Allyn and Bacon.

Dean H. Hepworth, Ronald H. Rooney, and Jo Ann Larsen (6th Edition) (2002). *Direct Social Work Practice: Theory and Skills*. Brooks/Cole, Thomson Learning.

Lorraine M. Gutierrez, Ruth J. Parsons, and Enid Opal Cox (2003). *Empowerment in Social Work Practice (A Sourcebook)*. Cengage Learning.

Bradford W. Sheafor and Charles R. Horejsi (6th Edition) (2003). *Techniques and Guidelines for Social Work Practice*. Pearson Education, Inc.

Charles H. Zastrow (7th Edition) (2003). *The Practice of Social Work: Applications of Generalist and Advanced Content*. Thomson, Brooks/Cole.

Ralph Dolgoff, Frank M. Loewenberg, and Donna Harrington (7th Edition) (2005). *Ethical Decisions for Social Work Practice*. Thomson, Brook/Cole.

David P. Fauri, F. Ellen Netting, and Mary Katherine O'Connor (2005). *Social Work Macro Practice Workbook: Exercises and Activities for Policy, Community, and Organization interventions*. Thomson, Brooks/Cole.

Marty Dewees (2006). *Contemporary Social Work Practice. (CD-ROM: Practicing Social Work)*. McGraw-Hill.

Ellen L. Csikai and Elizabeth Chaitin (2006). *Ethics in End-of-Life Decisions in Social Work Practice*. Lyceum Books, Inc.

Lester Parrott (2006). *Values and Ethics in Social Work Practice*. Learning Matters.

Robert R. Greene (2007). *Social Work Practice: A Risk and Resilience Perspective. (CD-ROM: Social Work Practice)*. Thomson, Brooks/Cole.

Mark A. Mattaini and Charistine T. Lowery (4th Edition) (2007). *Foundations of Social Work Practice*. NASW Press.

Karen M. Sowers and William S. Rowe (2007). *Social Work Practice & Social Justice: From Local to Global Perspectives*. Brooks/Cole.

Alex Gitterman, and Carel B. Germain (3rd Edition) (2008). *The Life Model of Social Work Practice: Advanced in Theory & Practice*. Columbia University Press.

Gerald P. Mallon (Editor) (2nd Edition) (2008). *Social Work Practice with Lesbian, Gay, Bisexual, and Transgender People*. Routledge.

Dennis Saleebey (5th Edition) (2009). *The Strengths Perspective in Social Work Practice*. Pearson Education, Inc.

Dean H. Hepworth, Ronald H. Rooney, Glenda Dewberry Rooney, Kimberly Strom-Gottfried, and JoAnn Larsen (8the Edition) (2010). *Direct Social Work Practice: Theory and Skills*. Books/Cole.

Stanley L. Witkin (Edited by) (2012). *Social Construction and Social Work Practice: Interpretations and Innovations*. Columbia University Press.

第3章 新たなソーシャルワーク・スーパービジョンの発展

　本章では前章での時代背景を概観したあと2000年代に入ると，新たなソーシャルワーク・スーパービジョンが提起されるようになったことを踏まえて，スーパービジョン（以下，SV）について論じる。

1　精神療法的アプローチと管理的アプローチ

　ホウとグレイ（Howe & Gray 2013）は，「スーパービジョンの伝統」において，ソーシャルワーク・SV の発展において，2つの伝統があり，その後に，伝統的 SV に対する批判があったことを指摘した上で，新たなソーシャルワーク・SV への以下のような提言を行っている。

> 「ソーシャルワークの西洋の組織において，おそらく2つの伝統がある。いわゆる，精神療法的アプローチと管理的アプローチである。効果的なソーシャルワークには，その両方が必須のものであると私たちは捉え，そこで，どちらのアプローチからも，その最もよい要素を取ってくるようにした。両方のアプローチにも批判者がいて，そして，より最近では，経済的課題に動機付けられた目標へのサービスを非個人化しようとする基盤に基づいた管理的政策に対する抗議が起きている。しかしながら，1970年代を覚えている私たちは，社会状況に焦点を当てることなく，個人に焦点を当てるという理由による精神療法的アプローチの独占性に関して表明された危惧についても知っている。精神療法的スーパービジョンは，過度に甘く，そしてスーパーバイザーの個人的成長に過度の焦点化するものと見られた」（Howe & Gray 2013：2-3）。

表3-1 スーパービジョンへの精神療法的アプローチと管理的アプローチ

精神療法的アプローチ	管理的アプローチ
主要な焦点はパーソナリティの成長と発達である。	主要な焦点はケースの管理とサービスの質である。
多くは志願し、スーパーバイジーがスーパーバイザーを選ぶことができる。守秘義務が可能である。	義務的であり、スーパーバイザーは指定される。
焦点は相互関係にあり、心理社会的な過程である。	焦点はニーズ・アセスメントであり、ケア計画とリスク・マネジメントである。
スーパーバイザーは管理的責任を持たないし、また仕事量管理に関わらない。	スーパーバイザーは広く管理的責任をもち、配属も含まれる。
業務評価は一般に分離される。	業務評価と一体化される。

出所：Howe & Gray (2013：4).

ここで重要なことは、どちらか一方を否定し、他方を肯定するのではなく、その両方の特徴を取り入れていくことの大切さを強調していることである。その特徴を列挙して示したのが表3-1である。

2 「機関／施設」の中でのソーシャルワーク・スーパービジョン

Pettes（1967）は、「学生トレーニング（student training）」におけるSVと、「スタッフ・ディベロップメント（staff development）」におけるSVを、明確に分けて述べている。この書籍は、「ソーシャルワーク・SVへの入門」「スチューデント・SV」「スタッフ・ディベロップメント」の3部から構成されている。その「入門」の部分で、1960年代において、スーパーバイザー（以下、バイザー）の役割が変化してきたことを指摘している。また、その当時のソーシャルワークの発展に功績があり、著名なチャーロット・トール（Charlotte Towle）を引用して次のように書いている。

「『今日、スーパーバイザーの役割を明らかにしてみよう。それから、この定義に至った発展を振り返ってみよう』と言い、チャーロット・トールは次のように述べた。『社会機関の中でのスーパービジョン（supervision in social agency）とは、スーパーバイザーが、管理（administration）、教える（teaching）、

第Ⅰ部　スーパービジョンの理論

図 3-1　社会機関／施設の中でのソーシャルワーク・スーパービジョン

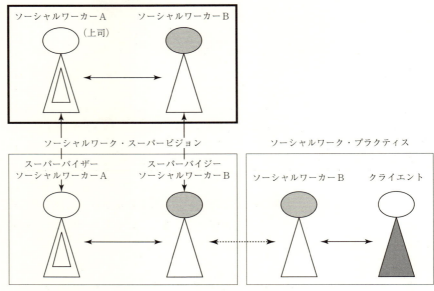

そして援助する（helping）という3つの機能を持っている行為である管理的過程（administrative process）を踏まえ行う行為として定義した。スーパーバイザーの中間管理的地位（mid-position）は、これら3つの機能、特に援助することにおいて重要なことである』」（Pettes 1967：16）。

「機関／施設（agency/institution）の中でのソーシャルワーク・SV」は、図3-1のように示すことができるであろう。この図は、ソーシャルワーク・システム（機関／施設）を強調した図ともなっており、構造としては前章で示した図2-3と同等のものでもある。

3　ソーシャルワーク・スーパービジョンのモデル

新たなソーシャルワーク・SV として、ツイ（Tsui）は、5つの「ソーシャルワーク・SV のモデル」を、以下のように整理している（Tsui 2005：17-31）。

（1） 1つのスーパービジョン・モデルとしてのプラクティス理論

　臨床的バイザーたちが，SVのモデルとして治療理論（therapy theories）を採用していることを考慮して，研究者たちは，このモデルが発展した理由を，以下のように挙げている。第1に，正式のSV理論が欠如しているため，プラクティス理論の構造を基にしたSV・モデルを代案とした。第2に，治療理論は比較的よく発展してきた。たとえば，前提（assumptions），構成要素（components），そして内容（contents）は特に定義されている。第3に，治療（therapy）は存在している文献において明確に述べられてきた。そこで，スーパーバイザーと前線にいるソーシャルワーカー（以下，ワーカー）は見つけ出し，会得することが容易である。第4に，治療理論は，プラクティス技術に関する具体的な指針を与えてくれる。第5に，SVの一つのモデルである治療理論には，改良の余地がある。また，すぐに使用できる手引書がある。最後に，治療とスーパービジョンは形式が似ているため，SWの側からの抵抗が少なかった。たとえば，ソリューション・フォーカス治療は，構造化された形式とクライエントの援助のための明確にスケジュール化された段階を提供してくれる。その努力は，問題に関する長い議論のかわりに，限定された時間内での着実な成長に傾注される。

（2） 構造・機能モデル（Structural-Functional Models）

　ソーシャルワーク・SVの構造・機能モデルは，SVの対象，機能，そして構造を基盤としている。構造・機能モデルにはバイザー機能モデル（supervisory function），統合化モデル（integrative model），そして権威モデル（model of authority）の3つのモデルがある。

　① バイザー機能モデル（Supervisory function model）

　このモデルは，SVの管理的，教育的，そして支持的機能を強調するものである。

　② 統合化モデル（Integrative model）

　ギッターマン（Gitterman 1972）は，組織中心モデル（organization-oriented model），ワーカー中心モデル（worker-centered model），そして，統合的モデル（integrative model）という3つのソーシャルワーク・SVモデルを提案した。組織中心モデルは，クライエントへの効果に焦点を合わせたモデルである。つまり，ソーシャル

ワーク・SV は，ヒューマン・サービス実施を確実にするための管理的機構として用いられる。ワーカー中心モデルは，現任スタッフの仕事の満足や専門性向上に焦点を合わせたモデルである。つまり，ソーシャルワーク・SV は，前線にいるワーカーの成長のための手段として捉えられる。

③　権威モデル（model of authority）

ムンソン（Munson 2002）は，ソーシャルワーク・SV において，権威（authority）の使用は基本的なものと考えている。バイザー関係の中に権威を作り出していく理由は，バイザーは，スーパーバイジー（以下，バイジー）のニーズを満たすためである。ムンソンは，権威を用いた代表的なモデルを2つ開発している。この2つとは，サンクションモデル（sanction model）とコンピテンスモデル（competence model）である。サンクション・モデルによると，バイザーの権威は，組織の上級マネジメントに，その根源がある。バイザーは，機関の認可に基づいた管理的地位固有の権威の代表的な存在である。また，コンピテンスモデルは，バイザー自身の知識と技術によって生じる専門的権威（professional authority）に基づくものである。このことは，バイザーは，要求された仕事を効果的に扱える技術的"力量"をもっていることを意味する。

（3）機関モデル（Agency Models）

ヒューマン・サービス組織における SV・モデルは，多くの場合，その機関によってある程度，統制された上で行われることが多い。極端な例としては，管理的責任の高いレベルに基づいているケースワーク・モデルが挙げられる。他の極端なものとして，専門的自治の程度が高いものとして自治的プラクティスモデル（autonomous practice model）がある。その中間にあるのが，グループ SV モデルであり，ピア SV モデルとチーム・サービス提供・モデル（team service delivery model）である。

①　ケースワークモデル（The casework model）

ソーシャルワーク・SV は，ソーシャルワーク・プラクティスから，特に，ソーシャルケースワーク・プラクティスから強く影響を受けてきた。このことは，スーパービジョンの形式がケースワーク・インターベンションのそれと似ているという事実によるのであろう。ケースワーク・モデルは，1対1関係におけるバ

イザーとバイジーから構成されている。バイザーの役割には，管理的，教育的，そして支持的機能が含まれている。

② グループスーパービジョンモデル（The group supervision model）

ケースワークモデルの次に，ソーシャルワークの中で最も普及しているモデルである。グループSVは，個別SVの代用としてというより，補足するものとして，多くの場合用いられる。

③ ピアスーパービジョンモデル（The peer supervision model）

ピアSVは，任命されたバイザーに頼らない。すべてのスタッフが平等に参加するモデルである。バイザーとバイジーの間で，正規の個別SVはない。しかし，すべてのスタッフメンバーによるケース・カンファレンスがあり，同僚のコンサルテーションが行われるのが普通である。

④ チーム・サービス提供・モデル

チーム・サービス提供・モデルにおいて，バイザーはチーム・リーダーの役割を担う。チームで，仕事そのものの課題解決に取り組み，チーム・リーダーが，その成果を最終的にまとめることにはなるが，チームの目的は，その意思決定過程に参加することである。仕事の配置，業務の記録，そして専門性の向上に関する責任は，そのチームが負っている（Kadushin & Harkness 2002；Payne & Scott 1982）。

⑤ 自治的プラクティス・モデル（The autonomous practice model）

ワーカーがより自治的専門性を求めた運動と，専門職としてのソーシャルワークの成熟とは同時に進展してきた現象である。それは，専門訓練施設の創設，専門職倫理綱領の成立，専門職協会の設立のように，成熟過程で必然に生じる段階の一つである。

（4）相互関係過程・モデル（Interactional Process Models）

相互関係過程・モデルは，SVにおいてバイザーとバイジーの間に焦点を合わせたモデルである。ラッティングは，バイザーとバイジーの4つの相互関係パターンに注目する適応的SVモデル（adaptive supervision model）を提案した（Latting 1986）。このモデルによると，手段的行動（instrumental behavior）は管理的機能と教育的機能にふさわしく，他方，表出的行動（expressive behavior）は支

持的機能に対してより適切なものである。バイザーは，彼らの表出的行動において，プロアクティブ・モード（proactive mode），あるいはリフレクティブ・モード（reflective approach）を取ることができる。「プロアクティブ・モードにおいて，スーパーバイザーはワーカーの実践場面における態度と行動に影響を与えるよう試みる。たとえば，スーパーバイザーは，コーチング，理論の提供，ワーカーが話していない感情を言葉にする，ワーカーに援助に有益な資源や情報へ方向づけ，そして戦略的質問（strategic questioning）を行うであろう。リフレクティブ・モードにおいては，ワーカーが，その相互関係をリードする。スーパーバイザーは，バイジーであるワーカーを写す鏡となる。スーパービジョンにおいて，課題と過程への方向づけは少なく，ワーカーが彼あるいは彼女の仮説や行動の基本を，より理解することへと向けられる」（Latting 1986：20）。もし，バイザーがプロアクティブ・モードを取る場合は，バイジーを勇気づけ，あるいは共同していく行動をするであろう。他方では，バイジーがイニシアティブを発揮するよう方向づけ，それを要求していくというリフレクティブ・アプローチをバイザーはとっていくであろう。

（5）フェミニスト・パートナーシップ・モデル（The Feminist Partnership Model）

ソーシャルワーク・プラクティスの他の領域として，フェミニズム（feminism）はソーシャルワーク・SV に明らかな影響を与えた（Gross 2000；Parton 2003）。あるフェミニストは，伝統的ソーシャルワーク・SV・モデルに対し批判的であり，限りないスーパービジョン，管理的統制，そしてソーシャルワーク・バイザー－バイジー関係の権力ヒエラルキー（power hierarchy）を権力の家長モデル（patriarchal model）の表れとみている。

このように，スーパービジョンにおけるバイザーとバイジーの関係性，SV の焦点などは，どのモデルに依拠するかによって変化しうるものだと言える。

参考文献

Aptekar, H. H. (1955) *The Dynamics of Casework and Counseling*. Houghton Mifflin Company.

Gitterman, A. (1972) "Comparison of educational models and their influences on supervision." In Kaslow, F. W. et al. (Eds.) *Issues in human services* (18-38), Jossey-Bass.

Gross, E. (2000) Connected scholarship. *AFFILIA: Journal of Women and Social Work*, 15(1), 5-8.

Howe, K. & Gray, I. (2013) *Effective Supervision in social Work*. Sage Publications.

Kadushin, A. (1992) *Supervision in Social Work*, Third Edition. Columbia University Press. (Alfred Kadushin and Daniel Harkness (Fifth Edition) (2014). *Supervision in Social Work*. Columbia University Press.

Kadushin, A., & Harkness, D. (2002) *Supervision in social work* (4th ed.). New York: Columbia University Press.

Kasius, C. (ed) (1962) *Social Casework in the Fifties: Selected Articles, 1951-1960*. Family Service Association of America.

Latting, J. K. (1986) "Adaptive supervision: A theoretical model for social workers." *Administration in Social Work*, 10(1), pp. 15-23.

Munson, C. E. (2002) Handbook of Clinical Social Work Supervision, Third Edition. The Haworth Social Work Press, Inc.

Parton, N. (2003) Rethinking professional practice: The contribution of social constructionism and the feminist "ethics of care." *The British Journal of Social Work*, 33(1), 1-16.

Payne, C., & Scott, T. (1982) *Developing supervision of teams in field and residential social work*. London: National Institute for Social Work.

Pettes, D. E. (1967) *Supervision in Social Work: A Method of Student Training and Staff Development*.

Tsui, Ming-sum (2005) *Social Work Supervision: Context and Concepts*. Sage Publications.

Wonnacott, J. (2012) *Mastering Social Work Supervision*. Jessica Kingsley, Publishers.

（北島英治）

第Ⅱ部　スーパービジョンの理論と実践の統合化に向けて

第Ⅱ部　スーパービジョンの理論と実践の統合化に向けて

　第Ⅰ部では，スーパービジョンに関する理論や方法等，スーパービジョンの知識と実践との関係を概観した。第Ⅱ部では実践現場でのスーパービジョンの実際をその多様性から捉えていく。つまり，現在，福祉の現場でスタッフとして働いている人々の，スーパービジョンについての考え，形態，成果として得るものについて，実践の例を，現場の専門職からの報告を参照して概観する。

　対人援助の実践現場において，援助者は，クライエントや家族が抱える複雑な問題や課題が山積する中，対応に多大なエネルギーを費やして，解決や達成が困難な事例に取り組む努力をしているが，限界を感じたり，疲弊感にさいなまれているのが現状である。しかし，このような現状に対応することが業務でもある。

　ここではソーシャルワーク業務に焦点を当て，業務内容に変化があるのかどうかについて考えたい。まず，ソーシャルワークの定義およびソーシャルワークのグローバル定義について概観し，ソーシャルワーカーとして，誰が，その役割・機能，その目標達成を担っているのかについて明らかにする。

　2000年に国際ソーシャルワーカー連盟（IFSW）が作成したソーシャルワークの定義を，その後14年目にこの定義の改訂版として，ソーシャルワークのグローバル定義が規定され，この2つのソーシャルワークの定義によって現場実践の理論枠組みが定まったのである。

ソーシャルワークの定義

　2000年7月に国際ソーシャルワーカー連盟で批准されたソーシャルワークの定義を提示する。「ソーシャルワーク専門職は，人間の福利（ウェルビーイング）の増進を目指して，社会の変革を進め，人間関係における問題解決を図り，人々のエンパワメントと解放を促していく。ソーシャルワークは人間の行動と社会システムに関する理論を利用して，人びとがその環境と相互に影響し合う接点に介入する。人権と正義の原理は，ソーシャルワークの拠り所とする基盤である」（日本社会福祉士会ホームページ）。

　この定義では，ソーシャルワークが人間関係における問題解決を人間の行動と社会システムに関する理論を活用した援助と規定して，ソーシャルワークの範囲

をミクロ・メゾレベルに限っている。

ソーシャルワークのグローバル定義
　「ソーシャルワークは，社会変革と社会開発，社会的結束，および人々のエンパワメントと解放を促進する，実践に基づいた専門職であり学問である。社会正義，人権，集団的責任，および多様性尊重の諸原理は，ソーシャルワークの中核をなす。ソーシャルワークの理論，社会科学，人文学，および地域・民族固有の知を基盤として，ソーシャルワークは，生活課題に取り組み，ウェルビーイングを高めるよう，人々やさまざまな構造に働きかける」（日本社会福祉士会ホームページ〔http://www.jacsw.or.jp/01_csw/05_rinrikoryo/index.htm，2017年12月28日アクセス〕）。この2014年の定義では，ソーシャルワークは，生活課題に取り組み，ウェルビーイングを高めるよう，人々やさまざまな構造に働きかけることをその機能とし，ソーシャルワークをメゾレベルだけでなく，マクロレベルを含んだものとして規定したのである（https://www.jacsw.or.jp/01_csw/05_rinrikoryo/，2016.1.25，2016年9月26日アクセス，を参照）。

ソーシャルワーカーの果たすべき機能の変化
　これらの定義をみると，ソーシャルワーカーが果たすべき役割や機能が変化していることがわかる。2000年のソーシャルワークの定義では，その機能は緊急対応業務として問題を解決することであるとした。問題解決志向を援用し，クライエントとの面接では，「何に困っているのか，問題は何か」を尋ね，その解決をクライエントとともに取り組むことが求められた。クライエントにとっては，まったく新たな取り組み策を取り入れることで，問題を取り除くことができたのである。
　一方，ソーシャルワークのグローバル定義での機能は，人々の生活課題，「life challenge」と取り組むことであり，人が生きていく上での課題を達成することへの援助である。この定義に従えば，ソーシャルワークとは，面接技術としてクライエントに問題を尋ねることよりも，これまでの取り組みや工夫を尋ね，その

独自の取り組みを認め，さらなる積み上げのための援助である。これは，前向きでしかも，これまでの取り組みに加えるという足し算的な視点であることから，その相乗効果としてミクロから，マクロへと効果を出すことに焦点が絞られている。

　いずれの定義でも，ソーシャルワーカーには，創造性と想像性の力量が問われ，限界を理解した上での取り組みや工夫が求められる。その機能を遂行するには，専門職としての業務遂行が求められ，現場という組織からの認めやバックアップ体制が必要となる。そこにスーパービジョンの必要性があるといえる。

　そこで，第Ⅱ部では，ソーシャルワークのスーパービジョンである具体的検討課題を取り上げ，①スーパービジョンの説明，②スーパービジョンの効果，③スーパービジョン実施のための準備作業，④スーパービジョン体制の評価，⑤スーパーバイザーの悩み，そして，⑥スーパーバイザーとスーパーバイジーとの協働作業について，という6つの観点から現場で求められているスーパービジョン体制について考察する。

（福山和女）

第4章　スーパービジョンを説明するためには

　ソーシャルワーク・スーパービジョンを説明するには，その概念を整理する必要があろう。昨今の保健医療福祉サービスは量から質の時代へ，そして効果・効率性を求められている。利用者の抱える課題は複雑性，多様性を増し，それに対して専門職者であるソーシャルワーカー（以下，ワーカー）は，質の高い援助や支援を求められている。

　組織においても人材育成の必要性は認識されているものの，これまでの調査等（小原ら 2015）にも示されているように，組織内において，スーパーバイザー（以下，バイザー）の不在やスーパービジョン（以下，SV）の体制がないと認識されている場合がある。また，SV の効果については，個人的成長に焦点を当てているものから，組織内の業務遂行のためにバックアップをするとしているもの等，多岐に渡っている。これらは，ソーシャルワーク・SV（スーパービジョン）の捉え方の相違のように思われる。このような現象から，本章では，ソーシャルワーク・SV（スーパービジョン）の構成概念と定義を整理し検討する。

1　スーパービジョンの構成概念を明確にする

（1）スーパービジョンの現状と混乱

　わが国のソーシャルワークの実践において，SV（スーパービジョン）の重要性はこれまでも議論されてきたが，その実践は，自分が受けた SV の継承や組織内の上司のやり方を模倣することが多く，その枠組みやプロセスが明確でなかったといえよう。組織内において複数のワーカーを雇用する機関も増加傾向にあり，専門性の高いソーシャルワークを提供できる人材育成の量的確保やソーシャルワーク業務の質的担保が急務であり，実践現場の専門家に混乱が生じないように，本節ではまずソーシャルワーク・スーパービジョンの構成概念を明確にする必要

があろう。

　SV（スーパービジョン）の学問的発展は，精神医学，心理学，教育学，社会学及び社会政策と密接に関連しているが，その時代の社会的背景やニーズにより，SV（スーパービジョン）の目的，定義，倫理，内容，機能等は強調される側面や内容が異なる。わが国の社会福祉現場におけるSV（スーパービジョン）は，周知のとおり，教育・支持・管理的機能を発揮させることと認識されているが，その目的は組織よりも，むしろ専門職個人の業務遂行能力を向上させる教育訓練の方法であり，所属機関や施設の組織側の意識は困難事例に対し，即効的な成果を出す方法論的なものとして捉えられているなどさまざまである。

　また，現在の社会福祉の実践現場において，ワーカーは自信のなさや戸惑いを抱えながら，利用者の人生に関わる重みを実感し，支援を行っている。組織におけるSVがそのワーカーを専門職としての業務全般を遂行できるようバックアップし，ソーシャルワークサービスの質を保証するもの（福山 2005）である。ワーカーは専門家としてのアイデンティティを保持し積極的に実践できよう。同様にバイザー自身も戸惑いと不安の中で，試行錯誤しながらSVを行っていることや，組織内SV体制の構築は必要性が高いにもかかわらず十分な活用がなされていないこともしばしば見受けられる。

　また，組織においてSVの効果を発揮させることはリーダー的実践の重要な側面を担っており，特に中堅以上のワーカーは，バイザーとしての役割を課せられている。今や，SV（スーパービジョン）は実践には欠かせないものとして誰もが認識しているところである。しかしながら，その本質が何かについては，曖昧のまま重要性だけが強調されているのが現状である。ここではSV（スーパービジョン）の目的を，ワーカーが組織や機関の中で，適切な業務遂行の責任を果たし，支援の質を向上させることとする（福山 2005）。まず，SV（スーパービジョン）の概念枠組みの細目を提示することで，実践現場におけるSV（スーパービジョン）体制を十分に稼動させることにつなげ，ソーシャルワーク実践の質の担保を図る必要がある。組織レベルでのSV（スーパービジョン）体制の稼働例を以下に示す。

第4章　スーパービジョンを説明するためには

（2）病棟チームに共有されにくい組織のストレスをユニットスーパービジョンで考える

■領　域	精神保健福祉，地域福祉，児童福祉，高齢福祉，母子・父子福祉，家族福祉，法人・管理 国際福祉，身体障害，知的障害，生活保護，司法・矯正・更生保護，医療福祉
■形　態	個別，グループ，ピア，セルフ，ユニット，ライブ

1）はじめに——スーパービジョン課題

　2000年に創設された回復期リハビリテーション病棟（以下，回復期病棟）は，2015年現在，7万床を超え，今もなお届出数が増加している。この病棟の目的は，急性期病院から可能な限り早期に入院させ，集中的なリハビリテーション（以下，リハビリ）を実施することにより寝たきりを防止し，日常生活活動（以下，ADL）を向上させ，在宅復帰を推進することにある（石川 2013）。「社会保障制度改革国民会議報告書」では，急性期から亜急性期，回復期等まで，患者が状態に見合った病床で，その状態にふさわしい医療を受けることができるよう，機能分化した病床機能にふさわしい設備人員体制を確保する必要性が指摘されており[1]，回復期病棟はわが国の医療政策上，重要な位置を担っていることがわかる。

　しかし，一方で回復期病棟の課題も少なくない。当該病棟最大の使命ともいえる，患者のADLを向上させ，在宅復帰を促進するという，機能の最大の目的である在宅復帰率は，2008年度の69.8％に対し2014年度は71.6％と，ほぼ横ばいの状態が続いている。また，老人保健施設や長期療養型病院への退院も，2008年度の23.0％から2014年度は21.6％と，引き続き20％以上転院している事実がある。この要因としては，「再発による再入院，認知症や複合的な疾患の合併者の問題，老老介護や独居，高齢夫婦のみといったソーシャルハイリスク世帯の増加」等（宮井 2014：8-10）が挙げられる。これらは，ADL改善イコール在宅復帰という図式が成立しにくく，患者を取り巻く家族世帯の介護問題，住宅問題，貧困や困窮といった経済的社会的問題が背景にある。

　このような現状の中，2014年度診療報酬改定にて，回復期病棟入院料1の加算に社会福祉士（以下，ワーカー）の病棟専従が施設基準として設けられた。保健医

療領域で職務を行うワーカーは，厚生労働省から示された業務指針により，社会福祉の立場から患者・家族の抱える経済的，心理的・社会的問題の解決，調整を援助し，退院支援や社会復帰の促進を図る役割がある。[2] 患者・家族が自宅退院を希望する場合，ワーカーを含めた病棟内多職種チームで，さまざまな在宅生活への課題達成へ，一丸となって動くことが可能となりやすい。

しかし，施設退院を希望されたり，患者のADLや高次脳機能障害等の回復が難しい場合，また家族内に在宅介護や経済的，心理社会的課題がある際は，チーム内をまとめる方針が見出しにくいことがある。ワーカーは患者・家族と話し合いを繰り返し，施設選定支援をしていくが，そのプロセスは病棟チームと共有することが難しく，退院日だけが焦点となりやすい。これらのことにより，ワーカーが病棟内多職種チームという組織の中で，ストレスを感じやすく孤立しがちな現状がある。

2）スーパービジョン事例

① 事例概要

医療法人A会は，回復期病棟を中心とした病院機能だけでなく，訪問看護ステーションや通所リハビリテーション，行政からの委託事業である地域包括支援センター等，在宅医療介護の事業所を併設する医療機関である。法人A会のミッションは，急性期後の医療から在宅生活への良質な橋渡しをすることを目的としており，医療福祉の複合的サービス体系を有している。

ワーカー部門は，9名のワーカーが病棟専従として業務を担っている。

本事例はその病棟専従ワーカーの1人である上田ワーカーの，ワーカーミーティング内での相談である。なお，本事例においては事実を曲げることのない範囲で加工している。

A会回復期病棟は，年間約400名の入退院のうち，75％が自宅へ退院するものの，患者の身体状況，家族や地域を含めたサポート体制構築の難しさにより，介護保険施設や高齢者住宅等の自宅以外へと退院される人も25％存在する。昨今の施設種別の多様化，増加により，施設入所への待機期間短縮が図られてきている。ワーカーは施設退院者についても，自宅退院する患者と同様に，次の生活の場に合わせた十分な準備をした上で，納得感の高い退院支援が必要と考えている。しかし，患者・家族・施設との相談窓口になっているワーカーと，医師・看護師・

第4章　スーパービジョンを説明するためには

セラピスト等の担当チームの中では，施設についての知識や情報量の違いがある。また，身体機能面からアセスメントし，退院時期を決定したい医療職と，本人・家族の心理社会面からアセスメントし，退院選定や日程を調整したいワーカーの支援方針の違いもある。クライエントの事を中心に考えてはいるものの，統一性に欠けた退院計画や，それによる準備不十分の状況で施設退院となっていることがあり，互いに不全感とストレスを持つという課題が存在していた。

上田ワーカーがワーカーミーティングで提議したことをきっかけに，ソーシャルワーク部門から回復期病棟へと発信し，施設退院者についてもチームで取り組む退院支援が行えるようになった。本事例は「組織ストレス」における「ユニットスーパービジョン（以下，ユニットSV）」に適合していると判断したため，ソーシャルワーク部門長というスーパーバイザー（以下，バイザー）の立場からプロセスを振り返り，以下，本事例について考察する。

②　スーパービジョン目的・機能・手段

ソーシャルワーク部門のSV体制は，1病棟2名の専従ワーカーを配置し，経験の浅いワーカーと中堅ワーカーを組み合わせて業務を行っている。日々のケース支援に対するミクロレベルのスーパービジョン（以下，SV）だけでなく，担当病棟内のチーム協働や連携から生じるメゾレベルの課題についても，病棟ごとのワーカー内で随時実践されている。一方で，中堅ワーカーがSVをするに当たり，ワーカー部門の管理者に，承認や支援が必要な場合は，中堅ワーカーや管理者が上田ワーカーにSVを行う体制を整え，2段階のSVシステムを設けている。

また病院のソーシャルワーク部門としては，毎朝15分程度の部門内打ち合わせを行い，昨日の振り返り，部門として共有したい事柄などを話し合っている。さらに週1回45分の時間を設け，ケース支援での悩みだけでなく，病棟内の多職種との関わり，事務部門などとの連携の課題についても，話し合うミーティングがある。法人A会ワーカー部門全体としては，月に1回グループSVを行い，事前に決められたワーカーが事例を提出し，その事例に基づくケース検討やエバリュエーション（評価）を目的とした支持・教育的なSVを実施している。

初任者ワーカーと中堅ワーカー，中堅ワーカーとソーシャルワーク部門管理者という個別SVにて行う管理・教育・支持的SVだけでなく，ワーカーミーティングという朝礼等を通して行う管理SV，事例検討会といったグループSVを通

し，重層的な SV 体制を構築し，ワーカー一人ひとりのスキルアップと，部門としてのバックアップ機能を合わせ，質の保障を担保している。

③　スーパービジョンプロセス

前述した施設退院支援への組織的ストレスを踏まえた課題について，ソーシャルワーク部門内で週1回のミーティングの場を用い，管理職及び他ワーカーからなるユニット SV を実施し，この課題達成に向けた取り組みを開始した。

最初は，この課題が特定の1病棟の問題現象なのか，他の病棟も同様の課題を抱えているのか，現象を把握し共有することであった。そこで，ミーティング内で上田ワーカーが今の抱えている悩みを相談課題として提議し，他の病棟での状況も明らかにするため話し合いを行った。その中では，「退院支援の進捗状況を，病棟内の担当スタッフに伝えていても，その担当チーム内で共有されず，他の担当スタッフからどうなっているのかを尋ねられる」「全部の職種にワーカーが伝えていくのは困難である」「施設退院方針になると，他職種からは私たちは何をすれば良いか，ワーカーが決めて教えてくれないと，施設退院支援のリーダーはワーカーと捉えられてしまうことが多く，そこからの指示待ちなり，チームで支援していくという意識が低くなり，ワーカー1人が行うような孤独感をもってしまう」「身体的にはすぐに施設退院できるとのアセスメントであっても，患者や家族のどちらか，または両者共に，まだそのような気持ちになっておらず，経済的・社会的問題からすぐに施設見学や申請へと進むことができないこともある。それを病棟と共有できにくい」等の発言が聞かれた。この課題は，どの病棟にも発生していることがわかった。

ソーシャルワーク部門として，これは1病棟特有の問題ではなく，病院組織として取り組むべき課題ということを明確化した。次に，どのような手順を踏んで，ソーシャルワーク部門と病棟が施設退院支援を協働できるかについて，SV を行った。退院への進捗状況が共有されない課題に際しては，施設支援フローシートを作ることで，ワーカー・病棟チームだけでなく，患者・家族も次にどのようなことをしていけば良いのかが可視化され，わかりやすくなっていくのではないか，という提案が出された。また，施設といっても今は介護保険3施設だけでなく，住宅型有料老人ホーム，サービス付き高齢者向け住宅・小規模多機能型居宅介護等，さまざまな形態がある。それらの機能や入居実態を他職種が適切に理解

していないと，場所や費用だけで施設選定はしていないワーカーとのズレが生じてしまうため，他職種と合同で各施設を見学するということも発案された。

　そこで，ソーシャルワーク部門管理者は上田ワーカーに対して，彼女が抱えている課題を，部門全体の課題として位置づけ，病棟の主治医・看護師長・セラピストリーダー等に投げかけ，彼らもどのように考えているか，意向を確認していくよう指示した。上田ワーカーを通して，彼らは看護師・セラピストの経験年数等によって，身体機能面に着目しがちな者，在院日数にこだわりすぎている者，患者・家族の希望に沿いすぎている者等それぞれメンバーには特徴があることを認めた。その上で，ワーカー一人ひとりからも施設退院支援やチームとの協働に際して，患者中心とした支援を実践していることは認めるが，患者・家族とチームとの立ち位置に，多少の偏りがあることを自覚する必要があるという，統一的な見解を提示してきた。

　ユニットSVでは，病棟他職種もそれぞれ支援の傾向が異なっていることだけでなく，ワーカーも特徴や偏りがあるとの指摘について，話し合いを行った。

　「病棟主治医等のリーダー職員は，病棟内の専門職一人ひとりを公平に見ようとしてくれていたことがわかった」「施設退院となると，ワーカーだけがやらなくてはいけないことのように，少しかたくなになってしまい，それで余計にストレスを感じていたかもしれない」等という発言が聞かれ，互いに課題を認識し，改善していく必要性のあることを確認した。そこで，ソーシャルワーク部門だけでなく病棟チーム全体で，施設退院へのフローシートを作成し，多職種合同施設見学を定期的に実施することが決まった。

　④　スーパービジョン成果

　上田ワーカーがプロジェクトリーダーとなり，施設退院支援シートを作成した。もちろんソーシャルワーク部門だけでなく，各職種にもプロジェクトに入ってもらい，病棟チームからの意見を取り入れ，一部患者・家族からも意向をヒヤリングし，さまざまな視点から作り上げることができた。ある家族から「いくつか施設を見て回るので，費用やケア体制など共通に質問する項目はすでに記載してあって，さらに個別的に聞きたい項目はあらかじめ家族が書いておいたり，施設の人から教えてもらったことを書き留めたりできる欄があると良い」というアドバイスを受け，シートに組み入れた。この結果，回復期算定期限を超えても退院

できない方の人数が減ることとなり，患者・家族に対する退院時アンケートでも施設退院について，十分な意向を取り入れてくれた等，積極的な評価が増えるようになった。

また，多職種合同見学会については，ワーカー以外の職種からどのような施設を見に行きたいか，施設見学に行きやすい時間帯等アンケートを取るところから始め，参加しやすく希望の多い施設から見学に行くこととなった。見学会の中で，施設は回復期病棟よりも看護師やリハビリのセラピストが少ない中で，ケア職を中心に1日の行動にメリハリをつけた生活リハビリを取り入れていた。実際に回復期に入院していた時よりもさらにADLが向上し，自宅退院間近の元患者に会う機会もあった。見学会を通して，患者の人生は回復期以降も，連続性があり繋がっていること，サービスや接遇面等は自分達も見直すべきところがあること等との意見交換がなされるといったさまざまな交互作用が見受けられたので，この合同見学会は病院組織の取り組みとして，定期的に毎月1回実施されることが決まり，現在も継続されている。

3）考　察

この施設退院支援について，ソーシャルワーク部門内ユニットSVによって明らかになったことは，自分たちの業務の中で孤独感や疎外感をもつことが，組織内ストレスにつながりやすいということであった。そして，この孤独感・疎外感が強くなっていくと，病棟チームの他職種とのコミュニケーション不足に陥り，何気ない一言を過剰に受け止めてしまい，よりストレスを強く感じる負のスパイラルへと転化していくことも明らかになった。

これは，中堅ワーカーと初任者ワーカーとの個別SVだけでは改善しにくく，問題をミクロからメゾレベルへと引き上げ，当部門と病棟部門という組織間の課題として取り上げることで，解決の一助となることがわかった。そこで，活用できるSV形態が，部門内で実施しているミーティングである。多くの当部門では，定期的に部門別ミーティングを開催していることであろう。そこでは，日々生じているワーカーにまつわる問題を共有し，改善を図っている。しかし，部門別ミーティングを，ユニットSVという位置づけで行っている認識を，構成員であるワーカーが全員等しく持ち得ているであろうか。

ユニットSVは，ソーシャルワーク部門長であるバイザーと，問題を提起した

第4章　スーパービジョンを説明するためには

スーパーバイジー（以下，バイジー）の2者間のやりとりを，他のワーカーがオーディエンスとなって見ているような，ライブSVとは異なる。周りのワーカーも一緒になって，この問題について考え，意見し，バイジーを支えていく。もちろん，周りのワーカーも新たな知識や考え方を習得できる教育的SVにもなり，部門全体で問題に取り組み，課題を解決していこうというプロセスを経て，相互の支持的SVにつながる成果も期待できる。これらのメリットを享受できる体制を，部門長は部門内に作り上げる責務を担っていると考える。

　本事例を振り返ると，上田ワーカーが病棟のマネジメントを行っている主治医・看護師長・リハビリリーダーに，ソーシャルワーク部門として感じている課題を投げかけ，そこからの見解をどのように解釈し，次へと展開させていくかがSVにおけるアセスメントポイントであった。病棟マネジメント職からは，各看護師・セラピスト自身も，身体機能面に特化しすぎる者，在院日数をこだわる者，患者・家族の希望に沿いすぎる者等のさまざまな特徴があることを認めていた。その一方で，ソーシャルワーク部門に対し，ワーカー一人ひとりも施設退院支援やチームとの協働に際して，患者を中心とした支援を実践していることは認めるが，やや偏りがあることを自覚するようにという見解も示されている。

　当初は，施設退院についてはワーカーだけが業務を遂行しないといけない，さらには回復期の期限内に退院させることも，ワーカーの能力と思われてしまっているという意識があった。チームで取り組む退院支援ができにくい分，自宅退院よりも施設退院をネガティブに捉え，それを単独で実践することの孤立感，ある意味では被害意識をも抱えがちな状況であった。そこで，他の職種もワーカーも同様に課題があると評価されたことを，どう考えるかユニットSVでも話し合った。

　上田ワーカーだけでなく，それぞれのワーカーがクライエント中心で支援をしながらも，病棟チームを含めたすべてのステークホルダーに対して，バランスや調和のとれた支援ができにくいことは感じていた。また，患者・家族と別々に面談し，それぞれの意向を踏まえながら，統合的なワーカー支援を実施しているが，その意味や重要性までは，チームへ発信・共有しきれていないこともわかった。つまり，努力している側面と，まだ十分にはできていない側面の両方の評価を，自分たちでも認識した。そのような中で，他職種はわかってくれないと，やや批判的に受け止めていた事実も共有できた。このようにユニットSVとしてワー

55

カーが経験してきた業務プロセスを振り返り，自分たちも頑張っているところを認めてもらっていたことを認知し，まだ足りていない部分を改善していこうという，前向きな行動に発展していったことは大きな成果である。

　経験をどのように活かし，学び，成長する組織にしていくか，重要な要素は評価といわれている（Obholzer et al. 1994＝2014）。評価を正式なシステムに組み入れることで，組織がより良くなるための，建設的な機会となる。そのために，方法と過程の両面からユニットSVをシステム化することは，意義のあることであろう。ソーシャルワーク部門の構成員すべてで同じ課題に取り組み，交互作用を繰り返すことで，部門とそれぞれのワーカーが成長していく。このことが，ユニットSV実施の成果ともいえる。これらのSV体制を強化させることが，組織内ストレス軽減や課題解決の一助となり，良質なクライエント支援にも反映できることを，強く感じた事例である。

4）今後の取り組み

　医療機関のソーシャルワーク部門は，多職種多部門からなる縦と横が複雑に組み合わされたマトリクス組織の中で日々仕事をしている。また，そのような組織の中では，職種ごとに役割遂行を発揮することが求められ，個々の患者支援における専門家同士の意見交換や協働だけでなく，職種ごと・部門ごとといった組織間の話し合いを繰り返しながら課題を解決していく。患者支援や組織間の連携における，乗り越えなければいけない課題としては，患者や家族に提供されている情報が非対称である課題，患者や家族を意思決定者だとみなしにくい医療者の認識不足，求められている多様なニーズに対する連携不足が指摘されている（梶谷 2009）。

　これらの諸課題は，一つの医療機関に限ったことではなく，普遍的な課題であろう。ワーカー部門にとっても同様の課題に直面していると考えられ，解決策の一つとしては，ユニットSVを含めた職場内SV体制を，病院の中に定着できるよう，個々のワーカー部門が努力をし続けることが必要である。

　一方では，各病院のワーカー部門も，そこでの構成人数や部門開設からの歴史，求められる役割などさまざまなものがあり，SV体制構築の発達段階も一様ではない。であるならば，各地域内で事例検討会や組織運営についての話し合いのできる，各地域内SV（コンサルテーション）体制を作るのはどうだろうか。すでに地域内SV（コンサルテーション）体制が敷かれている先進地域もあると思われる

が，筆者の知る医療機関の地域内でも，その試行は始まったばかりである。これらの取り組みを今後の課題としたい。

2　スーパービジョンのイメージと概念をつなげる

（1）スーパービジョンの概念を考えてみる

　スーパービジョンについて，Encyclopedia of Social Work（20th 2010）では，ソーシャルワークにおいてもソーシャルワークプロセスにおいても中心であるとされているが，わが国においてはその必要性が認識されてはいるものの，実践現場ではあいまいな部分が多く，定着するには至っていない。スーパービジョンのコンテクストには，スーパービジョンの歴史的背景，制度政策からの影響，組織におけるスーパービジョン体制の意義の明確化，スーパービジョンにおける倫理的配慮，スーパービジョンにおける資源，スーパービジョンにおけるシステムのダイナミックスの理解，そしてスーパービジョンの様式，形態等を含める必要がある。スーパービジョンの理論化の貢献者であるカデューシン（Kadushin et al. 2014）は，スーパービジョンの定義には，機能や目的，ヒエラルキー上の位置，間接的サービスとしての機能，相互作用のプロセスを含める必要性を説いている。ソーシャルワーク・スーパービジョンの発展は，社会の動向，制度政策，ソーシャルワークの役割・機能や組織の運営管理に影響を受け，その焦点は時代とともに変化してきた。たとえば，スーパービジョンの創生期にあたるCOS活動の時期には，ボランティアの仕事の管理を有給職員が行っていることから，管理的側面から，教育，サポートに重点が置かれていた（Tsui 2005）。

　1930年以降の精神分析理論の影響を大きく受けて，スーパーバイザー（以下，バイザー）とスーパーバイジー（以下，バイジー）の関係性を重視し，それを理解するとともに，スーパービジョン（以下，SV）が治療上の性質を呈してきた。その関係性の中で，ケースワーク実践の支持を図り，それに対しての省察がSV（スーパービジョン）の役割であった。その後，1980年代の管理主義の進展とともに，アカウンタビリティとパフォーマンスマネジメントが重視され，コンプライアンスの徹底と，業務の遂行と管理がソーシャルワークにも課せられるようになり，管理的機能面の力点が置かれるようになる。これに対して，1990年代から今

日まで，より SV（スーパービジョン）で生じる情緒的心理的側面や教育的側面，省察等を盛り込むことの必要性などが問われてきた（Morrison 1993）。

SV（スーパービジョン）の概念を，イギリスのソーシャルワークに関するガイド（Skill for Care/CWDC）では，SV（スーパービジョン）に「アカウンタビリティ（説明責任）」の概念を組み入れ，サービス利用者の成果に結びつく支援ができ，バイジーの成長を促すことを SV（スーパービジョン）の目的の一つとして組み入れ，SV（スーパービジョン）は合意された目標と成果を達成するための仕事の質を高めるものであり，個別，グループ，チームによって行われるとされている。ここでは，運営管理，専門家としてのケースに対する SV（スーパービジョン），継続的なプロフェッショナル開発を SV（スーパービジョン）の機能としている。カデューシンは管理，支持，教育を SV（スーパービジョン）機能としているが，バイザーを資格のある SW であり，バイジーの業務に関する「アカウンタビリティ」をもっているので，業務遂行を指示，調整し，バイジーの業務の質を高めそれを評価する権威を委譲されており，究極的には，間接的にではあるが，クライエントに対して量・質ともに可能な限り最善のサービスを提供することとして，バイザーを通して提供されるサービスのレベルに間接的に影響を及ぼすとしている。このように，SV（スーパービジョン）は単にスタッフの養成だけではなく，その目的は多岐にわたっている。

Richards, Payne, Shepard（1990）は SV（スーパービジョン）の3機能に仲介機能を加えている。同様に，Morrison（2005：5）は SV（スーパービジョン）を「特定の組織的，職業的，個人的な目的を達成するためにサービス利用者にとって最良の結果を促進するために，スタッフが他のスタッフと協力して責任を負うプロセス」であるとして，以下の4つの機能を示している。

1．有能な責任あるパフォーマンス（管理的機能）
2．継続的な専門的開発（教育的機能）
3．個人的なサポート（支援的機能）
4．個人と組織のかかわり（仲介機能）（Morrison 2005：32）

また，ワナコット（Wonnacott 2014）は SV を，計画された1対1の SV（スー

パービジョン）やミーティング等のフォーマルなものと業務の合間等に行われる単発のSV（スーパービジョン）や臨機応変に行われるインフォーマルなSVがある。

　SVの構成概念は，時代の要請とともにその視点，強調点，目的などが異なると同時に，SVの機能的側面，理論的側面，構造的側面，実践過程の側面等，研究者によって強調する側面が異なる。また，SV体制を組織内で規定しておかなければならないことから，それらは異なる。すなわち，自分の職場組織の実行可能なSVの組織内外（体制）システム，SVの概念の機能，SVの焦点，SVの目標，SVの時間枠組み（単発，継続性，時間配分），SVの形態，SVの専門職性（同質性，異質性），SVの倫理的側面，SVの評価とその方法を，それぞれの組織が各々の独自性を活かして，SV体制を構成する要素の定義づけをする必要があろう。

（2）スーパービジョンの定義を考えてみる

　SV（スーパービジョン）がわが国に導入された頃は，「supervision」をそのまま訳して，「監督」と称していた（鑪ら2001）。しかし，Merriam-Webster's辞典を見ると，「何をしているか，何かが行われていることを見て指揮する行動やプロセス，又は，何かを監督する行動やプロセス」となっており，ただ単に，監督，指示をすることではなく，一連のプロセスが存在することがうかがえる。近年では，このSVが重要であると認識されているにもかかわらず，幅広い専門領域の中では，その捉え方が若干異なっている。臨床的SV，家族療法のSV，マネジメントSV，カウンセリングSV，コンサルタントSV等，間接的にソーシャルワークにかかわるSVだけでも多岐に渡っている。このようなさまざまな種類のSVが存在しているが，その主な違いはバイザーが実施するSVの中に，管理的責任の持つ程度が異なることである。バイザー自身が管理システムの一部になっており，バイザー自身は自らが管理的機能を担っており，ソーシャルワークの行動規範と倫理綱領，若しくは職場内のソーシャルワーク部門の基準を遵守させるための役割になっていることを自覚する必要がある。

　SV（スーパービジョン）は，一般的に，3つの機能として管理的機能，教育的機能，支持的な機能，それ以外の機能を加えて，各人がイメージしている。バイザーは「管理システムと専門的実践システムの双方のシステム間のそれぞれの重要な要素と2つのシステム間の不可欠な連動に役割がある」（Bunker & Wijnberg

1998：11）としている。すなわち，バイザーの役割は単に機能だけではなく，システムの中に組み込まれ「組織的管理」の中に存在することが述べられている。特に成長過程にあるソーシャルワーカー（以下，ワーカー）は，日々の業務に多くの戸惑いや不安を抱えながら業務遂行している。欧米のソーシャルワーク SV（スーパービジョン）定義は，本書の「第2章の1(2)ソーシャルワーク・スーパービジョンの定義」を参考にされたい。以下，わが国のソーシャルワークの歴史とともにどのように SV（スーパービジョン）が捉えられてきたのかを検討してみる。

（3）わが国のスーパービジョンの変遷と定義を考えてみる

わが国においては，デッソー（1970）は SV（スーパービジョン）を実践力の養成訓練が目的と捉えており，ワーカーの実践力を高めることを第一義的目標としている。大塚（1979）は問題解決のための効果・指導・助言による支援を目的として捉えており，ワーカーの問題解決能力を高めることを目標としている。仲村（1985）はワーカーの社会化として，成長と成熟を目指すものとしている。福山（1985）は，学習ニーズと熱意をサポートする教育的援助過程として捉えており，その目的はワーカーの学習ニーズや熱意が目標の対象となっている。岡本（1985）は自己統制レベルの向上を目指し，技術訓練，自己覚知や自己の発達のみならず，管理的側面を示している。しかし，専門性を高めることを第一義的目標としている。これらを概観しても，それぞれの定義の意図は専門家養成のための教育的視点が主であることがわかる。

それは，わが国において専門職の育成と訓練に焦点がおかれていた時代といえよう。前述したとおり，1980年代になると，欧米では，管理主義の進展とともに，SV（スーパービジョン）も組織的責任を持って管理することでクライエントの利益を守る間接的な援助として重要な方法の一つであると捉えられている。一方，わが国においてはとりわけ，1990年に社会福祉関係八法改正により，社会福祉関連の法律の抜本的見直しが行われ，福祉の視点は施設から住み慣れた地域へと移行し，在宅ケアが主とされる支援体制の必要性が明示され，地方分権化が進み，財政上も自治体の自律性が問われるようになり，ソーシャルワークの支援そのものが財政と直結して問われるようになった。この時代は，SV（スーパービジョン）も管理的な側面が徐々に注目を浴びるようになった時期でもある。2000年以降は

第4章　スーパービジョンを説明するためには

ソーシャルワークの領域が司法，医療，学校まで広がり，ソーシャルワークの領域拡大は社会問題といわれるものが，多様性複雑性を帯び，それに対応する者はワーカーであり，ワーカーが他の専門職と協働して人々の生活を支えていく専門家として，その力量が試される時期である。

　前述した福山（2005）は，その後，SV（スーパービジョン）は専門職が組織内で援助・支援業務を実施する上でのバックアップ体制であり，それは組織から確認作業を通してなされるものと規定している。そのダイナミズムは保健・医療・福祉システムの中でワーカーが業務を遂行するために，SV（スーパービジョン）システムは重要であるとしている。奥川（2000）はソーシャルワークにおけるSV（スーパービジョン）は目に見えない動きの世界のダイナミズムを読み取り，対応する，それを伝達可能な方法で言語表現していく人材を養成する，すなわち「臨床の知」（奥川 2007）を伝達していくことを強調している。SV（スーパービジョン）を活用し，臨床実践に照らして知識・技術を学習していく過程として，援助者のサポート，よりよい援助と失敗の予防，援助者の査定，業務範囲や責任の明確化を助け，クライエントと援助者の状況を把握するとしている。渡部（2012）はSV（スーパービジョン）を単に技術として捉えるのではなく，さらに「監督・指導」の意味で使われるものでもなく，援助者の力量を高めることにより，その先の地域や施設に生活している利用者と家族の支援の質の向上につながるミクロ・メゾレベルでSV（スーパービジョン）をとらえている。

　塩村（2000）は，SV（スーパービジョン）の展開過程を重視し，必要十分な技術が必要として，クライエント，バイジー，バイザー，カウンセラーのそれぞれの役割を明確にし，その関係性とその機能を発揮できるようにすること，さらに，バイジーのアセスメントを行い，その特性を活かしたSVを展開することを示している。新保（2005）もまた，バイジーであるワーカーの能力を活かし，実践に活かせるSV（スーパービジョン）の必要性を述べている。

　これらを概観すると，わが国の場合，すでに多くの研究者がSVの定義を示しているが，その目的は，専門技術の訓練から，専門家としての養成，支持・支援と多岐に渡っており，その手段は専門家としての訓練，教育，指導，助言，管理など多様に捉えられてきた。これらの定義はそれぞれ個人的，組織的，社会的側面を含んでいるが，研究者によってその強調点が異なっている。それは，各研究

者が捉えている SV の概念の相違によるものだと考える。また，それぞれの実践者や研究者の用いている理論によっても異なっている。SV（スーパービジョン）の定義は方法論から規定されているので，それぞれの定義をその基盤となる理論が何であるのかを検討しなければならない。SV を行う際にバイザーとバイジーで用いる定義に相違があれば，効果的な SV は成り立たないかもしれない。

（4）新たな分野へ職場移動した中堅ソーシャルワーカーへの介入困難事例に向き合うためのスーパービジョン

■領　域	精神保健福祉，地域福祉，児童福祉，高齢福祉，母子・父子福祉，家族福祉，法人・管理 国際福祉，身体障害，知的障害，生活保護，司法・矯正・更生保護，医療福祉
■形　態	個別，グループ，ピア，セルフ，ユニット，ライブ

1）終結期におけるスーパービジョン体制の提起

　地域包括支援センターは，高齢者が住み慣れた地域で暮らし続けることができるように，包括的および継続的な支援を行う地域包括ケアを実現することを目的として設置された。地域住民の長期ケアニーズに対応する地域包括ケアシステムの拠点として多様な業務を負う。介護予防ケアマネジメント事業，包括的・継続的ケアマネジメント支援事業，ワンストップサービス窓口としての総合相談支援事業と地域の高齢者の実態把握，虐待防止を含む権利擁護事業等を保健師等，社会福祉士，主任介護支援専門員の3職種からなる少人数の職員体制で担う。各専門職の知識や技能を互いに活かしてチームで活動し，地域の関係機関や住民とともに社会資源の開発やネットワークの構築を行う。

　また，地域包括支援センター発足時，高齢者の尊厳保持を実現するため高齢者ケアモデルの転換がなされた。従来の身体介護モデルに認知症介護モデルが，家族同居モデルに単身モデルが加えられた。さらに，これまでの要介護状態に陥ってからの事後的対応のしくみに予防や早期発見に努める事前的対応のシステム導入が図られた。

　こうした新しい役割を果たすためには，職員全員の意識変革や対応力の向上が

重要である。各職員はさまざまな経験を経て地域包括支援センターに集まっているが，この新しい取り組みを協力して行うために，業務の考え方や方法について十分に確認し合う必要がある。各センターは定期的に会議を開き，受け付けた相談や依頼について，課題は何か，どのような対応をするか確認して担当者を決める。また，担当者は業務の進捗状況を報告する。各センターがスーパービジョン（以下，SV）体制の必要性を認識し，体制づくりに努めている。しかし，職員の異動も多く，その定着には時間を要している。

本項では，地域包括支援センターに中堅の新任ソーシャルワーカー（以下，ワーカー）を迎えて1年をかけてSV体制をつくった過程を考察する。なお，本事例は事実を曲げない程度に加工している。

2）スーパービジョン事例
① 活用の準備期

他の保健医療機関で相談の経験を持つ新任ワーカーの緒方さんは，介護予防ケアマネジメントの手順等は順調に理解し，間もなく多様な相談の担当をするようになった。しかし，依頼内容が不明確な相談や介護保険サービスにつながらないケースの支援はいつの間にか途絶えていた。また，それについて相談や報告はなかった。スーパーバイザー（以下，バイザー）である江田さんが緒方さんに報告を求めると，「何をお伝えすれば良いですか？」「毎回報告しなくてはいけませんか？」との質問が返された。江田さんは支援の方針確認を必要な時には相談してくれるだろうと思って，新任者であるのに任せたままにしていたことを反省して，以下のように話した。地域包括支援センターは多様な機能を求められているが，まだ歴史も浅く，実績も少ない。有効な支援を積み重ねるためにセンター内で報告し合い，明確化し，共有しましょう。

緒方さんから以下のような中断している2事例の報告を受けた。

一例はインスリン注射を適切に打てなくなって病状が悪化し入院した母親の退院を控えて，高齢の父親が一人で介護するので心配だという家族，米山さんの電話相談を受けた。退院後連絡して訪問しようとしたが，父親は何も困っていない，相談することはないと言う。娘に連絡をしてもつながらず，折り返しの電話もない。家族の連絡を待って数カ月経過したということだっ

た。

　もう一例は，ショートステイ施設から，入所者の山田さんの背中のあざが，転んでできたという家族の話と合わない傷なので心配だという通報を受けた。担当のケアマネジャーに問い合わせると，家族には決して悪気があるわけではなく，山田さんが外に出て行こうとするのを止めようとしてできた傷だと思われる。息子さんは「おじいちゃん」扱いされる施設には預けたくないと言って連れ帰ったほど，社会的にも家庭内でも立派だった父親の尊厳を守りたいという介護に熱心な家族である。虐待と言われるのは心外だろうとのことだった。実際訪問すると，山田さんの息子さんは昼間働いているにもかかわらず，夜間外に出て行こうとする父親に付き添ったり，息子さんの妻も夫が仕事から帰るまで義父に声を掛け，食事を勧め，見守っている。その中で山田さんの息子さんは山田さんを施設に預けたいとも考えず，できる限り自宅で家族が世話をしたいと言う。

　緒方さんは2事例とも今以上の指導や支援の必要性はないと考え，援助介入していないとバイザーの江田さんに言った。

　「困るという自覚がなく，本人家族から相談のない事例への介入は難しい。しかし，熱意のある家族のケアにも虐待は起こりうると言われている。家族の力で介護したいと言って重い認知症状のある高齢者を一人で抱え込み，不適切なケアに至るという事例もある。虐待のおそれのある時，家族を指導するのではなく，社会的な支援の不足のサインと捉えて私たち支援者が支援を見直す契機とするのが高齢者虐待防止法の考え方である」とスーパーバイザーは話した。すると，緒方さんは「虐待の事例を担当する時，どのように対応したらいいかは教えてもらっていません。初めて経験することなのだからすでに担当されている方から教えてほしかった」と言った。確かに事前に説明をしていなかったこと，これまでの経験を伝える仕組みを持っていないことにスーパーバイザーの江田さんは申し訳ない気持ちになった。これまでのやり方を見直し，今後SV体制を意識して業務を進めることを新任の緒方さんと確認した。

② スーパービジョンの展開期

担当地区の訪問活動中に気になった高齢者がいたと，民生委員から連絡を受けた。88歳男性の秋田さんは公営住宅で一人暮らしをしている。時々買物に出かける姿は見ていたが，今回自宅を訪ねると，どこで食事をしているのかもわからない乱雑な室内に袋の口の開いたパンがいくつも置きっ放しで，薬も散乱していた。近所に住む娘さんが毎日会社帰りに寄って夕食を共にするため買物をして待っていると言うが，娘さんが来ているとは思えないということだった。

秋田さんが通っている医院からも，血圧が高いが，通院も服薬も守られない。以前血圧が非常に上がって頭痛を訴えて受診した時，秋田さんから娘さんの会社の名前を聞いて連絡を取り，要介護認定申請を勧めたが，「父は呆けていないので介護保険サービスはいりません」と断られ，それ以上話を進められなかった。地域包括支援センターにも支援してほしいと依頼された。

ケース担当にあたって　新任SWの緒方さんが担当し，バイザーの江田さんが支援する体制を確認した。江田さんは，この依頼をネグレクトもしくはセルフネグレクトの通報として捉えると説明した。そして，緒方さんのアセスメントについて相談した。

緒方さんは，訪問して秋田さんに会うことを予定していた。訪問しても拒否されるのではないか，家に入れてもらえるだろうかという心配はあるが，不信感をもたれないように，まず顔見知りになろうと思うと言う。次に，娘さんに連絡を取ることを予定していた。病院からの情報によると娘さんは秋田さんの物忘れに気づいてもいないようである。秋田さんを訪問する中で動機付けのない家族へのかかわりのきっかけもつかみたいということだった。

秋田さんを訪問するが支援の糸口が見出せない　「あなたはどこの人？」「この辺にあるの？」「聞いたことあるような気がするね」「でも自分で買い物にも行っているし，相談することはないよ」「何かあれば病院でするよ」「病院に行って薬ももらっているよ。身体全部良くする薬だよ」「銀行だって自分で行っているよ。娘の貯金だってしているんだ」「ぼけないように100-2, 98-2……って計算したり，ハンサム，ビューティフルってイングリッシュを使ったりしているよ」等，「相談はない」と言いながらとりとめないおしゃべりをする。

その後訪問を続けたが，担当者の顔を覚えられない。毎回，「どこかで見た顔

だね」「ハンサムだね」「娘が来るから夕食の買い物に行く」「娘が食物を買って毎日来るから大丈夫」「薬はのんでいるよ」と同じ話を繰り返す。今言ったことも忘れてしまう。家の方向も迷う等認知症はあると思われる。しかし，歩行は安定しており歯もそろっている。耳も目もよく身体的には問題ない。秋田さん自身，困ることはないと言う。

一度だけ自宅内に入る機会があったが，時計は止まっており，テレビは旧式のブラウン管，薬も置き放しにされており服用しているようには見えない。本当に毎日娘さんは来ているのかわからない。地域包括支援センターのかかわりを知らせ，連絡を請う娘さん宛の手紙を作り，秋田さんに渡すよう依頼したり，玄関に置いてきたりしたが娘さんからの連絡はない。夜や土曜日に電話もしたが，秋田さんが出て，まだ来ていないと言う。娘さんと連絡を取ることはできないまま3カ月たった。

緒方さんは，秋田さんは認知症はあるが元気に暮らしており，困っている様子はない。家族にもこれだけ連絡しても返事がないのは，今は支援を必要ないと考えているからだろう。これ以上地域包括支援センターが関わらなくてはならないのだろうか。あとは，家族の責任ではないだろうか，と言う。また，もし要介護認定を受けたとしても，秋田さんは家に人を入れないので訪問介護等は利用できないし，見守りや話し相手といった支援は介護保険制度では提供できない。介護保険サービスにも繋がらないだろう，と言う。

江田さんは，新しい高齢者ケアモデルは，秋田さんのような単身の認知症の高齢者への支援である。また，これまでの支援は「困りごとがあったらご相談ください」と言って相談を待つ事後的対応だったが，私たちが目指すのは事前の対応である。SWは，「当人が意識しているか否かにかかわらず解決すべきニーズを持っている人をクライエントと認定する」「クライエントを自覚的に選び取っていく必要がある」と田中は述べている（田中 2008：31）。このケースの課題や支援の必要性も私たちが決断すべきことだと思う。介護保険サービスで対応できるかどうかを越えて，クライエントのニーズを明らかにして，それに対してどのような支援が必要かを検討し，地域になければ開発するといった取り組みが地域包括支援センターの役割ではないか，と話した。

一人暮らしの認知症の人のアセスメントをどのように行うか　　地域包括支援セン

第4章　スーパービジョンを説明するためには

ターでは，認知症のアセスメントの指標として DASC を利用しているが，本人との面接だけで適切な評価を行うことは困難である。

ちょうど秋田さんの住む住宅の近所にある敬老会館で，介護予防課が体操教室を開催する予定があった。江田さんは本人に教室参加を促し，通所活動を通して観察を続けることを提案した。緒方さんは秋田さんがおそらく通うことはできないし，参加したとしても，その後の展開が望めないのではないかと躊躇した。しかし，このケースのように家族の観察を得られない一人暮らしの認知症の人の認知機能等を評価するために，ソーシャルワーカーの訪問面接だけでは限界があり，観察の機会を増やすことが必要だ。また，集団の中に入った時どのような反応をするのかを把握することは，今後デイサービス等の利用を勧めるにあたって重要な情報である。さらに，サービス利用に家族がどのような対応をするかも知りたい。送迎を支援しなければならないこと等緒方さんの負担は避けられないが，協力して参加を支援しようと江田さんは提案した。

緒方さんが秋田さんに通所の申込みを勧めると，「全部はいけないと思うよ……」と言いながらも申込書に記名をした。

後日娘さんに申し込みを知らせる手紙を書いて秋田さんに届けた。秋田さんは，「行けたら行こうと思うが年だからわからない」「いつから？　何時から？　わからないよ」

当日迎えに行くと，「今日だった？」「せっかくお兄さんが来てくれたんだから顔を見に行ってもいい」「すぐ帰るよ」と言いながら出てきた。会場では席に着いて，指導員の話を聞いている。勝手にしゃべったり，動いたりすることもなく，指示に従って身体を動かしている。途中で帰ろうとすることもなく最後まで参加した。他の参加者と交流することはないが，職員と親しく話していた。終了後会場を出ても家の方向がわからないため緒方さんが一緒に帰る必要があった。

その後も緒方さんが電話をしたり，迎えに行ったりすると，休みながらも期間中半分くらい出席することができた。

DASC-21 で評価すると，84点中57点。記憶機能の近時記憶，見当識の時間や場所，問題解決判断の障害があり，金銭管理や服薬管理，電話，食事の準備等家庭内外の IADL にも支障がある。ということがわかった。

教室の終了が近づいた頃度々連絡をしていた電話に初めて娘さんが出た。教室

に通っていることも知らないと言うが，引き続き介護保険の通所介護を利用してほしいと話して，要介護認定申請を勧めると，父親が良いというのならいいです。と言う。一度会いたいと提案すると帰宅は夜遅いし土曜日も多用のため約束できないと言う。緒方さんは秋田さんの意思を確認し要介護認定申請することを約束して電話を終えた。

要介護認定は出たが介護保険サービスにはつながらない　秋田さんは要介護1の認定を受けて，デイサービスの説明をすると，「お金がかかるなら行かないよ」「働いてもいないんだから」「お断りだ」と強く拒否した。

娘さんに契約の同席を依頼しようとするが連絡が取れないまま半年近くたった。

ある日医院から連絡があった。しばらくぶりに秋田さんが来院したが，やせて，血圧が高く，放置できない状態である。さらに，背中には床ずれの初期と見られる発赤もある。入浴もしていないようで皮膚も不衛生な状態である。病院から娘さんに連絡をとり受診同席を依頼したところ，土曜日に来院することになったので同席してほしいとのことだった。

緒方さんは休みを返上して，以前から依頼していたケアマネジャー候補者と診察に同席した。「父は忘れっぽくなりましたが認知症まではいかないと思います」「服薬は忘れてしまうこともありますが仕事帰りに寄って声をかけています」「私が言っても父は言うことを聞きません。父は人の多いところを好まないと思います。家で寝ていることが多いと思います」「デイサービスは父が行きたいなら行ってもいいと思います」と娘さんは言う。

ケアマネジャーが秋田さんと契約して通所介護の利用を進めることについては，医師の強い勧めもあり娘さんも了解された。

③　スーパービジョンの終結期

虐待として報告をする　翌日のセンター内会議で，緒方さんから，前述のようにケアマネジャーが通所介護導入の支援をすることが決まったと報告があった。あわせて，秋田さんの不衛生で服薬も守られていない状態，娘さんが協力しないため医療や介護サービスの利用につながらなかった経過等から虐待のおそれのあるケースとして担当課に報告する。という提起があった。

メンバー全員で高齢者虐待リスクアセスメントシートに照らし合わせて，娘さんは父親が認知機能の低下により不適切な生活状況にあることの自覚がなく，援

第4章 スーパービジョンを説明するためには

助者との接触を回避する等からリスクの高いケースであると確認した。当初から虐待通報として支援を開始したケースだったが，アセスメントを根気よく継続し，医療，介護の支援者と連携しながら，虐待として捉えるに至った緒方さんの支援を共有した。緒方さんは個別ケース会議を招集した。

　　個別ケース会議を開催する　　個別ケース会議ではニーズや課題をさらに明確化することを計画した。緒方さんがアセスメント項目を経済状況，経済管理，住居，住居管理，健康状態，健康管理，清潔，栄養管理，社会的交流に分け，すでに明らかになっている事とまだ不明な事を書き出して資料を作成した。

　会議には担当課職員，担当医，ケアマネジャー，デイサービスセンター職員が出席し，各項目について各担当者が把握していることを出し合った。娘さんの言うとおり本人ができることも少なくなく，それを奪うことは適切ではない。しかし，身体，衣類や居室の汚れから適切なケアがなされているとはいえない。経済的にも秋田さんの資産や年金等が秋田さんの健康のために適切に活用されているとはいえない。等より不適切な状態のまま放置されている虐待として捉え集中的援助を行うことを確認した。

　3）考　察

　「特に困ってはいないので，相談したいこともないのにすべて報告しなければいけませんか？」という新任職員に，業務を担うすべての職員が，業務遂行が順調な時も困難な時も担当業務の状況を報告し，センターとして確認するスーパービジョン体制の必要性の理解を促した。忙しい業務の中で時間を要す所内会議を定期的に開催することは難しいが，スーパービジョン体制の保持は地域包括支援センターの機能の向上のために重要である。

　4）今後の取り組み

　バイザーの江田さんは「虐待の事例の担当は初めてなのに何も教えてもらっていない。これまで担当していた人からきちんと教えてほしかった」とスーパーバイジーの緒方さんに言われ，伝達するマニュアルや方法を持っていない自分の力不足を感じて，緒方さんが言ったことが気になっていた。江田さんは緒方さんに規定の記録・報告様式とそれに基づいて作成した支援のフローチャートやアセスメント表等は説明したが，これまで行った業務についてすべて教えるというのはどうしたらよかったのか，実践を伝達するというのは容易ではないと考えた。そ

こで他の老人保健施設でバイザーの立場にある部長の加山さんに相談してみた。

　加山さんも同様の経験をしていた。長年担当してきた，地域の人を招いて開催する祭りの担当を他部署から異動してきた中堅のワーカーに引き継ぎをしようとした時に，部下から，「部長がこれまで行ってきた地域のネットワークを教えてほしい」「部長が一人で行ってきたことを教えてくれなければ部長が何をしているのか，また私たちが何をしたら良いかわからない」「部長の個人的な活動でしかない」と求められたと語った。

　加山さんは，部下が「教えてほしい」と言うことは，加山さんが上司として認められているからだと理解できた。しかし，その教える内容は口頭で短時間で伝達できることではない。そこで加山さんは部下に，「あなたは何を知りたいのか」「何の資料を見たいのか」「他にほしいものは何か」と質問した。部下は「これまでの連絡や活動すべてです」と言うので，加山さんは「記録を全部読んでください。どのくらいの期間で読んで報告してくれますか」と確認したところ，部下は3カ月かけたいということだったのでその読んだ後に報告をしてもらうことにした。と話してくれた。

　江田さんは加山さんの話を聞いて自分の経験を部下に伝達することの重さ，すなわち，SVの教育的機能の価値と意義を理解することができたので，これを今後のSVの課題としたいと決心した。

（5）特別養護老人ホームの介護現場における看取り事例の振り返りをしたグループスーパービジョン

■領　域	精神保健福祉，地域福祉，児童福祉，高齢福祉，母子・父子福祉，家族福祉，法人・管理 国際福祉，身体障害，知的障害，生活保護，司法・矯正・更生保護，医療福祉
■形　態	個別，グループ，ピア，セルフ，ユニット，ライブ

1）介護施設におけるスーパービジョンの捉え方

　高齢者福祉における介護の実践の場としての特別養護老人ホームにおいては，2000年の介護保険導入以降よりケアの質が問われている。それは以前からあるが

契約によるケアサービスの提供という構造となり，一層ケアの質を担保するために，施設の理念・方針に基づき適切なケアや効果的な支援を提供する上で，組織のマネジメント（管理体制）の充実は必須事項であり，日々施設で生活する利用者と密接に関わりのある介護職員の育成は重要な課題となる。

　専門職として介護職員を育成する上で，個別に教育・指導を行っている。この機能をスーパービジョン（以下，SV）として捉えた場合，スーパーバイザー（以下，バイザー）とスーパーバイジー（以下，バイジー）との「契約」に基づき SV を行うものである。しかし，介護の現場では日常的に業務の中で個別に教育・指導・相談にのりながら組織的なケアの提供が行われることがケアの質の向上に繋がっている。

　また，施設においては利用者と介護職員との個別ケアはもちろんチームとして多職種で利用者と関わることが介護保険では重要とされている。主にそれは，施設利用者のケアサービス全般に渡る施設サービス計画・評価は「サービス担当者会議」で行われている。この会議にはケースによっては利用者本人が出席し，家族も含めたものとなる。さらに，多職種協働で支援者としての介護職が所属している施設の理念・方針に沿った役割や機能を達成することを目的とした場合，SV の管理的機能を展開し，管理的なアプローチと多職種の連携で実際のケアが進められることを明確にする必要がある。主に個別介護をチームで担う介護職員が，業務として担う範疇や責任の明確化も含め組織として方向性を統一し示していくことで，介護施設としてのリスク管理となり，強いては現在大きな問題として形成されている介護施設で働く介護職員のバーンアウトの予防に繋がると考えられる。本項目では，SV は，個々の介護職員の専門職として成長を目的として開催している「振り返り」という看取りの利用者が出た時に開催されている多職種によるグループで開催されるグループ SV の事例を取り上げた。なお，以下の本事例は事実を曲げない程度に加工している。

2）事　例
① 事例概要

　山下さん（女性，享年80歳，要介護5）は7人兄弟の4番目として生まれた。3歳の頃原因不明の高熱にかかり，知的障害となる。尋常小学校を卒業。戦争に入り母親と兄弟7人のうち5人とともに疎開する（父と姉はそのまま留まる）。母死

亡後，疎開先で長兄が結婚し，本人は長兄夫婦と同居し家事手伝いや家の農業の手伝いをしていた。20年程前に長兄が亡くなり，以後長兄の嫁と2人暮らしを始め，農業や家事は長兄嫁の見守り等がなくとも1人で行うことができていた。生涯就労したことはなく，家の中での人間関係のみであったので，社会的に人との交流をしたことはほとんどなかった。長兄の嫁はとても厳しい人だった。

　2011年に長兄嫁が入院し，独居が困難となり別居している姉のもとへ転居する。転居後は，特にすることもなく毎日家でお菓子を食べながらテレビを観て過ごす生活を送っていた。2012年10月に食欲低下し体動困難となり病院へ救急搬送された。心疾患でペースメーカーを挿入され，その後リハビリ目的に転院した。リハビリに取り組むが在宅への復帰が困難となり，2013年2月に有料老人ホームへ入居する。しかし，経済的な理由で介護老人福祉施設へ移る。

　経済状況は年金のみ（管理は家族）収入があり，家族関係は，キーパーソンは姉であるが高齢であるため，甥が日常の相談事にはその都度のっていた。また，甥は高齢の伯母姉妹の面倒はみていかなければと献身的にフォローしていた。

　山下さんの入所時の介護度は要介護5，ADLは全介助で右肩・左手・体幹に拘縮があり，知的障害，脳機能障害，左半側空間無視がみられ，認知面でも意思伝達，意思決定はできず，稀に指示に反応ができた。

　2013年9月4日に特別養護老人ホームへ入所し，施設では主に心身両面の安全・安楽な状態の確保に努め支援が行われた。2014年4月26日に肺炎で入院した。2014年5月16日に退院。退院時に医師から「肺炎は治癒している。点滴は終了しているが食事摂取力は0～3割程度，内科的書見はなく老衰かもしれない，このままでは脱水になるので水分補給をこころがけて下さい」とコントがある。このコメントを受けて，胃ろうという選択を家族に確認が必要と判断した。家族は胃ろうについては検討するが，急変時は病院へ搬送を希望しない意向であった。しかし，2014年5月20日退院後4日後に亡くなった。

　2014年4月X日の入院前の数か月間に本人が発した言葉を挙げてみると，次のような内容になる。

　　2014年2月X日：「もうたくさん，お腹いっぱい。」この頃より食事量が不安
　　　　　　　　定になり始める。

3月X日：食事量を8割提供に変更したところ安定した量をとる事ができた。
4月X日：「もう食べないよ」。
4月X日：夕食時に食事量6割で「もういらない」とい発言がある。
4月X日：夕食前から満腹の訴えがある。
4月X日：夕食で「お腹いっぱい」。
4月X日：朝・夕食は食事の進みが悪く食べることができなかった。
4月X日：「食べたくない」食べると吐きたくなるという訴えがみられた。
以降入院の4月X日まで，「食べれない」「食べたくない」の発言が続いた。

振り返りによるスーパービジョン　山下さんが亡くなってから1週間後に，山下さんが過ごしたユニットの担当職員・看護師・相談員・バイザー（ケアマネジャー）としてセクションマネジャーが参加し，看取りケアに関する振り返りを行った。以下は，その時の会話の内容である。

スーパーバイザー（佐々木さん）：今日は，先日看取りを行った山下さんの振り返りを行いたいと思います。担当ケアマネジャー（加藤）さんからまず，話を伺いたいと思います。

担当ケアマネジャー（加藤さん）：昨年度，ずっと安定していたが4月に入り状態が変わり驚いた。もともと小食だった人だったが，食事が取れない時には，フルーツ食など検討すればよかったと思う。また，笑顔が少ない時期があり，自分が無理をさせていたのかと思うし，調子の良い時に外出とかしてもよかったかと思う。

相談員（松本さん）：状態が安定していたので，変化に驚いた。今思うと反省している。私ももう少し関わろうとしても良かったのではないかと思う。

看護師（山田さん）：生活の安定と終末の考え，ご本人の食事の訴えがサインと考えられる。ご家族（実姉）の大病と期を一にしたのかもしれない。生きるということの可能性を最優先に考える。代替手段を探る。介護職員だけが悩む必要はなく専門職の連携が重要である。最期の最期まで，耳は聴こえているし味覚も残っている。改めてそう感じられた。

松本さん：そうですね。介護職員が自発的に関わろうとする姿に感銘を受けました。戸惑いもあったが，最期に向き合う職員に誇りを持てました。

佐々木さん：その人らしく，その人が生活してきた場所で，毎日の暮らしを積み重ねた時間軸の延長線上にケアはある。無理をしない。苦しめないことが大切ではないか。

山田さん：「苦しめない」「痛い思いをさせない」という，介護職も看護職も他の職種もみな同じ思いを持つことではないか。

加藤さん：看取る時は，大勢の職員で見守ることができたし，他職員とも連携できて良かったと思う。

松本さん：ご家族は遠方に住んでいたが密に関わっていたと思う。最期に電話で話したけれど間に合わなかったが，○○○○ホームで良かったと言ってもらえたことが，一番良かった。看取りの振り返りで，ああすれば良かったと思うことは多いが，この言葉をもらえたことで，良かったんだなと思うことができた。

加藤さん：ご家族との関わりはとても重要なので，日々の関わりの成果だなと思う。

山田さん：感動もあり，後悔もあったがそれを次に繋げていきたい。

佐々木さん：特養の介護職が全身全霊でその人の最期に関わることと，看取りのケア・生きるケアの大切さを改めて感じることができたのではないでしょうか。どうかこの仕事にやりがいと生きがいを持って今後も続けて欲しいと思います。

② スーパービジョンの目的・機能・手段

　　目的・手段　SVの定義は研究者によりいろいろ示されているが，介護施設のケアサービスを実践する介護職に対するSVとして，1対1の個人SV，グループで行うグループSV，仲間同士で行うピアSV，コンサルテーションの機会等が考えられる。

　　機　　能　介護職員の担当した利用者への対応は一人ひとり異なるため，経験を積むなかで介護職員は成長していくことになる。振り返りの中で介護職員が自身の知識・経験の不足，多職種連携でケアサービスを提供する上で，職種間による知識・経験・技術のズレによって迷いや不安を抱え，葛藤を克服していくため精神的にサポートする事も大切である。このことは，一方では特に専門的な知識・技術を学んできてはいるものの臨床的経験は日々の実践を通して積み重ね，経験知として習得していくことになり，SVは教育的な側面も含んでくることになる。

特別養護老人ホームにおける看取りは重要な課題であり，課題に対し施設として取り組んでいる限りそこには施設の方針に基づく介護職員に対する看取りの研修等を考える必要もある。特に介護施設で働く介護職の中心が20〜30代の若い職員の場合，身近なところで「死」に直面する機会が少なく，職場である介護施設での看取りでの経験が初めて「死」に直面する機会となるケースが多数を占めている。専門的な知識・技術を学んできているとはいっても，日本の介護教育のカリキュラムには看取りに関する知識・技術については現状では見当たらず，現場で経験を積んではいるが，その知識は十分といえない状況にあることも言える。
　このような現状の中で「振り返り」をグループで行うことは，各自の意見を聞くことで一人ひとりの介護職員に新たな気づきが生まれ，同時に考えながら自己を見つめ自分の価値観や取得した知識・技術を深めることになる。また，介護職員として施設での役割・責任の範疇も確認できる。
　この「振り返り」でのグループ SV では，管理的機能を中心に進めながら，教育的・支持的な機能も絡み合っている。
　③　スーパービジョンのプロセス
　看取りを行った利用者の振り返りのため，事例を通じた SV とは異なり必要な情報としては，個々の介護職員の捉えた看取りを終えての思いを中心に展開し，その思いを言語化することとした。他のメンバーが感じている思いや看護職の立場での思いを表現する際に，批判的にならないように，また限られた人だけの発言にならないように配慮する必要がある。
　介護職員一人ひとりが捉えている，看取りを行った利用者へのケア像も思いの中にみることができた。
　④　スーパービジョンの成果
　グループ SV では，バイザーはグループ内の集団の力に大きく影響されるので，髙橋（2009：105）はスーパーバイザーにはグループダイナミクスとグループプロセスの知識や，集団の凝集性が高められるような力が要求されるとしている。この振り返りでは，個々の介護職スタッフが担当した利用者の看取りを通し個々に感じていたことを言語化することで，それぞれが感じていたことに共感を得たり，看護師による支持的な発言を通し，チームケアの大切さや施設が目指す方向性の統一の必要性を改めて，再認識している。また，自信をつけながら次の関連した

事項に対し取り組むことができるようになる。
 3）考　察
　「看取りケア」について終の棲家である特別養護老人ホームでは，（施設介護サービス計画書作成においては，在宅復帰を視野に入れた計画作成が前提となり，モニタリングで在宅復帰が可能か見直しを行っているが，現実的に重介護の要介護4・5が利用し在宅での介護が限界であるため最後のセーフティネットとしての役割が大きいため，在宅復帰は考えづらい）多職種連携で取り組みを行っている所が多い。

　そのため，施設においてまず援助職として，介護の専門職として養成することができる環境づくりが課題とされる。その方法として前項でもSVの方法を挙げたが，とりわけ多職種で一人ひとりの利用者に関わる施設ケアにおいては，個々の介護職の日々の業務の中でOJT（職場内研修）として報告・相談・教育という形で行われていることが圧倒的に多い。SVとして捉えた場合，スーパーバイザーは職場の先輩，上司，または，管理者にあたる施設長が担う。

　その内容は時に利用者への対応，利用者間の対応での悩みであったり，家族調整，施設でボランティア活動が積極的な場合はボランティアへの対応であったりと多岐に渡る。

　一方，グループSVの場合は，グループダイナミクスを活用し，グループ内のメンバー間の相互交流を中心に進められるが，1対1の個人SVに比べバイジーとバイザーとの関係性においては上司・部下いう関係性の影響が大きくなるので，コンサルテーションの機能が強くなる。

　バイザーは，グループのメンバーの言動が他のメンバーに対し，どのように影響しているか，注意して臨む必要がある。これらの特徴を踏まえながら，この事例を振り返ると，以下のようにまとめることができる。

　① 介護施設におけるグループSVでのバイザーの役割
　この振り返りでは，バイザーが組織の上司という立場でのリーダーシップをとり進めるというよりは，むしろ職員間（メンバー間）の相互交流を中心に情報の共有を図り，介護施設における組織としての見取りについて目標設定を行い，見取りの取り組みに対する方向性の確認をメンバー間で再認識できるよう促す立ち位置で展開した。

　また，すでにこの看取りの振り返りのグループにおいては，メンバー間は職場

第4章　スーパービジョンを説明するためには

の同僚であり，バイザーは職場の上司であるため，グループ内の人間関係の構築やコミュニュケーションづくりには一層配慮しなければならない。グループを構成するメンバーが異なる職場や学生の実習における場合，また，グループSVで初めて関係性が生じるメンバーの場合，関係性を構築するために時間を要し，意図的にメンバーへ働きかけるなどバイザーが中心となり進める中で，グループのメンバー間の相互交流が図られる。これらのプロセスにおいて，グループ形成以前に日々の業務のなかで形成された，人間関係上のコミュニケーションを通してすでに存在する関係性に基づき互いを受け入れ，支え合うという協力関係を成立させる必要がある。

この振り返りでは，すでに同じメンバーで他の利用者について振り返りを行っており，バイザーは，メンバーの特性・グループ内での役割を把握し，振り返りの目標を達成するためにメンバー間の信頼関係やメンバー間での評価も行うことができるように，多職種連携の意味からも看護職のグループ内での役割を活用し，介護施設における看取りの方向性を認識することになったといえる。

②　グループスーパービジョンにおけるメンバーの相互交流

他のメンバーの意見を聞くことで自分の思いや考え方の認識ができたことで，グループのメンバーの意見を認めつつ賛同し，グループのメンバーとしての帰属意識の形成にもつながっている。

また，介護職の個々の考え方・思いは，それぞれを補う形での看護職の看取りに対する見方と異なる見方をすることで，多元的にケースを理解ができたといえる。

このことからも，介護施設においてのチームケアを推進し充実させる方法としてグループSVは，極めて有効な手段としてとらえることができる。

③　介護施設におけるグループスーパービジョンの課題

今回は看取りケアにおける「振り返り」を，グループSVの管理的機能を中心にして捉えてきたが，管理的機能を重視しすぎるとメンバー間の相互交流が機能せずグループ内の関係性が硬直的になりかねない場合も考えられるため，支持的機能，教育的機能をそれぞれの場面で活用しながら行う必要があるといえる。

この「振り返り」で，施設としての看取りについての方向性はメンバー間で認識されたが，介護職員一人ひとりの当初の振り返りにおける個別の課題の解決は

難しく，介護職員個別の課題に対する振り返りを行うには，グループSVにおいては十分に機能するかといえば難しいといえる。

このような看取りにおける「振り返り」を行う場合，事例提出者のプレゼンテーションから始まり，SVの課題設定，質疑応答，事例に対する共有化等の手順で進める方法もあるが，振り返りをしている事例についてはメンバー間で課題も共有されているため，「プレゼンテーション」「課題設定」を省略し，他のメンバーのサポートを取り入れることも一案である。ただし，このような方法に固執するのは避けた方が良い。

4）今後の取り組み

繰り返しになるが，高齢者施設におけるグループSVの管理的機能を事例に挙げてきたが，介護施設においては施設の機能・役割を基本とした方針に基づき，日々の介護サービスが提供されるべきであり，多職種でのチームケアが実践される。チームケアを推進するためにグループの力を最大限に活用することが大切で，その機会としてSVを捉えることができる。

看取りの人が出た時に「振り返り」は行われているが，定期的な開催を計画し，今後の看取りケアに対する知識・技術の修得に結びつくよう，目的を明確にし施設としての看取りの指針づくりに繋げていく必要がある。

注
(1) 社会保障制度改革国民会議編（2013）「社会保障制度改革国民会議報告書——確かな社会保障を将来世代に伝えるための道筋」内閣官房社会保障改革担当室。
(2) 厚生労働省保健局長通知（2002）「医療ソーシャルワーカー業務指針」。

参考文献
・リード文
小原眞知子・福山和女・山口麻衣（2015）「保健医療領域におけるソーシャルワークスーパービジョンの現状と課題」日本医療社会福祉学会第25回大会（2015.9.12-13）口頭発表。
・第1節(1)
福山和女編著（2005）『ソーシャルワークのスーパービジョン——人の理解の探究』ミネルヴァ書房。

第4章　スーパービジョンを説明するためには

• 第1節(2)
石川誠（2013）『MEDICAL REHABILITATION——回復期リハビリテーション—チームにおける働き方——回復期リハビリテーション病棟の使命』全日本病院出版会.
梶谷みゆき（2009）「脳血管障害患者と家族のケアニーズと看護介入に関わる文献概観」『島根県立大学短期大学部出雲キャンパス研究紀要』第3巻，1-12頁.
宮井一郎（2014）「回復期リハビリテーション病棟の今後のあり方」『回復期リハビリテーション』Vol.13 No.1, 回復期リハビリテーション協会，8-10頁.
Obholzer, A. & Roberts, V.Z. (1994) *Unconscious at Work: Individual and Organizational Stress in the Human Services*（=2014, 武井麻子監訳『組織のストレスとコンサルテーション——対人援助サービスと現場の無意識』金剛出版.）

• 第2節(1)
Kadushin, A. & Harkness, D. (2014) *Supervision in Social Work*, fifth edition, Columbia University Press.（=2016, 福山和女監修『スーパービジョンインソーシャルワーク』中央法規出版.）
Morrison, T. (1993) *Self Supervision in Social Care: An Action Learning Approach*, Longman, Pavilion Publishing.
Morrison, T. (2005) *Staff Supervision in Social Care: Making a Real Difference for Staff and Service Users, 3rd Edition*, Pavilion Publishing and Media.
The Encyclopedia of Social Work (20th edition). Oxford Press.
Tsui, Ming-sum (2005) *Social Work Supervision. Context and Concepts*. Thousand Oaks, Sage.
Wannacott, J. (2014) *Developing and Supporting Effective Supervision: A reader to support and delivery of staff supervision training for those working with vulnerable children, adults and their families*, Pavilion Publishing and Media.

• 第2節(2)
鑪幹八郎・滝口俊子編者（2001）『スーパービジョンを考える』誠信書房.
Bunker, D. & Wijnberg, M. (1998) *Supervision and Performance: Managing Professional Work in Human Service Organizations*, CA: Jossey Bass.
Merrian-Webster's Dictionary (https://www.merriam-webster.com/dictionary/supervision, 2016.11.20.)
Richards, M., Payne, C & Shepard, A. (1990) *Staff Supervision in Child Protection Work*. London: National Institute for Social Work.

• 第2節(3)
大塚達雄（1979）「スーパービジョン」仲村優一ら編『社会福祉辞典』誠信書房.
岡本民夫（1985）『福祉職員研修の進め方』全国社会福祉協議会.
奥川幸子（2000）「いま，実践家に必要とされているスーパービジョン——臨床実践の

第Ⅱ部　スーパービジョンの理論と実践の統合化に向けて

自己検証と絵解き作業ができるように援助すること」『社会福祉研究』77，44-52頁。
奥川幸子（2007）『身体知と言語――対人援助技術を鍛える』中央法規出版。
北島英治（2015）「ソーシャルワーク・スーパービジョンの定義」日本社会福祉教育学校連盟『ソーシャルワーク・スーパービジョン論』中央法規出版。
塩村公子（2000）『ソーシャルワーク・スーパービジョンの諸相――重層的な理解』中央法規出版。
新保美香（2005）『生活保護スーパービジョン基礎講座――ソーシャルワーカー・利用者とともに歩む社会福祉実践』全国社会福祉協議会。
デッソー，D.，上野久子訳（1970）『スーパービジョン――ケースワーク』（社会福祉選書2）ミネヴァ書房。
野坂勉・秋山智久編（1985）『社会福祉方法論講座2――共通基盤』誠信書房。
福山和女（1985）「わが国におけるスーパービジョンの実際と課題」『社会福祉研究』37，12-17頁。
福山和女編著（2005）『ソーシャルワークのスーパービジョン――人の理解の探究』ミネルヴァ書房。
渡部律子（2012）『気づきの事例検討会』中央法規出版。

- 第2節(4)

日本社会福祉士会地域包括支援センターにおける社会福祉士実務研修委員会（2006）『地域包括支援センターのソーシャルワーク実践』中央法規出版。
田中千枝子（2008）『保健医療ソーシャルワーク論』勁草書房。

- 第2節(5)

黒川昭登（1992）『スーパービジョンの理論と実際』岩崎学術出版社。
黒木保博（2015）『ソーシャルワーク・スーパービジョン論――グループ・スーパービジョンの方法』中央法規出版。
至誠ホーム・天寿を全うするケア研究会　代表　春山順子（2015）「平成26年度至誠ホームにおける天寿を全うするケアの取り組み――特別養護老人ホーム職員の日常の介護と看取り介護に関する意識調査」。
髙橋学（2009）『スーパービジョン対人援助者監督指導論（スーパービジョンの理論と展開）』日本介護支援専門員協会。

　　　（小原眞知子〔第1節(1)・第2節(1)～(3)〕・榊原次郎〔第1節(2)〕・
　　　　渡邉姿保子〔第2節(4)〕・松田光子〔第2節(5)〕）

第5章　スーパービジョンの効果をあげるには

　認定社会福祉士認証・認定機構（2018）ではスーパービジョンの目的を，①社会福祉士としてのアイデンティティの確立，②所属組織におけるソーシャルワーク業務を確立し，担えるようにする，③専門職として職責と機能が遂行できるようにするとしている。これを概観すると，アイデンティティの確立は必ずしも個々が社会福祉士としての自覚をうながすことのみではなく，わが国の社会福祉士国家資格を有している者として，社会，所属する組織に対して帰属意識を高めることにもつながる。加えて，多職種で構成されている施設・機関において，所属組織の中でソーシャルワーカーは，自らの実践の意義を裏づけ，確認することによって，援助者としての役割や機能を認識し，援助を推進することができる。組織や機関は社会の要請に応え，所属する職員の専門性を養成する。

　スーパービジョンの効果については，たとえば社会福祉人材の離職の原因の一つである「燃えつき症候群」の防止になっていることや，職務満足度に関連していることが明らかになっている。また，組織のスーパービジョン体制が自律性，生産性に影響していることも明らかになっている（福山 2005）スーパービジョンの効果を発揮するためには，前述したスーパービジョンを効果的に行う必要がある。そこで，ここでは，スーパービジョンの3機能について，加えて，その配分率をどのように考えるか，スーパービジョンの形態の効率性と限界を述べる。

1　スーパービジョンの3機能の配分率

（1）スーパービジョンの3機能を考慮する理由

　前述したが，ソーシャルワークのルーツは慈善組織の有給職員がボランティアの働く場所などの管理的側面から，教育や支持的側面のスーパービジョンが行われてきた経緯がある。その後，1930年になると精神分析モデルの影響を大きく受

け，スーパービジョン（以下，SV）はセラピー的なスーパーバイザー（以下，バイザー）・スーパーバイジー（以下，バイジー）の関係性に基づき，ケースワーク実践の洞察や支持の役割を担っていた。その後の世界大恐慌による財政緊縮の流れを受けて，福祉予算が削減される中でサービス低下の防止とサービスの効率性が求められるようになったため，管理的な機能が発展していった。欧米では時代背景や社会情勢によって，スーパービジョンにおける強調点が変化してきた。わが国では，竹内，生江らがソーシャルワークの方法論の中で，スーパービジョンの重要性を指摘している。

周知のとおり，Kadushin & Harkness（2014＝2016）では，ソーシャルワーク・SVは，長期的なものを達成するために短期的目標を手段として用い，クライエントに対して，効果的かつ効率的サービス提供を実施するためのものであると定義されている。すなわち，そのためには管理的 SV，教育的 SV，支持的 SV のそれぞれの機能を理解し，スーパーバイジーに提供すべき SV（スーパービジョン）機能を提供する必要がある。

ここでは，Kadushin & Harkness と福山の考え方をまとめる。管理的 SV について，前者はソーシャルワーカー（以下，ワーカー）が自己の職務を効果的に遂行することとし，これを具体的に後者は管理的機能を「何をしたのか」「何をしようとしているのか」を明確にすることにより，これから何が起きるかを確認でき，バイジーに対しての対処計画が立てられるという利点があると述べている。

また，教育的 SV については，前者はワーカーが自己の実践知識と技能を専門的に発展させて，できる限り支援することで，効果的に業務を行う能力を養うとしている。一方，後者は管理的機能を明確にした上で，不足部分を確認し，専門的知識・技術で補うこととし，特に緊急性の高い場合には即座に指導し，対応させるようにすること，これまで得た知識や技術をすでに行っている業務に結び付けて，意識化させることの重要性を説いている。すなわち，両者は SV（スーパービジョン）が管理的かつ教育プロセスであるととらえているのである。前者は支持的 SV は，スタッフの士気の維持，業務での挫折感や不満の対応，専門職としての価値観，機関への帰属意識，業務遂行上の安心感を与えることが主要な課題であるとし，後者はバイジーの心情や気持ちをバイザーに確認してもらい，専門家としての立ち位置やアイデンティティを明確にし，業務の継続とともに取

り組み意欲を向上させることやバイジーの能力を理解し認めることが重要な課題である，と述べている。

さて，このように多様化する機能をSV実践において効果的に用いるためには，まずは3機能の中での主機能を選定することが必要となる。これらの機能は相互に補完するものである。これも短期的に考える場合と長期的に考える場合とで，どの機能をどのように発揮させればよいのかを考える必要もあろう。特に新人ワーカーの場合は，管理的機能の割合を重視しつつ，相談の内容によって，助言指導にするか，支持・励ましをするかを検討する必要もあろう。その場合，重要なのはバイジーがアセスメントを行い，確認作業の中で，管理・教育・支持的機能のうち，主機能をどれにして，この3機能の割合を考えることである。

（2）市町村社会福祉協議会における住民主体の地域課題解決のためのスーパービジョン

■領　域	精神保健福祉，地域福祉，児童福祉，高齢福祉，母子・父子福祉，家族福祉，法人・管理 国際福祉，身体障害，知的障害，生活保護，司法・矯正・更生保護，医療福祉
■形　態	個別，グループ，ピア，セルフ，ユニット，ライブ

1）ピアスーパービジョンの課題

これから紹介する地域福祉領域のピアスーパービジョン（以下，ピアSV）事例は，「市区町村社会福祉協議会（以下，市区町村社協）」が舞台である。市区町村社協は，社会福祉法において「地域福祉の推進を図ることを目的とする団体」と規定され，「住民主体」の理念に基づき地域福祉の推進の中心的役割を担っている民間組織である。

市区町村社協は，住民に身近な地域における住民参加による福祉活動を展開するため，町会・自治会等の地縁組織を基盤にして，民生委員・児童委員やボランティア等の福祉活動を行う人々や，福祉施設・機関や小中学校等とともに，地区社協・校区社協といった「地域福祉推進基礎組織」づくりを推進している。[1]地域福祉推進基礎組織は，住民同士の交流と仲間づくりの場「ふれあい・いきいきサ

ロン」や，高齢者や障害者等の支援を必要とする人々を住民同士が見守り支援する「小地域ネットワーク活動」等，住民主体によるさまざまな福祉活動を展開しており，こうした住民による活動を支援することも市区町村社協職員の大きな役割である。近年は，「地域福祉推進基礎組織」ごとに担当する職員を定める「地区担当制」を置く，または，「地域福祉コーディネーター」や「コミュニティソーシャルワーカー」を地区ごとに配置する社協も増えてきている。

そこで，本項では，とある市区町村社協において，地域福祉推進基礎組織の支援を担当している職員が，地域の課題解決に向けて住民が主体となって活動を展開していくにはどうしたらよいか悩み，同じく別の地区の地域福祉推進基礎組織を担当している同僚の職員に相談する「ピアSV」の事例を取り上げる。なお，本事例は事実を曲げない程度に加工している。

2）スーパービジョン事例

① 事例概要

Z市社会福祉協議会（以下，Z市社協）は人口10万人のZ市内を8地区に分けて，町会・自治会・老人クラブ・福祉施設・機関・民生委員・児童委員・ボランティア等から構成される「地区社協」を6年前から組織化し，住民同士の支え合い活動を展開している。「地区社協」は，社協が委嘱した「福祉推進員」と呼ばれる地域住民（ボランティア）が中心となって運営している。Z市社協の地域福祉活動計画では，地区社協の重点目標を「地域の孤立化を防ぐ」とし，それぞれの地区社協で「ふれあい・いきいきサロンの実施」と「見守り活動の展開」の2本柱に取り組むことを掲げている。Z市社協地域福祉課の職員が1人当たり1～2地区社協を分担して担当し，地区社協活動を支援する体制をとっている。

ピアSVを行う職員は，飯田さん（Z市社協地域福祉課職員（入職3年目）。8地区中6番目に誕生した創立3年目のX地区社協を担当），上野さん（Z市社協地域福祉課職員（入職3年目，飯田さんの同期）。8地区中2番目に誕生した創立5年目のY地区社協を担当）の2名である。

② スーパービジョン目的・機能・手段

飯田さんが担当するX地区社協では，1年前から，地域で生活する高齢者の居場所・仲間づくりを目的として「ふれあい・いきいきサロン（以下，サロン）」を月1回開催している。先日のサロンの後に，「サロンに来ない，または来ること

第5章　スーパービジョンの効果をあげるには

ができない高齢者のことが心配だ」という話が福祉推進員から出たことから，そろそろX地区社協でも見守り活動の展開が必要だと考え，X地区社協会長に提案してみたが，時期尚早ではないかと言われてしまった。そこで，飯田さんは，サロン活動に加えて，ご近所による見守り活動を展開しているY地区を担当している同期の上野さんにアドバイスを得たいと考え，相談することにした。以下は，その時の会話である。

③　スーパービジョンプロセス

飯田さん：上野さんが担当しているY地区社協では，確か，見守り活動も展開していたわよね。どうやって始まったの？

サロン運営ボランティアの負担を減らす工夫を共有

上野さん：Y地区社協は，以前は，X地区社協と同じように月に1回サロンを開催するだけだったの。でも，1年ぐらい前だったか，いつもサロンに来られている方が現れなくてね，心配した民生委員さんが自宅に行ったら，亡くなっていたの。そこから，地域の中での支え合いは，サロンを実施しているだけでは不十分なのだと，福祉推進員さんたちが感じて，見守り活動を展開しようよ，という話になっていろいろ協議して，3カ月ぐらい前から始めたの。ところでX地区社協の会長さんは，なぜ時期尚早だと言ったのだと思う？

飯田さん：X地区は，毎月，サロンの運営ボランティアを募集するのに苦労しているの。このうえ，見守り活動まで手を広げるなんて無理，というのが，会長さんの見解なのよ。

上野さん：そうかあ。私の担当地区は，サロンの運営ボランティアは，半年に1回，向こう半年分の担当を決めてしまっているのよね。毎回出るのは難しいけど，年に何回かなら予定つけられるという方が結構いるので，負担にならないようにあらかじめ決めているの。

飯田さん：サロンの運営ボランティアは，毎回だいたい何人ぐらい？

上野さん：会場の4つあるテーブルに1人ずつ入れるように4人にしている。でも，実際はそれ以外の福祉推進員も可能なときは来ているという感じ。たぶん，1人あたりの当番回数は年間4回ぐらいかと思う。

飯田さん：サロンの運営ボランティアが4人だけで足りる？　会場設営したり，お茶出したり，司会進行したりするのに……。

上野さん：運営ボランティアが足りないという声はあまりないなあ。Y地区社協のサロンでは，会場設営もお茶出しも，運営ボランティアだけではなく，参加者として来られた方も一緒にやっているのよ。『サロンにはお客様はいません』といつも会長が言っていて，できる人ができることを手伝う雰囲気が浸透しているからかな……。

飯田さん：そう言われると，X地区社協のサロンは，運営ボランティアと参加者がはっきりわかれている感じはする。設営もお茶出しも全部運営ボランティアだけがやっている。だから運営ボランティアが毎回最低8人は必要だということになっている。当番も前月に翌月の当番を決めているから，別の予定がある人が複数いた時にはあわててほかの人を手当てしなければならなくなって，それが会長の負担になっている。半年前に決めておいて，しかも4人でよいとなれば，負担感が減るし，なにより地域の皆さんでサロンを作り上げているという雰囲気になるよね。

Y地区社協における「見守り活動」の実施方法

飯田さん：ところで，Y地区社協では見守り活動はどのように展開しているの？

上野さん：見守り活動は，Y地区全体で取り組むのはまだ難しいからと，今は，会長が住んでいる町会がモデル的に取り組んでいるの。町会役員と福祉推進員，民生委員・児童委員が分担して，ひとり暮らしの高齢者や高齢者世帯を定期的に訪問して声かけをする，なんとなく気にかけて見守る，という活動をしているわ。訪問の時は，いきいきサロンの案内チラシを毎回持っていくようにして，いつどこに訪問して様子はどうだったか，フォーマットを定めて各自が記入するようにしているの。記入したものを持ち寄って，月1回開催するY地区社協定例会の後に，見守り連絡会を行い，状況を報告しあい，なにか支援をしたほうがよいケースがあった場合は，専門機関につなぐようにしている。見守り連絡会には，私（上野さん）と地域包括支援センターの職員が必ず参加しているね。電球の取り替えや，廃品回収の時に新聞を回収所まで運ぶといった，ちょっとした手助けをしている人もいるのよ。

飯田さん：どうやったら，X地区社協でも見守り活動の展開にまでつなげることができるかしら？

上野さん：住民の自主的な活動として展開していく必要があるよね。サロンの活動で，福祉推進員や会長が負担感を感じているのなら，まずは，サロンのやり方を見直してみてはどうかしら？

飯田さん：そうだね。まずはサロンのやり方を変えてみるよう会長に提案してみるかな。

Y地区社協のサロン活動の課題

上野さん：ところで，X地区社協のサロンは毎回何人ぐらい参加しているの？

飯田さん：だいたい30人ぐらいかな。いつも盛況でワイワイ賑やかだよ。

上野さん：Y地区社協のサロンは，毎回10人前後の参加なのよね。常連さんばかりで新たな参加者がないの。それはサロンの運営ボランティアをしてくれている福祉推進員さんの悩みなのよね。

飯田さん：サロンのプログラムはどうなっているの？

上野さん：ただ，お茶とお菓子を食べながらおしゃべりしましょうという感じで，プログラムは特にないの。地域包括支援センターの職員が来て，簡単な体操をしてくれるぐらいかな。

飯田さん：X地区社協のサロンでも地域包括支援センター職員による体操もあるけど，これ以外に，近所の折り紙が得意な方が講師として来てくださって折り紙教室をやったり，夏休みや春休みなどは児童館の子どものサークルが来て出し物してくれたりしているの。この間は，小学生のダンスサークルが来てダンスを披露してくれて，その子たちの親御さんも一緒に来て交流してくれて，いい世代間交流になっていたわ。

上野さん：そういう取り組みは，誰が提案しているの？

飯田さん：私が提案することもあるけど，折り紙は福祉推進員さんの知り合いに折り紙が得意な方がいらして，福祉推進員さんの発案だったな。ほかに，やはり福祉推進員さんの知り合いで写真が趣味な方が，『孫をかわいく写真で撮る方法講座』というのをやってくれて，実際にお孫さんの赤ちゃんを連れてきてみんなで練習したりしたの。このときは男性の参加者が多かったわ。

上野さん：そうか，今いる福祉推進員だけで新しいプログラムを何かしようとするから，難しいのね。福祉推進員の人脈を活かして，地域の人材に協力を得るプログラムを企画してみればいいのか。うちの地区のサロンも，お茶とお菓子だ

けではなくて，そういうプログラムを時々やってみたら，新しく参加してくれる方が増えるかも。

地区社協を運営する地域住民自身が，工夫や改善方法に気づくために
飯田さん：こうやって考えてみると，それぞれの地区社協で他の地区社協の参考になるような取り組みをしているのよね。そういう取り組みを私たちが情報共有して自分の担当地区社協に提案していく必要があるよね。

上野さん：私たちが互いに各地区社協の取り組み状況を共有することも大事だけど，福祉推進員同士が地区の枠を超えて交流する場を作って，他の地区社協の工夫された取り組みの情報を交換し合って，自分の地区社協に取り入れていくように働きかけるほうが，住民の自主的な取り組みにつながるのではないかしら？　私たち社協職員が『あの地区ではこんな工夫をしていますからやりましょうよ』と提案するよりも，福祉推進員自身が『あの地区の取り組みをうちでもやってみよう』と感じていただけるのではないかな。

飯田さん：確かに！　たとえば，年1回行っている地区社協活動発表会を発展させて，単なる活動発表だけでなく，ちょっとした工夫や悩みをお互い話せるような場を企画してみようか。

上野さん：そうだね，地区社協活動発表会を活かせば，福祉推進員さんに新たな負担をかけることもないよね。今度の課内会議で相談してみよう。

④　スーパービジョンの成果

その後，飯田さんと上野さんは，Z市社協地域福祉課の課内会議で，例年実施している地区社協活動発表会を，単なる活動発表を一方的に聞くだけではなく，情報交換を行う時間を設ける内容に変更してはどうかと提案し，了承された。

地区社協活動発表会では，参加した福祉推進員の所属する地区社協がバラバラになるように小グループに分かれて，サロンの運営の工夫や見守り活動の展開の仕方などを情報交換できる時間を設けた。参加者が限られた時間で他地区社協の福祉推進員と自由に情報交換できるように，ワールドカフェ方式を取り入れることとした。すると，地区社協活動を地域住民にどう広めていくか，また活動に一緒に参画してくれる住民をどうやって増やしたらよいか，といった話題も共有され，来年の地区社協活動発表会は，地区社協の構成員だけでなく，広く市民や地域で活動するテーマ型のボランティア団体・グループにも呼びかけて開催しては

どうか，という提案まで寄せられ，地域福祉課で検討することとなった。
　地区社協活動発表会の後，X地区社協では，サロンの運営ボランティア体制を見直して，Y地区社協のように，参加する高齢者も一緒に準備やお茶出しなどをするような形に変える方向で話し合いが行われた。また，X地区社協として見守り活動をどのように展開していくか検討するため，X地区社協の福祉推進員がY地区社協に出向いて活動をヒアリングすることとなった。
　Y地区社協においても，サロンにより多くの参加者が得られるようにプログラムを工夫してみようということになり，まずはX地区社協のサロンで依頼したという折り紙講師に来てもらって，折り紙教室を試験的に実施することになった。

3）考　察

　今回の事例では，飯田さんが担当するX地区社協における「見守り活動」がなかなか進まないことに悩み，すでに取り組みが行われているY地区社協を担当している上野さんに相談したものが，第1段階である。これは，同僚同士の「ピアSV」と位置づけられる。
　また，飯田さんは，上野さんからY地区社協で行われているサロン活動の運営方法を聞き，地区社協の構成メンバーの負担を軽減し，かつサロンの参加者が主体的にかかわるような内容に発展できるヒントを得る。そして，Y地区社協での見守り活動の実際を知り，X地区社協への働きかけ方として，サロン活動の運営方法を見直した上で，見守り活動の展開を提案してみようと考える。
　一方，その後，最初は飯田さんに相談される側であった上野さんから，担当するY地区社協のサロン活動について，サロンの運営ボランティアをしている福祉推進員が悩んでいることを話し，X地区社協でのサロン活動の工夫を飯田さんに尋ねている。つまり，ここでは，スーパーバイザー（以下，バイザー）とスーパーバイジー（以下，バイジー）の立場がそれまでの段階と異なり入れ替わっている。これは，飯田さんからの相談がきっかけとなって，上野さんの中で「なんとなく感じていた悩み」が具体化して表出され，飯田さんへの相談に至ったものだと思われる。お互いがバイジーでありかつバイザーであるという，同じ立ち位置にある仲間同士でのピアSVであったからこそ表出されたのであろう。飯田さんの抱える課題に対して共感し，自らの実践を振り返りながらアドバイスするプロセスを通じて，自覚していなかった（またはなんとなく感じていたが，言語化されていな

かった）上野さん自身の実践上の課題に新たに気づき，反対に飯田さんに相談して共に解決策について考えることにつながったことは，ピア SV ならではの効果であるといえる。

ピア SV は，SV の「支持的機能」は発揮されやすいが，互いの共感や理解にとどまってしまい，問題解決策を示す「教育的機能」は発揮されにくい可能性を含んでいる。しかし，飯田さんと上野さんは，それぞれの地区社協の活動を変えていくにはどのようにしたらよいか解決策を共に検討している。その際，社協職員が解決に向けて地区社協に介入し先導するのではなく，あくまでも地域福祉の基本原則である「住民主体」での活動展開に主眼をおいた方法を協議している点は，評価に値する。

そして，地区社協運営の中心である福祉推進員同士が，地区を越えて情報交換し合い，悩みを相談し合う場を作る，つまり，「福祉推進員同士のピア SV」といえるような場を設けるという具体的な解決策を課内会議で提案することにつながったことは，このピア SV が「教育的機能」も果たしたということができる。この場を通じて，地区社協活動に携わる地域住民自身がエンパワメントされ，X 地区社協においても Y 地区社協においても，活動の見直しや工夫が「住民の力によって」実施されたことは，大きな効果であると結論付けることができよう。

4）今後の取り組み

地域福祉において「住民主体」は最も大切な原則である。「住民主体」とは，住民にすべてお任せし放置することではない。反対に，社協が考える地域課題の解決に向けて，地域住民を「動員」して活動展開をはかることも「住民主体」とは言えない。地域住民の意志や選択を尊重し，住民自身が主体的に地域課題の解決に向けて取り組むことを，共に伴走しながら支援していくことが社協職員には求められる。

前述したように，近年，社協では，「地区担当制」や「地域福祉コーディネーター」「コミュニティソーシャルワーカー」等を取り入れるところが増えてきている。これは，地域住民にとって，自分の地域の課題は「Z 市社協の○○さん」に相談すればよいと，窓口が一本化され社協職員の顔がよく見えるメリットがある。社協職員にとっても，自分の担当する地域へ定期的に出向き，住民と時間をかけて密接に関わることを通じて，地域住民との信頼関係を構築し，共に地域の

支え合い活動を生み出し継続する関係性を作ることができる。
　一方で，社協職員が1人で1～2地区担当する場合，ともすると，自分の担当地区の活動や地域課題の解決のみに集中して周囲に目を向けにくくなったり，遠慮して他の職員に相談しなかったりして，活動支援における悩みを抱え込んでしまう場合もある。よって，地区担当の職員同士が，その活動状況や抱える課題について情報共有し相談し合う機会を，意識的に持つ必要がある。
　本項のZ市社協の事例は，意図的に「ピアSVを行おう」と飯田さんと上野さんが考えてそのための時間を設定したのではなく，同僚同士の気軽な相談が「ピアSV」としての効果をもたらしたといえる。このような「気軽に相談し合える」雰囲気作りを職場内で構築していくことが重要である。さらに，この事例では，「ピアSV」によって見出した改善策を，また入職3年目という若い職員が課内会議に提案して組織として実行するというプロセスを経て，具体的な成果を生み出している。つまり，「ピアSV」が，事業の改善に向けて実効性あるものにつながるためには，「ピアSV」で検討された改善策を吸い上げ，実行を後押しするしくみを，組織として整えることが求められるのである。

2　スーパービジョンの形態の効率性——利点限界

(1) スーパービジョンの6形態
　スーパービジョン（以下，SV）を効果的に実施する場合，組織内の特性や条件や体制から，SVの形態を意図的に選定する必要がある。それぞれの形態には効用と限界があり，スーパーバイザー（以下，バイザー）はそのことを理解した上で，組織内外のSVに取り入れる必要がある。ここでは，以下の6つのSVの形態とその効果と限界，選択の基準について説明を加える。

1) 個別スーパービジョン
　個別SVはスーパーバイジー（以下，バイジー）とバイザーが1対1で定期的に，または，バイジーの必要に応じて行うSVの形態である。この形態の場合，「定期的」にもしくは「必要に応じて」行われる。特に定期的に行われる場合，その目的，目標，双方の役割，頻度，場所，時間等を明確にする必要がある。新人のソーシャルワーカー（以下，ワーカー）にとっては，バイザーから学ぶことが多く

あることから、前述の3機能の配分を検討しつつ、効果的に活用できる形態であるといえよう。また、中堅やベテランのワーカーにとっても、成長段階に合わせた個別的な支援が可能であるといえよう。

2）グループスーパービジョン

グループ SV は一人のバイザーが複数のバイジーに対して、SV を実施する形態である。これは、単なる事例検討とは異なる。それは、グループの中で、1人のバイジーの抱えている課題をグループで確認するプロセスを通して、参画しているバイジー全員の成長を図るように進めることが求められる。これは、職場全体の成長を図る上でも有効な形態であるといえよう。

3）ピアスーパービジョン

ピア SV は、そこに参画しているバイジー同士がお互いに「ピア」すなわち、仲間として、同じ立場で SV を行うことである。グループ SV との違いは、バイジーが不在のため、SV が進行するように、積極的な参画が求められる。この形態はワーカーとしてのアイデンティティの確認や業務に対しての士気を高める、同じ目線で業務などの確認ができるが、それが的確であるかどうかがその場で確認できないという限界もある。

4）セルフスーパービジョン

セルフ SV は、自己で行う SV である。専門家であれば、自らの業務や援助を行うだけではなく、客観的に科学的に検討し、評価する必要がある。たとえば、援助記録を基に行うことも可能であろうし、面接の録音テープの逐語録をもとに分析することも可能であろう。これは自己評価や自己点検であるが、専門家として常に意識し、行うことができる形態であろう。

5）ライブスーパービジョン

ライブ SV は、いわゆる「ライブ＝生」のことを意味し、利用者の面前で SV を実施することである。この場合、バイザーが、クライエントの支援モデルをバイジーに示すことによって学ぶ機会を得ることになる。その際にバイザーは SV を行いつつ、クライエントの直接援助を行うことになる。これは、新人ワーカーの訓練や実習生の指導の際に活用される。その際にバイジーには、単に観察しているようにという指示ではなく、この SV の目的、目標、視点を明確にし、観察した後にフォローアップすることまでをそのプロセスとして計画しておく必要が

ある。

6）ユニットスーパービジョン

ユニットSVは，グループSVとは明らかに異なる。それは，1人のバイジーに対し，複数のスーパーバイザーが同席し，課題を確認していくプロセスである（福山 2005：203-204）。具体的には，フロア会議や朝のミーティング，カンファレンスなどに相当する。その際に参画している者がこれをSVなのだと意識することは必要であろう。そのプロセスに同席している職員がバイジーの課題を通して，自らの業務を確認でき，専門性の向上につながる。この場合，バイザーが複数の職種と職位にまたがることもあり得る。

このように，複数のSV形態の決定については，SVの内容，SVに対する組織内体制の成熟度，効果性や効率性などを十分に考慮し，SVの形態の妥当性を提示する必要がある。

（2）精神科病院新人ソーシャルワーカー育成のための個別スーパービジョン

■領　域	精神保健福祉，地域福祉，児童福祉，高齢福祉，母子・父子福祉，家族福祉，法人・管理 国際福祉，身体障害，知的障害，生活保護，司法・矯正・更生保護，医療福祉
■形　態	個別，グループ，ピア，セルフ，ユニット，ライブ

1）個別スーパービジョンの視点と意義

精神保健福祉領域のソーシャルワークは，多くの社会的長期入院者を生み出した歴史的状況を抜きに語ることはできない。2004年の精神保健医療福祉の改革ビジョンにおいて「入院医療中心から地域生活中心へ」と施策転換が図られたが，いまだに精神科病院には長期入院している人たちが存在する。地域の社会資源の不足も解消されているとは言い難い状況もあり，長期入院者の地域移行支援が精神保健福祉領域のソーシャルワーカー（以下，ワーカー）の喫緊の課題であることは言うまでもない。

一方で，昨今の社会経済状況の変動等を受け，メンタルヘルスの課題は拡大し，精神保健福祉領域のワーカーの支援対象も広がってきている。それに伴い，実践

現場を取り巻く状況もめまぐるしく変動し，連携する職種や機関も多職種・多領域となり，それぞれの現場でワーカーが悪戦苦闘しているのが現状である。支援対象となる精神障害者は，疾病と障害の併存，かつ変動性のある特性を持ち，多くの人たちが自己肯定感を持てず傷つき体験も重なり，人との関係に消極的である。よって，ワーカー自身のかかわり方が問われることが多く，日常的な個別スーパービジョンの実施は欠かせない。しかし，職場内でスーパービジョン（以下，SV）体制が整っている機関はまだ少ないのが現状である。

そこで，本項では精神科病院における，新人教育の一環として行っている個別SVの事例を，スーパーバイジー（以下，バイジー）の立場から描写する。なお，本事例は事実を曲げない程度に加工している。

2）スーパービジョンの事例

① 初回スーパービジョン

ある精神科病院に勤務して2年目の安藤さんはワーカーである。この相談室では，3年目までのワーカーに対して，新人教育も兼ね室長からの定期的な個別SVが設定されている。安藤さんはスーパーバイザー（以下，バイザー）である室長から今年度担当する慢性期病棟での業務目標を問われた。安藤さんは「長期入院者の地域移行支援」と即答した。すると室長は「もう少し具体的に」と言い，「家族との関係が薄れつつある患者さんに対し，まずは家族関係の問題調整を行い，退院に繋げていきたい」と答えた。安藤さんは室長から「まず患者さん個々の状況をきちんと把握するように」とアドバイスを受けた。

② 2回目のスーパービジョン

SVを受け，安藤さんは病棟の現状把握のために，長期入院者から順に個別面接を行った。この病棟では，10年以上もの長期入院者が全体の3割を占めていた。安藤さんがワーカーだと知ると，患者は「退院させないで下さい」と懇願した。家族状況については，疎遠な状態になっている人が多く，すでに家族がいない人も少なくなかった。

安藤さんは状況を把握できてきたものの，どこから手を付けていいのかわからないまま，1カ月後のSVとなった。室長から「この状況をどのように考えましたか？」と問われ，安藤さんは想像以上に家族関係が希薄になっている状況に驚いたことを伝えた。その上で，これまでこの病棟では長期入院者に対して何をし

第5章　スーパービジョンの効果をあげるには

ていたのかという憤りも感じたことを率直に伝えた。室長は「患者さんと直接面接を行い，状況を把握できたことはとても良かったと思います」と言って，「過去の担当者の記録に目を通しましたか？」と尋ねた。安藤さんは本人の現在の状況を把握することばかりに集中していて，これまでの担当者や他職種がどのようにかかわっていたのかに目が向いていなかった。室長はその反応を見て，病院設立当初からのカルテが保管されているカルテ庫の鍵を貸した。そこで，安藤さんは長期入院者のカルテを読み込むことを，次回 SV までの目標にした。

③　経済問題対応へのスーパービジョン

安藤さんはこれまでのカルテ記録を読むことにより，スタッフの過去のかかわりの経緯や，本人や家族の状況が見えてきた。ちょうどその頃，医事課から担当病棟の患者の明石さんについて連絡があった。入院費の滞納があり本人の入院中に必要となる生活費が不足している，との事である。明石さんの家族は両親がすでに亡くなり，把握できている唯一の家族は兄のみである。兄が明石さんの障害年金を管理し，医療費や入院中の生活費等を病院に送金していた。

安藤さんは早速，明石さんとの面接を設定した。明石さんは統合失調症で30年近く入院している男性である。明石さんは「早くお金を入れるよう，兄に伝えてほしい」と，安藤さんに懇願してきた。さらに話を聞くと，以前に兄に自分で電話をしたところ，「お金はちゃんと入れるから今後は電話してくるな」と言われたとのことだった。

この日，室長との SV があり，前回の課題の報告を行った後に，安藤さんは明石さんの入院費滞納問題について話した。すると，室長は明石さんと早急に面接したことについて評価し，その後の展開について「あなたはどうしようと考えているのですか？」と問うた。明石さんの兄に連絡してみようと思っていることを安藤さんが伝えると，「このことは，入院費滞納という経済的問題解決の支援だけではなく，安藤さんが今年度の目標に掲げていた家族関係の調整に向けての取り組みでもあることを頭に入れておくように」と言われた。これは家族介入のチャンスでもあり，さらには退院につながる可能性もあることを安藤さんは認識した。

④　臨時スーパービジョン

安藤さんは明石さんの兄に連絡を入れる事と，加えて病状や退院可能性について担当医に尋ねてみたところ，病状的には安定しており，退院の可能性も視野に

入れて，家族とのやりとりをしてみてもらいたいとの返答を得た。安藤さんは退院に向けての支援も動き出せるかもしれないと思い，意気揚々と明石さんの兄に電話をした。電話はすぐにつながり話を聞くと，明石さんの兄は高齢で病弱であり，すぐには動けない状況とのことだったが，数日中には送金するとの返事であった。安藤さんは金銭的なことを改めて頼んだ上で，明石さんの退院の可能性について少し話をしてみた。すると，兄は明らかに電話先のトーンが変わり，「私に何をしろというんだ」と声を荒げた。安藤さんが兄の態度の急変に驚く間もなく，「弟に早く死んでくれと伝えておいてくれ」と一言いって，電話は一方的に切られた。

電話の後，安藤さんはしばらく呆然としてしまった。「早く死んでくれ」という言葉が脳裏から離れず，相談室に戻った後も安藤さんはしばらく考え続けていた。たった一人の弟に対して「死んでくれ」はないだろうと，激しい怒りさえこみ上げてきた。安藤さんは，この件を明石さんにどう伝えるべきかと迷い始めた。さらに入院費を本当に入金してもらえるのかとの不安も生じはじめ苦慮していると，その様子を見て室長が声をかけてきた。安藤さんは電話の状況と，自分自身の思いや迷いを伝えた。室長は「大変だったわね」と臨時にSVの時間を設定し，しばらく安藤さんの話に耳を傾けてくれた。そして「明石さんの成育歴や家族歴，さらに現在の状況を含め，事例として書面でまとめてみてください」と，次回のSVまでの課題を与えた。

⑤ 事例記録の作成とスーパービジョン

安藤さんは明石さんの入院時からのカルテを読み込みながら，これまでの情報を一つずつ整理し，SV提出用の事例を作成した。書面にまとめる作業の中で，安藤さんは「お金」が明石さん兄弟の唯一の接点だとわかってきた。また，過去にも滞納問題があり，明石さんの年金管理について検討されたが，結局立ち消えになったことも知った。

室長とのSVは，作成した事例記録を基にこれまでの経緯を確認しながら行われた。その上で今後の対応について問われた安藤さんは「年金を明石さんに自己管理してもらう」という案を出してみた。室長からは「それは一つの方法として検討してみるといいと思います。ただし，年金管理が明石さんとお兄さんの唯一のつながりとなっていることについて考えてみて下さい」と言われた。加えて

「お兄さんの反応について，明石さんにどのように伝えるつもりですか？」と安藤さんに尋ねた。安藤さんは一つのことに集中すると視野が狭くなり，全体を見渡すことができなくなることが多いことを，室長とのSVでいつも気づかされた。確かに明石さんには兄の電話の結果について，入金予定のみ伝えただけで，兄の反応については，明石さんに伝えていないことを安藤さんは引っかかっていた。室長からは「お兄さんの言葉そのものを伝えるのではなく，お兄さんの大変な状況を伝えつつ，明石さんが改めて家族とどのようなつながりを求めているのかを聞いてみるといいですね」とアドバイスをもらった。

　安藤さんは翌日の面接で，電話での兄の様子について伝えると，明石さんは「兄も大変なんですね。もう長年会っていないし，お互い歳を取っていますもんね」と言い，兄の状況に理解を示した。安藤さんは年金の自己管理についても明石さんに話してみたが，その提案については消極的だった。安藤さんは面接結果を室長に報告すると，相談室内で行っている事例検討会に提出してみるようにと勧められた。

　⑥　グループスーパービジョンとしての事例検討会

　事例検討会は，グループSVとしての機能も兼ね，相談室に所属する10名のソーシャルワーカーが参加している。安藤さんは明石さんの事例を提出し，何人かの先輩のワーカーから，アドバイスを貰うことができた。結果として，金銭管理については，いきなり自己管理ではなく「日常生活自立支援事業」等の福祉サービスの利用も視野に入れつつ，徐々に変更していくことにした。事業の利用検討にあたっては，地域の社会福祉協議会に説明を聞きに行く等，外出の機会を設けることもでき，病院外の明石さんの様子を知ることにより退院に向けた一つの足掛かりを得られると安藤さんは思った。また，日常業務上で迷いが生じた時には，倫理綱領や業務指針を手に取っているという先輩のコメントも安藤さんには心に響いた。このように，安藤さんにとってこの事例検討会は，室長をはじめ先輩のソーシャルワーカーから，さまざまな意見や助言をもらえる貴重な機会になると思われた。

　⑦　明石さんへの支援の広がり

　事例検討会への提出後は，日々の業務内で先輩方が安藤さんに声をかけてくれることも増え，同様の相談場面に同席する機会も得た。安藤さんは明石さんとの

面接で,「日常生活自立支援事業」についての具体的な話をしてみた。明石さんは制度利用に加え,院外外出に興味を示し,2人でバスと電車を乗り継ぎ,社会福祉協議会に行くことになった。制度の説明後に同協議会が運営している地域活動支援センターの見学もさせてもらえ,明石さんは,センター内に貼ってある絵を見ながら,昔は自分でもよく絵を描いていたことを話してくれた。

　その後,明石さんの支援は地域活動支援センターのピアサポーターの活用や,作業療法での絵画プログラムへの参加にもつながった。しばらくすると,明石さんは作業療法で作成した絵葉書を兄に見てもらいたいと言ってきた。安藤さんも明石さんの兄に再び連絡を取りたいと思っていたため,自分の手紙を添えてその絵葉書を封書で送った。手紙では,まずは年金管理や送金の大変さを労った上で,日常的な金銭管理を行う制度があることを伝え,兄には家族として精神的なつながりの維持をお願いした。ほどなくして明石さんの兄から返事が届き,これまで金銭管理や送金等の手続きがかなりの負担であったことが綴られていた。そして,「肩の荷が下りれば,気持ちにゆとりが出て,弟にやさしい言葉をかけることができるかもしれない。近いうちに見舞いに行きたい」と書かれていた。

⑧　地域移行支援とスーパービジョン

　ピアサポーターとの交流や,家族との関係修復に力を得た明石さんは,退院に向けて動き出した。退院先としてグループホームが検討されたが,現在この地域のグループホームは,申し込みから入居まで半年以上は待機となる状況だった。明石さんはグループホーム見学後,外泊室のショートステイを利用しながら,今ではアパートでの単身生活も視野に入れて外泊訓練を重ねている。安藤さんは明石さんの潜在的な力を実感して嬉しくなると同時に,社会資源の圧倒的な不足も痛感した。

　その後,安藤さんはSVで経過を報告し,明石さんとの関わりについて,展開が進んだ節目ごとの介入の視点やポイントを振り返ったところ,最後に室長から,「社会資源の不足に気づいたようですが,どのように考えますか？」「個別支援だけがソーシャルワークではありませんよ。個別のかかわりを通して気づいた組織や地域,そして社会に対する課題について,ワーカーとしてできることは何かを常に考えておくように」と言われ,安藤さんにとって不足していた視点について投げかけられた。安藤さんは改めて日常業務におけるソーシャルワークの幅広さ

と奥深さを痛感することになった。

3）考　察

　事例では，精神科病院での職場内における上司・部下によるSVの過程を示した。このように上司（バイザー）・部下（バイジー）関係でSVを行う場合，自ずと管理的要素が含まれることは念頭に入れておかなければならない。加えて，新人教育を兼ねる場合は，教育的機能が高くなる。このように，SVの持ち方によって，機能の割合に特徴が出てくることは押さえておく必要がある。以下，本事例におけるSVの場面ごとに考察を述べていく。

① 「初回SV」で扱っているのは，業務の目標設定とその確認である。SVの観点から捉えると，与えられた業務を担うことに留まらず，その業務のあり方について自ら考えていく姿勢を促す意味では，管理的機能のみならず教育的機能を重ねているといえる。

② 「2回目のSV」では，バイザーはバイジーが即座に個別面接を行ったことを支持的に認めた上で，バイジーが目の前にある事象のみの理解に留まっていることを指摘している。そして，長期入院者への理解として，本人のみならず周囲の状況の変化も含めた時系列的理解を促し，具体的な行動についてアドバイスしている。日常業務へのSVではこのような具体的行動のアドバイスは重要となる。

③ 「経済問題対応へのSV」では，バイジーから具体的な支援の検討についての相談が持ち込まれている。バイザーは「経済問題解決の支援」に取り組もうとしているバイジーを認めつつ，「家族関係調整」「退院支援」等のバイジーが当初立てた目標を踏まえながら，今後の支援の展開を見据えた視点を教育的に伝えている。

④ 「臨時SV」は，バイジーの憤りや戸惑い等の感情を理解し声をかける支持的機能が十分に発揮されている場面である。そして，文書化により事例の考察を深めることの指示は，感情のみでなく事例に対しての多面的なものの見方を習得することを含め整理を促す教育的機能となっている。さらに，この文書化はバイジーの家族とのやりとりについて，バイザーが把握し，必要に応じたサポートの保障につながりリスクマネジメントとして管

理的機能も含まれる。
⑤「事例記録の作成とSV」では，記録を作成することにより，バイジーは客観的な視点を得て気づきを深めることができ，セルフSVにもなっている。その後のSVでは，バイザーより家族理解についてのアドバイスをもらい，自らの視点の偏りについて認識するとともに，SVを受ける効果を実感している。
⑥「グループSVとしての事例検討会」は，個別SVのプロセスにおいて，状況によってグループSVなど他形態のSVの活用の有効性を示している。ワーカーとして2年目であるバイジーにとって，経験豊富なワーカーが複数参加する場は，ユニットSVとしても位置づけられ，多くの助言を得る機会となっている。また，事例中に示された倫理綱領や業務指針などは，日常業務を踏まえた実践的活用について研修を積むことが重要であり，その上でSVを有効に展開するためのツールともなり得る。
⑦「明石さんへの支援の広がり」では，グループSVの効果が窺える。職場内でのグループSVは互いの業務を相互点検する場となり，特に新人ワーカーにとって先輩からの助言は，経験の分かち合い，創意工夫，新たな気づきが得られ，具体的展開のヒントを得る絶好の場となる。さらに，相談同席の場面などはライブSVとなっている。
⑧「地域移行支援とSV」では，バイザーはこの間のバイジーの成長を認めた上で，ワーカーとしての視点を確認している。つまり，個別支援を行う中で見えてきた，機関内サービスの限界や改善課題等に対してはソーシャルアドミニストレーションや，制度的課題や資源不足等に対してはネットワーキングによるソーシャルアクション等の必要性を示唆している。この視点がないとミクロレベルの支援のみに終始してしまう。そこで立ち止まることなく，メゾ・マクロレベルの展開を視野に入れ，行動につなげられるようなSVを行うことが，ワーカーの成長につながるのである。

4）今後の取り組み

本項では精神科病院におけるSVを取り上げたが，職場内で日常的にSVを行うためには，SVを担える人材や，業務上の位置づけの明確化等，組織内での構

造的な体制づくりが必須となる。加えて、職場内SVでは、人事考課をする立場の上司がバイザーとなる場合等に、難しさや限界も生じることを認識しておく必要がある。

精神保健福祉領域のワーカーが所属する実践現場は、本事例のように複数配置がある職場ばかりではない。精神障害者を主な対象とする障害福祉サービス事業者等では少数職場が多く、メンタルヘルスの課題への対応のために新たに参入している教育、司法、産業保健などの現場では、少数に加え、異なる専門性を有する他職種との連携において、ワーカーの専門性への理解の深化や業務を開拓している途上にある。そのような現場では、単一の職場内でSVを実施するのは難しい状況があり、地域内研修や職能団体によるSV体制も視野に入れ、組織として活用していく姿勢が求められる。

さらに、近年はどの領域でも精神保健福祉士の規定業務が増え、多忙さも顕著になってきている。たとえば精神科医療機関では、診療報酬制度等により病棟配置規定が生じ、機能別業務が増えOJT（職場内研修）の実施にも難しさが生じてきている。だからこそ、新人教育やOJTにSV機能を活用していく取り組みや、倫理綱領や業務指針等を日常業務の点検ツールとして活用していくために、研修等でSV機能を加味させていくことも必要となるだろう。

精神保健福祉領域では、人権に配慮し精神障害の特性に応じた個別支援から、多職種多領域との協働や組織内のサービス提供体制の整備、さらにわが国の精神障害者の置かれてきた状況を把握した上で、精神障害者の自立や社会参加の促進に向けて、社会資源の創出から街づくりに至るまで視野に入れた実践を担えるワーカーが求められている。そのような人材の育成のためにも、ミクロレベルにとどまらず、メゾからマクロレベルまで視野に入れたSVを日常的に実践できるための体制の構築が急がれているのである。

（3）生活介護事業所で長年継続支援する個別事例を見直し再アセスメントしたスーパービジョン

| ■領　域 | 精神保健福祉、地域福祉、児童福祉、高齢福祉、母子・父子福祉、家族福祉、法人・管理 |

第Ⅱ部　スーパービジョンの理論と実践の統合化に向けて

	国際福祉，身体障害，知的障害，生活保護，司法・矯正・更生保護，医療福祉
■形　態	個別，グループ，ピア，セルフ，ユニット，ライブ

1）ユニットスーパービジョンの視点と意義

　障害領域では，クライエントを取り巻くさまざまな旧弊や課題を乗り越えてウェルビーイングを増進してきた。養護学校の義務教育化（1979），保護の対象から自立する主体へ，施設収容から地域生活の継続へ，障害者の権利に関する条約の批准（2014）など，環境に働きかけ，障害は外在化され，障害と環境の相互作用を通して当事者の参加と活動は促進されてきた。こうしたマクロレベルの変化は，一つのには国際的な潮流の中で社会が受け入れたことによるものであり，また，障害児・者の親・家族の組織化された要求が後押ししたものでもある。環境レベルの変化の影響は，組織が新しい理念をうたい，クライエントに新たなサービスを適用することに留まらない。同時に，障害者の生活も著しく変化する。

　スーパービジョン（以下，SV）は，クライエントに対するソーシャルワークの有効性を組織の理念や方針に照らして説明する責任を有している。これを実施する形態には，個別，グループ，組織レベル等さまざまあるが，本項ではユニット（組織・事業所）レベルでSVを実施する必要性と意義について，SVを提供する立場からの事例を取り上げて述べる。SVの課題として，知的障害領域に内在する先入観や固定観念，諦めや看過といった支援の視点に潜む死角に焦点を当て，同僚・他職種を含む組織スタッフとともに業務を確認し合い，ソーシャルワークのグローバル定義（2014）が掲げる「生活課題に取り組みウェルビーイングを高めるよう，人々やさまざまな構造に働きかける」任務・使命に対して意識的な姿勢を維持することを目指すものである。なお，本事例は事実を曲げない程度に加工している。

2）スーパービジョンの事例

　知的障害のある安岡さんは40歳の男性，IQ 40前後の判定で手帳を取得している。65歳になる母親との二人暮らしである。父親は10年前に病死している。特別支援学校を卒業後，企業に就労するなどの紆余曲折を経て，現在は地域の障害者生活介護事業所に通所している。母親からある日の連絡帳に，「昨日，介護保険

の利用について考えました。今回は見送りましたが，そろそろ，息子の施設入所を考えるべきでしょうか。息子の今後について相談をしたいと思っています」と書かれていた。

　安岡さんの母親が腰痛の治療とリハビリテーション（以下，リハビリ）を続けていることは，事業所スタッフ全員が承知している。安岡さんは無断欠勤もなく，毎日単独で通所している。この数カ月間，母親の腰痛が悪化して，母親の通院と家事の介助を理由にFさんは「介護時間」という名目で早退していた。

　① 障害領域における固定観念，慣習とスタッフの諦めや看過

　生活介護事業所で安岡さんを担当する秋山さんは連絡帳を読み，母親の症状がさらに悪化して，息子の介助だけでは生活の維持が困難になっているのだろうと推測した。これまでに家族から安岡さんの施設入所についての話を聞いたことはなく，安岡さんと家族の将来について何を話し合えばよいのか見当がつかない。担当者秋山さんの報告を聞いた主任の斉藤さんは，連絡帳の内容には，何か母親の思いが込められているように感じられて戸惑った。これまで安岡さんの家族は協力的で，事業所も家族と話し合い，希望に沿うように努力してきたつもりである。主任として担当者と個別に検討すべきことはあるが，それ以外に，組織の支援方針や姿勢について何か見過ごしていることがあるのではないかと点検した。以下は主任の斉藤さんのセルフSVをまとめたものである。

　利用者の早退や欠席の管理についての検討　数カ月前，安岡さんの母親から早退願が出され，施設内では特に何の検討もされずに担当者の判断により，それを認めて今日に至っている。週に2日ほどは，安岡さんが母親のリハビリのために病院に付き添って行くことや，近所のスーパーマーケットでは，母親の書いたメモを片手に，店員の助言をもらいながら買い物をしているとも聞き，感心していたところである。

　利用者の早退や欠席が，施設にとって大きな問題にならない理由を考えてみた。社会福祉理念とサービスが利用者の自立に向けて大きく舵を切ったにもかかわらず，今のところ，この生活介護事業所には利用者の出退勤を管理するルールはない。ここ以外に簡単に行き場を求められない利用者に管理は不適切との考えもあり，無断欠勤が長期にならない限り，サービスの利用時間については家族と利用者本人の判断や希望に任せてきた経緯がある。

事業所側には人手不足という慢性的な事情があり，利用者の早退は職員の負担軽減となり，休暇を取りやすくなることもあって，その背景を掘り下げてみることはなかった。早退や欠席が利用者からの申し出であれば，スタッフ側は何の後ろめたさもなく，歓迎する気持ちになるというのが本音である。まして，親の介護という世間的にも評価されるような理由で利用者が早退するとなれば，スタッフには引き止める理由は何もない。

しかし，ソーシャルワークの専門性や組織の存在意義からみて，利用者が休みを取って母親の介護を続けていることを黙認し続けてよいのだろうか。社会的サービスの間隙を埋めるという点ではやむを得なかった経緯はあったが，母親に介護サービスの適用が見込まれる状況では，安岡さんの「介護時間」を理由とする早退を放置することは，家族の語る事情や都合を深く理解せずに鵜呑みしているに等しい。この事業所が知的障害者の社会的な自立を推し進めることを理念として掲げているからには，支援プログラムが高齢者の介護サービスに拮抗する機能を果たしていることを明示して，安岡さんと家族の支援を考える必要があるだろう。

生活支援プログラムと個別支援計画の関連づけの検討　生活介護事業所の支援プログラムは，生活支援と創作や作業活動を通して生活能力の向上を図ることを目指している。プログラムの活動は利用者の個別支援計画と不可分の関連性を持つものである。現実は，受注作業には納期があり，利用者のミスや早退などにより作業の進捗に穴が開いてもスタッフがやれば短時間でカバーできるし，定められた作業工賃はどれほど利用者の動機づけになるのか定かではない。日中の多くの時間は散歩等のレク活動に充てられている。レク活動はさまざまな娯楽を日替わりで実施しているので，利用者が自由に好みのものを選択できるわけではない。苦手なもの，嫌いな内容でも一定の時間を他の利用者と一緒に過ごすことになる。

利用者のさまざまな行動の中には，日中プログラムを通して良くも悪くも習慣として定着しているものがあると考えてよいだろう。スタッフはプログラム活動の展開と利用者の行動とをどのように関連づけて評価し，個別支援計画に反映させて，新たな生活課題としているのだろうか。今まで考えもしなかったことが急に気になり出した。生活支援プログラムに設定した目標は，その成果を検証する必要がある。そして利用者個人の成果については，何らかの形で，社会的な参加

と活動の促進という形で反映することも考えるべきであろう。全体の生活支援および作業活動プログラムと利用者の個別支援計画の相互の関連性と各担当者の日常的な支援の関わりについて，再アセスメントの視点からの見直しが必要と思われた。

障害者への支援における家族の位置づけについての検討　事業所側が安岡さんの早退を長期にわたって黙認してきたことを，個別支援計画の視点からさらに掘り下げて考えてみた。制度上の規定に沿って定期的に個別支援計画を見直してきたが，家族の意向を尋ねはしても，そこに表現された利用者と家族との関係性や思いを理解してきたとはいえない。スタッフの主観的な判断から，ある時は子どもの障害を受容していない親だと評価し，また，子どもに甘すぎるとみてしまうこともあった。

安岡さんの場合，就労が継続できなくなった時，父親が死亡した後，あるいは母親が体調不良を訴えるようになった頃，安岡さんと家族の喪失感をきちんと受け止めてきたといえるのだろうか。家族の身体的側面や，家族成員の関係性等も考慮したバイオ・サイコ・ソーシャルなアセスメントは，どのように個別支援計画に反映したらよいのだろうか。安岡さんの母親との面接を契機に，さっそく担当者と協力し合って個別支援計画の見直しに取り組むことにした。

主任の斉藤さんは以上のアセスメントに基づいて次回グループ会議の議題をスタッフに伝え，報告を依頼した。ⅰ利用者の出退勤の現状把握，ⅱ生活支援プログラムの狙いと特定の利用者の個別支援計画とを関連づけた効果と限界，ⅲ利用者の家族の包括的理解と情報の個別支援計画への反映の有無，についての報告を求めた。

②　グループ・スタッフの抱える課題と不安・葛藤

主任の斉藤さんの担当部署のグループSVでは，安岡さん家族の状況と今回の連絡帳の内容について説明があった後，主任の斉藤さんは事前に伝えた課題の設定意図を話した。各スタッフからの報告は項目別に以下のようなものであった。

利用者の早退や欠席については，安岡さん以外に日常的に早退や休みを申し出ている利用者はいないが，急に休みを取る者や，出勤時間が一定でない者がいる。スタッフは利用者が休むのは個人の自由と考えているのか，その理由については，気にかけていなかった。欠席の連絡はほとんど家族からであり，家族に送迎され

る者も多く，スタッフは家族の要求に合わせるべきだと考えているようである。
　生活支援プログラムと個別支援計画の関連づけについては，生活支援プログラムを事業所の支援方針や機能を体現するものとして理解していた。利用者の個別支援計画で設定された目標は，主に事業所内での行動の改善を意図したものであり，利用者の行動とその変化を事業所の日課と関連づけて建設的に活用・評価してはいなかった。
　支援における家族の位置づけについて，スタッフは家族との接点で家族に関する情報を得ているが，新たな情報が加わることを再アセスメントが必要な個別支援計画の見直しの機会とは捉えていなかった。個別支援計画の作成者のみならず支援の担当者も，利用者を取り巻く環境に変化が起きたとしても，その変化に伴う支援のあり方については考慮していなかったのである。
　グループ会議では，利用者の出退勤について誰がどのような理由で連絡してくるのかに留意することになった。また，今後，継続的にグループ会議で，利用者全員の日課と個別支援計画の関連づけを行うことにした。家族に関わる情報をいかに読み解くかについても，意識的に取り組んでいなかったので，日常的な情報を利用者の行動や変化と関連づけて，支援計画の見直しの必要性を毎月継続的に話し合うことにした。スタッフらは，課題を常時抱えることになったので，居心地が悪そうだった。
　スタッフの年齢や経験年数と業務遂行能力には必ずしも正の相関関係にある訳ではない。そのギャップを利用者の障害や行動上の問題のせいにして距離を置く傾向もみられる。組織がスタッフの人手不足を非常勤職員で補い，ボランティアに依存する現状では，あまり難しいことを彼らに要求できない。問題解決ではなく現状把握であることを強調して，定期的に話し合いを積み上げて，彼らの気づきや発想をバックアップすることにした。
③　ユニット・スーパービジョンとしての主任会議
　この生活介護事業所は複数のグループに分かれて日課を展開しており，各グループに主任が配置されている。本項では，主任会議をユニット SV と位置づけている。
　主任会議で斉藤さんは，利用者Fさんの概要とそのアセスメントした内容を報告して，各グループに似たような状況はないか，どのように取り組んできたのか

を話し合いたいと理由を述べた。あるグループから，利用者の半数が欠席すると，活動の気力が低下して，グループ全体に影響が出てしまうという話があった。来ている利用者が来ていない利用者を気にするのはよいのだが，休みの連鎖反応があると感じていた。欠席者が少ない日に，メンバー相互の関わりを意識的に取り入れて，欠席しがちな利用者には個別の配慮を意識しているという。別のグループには年齢的なものからくる活動の低下を理由にした長期欠席者がいて，この場合は月間計画に手紙を添えて送っているが，家族からの反応はない。年2回の家族面接で状況を把握しようと考えていた。利用者がもっと主体的に通所するようになってほしいとの思いから，出退勤や欠席の連絡には意識的に対応をするようにしようということになった。生活支援プログラムと個別支援計画の関連づけについては，今のままでも問題はないのではないか，生活支援プログラムと切り離して個別支援計画の実施を考えてもよいのではないかという話になり，最終的に，斉藤さんのグループでの検討の経過を主任会議に報告してもらい，継続的に話し合うことになった。家族の包括的理解については，各グループとも利用者の背景にある家族の状況をわかっていながらも，一体何ができるのかと疑問にも感じていた。たとえば，高齢の両親との暮らし，祖父母の介護問題を抱えている両親，両親の病弱，一人親家族，利用者の兄弟の自立と依存等，さまざまな家族背景の中で利用者が生活していることを再認識した。事業所への出退勤と家族背景とは無関係ではなさそうだが，これについても斉藤さんのグループが行う個別支援計画の見直しを見守ることになっている。

主任会議の報告は，月例の事業所運営会議に主任が出席して行うことになった。

3）実践事例の考察

さまざまなSVの形態を合わせて知的障害者領域における専門性の維持と強化に関する課題を取り上げて述べてきた。福山（2005：200-201）はSVで取り上げる内容を5つの課題に分けている。本項では，「スーパーバイジーと同僚そして組織との相互関係」に焦点を当て，支援プログラムや支援計画に関する担当者の課題を合わせて検討した。ボーエン理論では，二者関係の相互作用が引き起こす視野狭窄過程について「より大きな過程のほんの小さな部分が，釣り合いの取れないほど膨らみ，全体の説明に使われる」と説明している（Kerr & Bowen 1988＝2001：73-74）。これを，利用者と担当スタッフとの関係やスタッフ同士の関係等

に見られる組織や業務と人との相互作用に援用した。組織的な観点から業務の枠組みを捉え，それがスタッフに与える影響や，細分化された業務の調整の潜在的可能性に焦点を探り，また，制度政策の縦割りから視野が狭くなりがちな現場をバックアップする方向性を検討した。

　セルフSVによる事例のアセスメントでは，グループSVに臨む前に会議のテーマを設定し，そのテーマの下で行われた会議の成果を主任会議で報告している。こうしたプロセスを積み上げることで，上方向への情報伝達を意識したSVになるのではないかと考えた。さらに，スタッフに対する課題設定に終わることなく，継続的な課題として位置づけることで，スタッフの変化や努力がみられることを期待できる。利用者の問題について，担当者がうまく対処できていないとか，知識や情報不足だとするのは拙速である。そのような判断は，知的障害に対する社会的な偏見や位置づけを一層強固なものにすることになり，障害をもつ人と家族をエンパワーし，開放を促すようなものにはならないのである。さらに言えば，スーパーバイザー自身のこれまでの業務遂行プロセスが，新たなSVの課題となることを認識した次第である。児童精神科医オブホルツァー（Obholzer 1994＝2014：111-123）は，学校でのコンサルテーションの中で検討される子どもは，「組織プロセスの代表」であるという考え方を長期の関わりを通して組織に浸透させていった。この考え方はSVに対しても，現在進行中のプロセスを見極め，それを包含する新たなプロセスと環境整備の必要性を示唆している。

4）今後に向けて

　障害者領域には社会の変革を待つ課題が山積しているというのが現実である。実践の現場にSVやコンサルテーションというものがあっても，それは障害を欠損とみなし，治療や訓練の対象として拘束していた時代の障害者観を引きずっていることが多い。したがって，SVは若いスタッフの独創的な取り組みを認めてバックアップするような性質のものとして機能するよりは，組織の歴史的枠組みに適合することを主眼とする傾向に陥りやすい。スタッフの疲弊，バーンアウトや離職に伴う頻繁な入れ替わりの誘因ともなる。業務をする領域に実在する課題に取り組んで成果を積み上げて社会変革につなぐことは日々の実践によるしかない。この変革のメゾレベルでの展開を考えるのが，ユニットSVに期待される機能だと考える。

安岡さんは，これまでに数度の就労経験があった。安岡さんは張り切って勤務していたが，いずれも1年ほどで就労を継続できなくなっている。その度に，家族は安岡さんの力不足を嘆き，また，現実の社会の厳しさに直面せざるを得なかった。
　障害者の就労支援が制度化され，企業は一定の雇用率とインセンティブ契約に基づいて障害をもつ人を受け入れている。障害者総数744万人，そのうち20～64歳の居宅雇用対策対象者332万人に占める知的障害者は27万人という。雇用対策対象者を除く障害者数410万人の年齢と障害種別はどのようなものであろうか。
　雇用率とインセンティブは雇用枠に入るクライエントを選別するシステムを稼働させて，障害のレベルが低く，問題行動も少ないクライエントが優先的に就労することになる。障害をもつ人と家族にとって，こうした選別システムは，乳幼児期の早期発見・早期療育の場に始まり，義務教育の場や学校卒業後の社会生活の場の選択に常に介在してきた。義務教育，ノーマライゼーションという表現とは相容れない方法により，社会への参加と活動の場が指定されるのは障害者の現実である。選択の幅は非常に狭いものである。
　インセンティブ契約による就労が可能になったとしても，インセンティブ効果が消滅すると解雇されてしまうケースがほとんどである。就労支援の機関にとっても，雇用する企業にとっても，一定の雇用率を守ることが大前提であり，一人の障害者の解雇は不都合なことでも問題でもない。障害者施設としては，何度か就労を経験したクライエントには，他の利用者との公平性や年齢を考慮して次第に就労を検討しにくくなる。こうした社会状況下で，生活介護施設は就労の見込みのない，あるいはメインストリームから排除され，生活能力が低いとみなされたクライエントの日中生活の場として機能することになる。知的障害領域で支援に携わる専門職は，この現実にどのように関与していくかを問われているのである。
　以上のことから，SVの3機能について，またその配分率をどのように考えるか，SVの形態の効率性と限界が明らかになったと思われる。実施する際にその根拠を明確し，3機能の配分率を考える必要があろう。さらにSVの形態については，特に実施するスーパーバイザーが現実的に組織内外で何が実行可能なのかを検討する必要がある。

第Ⅱ部　スーパービジョンの理論と実践の統合化に向けて

注
(1) 「社会福祉協議会活動実態調査等報告書2015（全国社会福祉協議会）」によれば，50.9％の市区町村社協が「地域福祉推進基礎組織がある」と回答している。

参考文献
- リード文

福山和女編著（2005）『ソーシャルワークのスーパービジョン――人の理解の探究』ミネルヴァ書房．

認定社会福祉士認証・認定機構（2018）「スーパービジョンについて」（http://www.jacsw.or.jp/ninteikikou/contents/07_supervision/01_sv_jisshi.htm　2018年5月3日アクセス）

- 第1節（1）

Kadushin, A. and Harkness, D., (2014) *Supervision in Social Work*, fifth edition, Columbia University Press. （＝2016，福山和女監修『スーパービジョンインソーシャルワーク』中央法規出版，14-16頁。）

- 第1節（2）

岩間伸之・原田正樹（2012）『地域福祉援助をつかむ』有斐閣．

加山弾監修（2009）『社協コミュニティーワーカーさぽーと・ぶっく　黒子読本』栃木県社会福祉協議会・とちぎ社協コミュニティワーク研究会．

『社会福祉学習双書』編集委員会編（2015）「地域福祉論――地域福祉の理論と方法」（社会福祉学習双書2015）全国社会福祉協議会．

東京都社会福祉協議会（2013）「地域のキーパーソンとつながる・協働する　地域福祉コーディネーターと協働する住民に関する研究委員会報告書」．

吉弘淳一・横井一之編著（2015）「事例で学ぶスーパービジョン――対人援助の基礎知識・技術を通して」建帛社．

和田敏明・渋谷篤男編著（2015）「概説　社会福祉協議会」全国社会福祉協議会，全国社会福祉協議会「社会福祉協議会活動実態調査2012」．

- 第2節（2）

日本精神保健福祉士協会編（2014）『精神保健福祉士業務指針及び業務分類　第2版』公益社団法人日本精神保健福祉士協会．

日本精神保健福祉士協会編（2007）『スーパービジョン――誌上事例検討を通して』へるす出版．

福山和女編著（2005）『ソーシャルワークのスーパービジョン――人の理解の探求』ミネルヴァ書房．

古屋龍太（2015）「精神障害者支援におけるソーシャルワーク・スーパービジョン」日本社会福祉教育学校連盟監修『ソーシャルワーク・スーパービジョン論』中央法規出

版，487-504頁。
- **第2節（3）**

神奈川県自閉症児・者の親の会連合会（2015）『やまびこ　連合会版』KAS通巻1502号。

厚生労働省『障害者の就労支援対策の状況』（www.mhlw.go.jp，2015年7月24日アクセス）。

日本社会福祉士会『「ソーシャルワークのグローバル定義」改定の10のポイント』（http://www.jacsw.or.jp/06_kokusai/IFSW/files/SW_teigi_01403.pdf，2015年7月30日アクセス）。

福山和女編著（2005）『ソーシャルワークのスーパービジョン——人の理解の探求』ミネルヴァ書房。

福山和女（2010）「スーパービジョン」岩間伸之他編『ソーシャルワークの理論と方法Ⅱ』ミネルヴァ書房，148-173頁。

福山和女（2010）「コンサルテーション」岩間伸之他編『ソーシャルワークの理論と方法Ⅱ』ミネルヴァ書房，176-187頁。

Kadushin, A. & Harkness, D. (2014) *Supervision in Social Work* (5th Edition) Columbia University Press, pp. 37-89.

Kerr, M., & Bowen, M. (1988) *Family Evaluation: An Approach Based on Bowen Theory.* （＝2001，藤縄昭・福山和女監訳／萬歳芙美子ら訳『家族評価——ボーエンによる家族探求の旅』金剛出版。）

Obholzer, A. & Roberts V. Z. (eds.) (1994) *The Unconscious at Work: Individual and Organizational Stress in the Human Services.* （＝2014，武井麻子監訳／榊恵子ら訳『組織のストレスとコンサルテーション　対人援助サービスと職場の無意識』金剛出版。）

（小原眞知子〔第1節（1）・第2節（1）〕・秋貞由美子〔第1節（2）〕・赤畑　淳〔第2節（2）〕・大塚淳子〔第2節（2）〕・萬歳芙美子〔第2節（3）〕）

第6章 スーパービジョン実施のための準備作業

　スーパービジョン（以下，SV）は，組織内外でソーシャルワーク業務を実施する上でのバックアップ体制として機能させるが，それを効果的に行うためには，準備作業が必要になる。たとえば，SVを実施する上で何を明確にしたらよいのか，すなわちSVの内容の焦点化が必要であろう。またSVプロセスには展開方法がある。ここではそれらについて概説する。

1　スーパービジョンの内容の焦点化

（1）スーパービジョンの内容分類項目

　スーパーバイジー（以下，バイジー）から持ち込まれる相談に関して，スーパーバイザー（以下，バイザー）は確認する内容を明らかにする必要がある。すなわち，その確認すべき内容がクライエントにかかわる課題か，組織にかかわることなのか，バイジー自身の課題等を明確にしておく必要がある。

　福山は7つのFKスケールとして（福山 2005：190），「ソーシャルワークの業務行動を，①直接的援助業務，②サポート業務，③SV（スーパービジョン）業務，④業務管理・労務管理業務，⑤ネットワーキング業務，⑥コンサルテーション業務，⑦宣伝・普及業務」としている。すなわち，ソーシャルワーカー（以下，ワーカー）は多様な業務行動を行うことが規定されており，自らが職場の中で，業務行動について確認しておくことが必要であろう。さらに持ち込まれてきた内容に関して，福山は「内容の焦点化」（福山 2005：200-201）を以下のように5種類示しているが，ここではそれを採用し説明する。SV（スーパービジョン）の過程においては，取り扱う内容を双方で明確にしておくことがSV（スーパービジョン）を効果的に行うために必要になる。

① スーパーバイジーの担当事例
② スーパーバイジーと事例との相互化関係
③ スーパーバイジーの課題
④ スーパーバイジーと同僚・組織との相互関係
⑤ スーパーバイザーとスーパーバイジーとの相互関係

1）スーパーバイジーの担当事例

バイジーが提示してきた担当事例そのものがSVで取り扱う課題になる。これは事例検討に類似するものでもあるが、クライエントの抱える課題に対して多面的に分析を行い、課題解決のプロセスについても話し合う。

2）スーパーバイジーと事例との相互関係

これは、バイジーである担当者と事例との関係を話し合いの焦点とするものである。バイジーの対応が事例に与えた影響について検討していく。

3）スーパーバイジーの課題

バイジー自身の課題について、専門家としてのアイデンティティ、能力、専門家としてこれからどのように歩んだらよいのか等を協議し、バイジー自らの目標設定等を共に検討する。

4）スーパーバイジーと同僚や組織との相互関係

ワーカーは組織内の同僚、上司との関係や組織の中で行っている業務上の課題等のバイジーが抱えている職場内の課題について検討し、スムーズに業務が遂行できるように促す。

5）スーパーバイザーとスーパーバイジーとの相互関係

SVプロセスの中で、双方の関係性は変化していく。そのバイザーとバイジーの関係に焦点を当てて話し合うことが求められる場合もある。特に長期的にかかわる場合には、バイザーはバイジーの成長段階を見極め、依存度や、一方、専門家としての自立度を視野に入れて話し合うことである。

SVを行う際に、内容のどこに焦点を当てて進めるかについては、バイザーとバイジーの双方が前述の分類項目を決定する必要がある。ここを明確にしないまま進めると、バイジーの気づきや取り組むべき課題、今後の方針が曖昧になり、SVの目標が達成できないことになり、効果的なSVが実施できなくなる。

このSVの内容の分類項目については次の事例から理解できよう。

（2）周産期医療現場における外部スーパーバイザーによる個別スーパービジョン

■領　域	精神保健福祉，地域福祉，児童福祉，高齢福祉，母子・父子福祉，家族福祉，法人・管理 国際福祉，身体障害，知的障害，生活保護，司法・矯正・更生保護，医療福祉
■形　態	個別，グループ，ピア，セルフ，ユニット，ライブ

1）はじめに

　周産期医療とは，「周産期医療体制整備指針」によると「基本的にはハイリスク妊産婦の妊娠・分娩管理その他の産科医療及びハイリスク新生児の集中治療管理その他の新生児医療をいう」とされている。医療法に基づき，各都道府県に医療提供体制の構築が求められており，地域ごとに総合周産期母子医療センター，地域周産期母子医療センター及び搬送体制の整備がなされ，母体・胎児におけるリスクの高い妊娠に対する医療及び高度な新生児医療等の周産期医療が推進されてきている。周産期医療分野におけるソーシャルワークとは，周産期医療の場面でクライエントとのかかわりが始まり，その後の生活を支援していくソーシャルワークを意味する。

　総合周産期母子医療センターには，看護師，社会福祉士をNICU入院児支援コーディネーターとして配置することが望ましいとされている。

　医療の提供体制の整備が進む一方で，診療報酬においては，新生児特定集中治療室退院調整加算を算定する際に，退院調整の必要性を医師，看護師及び社会福祉士を含む関係職種が合同で検討し，退院後の生活も含めて退院支援計画の作成を開始することとされている。このように周産期医療分野のソーシャルワーカー（以下，ワーカー）は，医療提供体制をチームの一員として担うことが社会的に期待されている。

　周産期医療分野のワーカーに求められるのは社会福祉の専門的な視点・価値・知識・技術に基づく専門的な判断と介入である。本項では周産期医療分野におけ

るソーシャルワークのスーパービジョン（以下，SV）についてスーパーバイザー（以下，バイザー）の立場から述べる。特にソーシャルワーク過程開始能力と過程持続能力とサービス終結能力（Anderson 1988＝2001：301-304）を SV の課題として取り上げたものである。なお，本事例では事実を曲げない程度に加工している。

2）周産期医療ソーシャルワークにおけるスーパービジョン事例
① 26歳の久保さんへのスーパービジョン事例概要

周産期チーム医療体制　M病院は病床数300床の総合病院であり，ワーカー数は3名で地域医療連携室に所属している。M病院がR県における地域周産期母子医療センターの認定を受けたのは10年前であり現在は産科病床25床，母体・胎児集中治療室6床，新生児集中治療室（NICU）9床，回復治療室（GCU）18床を有する。チーム医療の必要性は院内スタッフに認識されており，社会的に支援が必要であると判断されたケースについては，産科医及び産科病棟看護師やNICU主治医及びNICU病棟看護師よりその時々の判断でワーカーに紹介されている。チームメンバーのワーカーの役割認識は，「地域の資源とつなぐ役割」という認識であり，退院に向けての資源紹介や地域の関連機関に連絡を取ることを機能として求められていた。紹介時期も退院の方針が決まってから紹介されてくることが多い。

病院のスーパービジョン体制　連携室の室長は看護師であり，ワーカーはスーパーバイジー（以下，バイジー）の26歳の久保さん以外に30歳の大崎さん，28歳の和田さんがいるが，大崎さんは他職種から転職してきてまだ2年目であり，和田さんは回復期リハビリテーション病院から転職してきて1年目である。

　室長は，専門職教育には理解があり研修会等には積極的に参加するように部下に伝えている。1年前に周産期医療及び NICU 担当のワーカーの退職に伴い担当者の変更を行ったが，引継ぎの期間が十分になく SV が必要である状況であった。同職種の上司がいないということで，室長の知人である46歳の小山さんを機関外のバイザーとして契約を結んで SV を開始することとなった。

スーパーバイジーとスーパーバイザー　バイジーはM病院に勤務して4年目になる26歳の久保ワーカーで，周産期分野担当になって1年目である。入職して1年間は担当分野を持たず幅広く制度紹介等を担当していた。2年目から救急医療分野の担当を主に担っていた。職場内での新人研修や職能団体主催の研修会等

には参加しているが，契約をしてSVを受けた経験はない。バイザーは，周産期・小児医療担当のワーカーとして10数年の実践経験があり現在はS大学の教員をしている46歳の小山さんである。

② スーパービジョンの目的・機能・手段

スーパービジョンの目的　バイジーである久保さんは，周産期分野を担当するまでは，制度紹介や退院・転院援助を行うという業務が中心であった。周産期医療分野は子どもの入院が数カ月単位であることも多く，今までの経験が活かせず戸惑っていた。1年前からケースには関わっていたが，地域の関連機関に連絡を取ったり社会保障制度の情報提供を行ったりすることが中心の支援となっており，ワーカーの専門性や存在意義に疑問を感じ自信を失いかけていた。したがってSVの目的は，ソーシャルワーカーの専門性を明確化し，それを発揮できるようにすることであった。

スーパービジョンの機能　SVの機能として，管理的機能，教育的機能，支持的機能があるとされているが（北島 2015：59-78），機関外SVにおいては管理的機能を遂行することができにくい。バイザーは間接的にバイジーの上司との関係性を利用して，意見を伝えたりすることはできても組織内決定を左右できるような権限は持っていない。本事例においては最初のSV契約において，目的を明確にした上で上司には定期的に成果について報告をすることや，教育的機能を主に遂行することを明示した。

スーパービジョンの手段　SVの手段として，1回のセッションは1時間半とし，久保さんの職場の会議室で業務終了後に1対1での個別面談により行った。援助事例についての振り返りをすることとし，すでに援助を終結している事例を使用した。事例の選択はバイジーの決定によるものとし，SVを実施する数日前に，①事例概要，②援助手続きの枠組みシート（表6-1），③実践の現状チェックシート（表6-2）の提出をバイジーに求めた。1セッション終了後は次回のセッションまでに，スーパービジョン振り返りシート（表6-3）を記載してもらい，SVの最初に報告してもらった。

「事例概要」には，なぜこの事例を選んだか，クライエントの性別，年齢，医学的状況，心理的状況・社会的状況等の事例の基本情報の記載を求めた。援助手続きの枠組みシートには，援助過程のすべてではなく検討したい局面のみ記載す

第6章 スーパービジョン実施のための準備作業

表6-1 ハイリスク新生児への医療ソーシャルワーク実践モデル－援助手続きの枠組みシート

援助の構成要素 \ かかわりの局面	母入院前	母入院時（出産前）	NICU入院直後（母入院中・子ども入院後10日以内）	NICU治療期	退院検討期	退院準備期	退院直前	退院後1カ月
①かかわりが始まるきっかけ								
②紹介理由・最初のかかわりの理由								
③予測しうる生活課題								
④アセスメントが必要な変化の局面								
⑤アセスメント項目とその内容（事実と判断）								
⑥アセスメント方法（情報収集方法と判断根拠）								
⑦総合的アセスメント（援助が必要な生活課題に関する総合的解釈）								
⑧援助目標（長期・中期・短期）								
⑨援助方法の選定・決定								
⑩援助計画（いつまでに何をどうするか）								
⑪実際の介入内容								
⑫介入結果・効果（モニタリングによる）								
⑬終結・継続と理由								
連携先・連携状況 利用可能な制度・資源/活用状況								

第Ⅱ部　スーパービジョンの理論と実践の統合化に向けて

表 6 - 2　実践の現状のチェックシート

0：行っていない　　1：適切にできていない　　2：あまり適切にできていない　　3：概ね適切にできている
4：常に適切にできている

チェック項目	評価	評価の理由等
①かかわりが始まるきっかけ		
②紹介理由・最初のかかわりの理由		
③予測しうる生活課題		
④アセスメントが必要な変化の局面		
⑤アセスメント項目とその内容		
⑥アセスメント方法		
⑦総合的アセスメント		
⑧援助目標		
⑨援助方法の選定・決定		
⑩援助計画		
⑪実際の介入内容		
⑫介入の結果・効果		
⑬終結・継続と理由		
⑭連携先・連携状況		
⑮制度・資源活用及び開発		

気が付いた自身の実践上の課題の明確化をしてみましょう。

選択したチェック項目と現状	解決すべき自身の援助上の課題

第6章 スーパービジョン実施のための準備作業

表6-3 スーパービジョン振り返りシート

氏名＿＿＿＿＿＿＿＿＿＿＿

　忘れないうちに，スーパーバイザーとのやりとりを振り返って以下のことを記載してみましょう。

1）やりとりの中で気が付いたことを記載しましょう。

2）スーパーバイザーとのやりとりを振り返って，以下のことをしてください。

① もう一度，事例を振り返って「援助手続きの枠組み表」を記載してください。

② 実践の現状チェックを再度記載してみましょう。

3）以下の表を記載してみましょう。援助手続きの枠組み表の縦軸と横軸を参考にして自分の実践を分析的に振り返ってみましょう。縦軸は援助の構成要素であり，横軸は係るタイミングです。

自身の実践においてのさらに質の向上を図れるポイント	考えられる解決方法

4）全体を通しての感想や印象等

第Ⅱ部　スーパービジョンの理論と実践の統合化に向けて

ればよいとした。ただし，限定した援助の局面を扱う場合には，最初の紹介の時期や紹介理由や紹介経路を明示することと，取り上げた援助の局面の理解に必要な前後の援助経過を，事例概要に記載することとした。

③　スーパービジョンのプロセス

スーパービジョン契約を結ぶ　管理者である室長と，バイジーである久保さんは，各々とSV契約を文書で取り交わした。契約に際して取り交わした文書は，「スーパービジョン実施契約書（管理者用とバイジー用）」「スーパービジョン実施覚書」「スーパーバイジー個人票」「機密保持に関する同意文書」の4種類であった。

スーパービジョン実施　SVは2カ月に1回のペースで6回行われた。開始前のオリエンテーションセッションと終了後のまとめのセッションを入れると計8回のセッションを行った。その時々のバイジーの事例を提出した意図と問題意識を中心に，「事例概要」「援助手続きの枠組みシート」「実践の現状のチェックシート」の記載内容を基にして展開した。実施内容は表6-4のとおりである。

毎回のセッションのプロセス　毎回のセッションは次のような手順で行った。

①　前回のSVについての「振り返りシート」の記載内容をもとに学んだことや感想について述べてもらい，バイザーがコメントを行った。

②　今回のテーマについて「事例概要」「援助手続き枠組みシート」「実践の現状チェックシート」に基づきバイジーが説明する。

③　バイザーの説明した内容についてバイザーが質問を行い，バイジーがそれに応えることで，できる限り状況を共有する。

④　バイザーが取り上げたかったテーマやその提出理由に関する話し合いに加えて，バイザーが確認したい事柄についても話し合いを行う。

⑤　バイジーがSVでのやり取りにより気が付いたことについて述べ，バイザーがコメントを行い，まとめとする。

④　スーパービジョン成果

成果は，毎回のセッションの初めに行う前回の振り返りにより理解度及び6回終了した後のまとめのセッションにおけるディスカッションでの内容が判断基準である。ただし，成果が持続するかどうかについてはフォローアップセッションにて確認する必要があり，さらに管理者から見たバイジーの客観的な評価等から

第6章 スーパービジョン実施のための準備作業

表6-4 スーパービジョンの全体プロセス

回 数	提出事例のテーマ	提出理由	スーパービジョンの内容
オリエンテーション	〈契約内容の確認〉 ①スーパービジョン覚書内容・個人票について ②機密保持について 〈動機〉 ①MSWの専門性がわからない。自分自身が主体的に何をしたらよいかわからない。 〈バイザー・バイジー関係〉 信頼関係の構築	〈スーパービジョンに求めること〉 ①援助の手続き全般の質の向上 ②医療スタッフの要望だけでなくMSWが主体的に動くことができるようになりたい	①覚書内容・個人票について確認 ②具体的な日程調整 ③進め方の確認 ④バイジーの不安の吐露 ⑤質疑応答
第1回	援助手続きの枠組みの記載方法について	援助手続きの枠組みとされている項目が十分に理解できていないためどう記載すればいいのか、これで記載内容があっているのかわからない	①ソーシャルワーク実践を構成する要素について説明 ②実際の記載内容と照らし合わせての確認
第2回	障害児を生んだ母への心理的支援 バイジーとクライエントとの援助関係	出産前から胎児との関係を絶っていた母に対してどう親子関係を形成していったらよいかわからない	①MSWとかかわりの開始時期の検討 ②紹介システムの検討 ③母との面接場面でのやり取りのふりかえり ④感情への反射の練習
第3回	情報源と得た情報からの判断	母との面談が中心となり、アセスメントも母を通しての判断になっているため見込み違いが発生した。	①情報源が偏っている理由についての話し合い ②判断の根拠についてと、MSWの主体的な判断について
第4回	援助のプロセス持続力	スタッフやクライエントの制度紹介などの具体的な支援が中心で単発的な援助になっている	①長期目標、中期目標、短期目標の立て方について話し合い ②目標を立てるためのアセスメント力について話し合い
第5回	退院後の支援	退院後、関連諸機関につないで終わりにしている	①モニタリングについて話し合い ②継続・終結理由について話し合い
第6回	自己覚知	障害のリスクを負う子どもを育てていくことについての自身の覚悟に自信がない。	①個人の価値観とソーシャルワークの価値・倫理について話し合い ②ワーカーの葛藤は援助の妨げになるかについての話し合い
まとめ	全体のふりかえりとスーパービジョン成果についての感想 ①今まで援助の全体を構成要素に分けて振り返る機会がなかったので、ソーシャルワークがわかったような気がしている。 ②分析的に考える思考を身につけることが難しい。繰り返していくことしかないと思う。 ③できていないと思ったことがなぜそう思ったか、どこができていなかったのか、できていると思ったことが果たしてそれでよかったのかなど、根拠をもって明確にできたことが大きな成果である。		

も明確化しておく必要がある。ここでは，本 SV セッション終了時点で確認できた成果を列挙するにとどめる。

- ソーシャルワークの構成要素を理解でき，情報収集とアセスメントの違いの明確化が図られ，知識や経験を増やすことへの動機づけが得られた。
- ソーシャルワークを支える面接技術の大切さを理解でき，相手の具体的な質問や要求にすぐに応えるのではなく，まず理解しようとすることの大切さについて言語化できた。
- スタッフの期待に応えることが優先されており，また関連諸機関への依頼をして援助を行ったとしていたことが明確化でき，その要因として，アセスメント不足があったことに気が付いた。
- 自らの価値葛藤についても言語化でき，そこを自覚しつつ，ソーシャルワークの価値について考えていくことを今後の課題とできた。
- 退院＝終結ではないとは理解していたが，いつまで関わるかについてわかっていなかったが，事例ごとの判断が問われていることが理解できた。

3）スーパービジョンの考察

SV の事例を通して，今後の SV についての 2 つの示唆が得られた。1 つ目は，機関外 SV のメリットと限界を意識することである。2 つ目は SV で活用したシート類についての有効性への確信と課題についてである。

① 機関外スーパービジョンのメリットと限界

バイジーが抱えているテーマを話し合っていくと，バイザー個人の実践の力量だけではなく，組織が抱えるシステム上の解決を要する課題が見えてきた。

たとえば，M 病院においては，紹介経路は産科では，虐待予防という観点から特別に支援が必要なことがはっきりしているハイリスクな社会的問題を抱えた妊婦の紹介はあるが，医学的に重篤であるだけで社会的なリスクが目立っていなければワーカーに早期に紹介されることはなく，子どもが出産後 NICU に入院し，退院の方針が決定してから紹介されてくることが多かった。医療スタッフがワーカーの役割と機能について十分に認識していなかったからである。前任の担当者は紹介システムを変えるような働きかけはしてこなかったようであった。そのた

第6章　スーパービジョン実施のための準備作業

め，退院の方針が出てからの紹介となり，生活者の抱える生活課題の解決プロセスを危機状況の時期から共に歩むことができず事後的な対応に終始していた。これらは，ワーカーの実践の質を左右する大きな要因であるが，機関外バイザーはその課題を組織内で共に背負うことができない。このような限界を踏まえて，それの解決が必要な場合は，バイザー・バイジー両者が組織内の管理者に報告し，バイジーは組織のシステム変革に取り組む必要がある。

　限界がある一方で，機関外のSVのメリットもあった。それは，職場の序列や人間関係に影響を与えないという教育的機能の純化である。機関内のSV関係如何では，バイジーはバイザーの評価内容が職場内の地位に影響を与えると感じざるを得ない場合がある。機関外SVではその影響は少ないと思われる。

　②　スーパービジョンで活用したシート類の活用についての有効性への確信と課題
　SVを行うに際して，客観的な事実とその事実についてバイジーがどのように解釈しているのかについて，バイジーとバイザーが共有できることが必須である。短時間のSVで，バイジーに多くの気づきを促すためには，まずバイジー自身が自分の実践をできる限り明確化し言語化することが必要である。SV前にその作業をすることで，バイジーは自分自身の実践の課題に，ある程度気づくことができる。あるいは気が付かなくとも，何を思い何を行ったかについての振り返りをしている。その作業は，SVでの気づきを促す大切な準備作業である。

　今回，多くのシート類を記載する準備作業をバイジーに課したが，その効果についての確信がバイジー・バイザー共に得られた。

　一方で，課題も多く発見された。まず，「援助手続きの枠組み表」（表6-1）の記載方法を理解するまでに時間がかかるということであり，当初バイジーは正確に枠組み表を記載するためにかなりのエネルギーを取られてしまったようである。

　自らの実践をこのように分析的に考える習慣が身に付いていない場合，後づけで厳密に記載することは無理がある場合もある。ただし，何も考えていないわけではなく，ある一定の判断をしていることを明確化することに意義があると思われた。

　今回，「援助手続きの枠組み」という概念を使用して，ソーシャルワーク実践の質を高めるために援助の構成要素ごとの点検という形で個別SVを行った。もちろん，これでSVの課題をすべて網羅できているわけではない。この枠組みは，すぐに援助のあり方に影響を及ぼす項目のみを取り上げており，ソーシャルワー

ク過程開始能力，過程持続能力，サービス終結能力を向上させることに特化している。これ以外のSVの課題としては，行動に影響を及ぼすバイジーの意識レベルの課題も考えられ，個別SVでは，むしろそこに焦点を当てる必要がある事例も存在すると考える。

4）今後の取り組み

今後のソーシャルワーク実践の質の向上のために，SVのさらなる普及が必要であることはいうまでもない。しかし，具体的な手段や方法についての実践研究の積み重ねが必要である。多様なバイジーの課題に応える多様な手段や方法が開発される必要がある。

筆者は，ソーシャルワークのコンピテンシーの過程開始能力と過程持続能力を高めるために，「援助手続きの枠組みシート」と「実践の現状のチェックシート」「スーパービジョン振り返りシート」等を作成し用いた。周産期医療から始まるソーシャルワークは，関わりの開始の時期が重要であり，早期から介入することが必要である。そして，事後対応ではなく事前に生活課題を予測して介入の時期を見極めるSWの力量が問われる。なぜならば，周産期医療においては2人の患者が存在し，そのうちの1人は自ら生活上の課題を訴えようがない胎児であったりまた新生児であったりする。さらに，保護者である母親も患者であり，家族が重要な環境であり資源でもありまた生活の主体者である。

SVでは，①ケースの発見の時期，②当事者の生活課題への理解，③当事者の生活課題が変化する局面を的確に捉えることができているか，④何を情報収集する必要があるのか，⑤収集した情報から援助目標と援助計画をどのように判断したかとその根拠は何か，⑥実際の介入内容はどうであったか，⑦介入の結果とその効果はどうであったか，⑧適切に援助の終結や継続の判断ができていたか，等の項目をバイジーとともに検討していく必要がある。

今後の取り組みとして，現在日本医療社会福祉協会のスキルアップ研修で，グループSV形式で研修を年に1回行っているが，年に1回の研修とせず，研修を受けたメンバーが各地でピアSVを行ったり，さらに自分たちの職場でバイザーとして機能したりしていただければSVの発展に貢献できると考える。

そのためにも「援助手続きの枠組み」概念は，周産期から始まるソーシャルワークのみならず幅広い分野の実践に応用可能であるので，今後さらに改良が加

えられ，SV のツールとして活用されることを期待している。

2　スーパービジョンの展開方法

（1）スーパービジョンの計画づくり

　スーパービジョン（以下，SV）の展開は実際の SV を始める準備期間から存在する。特に1年単位で SV を実施する場合は，スーパーバイザー（以下，バイザー）はスーパーバイジー（以下，バイジー）の事前アセスメントが必要になる。前述した3つの機能から検討すると管理的側面として，①仕事上の立場や職位，責任の範囲がどれくらいなのか，②業務や援助行動に関して，援助の目的や計画や援助内容や具体的内容等，③業務や援助に対する考え方や視点を明らかにするための理論や知識，技術，価値の確認，④業務や援助の効果や限界，⑤教育的側面で何が不足しているのか，⑥支持的側面として業務や支援において不安，悩み等，バイジーとともに確認することにより，SV 計画が立てられる。具体的にはバイザーはバイジーの自己チェックシート（道具）等を用いて記入した結果を分析し，業務上の立場や内容を理解し，バイザーはバイジーの相談概要・目的を聞き，SV の焦点を決定する。（テーマの探索）その後，多側面からみて，時には段階を追って，複数の目標を選択する場合もある。バイジーにとっての必要性を基準に双方で目標を設定することは重要である（福山 2005）。

　また SV の契約も重要である。少なくとも以下のことを契約の項目に盛り込む必要がある。必要があれば，契約書を交わす必要がある。特に，組織外で SV を行う場合は，バイザーは組織内の情報を知り得る場合もあることから，バイジーの職場の承諾を得ておく必要がある。

　　①　スーパーバイザーの役割の説明
　　②　スーパーバイジーの意思確認
　　③　謝金の取り決め
　　④　ここでの主目標
　　⑤　時間の取りきめ
　　⑥　実施場所（安心してできるところ）

⑦　緊急性の吟味・緊急時対応
⑧　秘密保持
⑨　報告（義務）

　また，1年契約等の長期的SV（スーパービジョン）であろうと，その中の毎回の限られた時間内のSV（スーパービジョン）であろうと，「開始期」「展開期」「終結期」を意識する必要がある。

　長期の場合は開始段階では，オリエンテーションも含まれるが，アセスメント，課題の確認，また双方の関係性構築とSV（スーパービジョン）実施計画の合意と契約が含まれる。さらに，バイザーはSV（スーパービジョン）の計画書を作成することも必要になる。これはSV（スーパービジョン）の目的，方針，緊急性，危険度等を含め，SV（スーパービジョン）プロセスの段階を追って記述することが必要になる。また，バイジーも毎回のセッションを記録する必要がある。これは自らの課題，SV（スーパービジョン）の目標，セッションを経て明らかになった点，今後の課題等を記入できると，SV（スーパービジョン）プロセスでの自らの成長を振り返ることができ，ワーカーとしてのさらなるアイデンティティの形成にも貢献できる。

　展開期では，SV（スーパービジョン）の実施，焦点の維持を行うことや変更が生じる。さらに毎回のSV（スーパービジョン）の進捗状況とモニタリングも含まれる。バイジーの変化や成長を妨げるものに対処することやバイザーとバイジーの関係性の調整も課題に上がる場合がある。

　終結期においては，成長の振り返りと未解決な課題の確認，バイジーとバイザーの成長の確認，再契約または，他のバイザーの紹介，フォローアップなども含まれる。

（2）患者との死別体験によるグリーフを抱えたソーシャルワーカーに対するライブスーパービジョン

| ■領　域 | 精神保健福祉，地域福祉，児童福祉，高齢福祉，母子・父子福祉，家族福祉，法人・管理 |

	国際福祉，身体障害，知的障害，生活保護，司法・矯正・更生保護，医療福祉
■形　態	個別，グループ，ピア，セルフ，ユニット，ライブ

1）援助者のグリーフケアの必要性

　筆者は，子どもを亡くした親のグリーフとそのケアについて研究する過程で，緩和ケアに携わる援助者と出逢った[1]。彼らとの会話の中で，その後ずっと気になっていたことがあった。それは，死が日常にある職場で，患者との死別体験が重なり，喪失感や自責の念に押しつぶされそうになりながらも，見て見ないふりをして必死に耐えながら仕事しているという言葉である。彼らが涙を流しながら話をしている姿を見て，援助者が避けられない死別体験によって蓄積されたグリーフを抱えていること，それを抱えながら仕事を続けているという特有の状況の中にいることを触感した。

　これは特別なことではない。援助者の多くは，心理的・パーソナルな側面において，患者との死別体験によってさまざまなグリーフを抱えている。たとえば，主なグリーフとして，喪失感，怒り，自責感，ショック，空虚感（Figley 1995；Hinds et al. 1994；Rashotte et al. 1997），無力感，自信喪失感，ショック（Oehler & Davidson 1992；Redinbaugh et al. 2001），孤独感や社会的孤立感（Kaplan 2000）等が挙げられる。その一方で，社会的・プロフェッショナルな側面において，グリーフを抱えていることが社会の中で気づかれず，専門職として公に悲しむ権利を奪われていることが多いことから，公認されないグリーフや権利を奪われたグリーフを抱えやすい（Doka 2002）。また，グリーフを抱えたり表出することは専門職としてあってはならないことという社会的な影響から，援助者自身が自分の中にあるグリーフに目を向けずに回避しようとする傾向が強いともいわれている（Murphy & Kathleen 1988）。苦痛に満ちたグリーフを抱えている場合，専門職としてというよりも1人の人間として，そこから逃れたいと思うのは自然なことである。しかし，自分の中にあるグリーフから逃れようにも逃れられず，さらに，どのように対処していいのかもわからず，精神的にバランスが崩れて疲弊している援助者がいることも事実である。

　援助者は，患者との死別後，援助者としての自分のあり方を自問し，揺さぶら

れるような体験をすることがあるのかもしれない。その一方で，現場では待ったなしに仕事が次々と舞い込んでくる。患者との死別体験によってグリーフを抱えて苦悩している援助者がいるのであれば，患者の家族だけではなく，ケアしている援助者もケアが必要である。スーパービジョン（以下，SV）は，援助者の尊厳を守るものであり（福山 2013），援助者のグリーフケアにつながる可能性がある。本項は，グループ SV の事例を基に，援助者のグリーフケアとしてグループ SV にはどのような機能があるかを考察する。なお，本事例は事実を曲げない範囲で加工している。

２）スーパービジョンの事例

① 事例概要

事例は，職場外で行われた１回限りのグループ SV である。参加者は，スーパーバイジー（以下，バイジー）が14名とスーパーバイザー（以下，バイザー）が１名である。バイジーに共通しているのは，①病院に所属している医療ソーシャルワーカー（以下，MSW）であり，患者との死別体験がある，②患者との死別体験やグリーフを語る場を求めている，③グリーフケアに関心があること，である。バイジーの年齢，性別，所属，経験年数はそれぞれ異なり，ほぼ初対面である。バイザーは，MSW 歴20年以上の実践経験があり，援助者のグリーフケアの一環として職場内外で定期的にグループ SV を行っている。

② 目的・方法

目　　的　　グループ SV の目的は，援助者のグリーフケアである。形式はグループ SV であるが，ピア SV のように，バイジーが語り合い，聴き合い，ささえあう場をイメージし，バイザーはその場を提供し，側面的・支持的にサポートすることを心がけてグループ SV を進行した。

方　　法　　バイザーは，グループ SV の方法としてアサーションとリフレクションのエッセンスを取り入れた。アサーションは，「自分も相手も大切にした自己表現」であり，「お互いに大切にし合おうという相互尊重の精神と，相互理解を深めようという精神」がベースにある（平木・沢崎・野末 2002：4）。また，リフレクションは聴き手が語り手の今ここでの感情に注視し，「表現される感情に気づき，それに反応する」ことである（Ivey 1974＝1985：70）。バイザーはバイジーが自己を語ることや自身の中にあるグリーフを他者に聴いてもらうこと，ま

第6章　スーパービジョン実施のための準備作業

図6-1　GSVのプロセス

セッション1

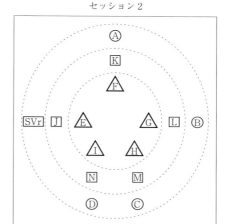

セッション3

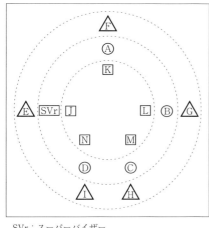

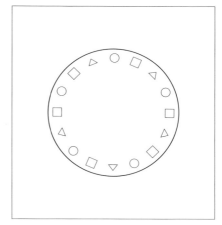

SVr：スーパーバイザー

た，語ることや聴くことを通して自身の感情に気づくことや相互理解を深めることを考慮し，グループSVの方法としてアサーションとリフレクションを活用した。

③　プロセス

図6-1は，グループSVのプロセスである。この図のように，全員で三重の

129

第Ⅱ部　スーパービジョンの理論と実践の統合化に向けて

円を作って自由に座り，バイザーはバイジーとともに内輪に座り，以下の手順とルールを説明した。

1．手　順
(1) ○が順番にトピック（記憶に残る自身の死別体験とその体験を通して感じたこと）を語る。
(2) △と□が前後でペアになり，○の語りを聴いて感じたこと等を語り合う。
(3) ○が□の席に移動し，△が○の席に移動し，□が△の席に移動する。
(4) △が順番に(2)の内容とトピックを語る。
(5) ○と□が前後でペアになり，△の語りを聴いて感じたこと等を語り合う。
(6) △が○の席に移動し，□が△の席に移動し，○が□の席に移動する。
(7) □が順番に(5)の内容とトピックを語る。
(8) ○と△が前後でペアになり，□の語りを聴いて感じたこと等を語り合う。
(9) ○が順番に(8)の内容を語る。
(10) 全員が語り終わった後，1つの円になり振り返る。

2．ルール
- アドバイス・批判・否定しない。
- 他者の語りを価値判断しない。
- ダメージを与えるような言動はしない。
- 集中して聴く。

セッション1　バイザーは，内輪に座ったⒶ～Ⓓに「記憶に残る患者との死別体験とその体験を通してどのようなことを感じたか」というトピックについて，順番に語ってもらった。

　Ⓐ：長期間かかわっていた患者さんが亡くなった時，患者さんのご家族が泣き崩れているのを見て耐えきれなくなってしまって，トイレに行って泣

第 6 章　スーパービジョン実施のための準備作業

続けていました。家族ではないけれど家族のような感覚で，自分の一部がなくなったような感じでした。
Ⓑ：私も，親しくしていた患者さんが亡くなった時，何日経っても悲しくて，いろんなことを思い出して気が滅入ることがありました。たぶん，患者さんのご家族と似たような感じで悲しかったんだと思います。
Ⓒ：私の母が55歳の時にがんで亡くなったのですが，母と同年代の患者さんががんで亡くなった時，患者さんが亡くなった悲しみもあったのですが，母を思い出して喪失感がとても大きかったです。
Ⓓ：（中略）

　Ⓐ～Ⓓが語り終わった後，バイザーは「みなさん，今のお話を聴いて，ご自身では気づかなかったグリーフに気づいた方もいたかもしれませんね」とバイジーに語りかけた。バイジーは，バイザーの言葉に大きくうなずいた。アサーションの共有場面では，バイジーがお互いに他者の語りに共感したこと，それぞれが抱えている死別体験やグリーフを分かち合った。

　セッション2　アサーションの共有後，全員が席を移動しⒺ～Ⓘが内輪に座り，バイザーはⒺから順番にリフレクションと自身の死別体験を語るようにうながした。Ⓔは，少し首を傾けて考えながら次のように語り始めた。「みなさんのお話をお聴きして気づいたのですが，私の場合は，患者さんが亡くなって悲しいというよりも，患者さんに対して何もできなくて，もう少しできることがあったのではないかと後悔することの方が多いです」。Ⓔが後悔や自責の念にまつわるエピソードを語った後，隣のⒻはしばらく沈黙し，静かに語った。「私は，子どもが亡くなって生きる意味を失ったという親御さんに，なんて声をかけたらいいのかがわからなくて何も言えなかったことがすごく心残りです」。
　ⒺとⒻのように，セッション2の話題は後悔や自責の念であった。そこでバイザーは，アサーションの共有場面で後悔や自責の念の背景には何があるかについてバイジーに語り合ってもらった。多く語られたのは，担当しているケースがあまりにも多く，自分がいっぱいいっぱいで，患者や家族一人ひとりの話をゆっくりと聴く時間がないことなど，自身が所属している職場環境に関することであった。

第Ⅱ部　スーパービジョンの理論と実践の統合化に向けて

セッション3　　再び全員が席を移動し，J～Nが内輪に座った。バイザーは，自責の念でいっぱいになっていたバイジーが思考をシフト転換できるように働きかけ，セッション3のはじまりに「みなさんが後悔や自責の念がありながらも仕事を続けているのは，仕事に魅力ややりがいを感じているということがあるのかもしれませんね」と伝えた。その後，Jから順番に語り始めた。

J：みなさんと同じように，私も患者さんが亡くなった後にああすればよかった，こうすればよかったと後悔したり，自分を責めることがよくあります。どんな時でも100％やりきったと思うことはないですね……。でも，先程のアサーションの共有と今のバイザーのお話を聴いて，仕事は好きですし，自分に与えられたことを一つひとつやっていこうという気持ちが少し出てきました。

K：私は，自分がやってきたことが無意味だったんじゃないかとか，何の役にも立っていないんじゃないかと日々悩んでいて，ソーシャルワーカー（以下，ワーカー）として仕事を続けていくことにちょっと自信をなくしていました。でも，ここで話していくうちに，自分にできることには限りがあるし，大切なのはワーカーとして今できることに最善を尽くすことなのかもしれないと思いました。

最後に，Nが他のバイジーとは異なる自身のグリーフについて次のように語った。「みなさんのお話をお聴きして，一番心に響いたことは，親しかった患者さんが亡くなって家族を亡くしたような気持ちになったというお話です。わたしの場合は全く違って，感情がわかず，患者さんが亡くなって泣くとか動揺することがなくて，こんなにドライな人間でいいのかと思いました」。Nの語りに，バイザーをはじめとして多くのバイジーがうなずいた。しばらく沈黙が続き，Nはゆっくりと口を開いた。「患者さんが亡くなって悲しくないなんてことはなくて，悲しいし，つらいです。とても苦しいです。もしかしたら，振り返ることが怖くて触れないようにしていたのかもしれません。皆さんのお話をお聴きして，誰もが何かしらのグリーフを抱えているんだと思いました。悲しむことは全然悪くないし，私の中でグリーフのようなものが溜まっているのかもしれないと思いまし

た」。Nの涙声を聴いて涙を流すバイジーもいた。バイザーは，バイジー一人ひとりの顔を見つめながらゆっくりとうなずいた。

セッション4　全員が語り終わった後，1つの円になってバイジーが1人ずつ感想を語り，グループSVを振り返った。バイジーからは，自分の中にグリーフがあることに気づきながらも向き合っていなかったこと，それが苦しかったこと，援助者がグリーフを抱えるのはよくないと思いながらも抱えている自分がいて，どうしたらいいか悩んでいたこと，はじめてグリーフと向き合い，自分がどのようなグリーフを抱えて苦しんでいるかに気づいたことなどが語られた。

最後に，バイザーはバイジーがグループSVで体感したように，話を聴いてもらうということは死別体験をした人の心の安らぎになること，十分な時間がとれないにしても患者や家族の話を聴くことには意味があり，それだけ価値のある実践をバイジーが日々やっていることを伝えた。バイジーの顔から笑みがこぼれ，お互いに鼓舞し合う様子が見られた。終了後のリアクションペーパーには，グループSVがグリーフケアになったこと，自分が行っている実践は価値あることだと太鼓判を押してもらったようで嬉しかったこと，今日の体験を明日からの実践に活かしていきたいこと等が書かれていた。

④　成　果

グループSVは，バイジーとバイザーがグリーフワークを一緒に歩んでいくプロセスとなった。このプロセスは，バイジー一人ひとりがワーカーという役割から一歩距離を置いて，死別体験をした本人としてグリーフを表出し合う機会となった。

バイジーにとって，グループSVは次のような場となった。①自分や他者の中にあるグリーフに気づき，わかちあう，②自責の念を手放す糸口を見出す，③グリーフを抱えることはノーマルであることを学び合う，④お互いの実践を認め合い，保証し合う，⑤実践の意味や価値を再確認し，失いかけていた専門職としての自己を取り戻す。これが，グリーフケアとしてのグループSVの成果と考えられる。

3）考　察

以下では，第1に援助者のグリーフについて，第2に援助者のグリーフケアとしてグループSVにはどのような機能があるかについて，グループSVのプロセ

第Ⅱ部　スーパービジョンの理論と実践の統合化に向けて

図6-2　援助者のグリーフ

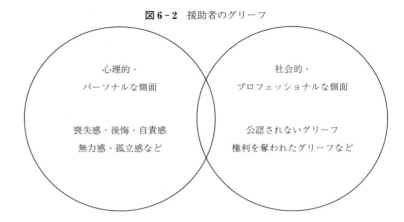

スに沿って考察する。

① 援助者のグリーフ

図6-2のように，援助者が抱えるグリーフには2つの側面がある。1つは心理的・パーソナルな側面であり，援助者の多くはさまざまなグリーフを抱えながら仕事をしている。もう1つは，社会的・プロフェッショナルな側面であり，援助者は社会的な影響等によって公認されないグリーフや権利を奪われたグリーフ等を抱えやすく，自身の中に存在するグリーフを封印しようとする傾向がある。

相反する両側面の狭間に置かれている自身を自覚し，バランスをとりながら仕事をしているのであればいいが，置かれている状況が見えずに揺れ動いている状態は不安定であり，援助者にとってストレスである。さまざまなグリーフが積み重なり，援助者がバーンアウトしている背景には（Marino 1998），この狭間で身動きが取れずに抑圧されている状況があるのかもしれない。このような状況に置かれている援助者にとって大切なのは，これまで回避し続けてきたグリーフと向き合い，自身の感情や置かれている状況を俯瞰して認識するグリーフワークを体験することである。グループSVへの参加は，バイジーにとってそのきっかけとなる1つである。

② 援助者のグリーフケアとしてのグループSVの機能

表6-5は，バイジーがグループSVを通して体験したグリーフワークのプロセスとグループSVの機能である。このプロセスでは，特にSVのもつ，①支持

表6-5　グリーフワークのプロセスとグループスーパービジョンの機能

グリーフワーク	支持的機能	教育的機能
セッション1 記憶に残る死別体験を語り合う	封引し続けてきたグリーフをわかち合う 孤独感がやわらぐ 心が解放する	患者の家族と類似した感情や二重の喪失感を抱えていることに気づく グリーフへの対応を学び合う
セッション2 自責の念を多角的な視点から俯瞰して分析する	自責の念を手放す糸口を見出す	自責の念をもたらす要因として職場環境の課題があることに気づく 職務・職責の範囲を確かめ合う
セッション3 グリーフを抱えることはノーマルであることを学び合う	誰もがグリーフを抱えていることをわかちあう 自分の中にあるグリーフを見つめて受け容れていくきっかけになる	グリーフは人間に与えられたナチュラルで大切なものであることを学び合う
セッション4 グリーフワークを振り返る	自己を取り戻すきっかけを見出す 自分という存在を尊重された体験になる	お互いの実践を認め合い保証し合う 今後の実践に生かす

的機能と，②教育的機能（福山 2005）が発揮された。

　セッション1　グリーフを封引し続けてきたバイジーが，何よりも苦しんでいたのは，自分がどのようなグリーフを抱え，何に苦しんでいるのか，また，患者と死別してなぜ喪失感が大きいのかがわからないことであった。バイザーは，バイジーが患者とのこれまでの死別体験の中で気がかりとなっていることや心残りを振り返り，表現し，確かめ合うことができるように支えながらグループSVを進めた。

　①記憶に残る死別体験を振り返って語ったことは，バイジー一人ひとりが封引し続けてきた「あの時の体験」を「私の体験」として身をもって体感し，わかちあうきっかけとなった。これは，バイジーにとって心の解放や孤独感の緩和につながった。その中で，②バイジーは喪失感が大きかった要因として2つのことに気づき学び合った。1つは，長期間かかわっていた患者を亡くし，患者の家族と似たような気持ちになっていたこと，もう1つは，患者との死別体験によって過去の個人的な死別体験が重なり，二重の喪失体験を同時に抱えていたことである。②この気づきは，今後，バイジーが同じような状況に置かれた時，さまざまなグリーフを同時に抱える可能性があることを予期したり，それに過度に影響されないように対処する等，自らの実践やグリーフへの対応に生かしていく手がかりに

なると思われる。

　セッション2　セッション2では，バイジーの多くが長期に渡って自責の念を強く抱き，ワーカーとして仕事を続けていくことに自信をなくしていることが明らかとなった。①バイザーは，この自責の念からバイジーを解放することを考慮し，②どのようなことに対して自責の念を抱えているのかについて，自責の念を多角的な視点から一緒に俯瞰して分析する思考の機会を作った。これは，バイザーに一筋の変化をもたらした。

　グループSVで語られたのは，日常の業務で抱えているケースが多く，患者や家族一人ひとりとかかわる時間を十分にもてないこと，それができていない自分を過度に責めていたこと，自分ではどうすることもできないことがあるということであった。②グループSVは，バイジーが自責の念を自分の職場の状況とつなげて考え，自責の念をもたらす根本的な要因とてして，個人よりもむしろ職場環境の課題が関係していることに気づきあうきっかけとなった。さらに，この気づき合いは，1人で抱え込んでなんとか解決しようとバイジーが気づき，個人にできることには限界があるという職務や職責の範囲を確認し合うきっかけにもなった。①自責の念の矛先を自分から職場環境へと方向転換し，過度に自分を責め続けていた感情を手放す糸口を見出したプロセスは，自責の念に苦しみ，暗闇の中にいたバイジーにとってグリーフケアにつながった。

　セッション3　セッション3では，グループSVの中で最も大きな学び合いがみられた。それは，②死別体験によってグリーフを抱えることは異常ではなくノーマルであることをバイジー同士が学び合ったことである。

　バイジーは，日常生活の中でグリーフを抱えていることに気づいていながらも意識的に気づかないようにしていた。その根底には，専門職として援助者がグリーフを抱えてはいけないという頑なまでも揺るぎない考えが植えつけられ，それに苦しめられているバイジーがいた。①グループSVは，バイジーがグリーフを表出しあい，自分だけではなく他者も同じようなグリーフを抱えていることを実感し，わかちあう機会となった。そしてそれは，②見えていないだけであって誰もがグリーフを抱えていることや，グリーフは人間に与えられたナチュラルで大切なものであることを学び合う機会にもなった。この体験は，①②今後バイジーが自分の中にあるグリーフを見つめ，ゆっくりと受け容れていくプロセスに

つながり，そのプロセスがバイジーの実践に活かされ，ワーカーとして成長していくことにも発展すると思われる。

　セッション4　セッション4は，グループSVを行ったことにどのような意味があったかをバイジー一人ひとりが振り返る機会となった。②グリーフを抱える自分とそれを封引する自分との狭間で浮遊して苦しんでいたバイジーが，グループSVを通して自己を取り戻すきっかけを見出したことがバイジーの感想から，うかがえた。リアクションペーパーには，①自分が行っている実践が価値あることだと太鼓判を押してもらったようでうれしかったこと，②今日の体験を明日からの実践に活かしていきたいという内容が多く書かれていた。バイジーにとって，グループSVは援助者としての行いを認め合い，保証し合うだけではなく，自分という存在そのものを尊重された体験になったのかもしれない。

4）今後の取り組み

　SWや看護師等の援助者は，患者を亡くした後に自責の念を一人で背負い，その苦しみを誰にも打ち明けられず，職場で孤立感を抱えることがある（Ting et al. 2006；古川 2009）。たとえば，古川の調査によると，患者の自死は組織の中であってはならないこと，悪いことという雰囲気が強く，患者とかかわることが多かった看護師が「やっぱり自分が悪かった」と自責の念で苦しみ，1人で悩んで孤立感を抱えていることが語られている（古川 2009：22）。

　自死で家族を喪った遺族は，自死で亡くなったことを秘めることもあるが，援助者の場合，周囲の人が患者の死因をわかっていても，そのことにあえて触れず，フォローすることなく，患者とかかわりの多かった援助者のみが一人で苦しむことがある。これは，職場環境が援助者のグリーフを生み出したり，深める要因となることを示唆している。

　援助者のグリーフケアで大切なのは，グリーフを抱えている援助者が一人で苦しんで悩むことがないように，彼らを支える人が身近にいることである。本項では，職場外のグループSVの事例を取り上げたが，援助者のグリーフケアでは，援助者にとって日常の場である職場の理解やサポートが必要不可欠である（金子2015）。グループSVを職場の取り組みの一つとして位置づけることは，援助者一人ひとりが職場の中で尊重されている，たいせつにされていると感じたり，お互いの実践を価値あるものとして認め合い，保証し合う機会になる。その際に重

要なのが，グループSVの準備作業である。バイジーの抱えている課題を焦点化し，グループSVの形態や内容を吟味し，バイジーと必要な契約を交わし，グループSVの計画を作成して実行していくことを意識することにより，効果的なグループSVが展開される。

援助者のグリーフケアはセルフケアのみでは限界があり，お互いに支え合う組織的な取り組みが必要である。グループSVは援助者のグリーフケアの一つの方法であり，今後さらに広がっていくように努めていきたい。

注
(1) グリーフとは，たいせつな人を喪った人が体験する身体的・心理的・社会的な反応のプロセスである（Rando 1993）。

参考文献
- **第1節(1)**

福山和女編著（2005）『ソーシャルワークのスーパービジョン――人の理解の探究』ミネルヴァ書房。

- **第1節(2)**

北島英治（2015）「ソーシャルワーク・スーパービジョンの定義」一般社団法人日本社会福祉教育学校連盟『ソーシャルワーク・スーパービジョン論』中央法規出版，59-78頁。

東京都福祉保健局「周産期医療体制整備指針」（http://www.fukushihoken.metro.tokyo.jp/iryo/kyuukyuu/syusankiiryo/syusanki_kyougikai/22kyougikai2.files/sankou2.pdf，2015年7月31日アクセス）。

宮崎清恵（2013）「ハイリスク新生児への医療ソーシャルワーク実践モデルの開発的研究」関西学院大学博士号授与論文。

Anderson, J. (1988) Foundation of Social Work Practice. Springer Publishing Company. (＝2001, 佐藤豊道『ジェネラリスト・ソーシャルワーク研究――人間：環境：時間：空間の交互作用』川島書店。)

- **第2節(1)**

福山和女編著（2005）『ソーシャルワークのスーパービジョン――人の理解の探究』ミネルヴァ書房。

- **第2節(2)**

金子絵里乃（2015）「援助者が自殺で患者を喪うということ」『自殺をケアするということ――「弱さ」へのまなざしからみえるもの』ミネルヴァ書房，84-100頁。

平木典子・沢崎達夫・野末聖香（2002）『ナースのためのアサーション』金子書房。
福山和女（2013）「ケアする人へのケア——スーパービジョンの視点から」『世界の児童と母性』74，2-6頁。
福山和女編（2005）『ソーシャルワークのスーパービジョン』ミネルヴァ書房。
古川智恵（2009）「入院中の患者の自殺に遭遇した看護師の体験と回復」『日本赤十字看護大学紀要』23，18-26頁。
Doka, K. (2002) *Disenfranchised grief : New directions, challenges, and strategies for practice*, Research Press.
Figley, C. R. (1995) *Compassion Fatigue: Coping with Secondary Traumatic Stress Disorder in Those Who Treat the Traumatized*, Brunner/Mazel.
Hinds, P. S., Alice, G. W, Sherry, S. H., and G. H. Magnum (1994) A Comparison of the Stress-Response Sequence in New and Experienced Pediatric Oncology Nurses. *Cancer Nursing*, 17(1), pp. 61-71.
Ivey, A. E. (1974) *Introduction to Microcounseling*, Microtraining Associates Box.（= 1985，福原真知子・椙山喜代子・國分久子・楡木満生訳編『マイクロカウンセリング』川島書店。）
Kaplan, L. J. (2000) Toward a model of caregiver grief: Nurses' experiences of treating dying children, *Omega*, 41, pp. 187-206.
Marino, P. (1998) The effects of cumulative grief in the nurse, *Journal of Intravenous Nursing* 21(2), pp. 101-104.
Murphy, P. & Kathleen, P. (1988) Hidden Grievers, Death Studies, 12, pp. 451-462.
Oehler, J. M., & Davidson, M. G. (1992) Job stress and burnout in acute and non-acute pediatric nurses, *American Journal of Critical Care* 1, pp. 81-90.
Rando, T. A. (1993) *Treatment of Complicated Mourning*, Champaign, IL: Research Press.
Rashotte, J., Fothergill-Bourbonnais, F. and Chamberlain. (1997) Pediatric intensive care nurses and their grief experiences: A phenomenological study, *Heart & Lung* 26(5), pp. 372-386.
Redinbaugh, E., M., James, M. S. and Leonard, W. (2001) Health care professionals' grief: A model based on occupant style and coping, *Psycho-Oncology* 10, pp. 187-198.
Ting, L., Sanders, S., Jacobson, J. M., and Power, J. R. (2006) Dealing with the aftermath: A qualitative analysis of mental health social workers' reactions after a client suicide, *Social Work* 51, pp. 329-341.

　　　　　（小原眞知子〔第1節(1)・第2節(1)〕・宮崎清恵〔第1節(2)〕・
　　　　　　金子絵里乃〔第2節(2)〕）

第7章　スーパービジョン体制の評価を考える

　スーパービジョンプロセスの中で，相互作用によるシステムの変化を理解しておくことは重要である。組織内においてスーパーバイジーは利用者（クライエント）と関わっており，この関係性や業務・援助の内容，パターン等は，スーパービジョンで関わっているスーパーバイザーから影響を受けるという，すなわち並行プロセスが生じる。これは組織内の空間を越えたダイナミズムであり，また世代を越えて伝承される。このような現象を「アイソモフィーズム（異質同形）」（Lee et al. 2004＝2011：32）と呼ぶが，これは組織のスーパービジョン文化を醸成するものであり，組織内で行われるスーパービジョンがそれを醸成していることを理解することは重要である。近年，ソーシャルワークにおいても実践評価の中で，エビデンスを提示することが求められている。本章では，これらのことから組織内，組織外のスーパービジョン体制の評価について概説する。

1　組織内のスーパービジョン体制の評価

（1）組織内のスーパービジョン体制の意義

　どのような職場でも，そこに働く職員の人材育成について検討がなされ，訓練や指導する職員がいて，業務が実施されている。職場でスーパービジョンが実施されていないと意識しているソーシャルワーカー（以下，ワーカー）が多いが，実際に行われている訓練や指導がスーパービジョンであると意識化することから始まり，組織内にそれを定着させることが必要になる。このようなスーパービジョン体制を定着させることが重要である。指導するスーパーバイザーに当たる職員と指導を受けるスーパーバイジーの双方で事実上のスーパービジョンを実施している場合は，その実施状況を組織の責任者に報告することにより，スーパービジョン体制の定着を促進することができる。また，実際にスーパービジョン体制

の下で実施されたスーパービジョンは定期的に評価される必要がある。

カデューシンとハークネス（Kadushin & Harkness 2014）はスーパービジョンの評価が重要であるとしている。これは，それぞれの機関が示すスーパービジョンの定義に則り，一定の期間における職員の総合的な機能の客観的評価であるとして，スーパーバイジー，スーパーバイザー，機関，クライエントにとっても有益であるとしている。特に，運営管理的な手続きとして，専門職としての成長に寄与しているとし，昇進，昇給，解雇など人事考課に活用される。スーパービジョンの評価は，専門職として倫理的な責務であるとしている。しかし，評価する側は，それに対する抵抗や反発が生まれる可能性も予測しながら，評価が肯定的，ポジティブに行われなければならない。わが国の場合，管理的側面としては，人事考査で評価が行われているといえるが，それ以外にも，評価はワーカーが自らの業務改善に向けてフィードバックできる機会になる。今後，スーパービジョン体制の中に評価の意義，目的，基準，方法等，組織内にスーパービジョン評価体制を位置づけていく必要がある。

（2）複数の部下を抱えるソーシャルワーカー組織責任者に対し，医療法人統括ソーシャルワーカーによるユニットスーパービジョン

■領　域	精神保健福祉，地域福祉，児童福祉，高齢福祉，母子・父子福祉，家族福祉，法人・管理 国際福祉，身体障害，知的障害，生活保護，司法・矯正・更生保護，医療福祉
■形　態	個別，グループ，ピア，セルフ，ユニット，ライブ

1）ソーシャルワーク部門の変化と責任者の役割

高齢化の進展と増え続ける医療費を抑制するために，近年，医療機関においては，あらゆる領域で「退院」を促進する方向が示されており，診療報酬制度にも反映されて，その成果が病院経営に大きな影響を及ぼすまでになっている。そしてその調整役として医療ソーシャルワーカー（以下，MSW）への期待はこれまでになく高まっており，多くの医療機関ではソーシャルワーク部門を新設したり，すでに設置されている機関では，増員を図って部門の拡充が進められている。ま

第Ⅱ部　スーパービジョンの理論と実践の統合化に向けて

た，退院調整看護師や地域医療連携室と一体となった総合的な部門を設置する機関も増えており，長い間，わずか数名のシンプルな少数職場であったソーシャルワーク部門が，他職と机を並べ，職位の異なる複数のスタッフを抱える部署となる等，その管理に当たるソーシャルワーカー（以下，ワーカー）責任者にとっては，ミクロレベルの実践力だけでなく，部下を育成し部署を管理運営していく能力が欠かせない時代となってきた。

　一方，病院の機能自体も高度急性期，急性期，回復期，そして慢性期と病期ごとに機能が明確に区別されるようになり，「ケアミックス」と呼ばれる一つの病院の中に複数の機能を併せ持った医療機関も決して珍しくない。そのそれぞれでは，提供できる医療行為や医療スタッフの配置状況，入院期間の縛り等も大きく異なるため，ワーカー責任者にとっては，自院の病床機能とスタッフ一人ひとりの適性や経験年数なども考慮しながら，適材適所となるように担当を割り振ることも，業務を円滑に遂行する上で重要な任務となっている。以下は，この任務に関するスーパービジョン（以下，SV）の事例である。なお，本事例は事実を曲げない程度に加工している。

2）スーパービジョンの事例

① 事例概要

　A病院は，異なる2つの機能の病棟を有する病院で，ソーシャルワーク部門の責任者の小橋さんは，前任者の退職により1年前に採用され，4名の部下の育成及び管理を任されることとなった。ソーシャルワーク業務に関しては病棟担当制が敷かれており，一般病棟を3名が，療養病棟を1名のワーカーが担当して業務に当たっている。小橋さんは，その両病棟を担当し，4名の部下に対するスーパービジョンを適宜実施しながら，それぞれの病棟においてソーシャルワーク業務が順調に遂行されているかを点検し，自らも個別支援業務に当たっていた。

　ある日，小橋さんより以下のような理由でSVを希望する連絡が入った。その理由とは，4名の部下の中で最も経験年数の長いSWの長野さんが担当する一般病棟の看護師長から，長野さんの業務の進め方について半年ほど前から度々，相談が寄せられているというものであった。長野さんは，これまで長年，療養病棟を担当していたが，前任の責任者の退職に伴って一般病棟に担当病棟が変更されていた。病棟師長によれば，長野さんが非常に丁寧に患者に関わってくれるこ

と自体は感謝しているが，患者や家族の思いを尊重するあまりにカンファレンスで決定したチームとしての治療方針があいまいにされて患者・家族の希望に乗ってしまったり，退院時期については，家族の思いを聞き入れ過ぎて延期され，結果，在院日数が長くなってしまっているというものであった。小橋さんは，その都度長野さんに病棟師長からの指摘事項を伝えていた。しかし長野さんからは，退院時期については意識しているものの，ワーカーである以上，患者・家族の思いを尊重した支援を行いたいという思いが聞かれ，業務の進め方についてすぐに変更されることはなかった。また所属機関での勤務歴は小橋さんよりも長野さんの方が長いため，小橋さんから指導されることに対して長野さんには不満があるのではないかと小橋さんは感じていた。小橋さん自身も，一般病棟での勤務経験が浅いため，指導することに対して多少の不安を感じていると話した。このような長野さんとの関係の中で，他部署から寄せられている相談に対し，どのように対処すべきか SV を受けたいというものであった。

② スーパービジョン目的・機能・手段

今回の SV の内容は，福山（2001：18-27）によれば「スーパーバイジーと同僚そして組織との相互関係」の事例に当たる。スーパーバイザーは月1回程度の定期的な SV を約半年間継続する計画を立てた。SV の目的は，スーパーバイジーである小橋さんが部署内で管理的な SV を意識して遂行できるようになることとし，SV の機能としては管理的 SV を実施した。SV の形態としては，個別または必要に応じてユニット SV を想定した。

③ スーパービジョンプロセス

スーパーバイジー（以下，バイジー）である責任者の小橋さんがスーパーバイザー（以下，バイザー）の下を訪ねた時，長野さんは落胆した様子で自分が新責任者としてA病院に就職してからのこの1年間の経過を一気に話し始めた。最も経験年数の長い長野さんに対しては，自分自身へのサポートも期待しつつ，一般病棟の SW チーフと2名の部下の SV も任せる体制で業務をスタートさせていた。しかし半年が過ぎる頃から長野さんの業務の進め方に対して「退院時期や退院先が勝手に変更される」や「退院時期が守られず，在院日数に影響が出始めている」等の声が病棟師長から上がり，病棟は若くて従順な他の2人の SW にばかり依頼をもちかける事態となっていることが次第に明らかになってきた。そして

第Ⅱ部　スーパービジョンの理論と実践の統合化に向けて

最近では，病棟師長が総師長にも相談を行って，長野さんへの対応について小橋さんだけでなく，その上席者である事務部長も加えて検討する機会を作りたいと話していることもわかった。

小橋さんは，総師長や事務部長にまで話しが及んでいることに責任を感じ，ひどく落ち込んでいたが，SV の中で「小橋さん自身が部署の代表として，総師長や事務部長の意見を聞き，彼らがソーシャルワーク部門や長野さんに対して何を期待しているのかをしっかりと受け止めることの重要性」に気づき，病院幹部との話し合いに臨む覚悟を決めた。そしてその話し合いの席で討議される事項について予測し，以下の点について整理することができた。

① MSW は，ワーカーとしての基本姿勢は堅持し，併せて機関の目的に沿って業務を遂行する基本姿勢も堅持すること。
② 平均在院日数が病院経営に及ぼす影響についても理解しており，退院予定や退院先については，ワーカーだけで決定するものではないと理解すること。
③ 長野さんが以上の2項について理解が不十分であれば，引き続き責任者として小橋さんがしっかりと指導を行うこと。
④ 2名の部下の指導については，長野さんに任せることが適当か否かを部署内で改めて検討すること。

その翌週に病棟師長，総師長，事務部長，そして小橋さんの4者で「一般病棟におけるソーシャルワーク部門の業務遂行のあり方について」話し合いがもたれた。その中で総師長と事務部長からは，長野さんの業務の進め方については，「チーム医療の推進」や「健全経営の下に」を前提とする病院方針に沿っていないことが指摘された。小橋さんは上記4点を踏まえ，今後も継続して長野さんの指導に当たることを説明したが，2名の部下への影響と長野さんの業務の進め方を考慮すると，「担当病棟を一般病棟から療養病棟に戻してはどうか……」とする具体的な提案が総師長から出された。突然の提案に小橋さんは驚き，果たして，この提案を長野さんは受け入れてくれるだろうか……という不安が頭をよぎっていた。先ずは部署に持ち帰り，スタッフの意見を聞き，改めて部署の体制につい

第7章　スーパービジョン体制の評価を考える

て検討するために2週間の猶予をもらうこととなった。

　小橋さんから2回目のSVの希望が届き，翌週に実施することとしたが，バイザーは，それまでに部署会議を開催し，「この1年間の総括と担当病棟の変更について」それぞれの意見を確認しておくように指示した。

　2回目のSVの中で小橋さんは，病院幹部との話し合いと部署会議の経過を報告した。幹部との話し合いでは，他部署の管理者たちが自分以上にワーカー一人ひとりの業務の進め方や特徴，相互の関係性までも観察していたことに驚いたと言い，部署会議では，長野さんを除く3名のワーカーは，担当病棟の変更については責任者の小橋さんの指示に従うと話したが，長野さんは1年前に変更となったばかりなので，引き続き一般病棟を担当することを希望した。長野さんを除く3名が，小橋さんの判断に従う姿勢を示したことで小橋さんは，「自分自身に部署の責任者としての自覚が乏しかったことに気づかされた」と話した。そして今後については，改めて長野さんと個別の面接を行い，この1年間の業務の進め方について丁寧に振り返り，その面接の結果を踏まえて担当病棟の割り振りを責任者として決定したいと述べた。バイザーは，その進め方を支持し長野さんとの面接結果を報告するように指示した。

　3回目のSVでは，小橋さんは長野さんとの面接結果について報告した。その報告により，2名の部下に対しバイザーとしての立場を意識して，「患者や家族の意向を大切にすること」を敢えて最優先に考えてきたとする長野さんの思いを理解した。また，前任の責任者の後継として一般病棟の担当を任されたことに対する自負があったことも知った。一方でその姿勢が入院期間の長期化を招き，在院日数を押し上げていることも長野さんは理解していた。そんな長野さんの思いを理解した上で小橋さんは，「長野さんの抵抗は予想されるが，組織方針を受け止め，またワーカーとしての長野さんの強みである丁寧な仕事ぶりを活かすことになるので，療養病棟への担当変更を責任者として決定したい」と述べた。バイザーはその方針を支持し進めるように指示した。

　④　スーパービジョン成果

　3回のSVを通して小橋さんは，自らが「新入の責任者である」ことに対して恐れと甘える気持ちがあり，部署の責任者としての自覚に欠けていたことに気づくことができた。そして自らの任務を改めて認識し，なすべきことに取り組む覚

145

悟を決めることができた。

3）考　察

　当事例は，ケアミックス病院の5名体制のソーシャルワーク部門に着任した新任の責任者が，SVを受けながら部署における自らの役割を自覚して体制の立て直しに着手した事例である。実施された3回のSVをカデューシンら（2016：48-89）を参考にしながら考察を行う。

　第1回のSVは，新任の小橋さんが自身の立場を理解し，責任者として課せられている自身の任務を引き受ける覚悟を決めたSVであった。小橋さんは，十分な引き継ぎ期間もないまま前任者と入れ替わるかたちでA病院に着任した。おそらく年齢や通算の経験年数が最も年長であったことから，新入ではあっても部署の責任者として採用されたものと思われると話した。自身が果たすべき役割や誰の指示に従い，誰に報告する義務を負うのか等についてオリエンテーションを受けた記憶はなく，小橋さん自身は，部署の管理体制を長野さんに確認しながらソーシャルワーク部門に受け入れられることを最優先に考えて過ごしていた。

　また小橋さんはその任務に対する不安を抱きつつも，その不安は非責任者が新たな職場に着任した時に抱く不安と大差は無く，残念ながら責任者任務に対しては十分な自覚を持たないままの着任であったと語った（「オリエンテーションと配属」の機能の不足）。

　一般に医療機関におけるソーシャルワーク部門は，長い間，少人数体制であった所が多く，わずか1～2名の少数職場においては，部署としての運営や管理という意識が育ちづらく，それぞれは専門職として個別支援にのみ専念している場合が少なくない。そのような環境で成長したワーカーの多くは，ミクロレベルの実践力は育っても，部署を管理し動かすロールモデルを身近に見ることが無いため，責任者として持つべき資質の点からは，未熟な段階に留まっていることが多くなる。

　小橋さんの場合も4名の部下に対して適宜SVを実施するなど，責任者としての役割を果たしているように見えたが，それはバイジーの担当事例についての教育的SVが中心で，管理的なものとはなっていなかったと推察される。その証拠に，ワーカーの長野さんの退院支援が延び延びとなって退院予定が守られないことに対し，小橋さんは，長野さんの「ワーカーである以上，患者・家族の思いを

第7章　スーパービジョン体制の評価を考える

尊重した支援を行いたい」という考えに押し切られ，部署の管理者としての責任で，組織目標に則った指示を出し，組織目標の意味を考えさせることもできたと思われるが，実際は押し切られたままのかたちとなっていた（「SVについての説明」機能と「職務を委任する」機能の不足）。着任から1年を迎えたこの時期に課題が一気に表面化したのも当然であったと言えよう。

　また最近では，退院支援業務は，診療報酬にも反映されて病院経営に直結する業務となったことから職場におけるソーシャルワーク部門への注目度も一段と高くなっており，その成果は病院幹部も関心を寄せるものであることは，十分認識しておく必要があった。小橋さんは長野さんの課題を看護師長や総師長から突き付けられたことで，あいまいにしてきた自分の立場と任務を初めて意識し，SVを通して整理して受け止めることができたものと思われる。それゆえに病院幹部との話し合いに臨むことは，責任者としての自分の責務であると自覚するに至ったものと思われる。

　このように考えると，「責任者の交代」という事態がもつ影響力は非常に大きく，そして多様であると考えられる。ましてやそのポストに外部からの新任者を迎える場合には，一時的な混乱は避け難く，組織として責任者自身に対しても，また責任者自身が部下に対しても定期的なSVを保障していく等の十分な手当てを行う必要があると考えられる。

　続く第2回のSVも，小橋さんにとっては，責任者としての自覚をさらに明確にさせられるSVとなった。第1回目においては，A病院着任後の経過を振り返ることや長野さんの課題を整理することが自らの任務を意識することにつながったが，2回目では，病院幹部との面接結果や部署会議の報告をしながら，本来，小橋さん自身が責任者として把握すべきワーカー一人ひとりの業務の進め方や相互の関係性について，他部署の管理者たちが自分以上に観察・把握（「モニタリングと評価」の機能）していることを知る体験となった。それは管理に当たる者のなすべき行為を直に教えられる体験となったと小橋さんは語っており，病院幹部によるユニットSVの機会ともなったと判断される。一方，部署会議においては部下からは，担当病棟の割り振り（「職務分担」の機能）は責任者である小橋さんの指示に従う姿勢を示されたことで，自分以上に部下達が小橋さんを責任者として信頼していることに気づかされたと話した。小橋さんにとっては，このような会

議に参加すること（「職員間・組織間のコミュニケーション」の機能）は相当な緊張を強いられる体験であったと思われるが，立場や役割を意識した「公の場」に立たされることによって小橋さんの責任者としての意識は，さらに鼓舞される体験となった。その結果ソーシャルワーカー長野さんに対しては，自らの判断で個別面接を行い自らの判断で担当病棟の割り振りを決定したい（「責任部署の職務全体の計画」の機能，「職務分担」の機能）と述べることができたものと思う。

3回目のスーパービジョンでは，小橋さんは長野さんとの個別面接の結果を報告している。長野さんの退院支援が延び延びとなっていることについて，そこには「患者や家族の意向を大切にすること」を敢えて最優先にすることで，2名の部下に対するスーパーバイザーとしての思いが込められていたことや前任の責任者の後継として一般病棟を任されたことに対する自負があったことも知ることとなった。そんな長野さんの業務に対する思いも理解した上で小橋さんは，自らの判断で長野さんの抵抗は予想されても，組織方針を受け止め，また病棟師長も認める長野さんの強みである丁寧な仕事ぶりを活かす（「アドボカシー」の機能）ことになるので，療養病棟への担当変更を責任者として決定（「職務の分担」の機能，「職務を委任する」機能）できたものと思われる。

こうして振り返ると他部署からの干渉は，当初，小橋さんにとって危機的な事態として捉えられていたが，それこそが自らの立場や役割を振り返る機会に変化し，責任者としての成長を導く契機となったといえる。

4) 今後の取り組み

医療現場におけるこれまでのソーシャルワーク実践は，長年にわたりミクロレベルを中心に積み重ねられてきた。協働した他職種や管理者等は，その任務の重要性と有効性について，年々，認識を深めてきたと思われるが，それは，ある特定の高いスキルをもったワーカーによって，半ば職人芸のようなミクロレベルのソーシャルワークが，一代限りの技能として実践されてきた感が強い。その技能に触れることのできた後輩の一部は，そのスキルを盗み，真似て伝承する者もいた。しかし先の「1）ソーシャルワーク部門の変化と責任者の役割でも述べた通り，近年の時代の変化は，医療サービスだけでなくソーシャルワークサービスの提供体制に対しても大きな変化をもたらし始めている。

多職種と一体となった総合的な部門となったり，職位の異なる複数のスタッフ

第7章　スーパービジョン体制の評価を考える

を抱える部署となる等の体制の変化は，その責任者に対し組織を意識した部署の運営や部下の育成を否応なしに要求することとなった。それはまさしく管理的 SV そのものである。複雑化する組織体制の中で多様な任務を任される現場においては，その機能の重要性を今一度，明確に理解し，組織の目標達成の過程の中でソーシャルワークの側面から業務を適切に遂行させる舵取りのスキルが責任者にはなお一層，強く求められていると考える。

（3）大学病院の相談室で複数ソーシャルワーカーの組織マネジメントの効果を得ることのできたグループスーパービジョン

■領　域	精神保健福祉，地域福祉，児童福祉，高齢福祉，母子・父子福祉，家族福祉，法人・管理 国際福祉，身体障害，知的障害，生活保護，司法・矯正・更生保護，医療福祉
■形　態	個別，グループ，ピア，セルフ，ユニット，ライブ

1）はじめに

A 大学病院では，20年前より外部スーパーバイザーからのグループスーパービジョンを定期的に受けてきた。当時のソーシャルワーカー（以下，ワーカー）部門の長の方針でグループスーパービジョンを専門職研修として業務の一環に位置づけ，研修費を病院の予算に組み込み，継続して実施した。

今回はそのスーパービジョン（以下，SV）を受けたスーパーバイジーの立場で①「FK モデル」による担当ケースのピア SV，②アセスメントスケールの開発とその活用・モニタリングによるグループ SV，③ソーシャルワーク部門の組織強化のためのシステムづくりについてのグループ SV，以上の3つの SV 事例を紹介する。

2）スーパービジョン事例

① 「FK モデル」による担当ケースのピアスーパービジョン

　　事例概要　　外部スーパーバイザーの事例(1)が開発した「FK モデル」（課題取り組みの過程）の 10 のステップ（福山 1996）に沿ってブレインストーミングを用いながら実施した。その際のルールとしてブレインストーミングの原則である

149

「自由奔放」「批判厳禁」「量を好む」「便乗発展」の厳守を設定した。

　このSVは、事例提出者のスーパーバイジー（以下、提出者）のさまざまな精神的負担の軽減を目的としている。メリットとして、①提出者の「責められるのではないか」「まちがっているのではないか」といったSVを受けるときに抱きがちな不安を持たずに参加ができること、②SV準備のため、あらかじめケースをまとめることを課さないので時間的な負担も少なく、忙しい日常業務の中でも実施しやすいこと、③多角的で自由な発想が好まれるので、ケースの経験の少ない新人や学生の実習生も参加しやすく、提出者以外のスーパーバイジー（以下、メンバー）のそれぞれのレベルの気づきや学びが得られることが挙げられた。ピアSVは、以下のステップをたどる。

　　　第1ステップ　事例提示―提出理由を考える
　　　第2ステップ　取り組み意思の提示―取り組みの意欲の是非を問う
　　　第3ステップ　追加情報―さらに入手したい情報を得る
　　　第4ステップ　問題点の列挙―できるだけ多くの問題点を見つける
　　　第5ステップ　5年後の予測―現状に基づく5年後の予想をする
　　　第6ステップ　プラス項目の列挙第ステップ―プラスの行動や影響を見つける
　　　第7ステップ　維持強化の優先順位―第6ステップで列挙されたものの優先順位をつける
　　　第8ステップ　具体的対策―第7ステップの優先上位のものを実践するための具体的な対策を立てる
　　　第9ステップ　既存の対策との比較―事前に練った対策と比較し類似点と相違点を考える
　　　第10ステップ　フィードバック―全プロセスをまとめる

　目的・機能・手段　「FKモデル」の目的はクライエントの立体的理解である。人をトータルに理解することで援助の適切さや妥当性を示すことができるようになることであり、このピアSVの目的も同じであった。
　ピアSVの機能としては上記の10のステップを踏むことで、クライエントの

図7-1　模造紙のスペース分割図と例

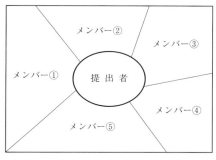

立体的理解をするための面接における情報収集，アセスメント，将来を予測しての援助計画立案ができるようになることであった。

　手段としては10のステップを基本とするが，実際にはケースの対応の緊急性や提出者に合わせていくつかのステップを選択したり，追加したりとアレンジして実施した。具体的には将来を予測する年数を短期間にしたり，ケースの依頼主への返信の内容を考えたり，支援の次の一手を考えるなど考慮した。

スーパービジョンプロセス

- 模造紙1枚と参加人数分のサインペンを用意した（人数は5〜8人が適当）。
- メンバーの真ん中に模造紙を置き，人数分で分割したスペースの中心に円を書き，残りのスペースを人数分に分割した。
- 提出者とメンバーは10のステップに沿って，1ステップに5〜10分程度の考える時間をとりながら，考えや気づきをメンバーが書き込み，提出者に質問し，提出者が答えるというプロセスを経ながらケースの検討を行った（図7-1）。
- 概ね1時間半くらいで終了する。
- 最後のフィードバックでは参加者全員がピアSVで得たことを話し合い共有した。

スーパービジョン成果

成果としては，以下のような多様な側面から得ることができた。

① 提出者にとっては，支援を進める上で自分では気づかなかった収集すべき追加情報が明らかになり，アセスメントについても多角的に検討でき，

第Ⅱ部　スーパービジョンの理論と実践の統合化に向けて

　　　方針が明確に見えてきた。
　②　メンバーにも毎回，何らかの発見や気づきがあり，自分のケースと照らし合わせ，自分の支援に生かすことができた。
　③　実施後，参加者に前向きな姿勢が生まれ，業務への取り組み意欲の向上につながった。
　④　経験者のケースも新人のケースも同じ枠組みで行うことで，経験者が一方的に教えるという形にならず，新人の意見も活かされ，自然な形での相互交流，相互理解ができた。
　⑤　短時間に模造紙に書くという行為なので，何とかして自分の意見や考えをひねり出して表現をするトレーニングにもなった。

②　アセスメントスケールの開発とその活用・モニタリングによるグループスーパービジョンの事例(2)

　事例概要　　A大学病院のワーカーのアセスメントについて基準を作成するため，外部スーパーバイザーのスーパービジョンの下でアセスメントスケールを開発し，モニタリングをしながら改変を加えた。複数のワーカーが共通の言語でアセスメントができることは，担当ケースの共有のしやすさ，ワーカー部門全体のアセスメントの質の管理に役立つと考えた。アセスメントスケールは「取り組みスタイル」と「取り組みパターン」の2種類を組み合わせて構成した（図7-2）。

　目的・機能・手段　　グループSVの目的は，複数のワーカーが同じ基準でアセスメントできるスケールの開発とモニタリングであった。アセスメントスケールは人が物事に取り組む時に，踏み出す契機になるもの，背中を押される要素をスコア化し傾向を明らかにした「取り組みスタイル」，人がさし迫った時に誰のせいにするのかを分類，整理した「取り組みパターン」の組み合わせで開発した。

　その機能としては外部スーパーバイザーのスーパービジョンの下，メンバー間で「ワーカーが行うべきアセスメントとは何か？」を明確にし，共有し，スケールを開発し，モニタリング，練り直しをしながら，より使いやすいスケールとして活用をすることであった。

　グループSVの手段は，「取り組みスタイル」と「取り組みパターン」を組み

第7章 スーパービジョン体制の評価を考える

図7-2 アセスメントスケールと評定

【アセスメントスケール】

取り組み促進要素		1	2	3	4	5	
目標の達成	重視しない		●				重視する
計画の立案	重視しない			●			重視する
現状の分析	重視しない			●			重視する
体験が内面的に統合されている	不十分				●		十　分
権威への対応	依　存			●			非依存
主　張	弱　い		●				強　い
情によって動くかどうか	不明確				●		明　確
責任／役割意識	弱　い					●	強　い
スタイル※1			A	Ⓑ	C		
パターン※2			1	2	③	4	

評定（B-3）

※1 取り組みスタイル

スタイルA…	取り組みを促される要素に偏りがなく，強化できる点が多く，支援に時間をかけなくてよい
スタイルB…	取り組みを促される要素に極端な偏りがなく，強化できる点があり，支援は通常の時間をかければよい
スタイルC…	取り組みを促される要素に極端な偏りがあり，少ない強化できる点を見つけて，時間をかけて支援をする必要がある

※2 取り組みパターン

パターン1…	実際に差し迫った状況に直面し，自分を責める
パターン2…	実際に差し迫った状況に直面し，他人を責める
パターン3…	差し迫ることを想定し，実際，事が起こった時には自分を責める
パターン4…	差し迫ることを想定し，実際，事が起こった時には他人を責める

合わせたアセスメントスケール用紙を作成し，継続中の担当ケース1件につき1枚を作成し，それをグループSVに提出し，検討を重ねて改変を行った。

スーパービジョンプロセス　最初に担当ワーカーの行うべきアセスメントは何かについて考え，それはクライエントの取り組みが何で促されるのかを把握することであるとグループメンバー同士が共有した。次に，スーパーバイザー（以下，バイザー）から「人は何によって取り組みが促されるか？」という課題を出され，検討し，取り組みを促す要素として，以下の項目が挙げられた。

「目標の達成」…目的が明確になることで取り組みが促される。
「計画の立案」…具体的な計画が立つことで取り組みが促される。
「現状の分析」…現状を客観的に捉え分析できると取り組みが促される。
「体験の内面的統合」…これまでの体験から得てきたことが積み重なりから
　　　　　　　　　　取り組むコツを習得している。
「権威への対応」…権威的な人，物に影響を受け，取り組みが促される。
「主張」…自分のこうしたい，こうすべきという想いから取り組みが促される。
「情によって動くか」…喜び，悲しみ，優しさ等の情に影響を受け，取り組
　　　　　　　　　　みが促される。
「責任／役割意識」…家族や社会の中での立場，役割を意識することで取り
　　　　　　　　　　組みが促される。

　取り組みを促すそれぞれの要素について，影響の強さを5段階にスコア化し，それぞれのスコアを直線でつなぎ，それを「取り組みスタイル」とした。「取り組みスタイル」は，つないだ線の振り幅が広くバランスが極端に悪い，取り組み要素が不明確なものをC，中間層がB，取り組む要素が明確で，バランスが良いものをAとした。また，スーパーバイジーから，その他の要素として「病状」と「依頼時期」も提案され，一人10ケースに実際に使用して，グループSVに提出して検討した。結果「病状」と「依頼時期」は問題解決の困難さには影響している部分があったが，取り組みには大きく影響しないことがわかった。
　さらに，「取り組みスタイル」のA，B，Cは能力の高さ，低さという見方を

第7章 スーパービジョン体制の評価を考える

するのではなく，クライエントの取り組みに影響する要素の明確さやバランスであり，それを把握し，活用するためのものであることが確認されたので，人間が差し迫った時に誰に責任を持たせるのかというパターンを，以下の4つに分けて「取り組みパターン」として整理をした。

パターン1：実際に差し迫った状況に直面し，自分を責める。
パターン2：実際に差し迫った状況に直面し，他人を責める。
パターン3：差し迫ることを想定し，実際にことが起こった時には自分を責める。
パターン4：差し迫ることを想定し，実際に事が起こった時には他人を責める。

クライエントの差し迫った時の取り組みパターンをアセスメントしておくことは，ワーカーが支援過程においてクライエントの行動パターンの予測や，クライエントからワーカーへ向けられる怒りや攻撃などから身を守るために必要なアセスメントであった。そして，「取り組みスタイル」と「取り組みパターン」を組み合わせたものをその担当ケースの評定とした。

スーパービジョン成果　SVの成果としては，アセスメントスケールを開発し，実用化できた。それにより複数のワーカーが共通の言語でクライエントのアセスメントができるようになり，部門の全体のアセスメントの質の管理が可能となった。

ワーカー共通のアセスメントスケールの作成プロセスでは，スーパーバイザーからの提案に加えて，スーパーバイジーからも提案され，その両方を組み入れることで，スケールが包括的になり，それに基づきソーシャルワーク援助を行うことで，クライエントの取り組みを促すことの意義の理解が深まった。

それらにより患者の病気や状態の重軽は患者の取り組み促進の影響要因にはならないことがわかり，悪い病状や状態の重い患者やご家族にも向き合い，アセスメントできることに自信がついた。

クライエントの取り組みを促すための共通のアセスメントスケールの実用化ができ，使いこなす中でクライエントのストレングスを見つけやすくなった。

クライエントの取り組みパターンをアセスメントすることで，クライエントの怒りや攻撃を冷静に捉えることができるようになった。

③　ソーシャルワーク部門の組織強化のためのシステムづくりについての
　　グループスーパービジョンの事例(3)

事例概要　　A大学病院のソーシャルワーク部門は看護職，事務職と一緒の部署となっていた。ワーカー部門長が退職することを機に，外部スーパーバイザーからスーパーバイジーであるワーカー集団に対して，新しい部門長による SV 体制の形成に向けて SV を受け，部門としての組織強化に向けて体制づくりを行った。

目的・機能・手段　　グループ SV の目的は以下の 4 点であった。

- それまでに形成してきたソーシャルワーク組織が，揺らがないようにすること
- 新人ワーカーに対する SV 体制の確立
- ソーシャルワーク部門の存在意義を上層部や他部署に示すこと
- 以上を実践するためのソーシャルワーク組織内のよりよい役割分担

その機能は，ソーシャルワーク部門長が交替したことにより他職種からの新しい部門長へ向けられる不安や過剰な関心にどう対応するかといった，具体的なコミュニケーションの場における受け答えの準備，新人ワーカーを成長させながら他職種からの関与に対するソーシャルワーク組織内の体制づくり，上層部，他職種へのソーシャルワーク業務の効果的な伝え方の練習，ソーシャルワーク部門内での役割分担の見直しであった。

手段としては上層部や他職種とのコミュニケーションの場での姿勢，態度，言葉遣い，伝える内容のシミュレーションをし，新人ワーカーに対しては，多職種から言われたことを，ソーシャルワーク部門全体で受けとめるために報告を基本とし，ソーシャルワーク部門内での自信を持てる対応について，言葉の遣い方など具体的に検討した。

スーパービジョンプロセス（シミュレーション例）　　部門長の移行期に対する周囲・他部門・他職種からの配慮や声かけへの対応法の基本姿勢としては個人として対応はせず，「ソーシャルワーク部門では以前からこうしていますので」とい

う姿勢で対応し，ワーカー全員で組織形成してきたということをアピールすることとした。

　他職種からの「大変でしょう」という声かけに対しては，相手を拒絶せずに，組織レベルでの対応とした。例えば「ご心配頂いてありがとうございます。必要であればお手伝いをお願いします。ご心配を頂いていることをみんなに伝えます」等の対応をすることとした。

　新人ワーカーに対する他職種からの要請への対応法については，他職種から新人ワーカーへの「どうして○○してくれなかったの？」というような問いかけに対して，その相手に新人が直接，説明や報告をした場合，その相手との上司・部下関係が成立してしまうので，そこでは尋ねられたことのみを受け止めることに留め，その旨をSW部門の上司に報告し，SVを受けて，その返答内容を検討することとした。

　上層部からの要求や期待への対応法については，他の専門職に，ワーカーが何をする人かと問われた時に，「これが」ワーカーの仕事ですという伝達の仕方では理解を得ることが難しいため，「○○において患者さんの不安が軽減できたケースが○○％，できなかったのが○○％です」というような病院全体の分布に照らして返答をするようにすることとした。またワーカーの日常業務，ケースの内容からその傾向を把握した。ソーシャルワーク部門が病院の機能に何を付加できるかを伝えていく方針とした。

　ソーシャルワーク部門内での役割分担については，ソーシャルワーク部門長，主任，中堅，新人の体制での役割分担をすることで，ソーシャルワーク部門が一体となって機能することを目指した。グループSVにおいて，役割分担を以下のように検討した。

　　ソーシャルワーク部門長…ソーシャルワーク部門がどこに向かうのか大きな方
　　　　　　　向性を決める舵取りをする。病院が何を求めているかを把握する。
　　主　　　任…大きな方向性の中で何がソーシャルワーク部門としてやるべきこと
　　　　　　　なのか，何が病院の機能の付加価値になるのかを探る。具体的なも
　　　　　　　のを見つける。
　　中　　　堅…付加価値と思われることをどのように実践するのか考える。現場の

第Ⅱ部　スーパービジョンの理論と実践の統合化に向けて

視点で何が実現しやすく，何が実現しにくいのかを探る。
新　　人…実施可能との指示を受け，保証されたことを実践する。

スーパービジョン成果　　ソーシャルワーク部門としての基本方針が決まったことによる上層部，他職種との対応に不安や自信のなさ，精神的負担が軽減した。また，具体的なコミュニケーションのシミュレーションができ，対応のイメージが共有できた。そして，新人ワーカーを含めた役割分担によりどのソーシャルワーク部門・メンバー各自にも役割がついたことで目指すものが明確になった。

3）考　　察

大学病院の特徴としては診療科や疾患も多岐に渡るため，広く情報収集する能力を活用し，さまざまな状況におかれたクライエントに対応していかなければならない。機関規模が大きく，職員数も多く，またソーシャルワーク部門の人数も比較的多いため，ワーカー同士でピアSVができることを目的としグループSVを受けてきた。形態はグループSVであったが，常にスーパーバイザーが同席して実施する体制ではなく，スーパーバイジー同士で行うピアSVが実施できるように，SVを受けてきた。そのためグループSVの合間にピアSVを実施し，復習し再度グループSVの時にわからないことを確認するという形で自分たちのSV体制を構築した。

外部スーパーバイザーによるSVでは担当ケース，医療機関内への介入システムの作り方，職員同士の関係，上司への報告方法，医療機関から与えられた業務への対応と「目からうろこが落ちる」体験をしてきた。今回挙げた3つのSVは現在も継続して実施しているものであり，時間がたっても色あせないピアSVの方法とツールと部門内の役割分担である。特に「FKモデル」による担当ケースのピアSVはワーカー同士が互いのアセスメントや方針について同時に作業をすることで「違い」を知ることができる。「違い」を知ることになっても，ブレインストーミングの原則のもとに実施するため，自分を否定されたという印象になりにくいことがこの方法の付加的な効果だと思われる。実施回数は20年間で100回を超えている。

時代の変化とともに患者の家族構成，価値観，環境が変化し，それに伴う生活課題やニーズも変化をする。多くの患者が訪れる大学病院は地域の基幹病院であるため日々その変化に直面し，新しい課題が押し寄せてくる。その中でワーカー

が専門職としてゆるぎない存在になるためには，常に新しい情報にアンテナを張り，ワーカー自身がエンパワメントされながら新しい課題に取り組まなければいけない。そのためには個人 SV に加え，グループ SV やピア SV をコンスタントに継続していくことは，ワーカーの中で専門性を確認し合い，ワーカー自らがエンパワメントされ，明日からも専門職としての自信を持って歩むための大切な機会であると考える。

4）今後の取り組み

A 大学病院は，現在ワーカーの人数が急増したために経験年数の浅いワーカーが多くなった。そこでワーカーとなって3年目までは担当のスーパーバイジーがついて個人 SV を1回／月程度実施をしている。それに加えて事例（1）で紹介した「FK モデル」を用いた担当ケースのピア SV を実施している。また毎朝，前日に受けた新規のケースの報告をしているが，その際に事例（2）のアセスメントスケールを使用している。そして事例（3）のようにその時のメンバー構成による，部門内の役割を意識づけしている。今後もこれらを継続していく予定であるが，今後は経験年数に関係なく個人 SV を充実していくことも併せて検討していきたい。

2　組織外のスーパービジョン体制の評価

（1）組織外のスーパービジョン体制の意義

わが国においては，2012年より認定社会福祉士認証・認定機構において，認定機構が定めたスーパービジョン（以下，SV）の実施要綱に基づき，SV（スーパービジョン）を受ける・することで，認定社会福祉士および認定上級社会福祉士取得や更新に必要な SV 実績の単位認定を行っている。その場合，認定制度の SV のスーパーバイザーとスーパーバイジーの関係は，職場内・職場外，同じ専門分野・異なる専門分野を問わないとしている。したがって，組織外の SV 体制も組織内 SV（スーパービジョン）体制とともにその評価を検討する必要がある。

また，職場外の個別 SV（スーパービジョン）やグループ SV（スーパービジョン）もある。職能団体等が主催して SV 研修会を開催している場合もある。特に，職能団体等がスーパーバイザーを派遣，紹介する場合，その責任性の問題，評価の

第Ⅱ部　スーパービジョンの理論と実践の統合化に向けて

方法は重要であるが，現在のところは，その保証をどこが行うのか，特に組織外の場合は曖昧になりやすいため，スーパーバイザーとスーパーバイジーの双方で計画や契約の際に評価方法を盛り込む必要があろう。

　また，福山の論じている「SV（スーパービジョン）体制は，職場内外の2層構造と2重構造として，同質性・異質性があり，4軸構造が存在している」（福山 2005：240-245）。同質性SVでは，スーパーバイザー（以下，バイザー）とスーパーバイジー（以下，バイジー）が同じ教育的バックグランドを持っているので，相違性よりも類似性に価値をおくということでは，専門職アイデンティティの強化に寄与でき，専門性の伝承に効果的とされている。組織外における同質性SV（スーパービジョン）の場合は，管理的側面より，教育的側面，支持的側面なSV（スーパービジョン）機能が発揮できよう。一方，異質性SV（スーパービジョン）では異なる専門性を交差させることで別の視点を提供できる。組織外異質性SV（スーパービジョン）では，バイジーは新しい視点や方法に関する情報や技術を得ることができ，それを用いるバイジーは自律した能力を活用し，ソーシャルワークの技術や方法を開発・創造することにつながる。またユニット形態でケース会議や多職種連携会議をすると，異質性SVを意識化でき，異なる専門性を巧みに活用しやすくなるので，効果的にユニットSVを行うことも可能になる。

　組織外のSV体制を評価する場合，バイザーがバイジーの組織から承認を受けていることを前提にしたい。バイザーはその組織には属さないが，バイジーの組織から求められているものと，SVの倫理的な責務を明確にする必要があろう。これらを精査すれば，管理的な側面の評価内容，方法も異なってくる。とりわけ，組織外SV体制の評価は，専門職としての成長に寄与するものであり，教育的側面，支持的側面を発揮し，SWが自己の業務行動の改善に繋がるようにフィードバックを通じて，自分の職務遂行能力の強みと弱みを理解できるようにすることが評価の意義であるといえよう。

（2）児童相談所の虐待事例に新しい理論・技術を用いたライブスーパービジョン

■領　域	精神保健福祉，地域福祉，児童福祉，高齢福祉，母子・父子福祉，家族福祉，法人・管理

		国際福祉，身体障害，知的障害，生活保護，司法・矯正・更生保護，医療福祉
■形	態	個別，グループ，ピア，セルフ，ユニット，ライブ

1）スーパービジョンの課題

　本項では，児童相談所のスーパーバイザー（以下，バイザー），研修講師，また子どもの事実確認面接（Child Forensic Interview，以下，CFI）に従事する臨床家という立場から児童虐待対応の現場における SV について述べる。その際，ソーシャルワークの方法論についてはストレングス・ベイスト・モデルのサインズ・オブ・セーフティ・アプローチ（Signs of Safety®，以下，SofS）[1]，CFI についてはアメリカのミネソタ州の子どもの権利擁護センター CornerHouse®[2] の面接プロトコルを現場と共通の枠組みとしている。

　児童虐待事案に特化した相談援助の方法と事実確認面接というスペシフィックなスキルにおけるスーパービジョン（以下，SV）は，いずれも1対1の個別 SV ではなく，コンピテンシー・ベイストの継続的な（1カ月ないしは2カ月に1度，1回2時間程度）グループ SV を行っている。従来的な SV の様式の他にも CFI においては，筆者の実際の面接場面をワンウェイミラーの背後でスーパーバイジー（以下，バイジー）らが見る。また，その逆もある（ライブ SV）。SofS においても同様にバイジーが SV をファシリテイトする場に居合わせ，ライブ SV も行っている。

　SofS とは，既存の家族システムに新たにインフォーマルネットワークを動員することで同じ力動が繰り返されることに歯止めをかける援助を行う方法である。今までと違うルールや動きを伴った再発防止計画（セーフティ・プラン）の実行可能性のことで連係プレーを担うインフォーマルな実働部隊と稼働試験をし，検証を行う。1年間の暮らしのさまざまな局面，季節行事や冠婚葬祭等，どのようなことがあっても確実に子どもが生活の場の中で守られるルールと動き（safety planning）（セーフティ・プランニング）が援助の本体である。認知，精神保健，社会的，経済的な面での脆弱さを示す保護者とであっても，子どものセーフティ・プランニングのことならば建設的な仕事になる。SofS は，ストレングス・ベイストの社会福祉実践を可能とするガイドである。

　否認，被加害親の支持（サポート）の欠如等，児童虐待の問題状況と SofS の援助のあり方

第Ⅱ部　スーパービジョンの理論と実践の統合化に向けて

を照らし合わせてみたならば，本当にできるのかと疑われても不思議はない。また，現場には厚生労働省や各自治体のガイドライン等との兼ね合いもある。が，「日本ではこの方法論は使えない」と言うのは簡単な話である。バイザーが譲歩してしまえば，尚更である。それでは現場を可能性が閉ざされた場のまま放置することになる。

　現場の難しい状況に接触しながらも SofS の実践原則において妥協することなく，意味のあるセーフティ・プランを築くと言うゴールまでの隘路(あいろ)を家族らとバイジーが切り開き，進んでいけるようにすることが SofS のバイザーの課題である。

　CFI は，児童虐待，性的暴行等の犯罪被害調査のなかの一つの活動である。被害に遭った以上に司法や社会福祉の仕組みのあり方から二次被害を受けることを妨げるため，また子どもの情報の混濁を避ける目的で関係機関が合同捜査の場に参画する。子どもたちの発達や心的外傷など対象の特性にまつわる知識，操作的，誘導的にならない話の聞き方の訓練を受けた人物が面接を行う。面接はワンウェイミラー等を通じ，捜査・調査機関の職員らが音声，映像をモニターする中で行われる。捜査項目や助言など必要に応じ，内線電話やインカム等を通じて両者の間でやりとりが行われる。供述の確からしさを担保するため，何が起きていたかの聞き取りは1回の面接が基本である。初対面の子どもと録画で記録を残す様式で調査面接が行われる。対象は，学齢期前の子どもからコミュニケーションに障害をもつ児童・成人である。わが国では2006年から実践が行われている。

　被害の供述あるいは目撃証言を得る CFI においては，スーパーバイザーも面接者の一人である。定例の SV では録画された面接を再生し，一つひとつの判断や言動（マイクロスキル）をバイジーらとコンピテンシーを高められるよう建設的な話し合いをする（ピア・レビュー）。ライブ SV においては，子どもが話すのを最大限援助できるよう技術的なサポートを中心に行う。CFI の面接場面をアシストすることは，日頃からの信頼関係，物理的環境が整った上で初めて可能なことである。

　SofS も CFI も，より良い実践を目指す継続的向上（spiral up）は，共通の課題である。本項では児童虐待問題を扱う SofS の SV のあり様，児童虐待の調査を担う CFI のライブ SV の実際について述べたい。

2）スーパービジョンの事例——パラレルプロセス

　児童虐待問題は、その家庭内外の人間関係、生活史、経済的な面、保護者らの認知能力、精神保健や健康上の問題など多くの要素が複雑に関係している事案が多い。還元主義的アプローチや父権主義的なかかわりでは、保護者らと援助者の葛藤関係そのものが原因し、援助過程の進展が阻まれる。

　他のアプローチとSofSとの違いを理解するには、開発者2人の背景を知ることが手っ取り早い。アンドリュ・タネル（Andrew Turnell, Ph.D）は、ミラノ派家族療法と解決志向型アプローチ（Solution-Focused Brief Therapy, SFBT）の研鑽を積んだ独立型ソーシャルワーカーである。スティーブ・エドワーズ（Steve Edwards）は、文化人類学を専攻した西オーストラリア州児童相談所のケースワーカーである。サイバネティクス、システミック・アプローチ、構築主義、質問、会話（対話）というキーワードが、2人の学問的背景から挙げられる。となれば、その実践もSVもライブSVも共通である。つまり、クライエント、バイジーや事例（ケース）を分析し、足りないところを指導するという話にはならない。

①　ストレングスから始める

　どのような児童虐待事案であれ、最初にバイジーに聞くことは、その家庭や子どもの良いところ、特技、好きなこと、将来の夢（ストレングス）等である。「普段行くようなスーパーやモール、公園や学校等でその家庭や子どもたちを見かけたら、どんなところが『あ、いいなぁ』と思うご家族、子どもたちですか？」と聞く。「他にはどんなところがいいなと思いますか？」「あとはそのお父さんやお母さん、おじいちゃんとか子どもたちとかの特技や上手なことでご存知のことはありますか？」と続ける。また「どんな家庭を作りたいと思って結婚されたとか、この子にはこういう大人になってほしいとか、こういう風に育っていってほしいとかは？」と、願い（aspirations）を聞く。

　続けてバイジーがこの家庭、子どもたちの担当になってからこの子ども達のために頑張ったことを尋ね、話してもらう。さらにグループSVの場に参加している残りの人にもこれまで直接、間接にこの事案のことで応援したことやがんばったこと、あるいは家族や子どもたち、担当者らががんばっていたことで知っていることを話してもらうことを促す。

何故ストレングスから始めるかというと、ストレングスは児童虐待事案という容易ならざるケースワークを最後までやり通す原動力、燃料になるからである。ストレングスに焦点を当てることで問題状況に慣る代わりに、こういういいところもあるのにこの地域、この家で子ども時代を過ごせないことは勿体ない、残念だよねと言うコンテキストが生まれる。この方が、子どもを虐待する親と言う言説よりも仕事になる。

このようなコンテキストを作ることがなぜ大事なのか。それはソーシャルワーカー（以下、ワーカー）（バイジー）の責任は、クライエントの仕事が促進されるような状況を作り出すことにあるからである。そしてバイザーの仕事は、バイジーの仕事が促進されるような状況を作り出すことである（パラレルプロセス）。実際にどうそれを可能とするかを SV の場が示すのである。

② 会話・マッピング――獲得すべきコンピテンシーが明らか

SofS の SV は、最初から最後まで会話モードである。SV の前に紙面で資料を用意する必要はない。ある一定の時間を片方が独占することは、最小限度である。前節に記した SV の場での質問は、バイジーが次に家族や関係機関、子どもたちと面接する時のやりとりと場所と時間は違っても同じ（並行）と見做している。仮にこの SV の場に当事者らが同席していても何ら差し支えないやりとり、子どもたちでも了解可能で専門用語を使わないやりとりをバイザーは意識的に行う。

当然のことながら話すことが難しい内容や事実確認においても同様に理解的な会話で扱う。SofS では、子どもの身に既に起きた（疑いを含め）ことを「危害（ハーム）」という。この概念は、たとえば「母親がうつ的」と言った問題の叙述よりも母親がうつ的な時に子どもの身にはどういうことが起きていたかの情報を重視していることを示している。

うつ病を患っている親を援助するのではなく、うつ状態になった保護者と子どもの間で起きていたことに公平な視点をもって話を聞く（図7-3参照）。バイザーは、そのような聞き方のモデルとなる。この視点をもっているからこそ、うつ状態になった時の保護者の心身の負担にも共感を示すことができる。強く共感に根差した関係の上で「そのような時でもどのように子どものことでは対処することができていたのか、しようとしたのか（SFBT でいうところの問題の例外）」を聞く。うつ状態になった時に子どもの身に起きていたことを少しでもましな状態

第7章 スーパービジョン体制の評価を考える

図7-3 SofSマッピングの様式

出所：© 2013 Resolutions Consultancy. 筆者加筆．

にできた時，あるいは普段だったらうつの時は子どもに対して育ちを損なうようなことをしていたのが，そうならないで済んだ時（SofSでいうところのセーフティ）のことを聞く質問をする。

　その際，情報は子どもの身に起きた具体的で特異的な詳細にまで迫るべきである。他の事案でも当り前によく聞くような話ではなく，他にないこの場所に暮らすこの家庭状況だからこういうことが子どもの身に起きていたというレベルの情報である。SFBTの質問の型やオープン・クェスチョン，WHの質問（whyを除く），最小限度の促し，沈黙の活用等が会話の中心となる。バイジーが聞いていなかった，あるいは知っていなかったことがここで明らかになったとしても問題視はしない。

　SVの会話は，援助の段階，SofSの主要概念の緻密な理解，アセスメントの枠組みに沿った会話である。また会話であるがゆえに，直接かつ具体的に面接技術の習熟をバイジーが目指すことが可能となる。

　SVの間，会話を通してバイジーから教わったことは，ホワイトボード（あるいは紙）に書き留めていく（マッピング）。個別支援会議や家族との面接の場でホワイトボードやA3程度の紙に面前で記録を取る（図7-3参照）仕方をデモンストレーションする目的である。

165

第Ⅱ部　スーパービジョンの理論と実践の統合化に向けて

　SVの進め方は，獲得することが求められるスキルに応じて変わる。マッピングの仕方を覚えたいというのであれば，たとえば「話された言葉を変えずに記す」「意見の異なる人の話も全部並記し，情報収集と整理の段階で取捨選択はしない」などのポイントを話し，デモンストレーションする。SVの目的(アウトカム)がクライエント・ワーカー関係の修復やラポールの形成に関連してのことならば，パートナーシップと言われるクライエント・ワーカー関係を構築するのにどうマッピングが役立つかを伝えることができる。相手の目の前で聞いたことを書くことで相手がさらに自発的に情報を補うことになること，情報を訂正することができること，すなわち情報の収集，整理というアセスメント過程に参画することが可能となることを説明し，SVがそのように体験できる場になるよう進める。

　会話の場合と同様，マッピングの一連の過程，結果として綴られている文章が残ることにより「どうやったら，そういう風に書けるんだろう」と，さらなるコンピテンシー獲得の意欲へと繋がっていく。そして実際に実践の場でやってみることを通し，バイジーはクライエントらのこれまでと違う応答に手ごたえを感じることになる。

　ソーシャルワーク実践におけるコンピテンスは，ここまで述べたコミュニケーション・ベースのものだけではない。情報の収集，整理の最後にくる情報の総括（判断）という認知技能(スキル)においても習熟が求められる。しかし，ここが一番難しい。

　児童虐待事案においてケースワークが膠着状態に陥るのは，何が子どもの身に再度起きることが問題で，そのために何をする必要があり，どうなったら終結なのかが明らかでないことからくる。特に児童虐待事案として対応が始まった結果，家庭から分離され，一切の生活が止まってしまった子どもたちのためにも何をしたらどういうことになるのかを保護者らに示し，保護者らと建設的な相談援助を行うことは倫理的にも求められる実践である。

　③　忠実度(フィデリティ)

　SofSの過程を枠組みとしてSVを展開することは，SofSのミニマリスト原則，すなわちシンプルに考えるガイドとなるべくデザインされたモデルの理路を適切に辿る経験となるので，プラクティカル・ドリフトの修復という点において重要である。

第7章 スーパービジョン体制の評価を考える

　SofSを端的に表すならば，①SFBT，②危害の予測の判断（future risk）、③子どもの身に2度と同じことが起きないよう虐待行為が維持されるコンテキストのどこかをインターセプトする具体的な安全策（セーフティ・プラン）を④インフォーマルネットワークと家族が作るのを支援するソーシャルワークである。

　児童虐待事案は，保護者の精神保健上の問題や経済的な問題，インフォーマルネットワークとの繋がりが希薄，過去の経緯から公的な機関や組織に対して募る否定的な感情等々，問題を挙げ連ねればいくらでもある。クリティカルに思考する理路をガイドするSofSの枠組みを，どのような事案でも常に変わらず用いて考えるデモンストレーションを行うのがバイザーの役割である。

　SofSの場合，フューチャー・リスクの判断（このままの状態では，この先再び子どもの身にどういうことが起きる，起きないと判断したのか）とセーフティ・プラン制作の道標，方向性を示すゴールを明らかにするところがアセスメント（判断）の要である。クリティカルな思考のガイドとなるということは，「このままの状態では，この先子どもの身に再度何が起きるのか」「どういうことを保護者らで私たちに示してもらえることで，子どもたちへの危害が2度と起きないという点について自信をもって終結できるのか」をバイジーらに問うことである。子どもに起きた（疑いを含め）危害（ハーム）を起こさないことを，どのように担保しているかという点においてちょうどバイジーがクライエントらと熟議できるようバイザーとバイザーの間においても質問を重ねる会話を行う。

　たとえば「（精神保健上の問題を持っている）保護者がきちんと通院し，服薬する」という意見が出てきた時は，「通院・服薬があると，その人が子どもとかかわる場面ではどのようなところが違ってくると思いますか？」「他には今とどのようなことが実際違ってくると思いますか」「仮にその人が，ここにいて同じ質問をさせてもらったとしたら，病院に行くことで良くなることはどんな部分だとおっしゃると思いますか」と，尋ねることができる。

　原因を特定し，その瑕疵を手当てすると言う考え方やあるべき論からの結論でもって相手を正すのではなく，「危害（ハーム）に至らないことをどうやって私たちに保護者らが示してもらえるのか」という点において会話，すなわちバイザーがバイジーに，翻ってはバイジーがクライエントに質問を続ける。

　よく聞く事案として保護者の精神保健上の問題が高じ，子どもたちが学校を休

167

むという状況がある。その上でよく行われる援助の方向性は，原因となっている保護者の治療と保護者の状態や通院・服薬の確認である。SofS をガイドとする場合，仮に保護者の精神的な不調がこれからも続いたとしても，子どもがまた学校を休むことがないような工夫を，保護者の人がいろいろな人の力を借りて算段してもらえれば良いと，ゴールを設定する。

前者は，専門家集団が長期的にこの家庭をウォッチすることになる。後者は，家族が問題の解決に向き合えるコンテキストを構築している。

どのような事案であれ，枠組みの基本に忠実に従う，言わば型稽古ともいえるような SV を行うことで SoS の理路は身に付く。その過程でバイジーは援助の修正ポイントに結果的に気がつく。バイザーは気づかせることに一生懸命になるのではなく，SoS の枠組みと SFBT の質問とで一緒に会話を続けていくことに一生懸命になれば，バイジーが自分で大事なポイントにたどり着く能力を育むとができる。

経済的な安定に重点を置いた援助が，子どもと加害親との間で起きていた危害を妨げることに直接的に関連していないことに気づき，もっと子どもへの危害を未然に防ぐための計画について保護者らと話し合うように繋がったこともあった。人格や精神保健上の問題をもつ保護者を変えるのではない，それ以外の何かを変えることが，ここから先のためには肝心なことに自ら気づいた例もあった。また，問題の例外を聞くことで，子どもたちを守るために有効な要素の発掘に繋がり，よって既にあるものを強化する，拡大することを目指した援助を考えることが可能であることが明らかになった時もある。セーフティ・プランが確実に子どもたちの普段通りの生活の中で作動するかの稼働点検を行い，負荷試験がないままに終結しようとしていた安全性のあいまいな援助を，より確実な成果が得られるものに修正し終結させた事案もあった。

3）子どもの事実確認面接——ライブスーパービジョンの実際

情報取集というアセスメントにまつわる調査，捜査に特化した面接を「事実確認面接（forensic interview）」という。面接の目的は，子どもからの聞きとりが1回で済むようにすることである。

これは，他機関連携というコンテキストで行われる実践である。面接の依頼者は，児童相談所と警察である。自治体によって多少異なるが，面接の場には面接

の調整担当者，面接者，管轄の児童相談所，警察の職員が参加する。実際は，児童相談所が面接の場になることが専らである。また，司法関係から生活安全課，捜査第一課の刑事，検察官が参加することもあるが，不在で行われることもある。

① 事前ミーティング

事前ミーティングは，30分程度という限られた時間の中で行われる。児童相談所や警察関係者の間での情報共有，面接の目的の確認が行われるその場に CFI のバイザーは陪席する。

バイザーの役割は，面接者（バイジー）が面接の計画を立てられるようにすることである。子どもの年齢，容疑者との間柄，容疑内容，開示の種類を事前情報を基に特定し，面接プロトコル，面接の中で起きていた出来事を子どもが打ち明ける（開示）上での障害（ブロック）とその対応，開示のインビテーションとなる質問の準備について打ち合わせを行う。関係者も，面接の計画に関するやりとりを聞いている。

インビテーションとなる質問が誘導的になっていないかどうかだけでなく，そもそも面接は事前情報の確認のためではなく，予断のない包括的な捜査あるいは調査が目的である。そのためには面接者がオープン・マインドでいることが肝心である。その上で子どもがインビテーションとなる質問に応答しなかった場合の次善の質問例を，子どもが面接に来るまでのコンテキストや能力等を勘案し，必要に応じて面接者に提言する。バイジーを無力化させることがないよう技術的支援をし，支持的（サポーティブ）に接する。

事実確認面接を担当する者は，非常なプレッシャーを感じざるを得ない。性虐待被害の多い年齢は，学齢期前の子どもたちと10代前半の子どもたちの2つの集団である。発達上の課題は，それぞれに見出される。特に性虐待事案は，他に目撃や物的な補強証拠がない場合がほとんどである。必然的に面接調査に関係者の期待がかかってくる。加えて子どもも初対面の大人と会うために初めての場所に来て，録画する機材が時に見え隠れする面接室で話をすることを求められる。このような状況にもかかわらず，面接は一回性であり，子どもの集中力（概ね年齢×5分を想定）からして面接の中で信頼関係の構築に長い時間を掛けることもできない。

事前ミーティングの場面だけでバイザーが十分なことをできるわけではない。

第Ⅱ部　スーパービジョンの理論と実践の統合化に向けて

　ライブ SV の他にも定例的なピア SV とバイザーの面接場面を見る機会（実際の面接場面や録画した記録媒体）をバイジーは得ている。また，司法と社会福祉の領域で，今なぜこのような社会的な調査をする必要があるのかについても，両者には共通の認識がある。さらにいえば，相談機関や所を超え，多くの機関が横に繋がる自発的な情報交換の場を定期的に設ける場合もある（CFI だけでなく，SofS についても同様である）。十分な連帯感が培われていることで，初めて現場での SV が可能になる。

②　面接中

　面接が始まると，モニター画面を通し，バイザーはラポールの形成段階の会話や観察から子どもの話す力，どのように聞くことでうまく子どもが話をするのをアシストすることになるのか，面接場面の移行がうまくいっているかについて，時間の経過を意識しながら見ている。面接中のサポートは，調査において聞くべきことを子どもから話してもらえるような具体的な質問文例や打ち明けることへの障害(ブロック)に関してどのような言葉をかけるかと言う具体的な提言(サジェスチョン)である。

　面接場所によってはインカムを利用し，間をおかずに面接者の耳に直接バイザーの提言(サジェスチョン)が届く環境設定ができるところもあれば，面接室の内線電話や携帯電話を利用する場合もある。面接者が一旦，面接室を退室するという方法をとる場合もある。いずれの方法においても，事前ミーティングで確認を行う必要がある。電話を用いる場合は，バイザーらの方から電話を掛けるのか，それとも面接者が電話をするのか等は，事前に確認しておくべきである。電話も退室することも，面接を中断させてしまうことには変わりがない。そう何度もできない。退室してやり取りする場合には，いくつかの質問文を紙に書いて渡すこともできる。

　面接の最中にインプットされる提言(サジェスチョン)をどのように活用するかは，面接者次第である。特にインカムの場合，間髪おかずにバイザーの提言(サジェスチョン)が伝達されるからといって提言(サジェスチョン)は指示ではない。すぐにその通りに従わないといけないものではない。バイザーは提言(サジェスチョン)が却って面接の妨げにならないよう最小必要限度に留め，同時に子どもが話をすることをアシストするという面接者の責務が十分に果たせるよう目的的な会話へ直接的な介入を行う者である。

③　事後ミーティング

　CFI の事後ミーティングは，本来的には面接者からの報告と関係者がその後

の方向性について暫定的な申し合わせをすることに費やされる。面接後の事後ミーティングでは，面接者を労い，直後に解決しておきたいことがあれば対応するが，面接のピア・レビューは，時間と場所を変えて行われる。

4）今後の取り組み

　CFI，SofS のいずれにおいてもバイザー自身，バイジーの所属する現場とはまた別に自己検証，研鑽できる場をもつべきである。CFI ではアメリカのCornerHouse® 等の実践と研究の分野が確立されている。SofS は，認定トレーナーと組織的導入を行っている児童相談所現場（オーストラリア，イギリス，アメリカ，カナダ，オランダ，スウェーデン，デンマーク，ニュージーランドなど）をつなぐコミュニティがある。バイジーもバイザーも自らがオープン・システムであり続けられるよう，いろいろな人，機会とつながり続けていくことが，スパイラル・アップに必要であると考える。

（3）成年後見制度利用の認知症被後見人のニーズに沿うためのスーパービジョン

■領　域	精神保健福祉，地域福祉，児童福祉，高齢福祉，母子・父子福祉，家族福祉，法人・管理
	国際福祉，身体障害，知的障害，生活保護，司法・矯正・更生保護，医療福祉
■形　態	個別，グループ，ピア，セルフ，ユニット，ライブ

1）成年後見制度におけるスーパービジョンの現状と課題

　わが国の成年後見制度においては，スーパービジョン（以下，SV）という考え方を取り入れてはいない。法令根拠の問題からも，監督機能を持つ家庭裁判所や監督人との関係からも，この制度が判断力の低下があるものを対象としており本人同意をとりつける困難性からも，SV を受けることについては課題があると考えられる。裁判所関係者からは監督者以外の他者に受任案件を開示すること自体に疑問を持たれることもある。弁護士等の法律職においても，成年後見制度に則った成年後見人等（後見人，保佐人，補助人，任意後見人）の支援は，受任者個人の裁量に任されているものであり，裁判所の正式な監督や監督人以外の他者に，個人情報を開示して支援方針等で相談をすることに抵抗を持つ者も多いと感じて

いる。

　他方，わが国でも医療福祉介護等多くの専門職種で臨床的 SV が使われ始めており，社会福祉士等の国家資格の有資格者が集まった職能別団体では，資格要件として SV を定期的に受けていることを奨励しているところもある。

　成年後見については，社会福祉士が受任している案件については必要に応じて社会福祉士会の権利擁護機関「ぱあとなあ」内で事例検討会がひらかれ，個別に相談にのってもらうことができるようになってはいるが，システマチックなものになっているわけではない。

　成年後見制度の SV については，仙台市社会福祉協議会が専門性の高い社会福祉士に委託して業務を行っている「みやぎ・せんだい後見支援ネット」が，家族も含む後見受任者に対してのスーパーバイズを事業パンフレットにも記載して行っている。しかし，このような試みはまだ一般的なものではない。

　本事例の本人は，末期がん患者の妻と一緒に暮らす高齢者世帯の認知症で愛煙家の夫であり，後見人は各専門職と連携し在宅生活を支えた社会福祉士である。

　スーパーバイザーの内山さんは，成年後見人としての経験をかわれて個人的に後見人としての視点や考え方についての整理と気づきのために SV を依頼された。

　その主眼は，認知症の本人も妻も共に暮らせる自宅での生活維持を強く希望している中で，本人の権利擁護という視点でぶれない支援をするためのものである。

2）被後見人の夫と末期がんの妻の高齢者世帯を，ぶれなく支える

　被後見人は認知症で愛煙家の夫であり，末期がん患者の妻との高齢者世帯を後見人が医療・介護専門職等と連携して支え，ぎりぎりまで在宅生活を可能にした事例に対する SV を報告する。

　認知症をもつ夫は後見審判を受け，日常の消費活動以外の法的権限は後見人にある。本人は「なんでもいい，よろしくたのみます」という言い方を多用し，主体的に物事を決めることはいくぶん苦手のようだったが，被成年後見人とはいえ本人の人生についての決定であるだけに，できるだけ本人の意思・意向を確認しながら進めることを大前提としている。

　なお，本報告にあたり，個人が特定されないための配慮を十分にした上で，本人に関する事であるから丁寧に説明をし了解を得ている。

第7章 スーパービジョン体制の評価を考える

3）スーパービジョンの事例
① 事例の概要と経過

章夫さん（89歳，男性）
① 家族構成，妻直子さん（83歳）子どもはなく親類は甥，姪が遠方にいるが交流なし。
② 要介護3
③ 障害老人の日常生活自立度：A1
④ 認知症高齢者の日常生活自立度：Ⅲb
⑤ サービスの利用状況：当初，週3回各1時間の訪問介護
⑥ 身体状況：アルツハイマー型認知症
⑦ 経済状況：収入は2人合わせて年金のみ年額200万円強，資産は約800万円。
⑧ 居住関連：C市の公営アパート在住
⑨ 妻の成年後見申立てにより家庭裁判所が後見を審判
  ② 経過1）妻の緊急入院と老人保健施設の一時的利用から後見申立を経て審判の確定まで

　夫の章夫さんは，2年程前より認知症が進み妻の介護と週3回の訪問介護により在宅生活を続けてきた。しかし，妻に末期の胃がんが見つかり緊急入院することから，章夫さんを即時受け入れてくれる老人保健施設をケアマネジャーが探したが，当初，本人はかたくなに入所を拒否していた。結局，妻が手術のため緊急入院するために，章夫さんをケアマネジャーが説得し一時的に老人保健施設に入所した。

　今後の生活に関しては，妻の直子さんも少しでも長く章夫さんの側で暮らしていたいという希望が明確であり，また妻の今後の一番の気がかりは自分が亡くなった後の章夫さんのことであるということであった。

　そのため，ケアマネジャーは地域包括支援センターに成年後見制度の利用について相談し，妻が申立てることになった。介護関係者や地域包括支援センターも協力して申立て支援を行い，準備して審判がおりるまでに約2カ月を要した。

　この間，章夫さんは，徘徊がひどく介護職員の注意をきかず暴力をふるうことがあり，入所中転倒にて病院に入院する等があった。また，その入院先では身体拘束があり，近隣の見舞いの者からその報告が妻にされており心を痛めていた。

そのため、妻の直子さんは、胃がん手術後約1カ月半で「夫が待っているから」と退院した。

後見の審判確定後、早速、後見受任者も交えた会議が開かれた。

関係者は本人たちの在宅生活維持の希望を十分承知していたが、数々のリスクも理解していた。

当時、自宅は夫の収集癖等で足の踏み場もなく、ベッドも置けず人の入る隙間もないような状況であり、また夫が愛煙家のためところどころ畳のこげ等もあり、ボヤの心配もあった。ケアマネジャーが後見の申立てを積極的に推進したのは、後見人と相談しながら自宅での生活を支援していくことを目指したいと考えてのことであった。

スーパービジョンの目的——被後見人の今後の生活方針を決定するに際し、後見人としての理念と立ち位置の再確認　このような状況の中で後見人となった社会福祉士の江本さんには、今後の生活の方針について、本人の在宅生活を推進していくことに不安があり、本人意思を尊重して在宅生活維持をすすめるか保護を優先していくべきかについて、迷いがあった。

その方向性を決めるにあたって、では何を優先していくべきなのか等について混乱があり、江本さんはバイザーの内山さんにSVを求めていた。

気づきになった指標

- 後見人として何を第一に考えるべきなのか
- 何を「本人の最善の利益」と考え、その実現のために何を具体化するのか

後見人には民法により日常の消費活動以外のすべての権限が家庭裁判所の審判で与えられており、財産管理だけでなく身上監護として本人の生活についての介護保険契約等の契約代理権も当然持っている。しかし、権限行使に当たっては、ただ決めればよいということではない。ここでは誰のために、何のための支援なのかという、後見人という支援者の立場や位置づけを再確認することを、バイザーの内山さんは助言した。

ぶれない支援としての本人の人権と権利擁護のための支援であることの確認　本来ならば他者に自分の人生における生活の場等を決められたり方針についてとや

第7章 スーパービジョン体制の評価を考える

図7-4 成年後見人等とサービス事業者等との連携

出所：日本社会福祉士会編（2009）『権利擁護と成年後見実践』民事法研究会，368頁を筆者改変。

かく言われることではない。しかし，安全性等を考え支援者は保護的になりがちである。特に，認知症高齢者や要介護者等については，自分以外の他者によって本人についての物事を決められる際にも，無視されて意見を聞かれなかったり軽視されたりすることについて，無自覚であることが多い。しかし，後見人は本人の代理人であり，保護以前にできるだけの意思決定支援を行い，本人の納得のいく人生を支えるのがその使命である。ここでは，成年後見人の身上配慮義務（民法858条）「成年後見人は，成年被後見人の生活，療養看護及び財産の管理に関する事務を行うに当たっては，成年被後見人の意思を尊重し，かつ，その心身の状態及び生活の状況に配慮しなければならない」そして成年後見の理念である「自己決定の尊重とノーマライゼーション，現有能力の活用」（図7-4）について確認することにより，後見人自らがその向うべき方向性を，江本さんは再確認することができた。

　　本人のための後見人であるために，本人の意思・意向の明確化　次に確認したことは，「在宅で2人で暮らしたい」ということは，誰彼からの強制でも誘導でもなく，本人のそして妻も同様の強い揺るがぬ主張であり願いであることを，支援者である社会福祉士の江本さんは直接確認しており，その実現が本来の支援目標であることを確認した。

　後見人によって本人に直接，意思確認をすることは，認知症である成年被後見人であっても大変重要なことである。なぜなら，その意思形成が支援者側による

175

誘導的なものであったり強制があったりする場合もあるからである。また，被後見人と言うことでは能力的にも本人意思が明確に表出されることは稀であり真意が摑みにくかったり支援者とのパワーインバランスの下で主張がされにくかったりすることがある。この事例の場合，意思形成及び意思表出に問題がなく，成年後見人等の支援上の課題は本人意思の実現である。

　　本人意思の実現の方向性に関し，不安要因は何か，その解決策を明確にし具体化する
本人意思の実現として在宅維持を支援目標とした時に，後見人がまず第1に課題と捉えていることは，本人が中程度の認知症でありながら妻と一緒にいたいという気持ちとともに自宅でタバコを吸っていたいということについて，火の始末の問題等リスクが高いことであった。また，妻も末期がんであり今後の悪化も予想され体調の変化などを考えると，もともと無理がありその責任を考えると不安になるとのことであった。しかし，このような後見人の話の中で，不安な気持ちで困っているのは，実は支援者たちと後見人なのではないか。それぞれが漠然とした気持ちでいるなら，それぞれが考える具体的な課題の整理をして，それに対する具体的な対案・提言をできるようにケア会議等で一つひとつについて考え，解決を図っていくことで対処できるのではないかと，バイザーの内山さんは考えた。

　目指すのは，本人の意思尊重であり自律生活である。その全体目標の下に，本当に超えられない困難がある場合のみはそれを明確にしてその根拠を本人や妻にも示し，保護を優先することは代理権を持つ後見人の責任としてありうることではあるが，第1に目指すべきは明確に主張されている本人意思の尊重であり，自律した生活である。

　江本さんは後見人は何のために誰のためにかということについて，後見人自身が深く考え，自律か保護かについての軸を意識し支援の方向性の確認ができた。

　実は本人意思が明確であっても，その意思実現には手続きや申請契約や金銭管理等の困難性のため，本人だけではその実現が困難であることも多い。だからこそ成年後見人等が立てられており，特に社会福祉士が受任する中では，まず本人自身を主体的に生きる生活者として捉え権利擁護の視点を見失わないこと，また，社会資源等の活用のみでなく，本人である被後見人等を社会的存在として捉え支えていく姿勢が求められていることを江本さんは理解した。しかし，そこには本人が十分覚知できえないリスクをしっかりと予見して備え，目的を実現するため

第7章　スーパービジョン体制の評価を考える

の方策を考えることも必要となり，この事例ではその後，2回の本人を交えて江本さんと後見人も参加するケア会議が開かれ，課題を解決していくことができた。

身上監護の範囲

- 健康診断等の受診，治療入院契約，費用支払い
- 住居の確保，修繕等の契約，費用支払い
- 福祉施設等入退所契約，処遇監視，異議申立て，費用支払い
- 介護・生活維持に関連する契約，費用支払い
- 社会保障給付の利用
- 教育・リハビリテーションに関する契約，費用の支払い
---

③　経過2）在宅生活の維持と妻亡き後の支援方針，権利侵害への対抗

江本さんは，医療関係者やケアマネジャー等のケア関係者等からの情報収集後，後見人は在宅維持の方向性を理解し，ケア会議での決定に従い，まず自宅の整理が必要であり，その手配から始めることにした。

退院後は，ヘルパーが定期的に毎日朝と晩に入り連絡体制の要となり，近隣や友人の援助を受け日常的な買い物や調理等は以前と同様に時間は要するが，どうにか妻が中心でできた。しかし，いつ妻も再入院が必要となるかわからない状況の下で，もしもの場合のリスクをケアマネジャーは理解しながら妻と後見人それぞれに確認しつつ，在宅生活をぎりぎりまで維持した。

また，妻亡き後の夫の生活について，妻と本人の意向を確かめ，愛煙家である本人にふさわしい施設等を本人と妻そして後見人で見学し，地域のグループホームに申し込みをした。この期間に後見人は，妻やこれまで関わってきた介護関係者から章夫さんについて，その後，身寄りがない章夫さんをどう支えていけばよいのかについて，本人に関する確かな情報を十分に得ることができた。

章夫さんは，愛煙家でありタバコさえ好きな時に吸えればほぼ穏やかでいられる。しかし，タバコについては防火上の問題もあり妻以外の支援者からは強くやめるようにとの要請があった。しかし，認知症のある今であっても，「何か好き？」との問いには，タバコを指す本人と「家でタバコ吸いながら外を見ている時が一番幸せそうなの」とニコニコする妻を前に，本人に呼吸器系の病気が出て

いない現状でタバコをとりあげることはできないと江本さんは判断した。

その後，2人での在宅生活は約4カ月続き，妻は病状悪化に伴い再入院後約半月で死亡した。その間，後見人は本人の預貯金を使い自費負担分も含めヘルパーが1日3回入るようにし，長く住み続けている団地の住民からの申し出も受けて見守り活動への依頼もした。また，自宅内で喫煙場所を設け張り紙を張ったり一部不燃素材に改築する等もしながら，火災についての予防と支援に力を注ぐ必要があった。

その後，独居であることから幸い地域のグループホームにも早めに入ることができた。しかし，入所当時は環境の変化からか体調を崩し，2回ほど入退院を繰り返した。その際，入院先の一つでは何の説明もないまま身体拘束がされ，普段穏やかな章夫さんに暴言と暴力がみられ，また薬によって鎮静されるということがあった。それに対して入院手続きに行った後見人はどう対処すべきか，また自分にどのような法的な権限があるのかについて確認と整理のため，江本さんはバイザーの内山さんに SV を緊急に求めてきた。

緊急スーパービジョンの目的

- 被後見人への身体拘束に関して，後見人の法的権限の確認と職務指針

整理の柱になった指標
- 身体拘束をすべき状況であるかの根拠を明確にした説明を求めること
- 説明ができず合理的でなければ改善を要求し転所も検討すべきこと

後見人には法的に入退院契約をする権利が持たされている。よって本人に対してあらたな権利侵害がある場合は，改善を求める苦情申し立ての権利ももちろん有していることを，江本さんは確認した。

その上で病院に，本人の状況について説明を求めたり記録開示を求めたりする権利があることも確認した。本人に対し行われている身体拘束について，厚生労働省の身体拘束禁止の一時的な解除要件三原則に基づいた根拠があるのか，見直し時期について検討されているのか，記録をとっているか等につき，明確に説明してもらうべきことを，江本さんは確認した。後見人は自ら直ちに確認に向かい，その結果，切迫性もなく非代替性については検討もしておらず，ましてや見直し

についての検討も経緯についての記録もされていないことが判明し，医師及び看護師長に身体拘束禁止について違反していることの指摘と改善を申し入れた。それにより，後見人の見守るうちに本人はミトンとベッドの四点柵を解除され，点滴をナースステーションで受けられることとなった。

現在，A夫は健康も安定し，なじみの地域のグループホームで生活を続けている。

4）成年後見制度におけるスーパービジョンの必要性――まとめと考察

地域包括ケア推進が叫ばれているが，地域での認知症高齢者の増加と家族機能低下の現状を見るにつけ，誰が判断して申請やそれに伴う法律行為（申請や契約，苦情申立権等）をし，また金銭管理をするかについても考えなくてはならない。介護保険の利用についても，保険料は年金からの天引きなど自動的であるが，利用には申請や手続きそしてサービス利用契約を行い自己負担金を支払うことになる。そのためには本当に本人にとって何が必要かを本人側で比較検討し決定することが重要である。また，施設や病院に入所・入院中であっても，特に身寄りのない者については，本人側（本事例の場合，後見人）での処遇のチェックが必要な場合は多い。認知症である被後見人等も一人の生活者として捉え一般社会人としての地域生活を続けるには，そのリスクを後見人として考え対処する＝後見業務については困難を極めることも多い。また，この事例では「高齢者虐待の防止，高齢者の養護者に対する支援等に関する法律」（高齢者虐待防止法）によって，身体的虐待とみなされる身体拘束と過剰な薬の投与がA夫に対してなされており，後見人がその状況についての改善を求めた。

成年後見人の役割としての身上監護には，このように身体拘束等の権利侵害が起きやすい施設等において本人の尊厳や権利が侵されていないかを確認したりするだけでなく，苦情申立てや介護保険の変更申請等も制度があるだけでは認知症の本人自身が利用することはできず，「声なき声」「権利はあれど苦情は言えず」という立場のままに置かないためには法的権限をもっての成年後見人等による支援が必要となる場合も多い。そのような状況の中で，ソーシャルワーカー（以下，ワーカー）である社会福祉士に専門職としての視点を持った支援が求められている。しかしそれを提供しようとして悩み迷った時に，家庭裁判所の監督人や監督だけでは，ワーカーとしての社会福祉士に期待され実行されるべき専門性につい

第Ⅱ部　スーパービジョンの理論と実践の統合化に向けて

ての助言・アドバイスやサポートができるとは考えにくい。

前述した通り，本来，後見業務については，司法インフラが脆弱な中で守秘義務や個人情報保護等の問題があり，裁判所以外のスーパーバイズは想定されていないのが現状である。

そのような中で今回の事例は，ワーカー等が，マネジメントやケア提供している地域で，その在宅生活の維持に社会福祉士である成年後見人が有効に活用されている事例であり，その期待に応えるためのスーパーバイズであったと考えられる。

以上のことから，SV体制の評価はワーカーが自らの業務改善に向けてフィードバックできる機会をSVシステムの中に組み込むことである。わが国においては，SV体制の中に評価の意義，目的，基準，方法等，組織内にSV評価体制を位置づけていく必要があり，SV体制の効用をエビデンスとして「見える化」していくことが望まれる。

注

(1) Signs of Safety®は，Resolutions Consultancy（Andrew Turnell 代表）から資格認定された者だけがスーパーバイザー，トレーナーとして教えることが認められている。国内では筆者と十数名の児童相談所職員が承認されている。

(2) 子どもの権利擁護センター（Child Advocacy Center〔CAC〕）とは，子どもの権利擁護と言う名前の通り，司法制度や社会福祉制度といった仕組みによる二次的な害を子どもたちが被ることを避ける目的から，1985年アメリカ，アラバマ州に最初の機関が作られた。特に虐待通告後，速やかに事実確認目的で子どもから話を聞く局面において関係する司法，社会福祉機関の担当者が集う場を提供し，専門的なスキルをもつ中立的な立場のCACの面接者が子どもに配慮された空間で聞き取りを行っている（録画記録を共有）。National Children's Alliance®が，地元自治体の児童相談所や警察と公式に合同捜査の協力関係を文書によって交わしている等の条件を満たしたCACを認定，承認をしている。現在，承認を受けたCACは全米で770ほどある。国内では，定義を十全に満たしたCACはない。

参考文献
- リード文

Lee, R. E. & Everett, C. A. (2004) *The intergrative Family Therapy Supervisor: A Primer. Taylor & Francis Book, Inc.* （= 2011，福山和女ら監訳『家族療法のスー

パーヴィジョン——統合的モデル』金剛出版。)

- **第1節(1)**

Kadushin, A. and Harkness, D., (2014) *Supervision in Social Work*, fifth edition, Columbia University Press. (=2016,福山和女監修『スーパービジョンインソーシャルワーク』中央法規出版。)

- **第1節(2)**

福山和女編著(2001)『スーパービジョンとコンサルテーション——理論と実践』FK研究グループ。

- **第1節(3)**

福山和女(1996)『3次元立体把握——役割システムアプローチについての理解』FK研究グループ。

福山和女編著・監修(2001)『スーパービジョンとコンサルテーション——理論と実践』FK研究グループ。

- **第2節(1)**

福山和女編著(2005)『ソーシャルワークのスーパービジョン——人の理解の探究』ミネルヴァ書房。

- **第2節(2)**

菱川愛(2011)「日本の司法面接の実際 子どもたちの小さな声を聞きとる」『こころの科学』通巻155号1月号,日本評論社。

菱川愛(2013-2014)「サインズ・オブ・セーフティ・アプローチ[1],[2],[3],[4]」『ソーシャルワーク研究』Vol. 39, no. 1-4,相川書房。

Gitterman, A. & Germain, C. B. (2008) *The Life Model of Social Work Practice, third edition, Advanced Theory & Practice*, Columbia University Press.

Schein, E. H. (2009) *Helping: How to Offer, Give, and Receive Help*, Brett-Koehler Pub. (=2009,金井壽宏監修,金井真弓訳『人を助けるとはどういうことか』英治出版。)

(小原眞知子〔第1節(1)・第2節(1)〕・野口百香〔第1節(2)〕・早坂由美子〔第1節(3)〕・菱川 愛〔第2節(2)〕・池田惠利子〔第2節(3)〕)

第8章　スーパーバイザーの悩み

　本章では，スーパーバイザーの悩みに焦点を当て，スーパービジョン（以下，SV）の歴史的変遷にみるスーパーバイザーの取り組みを，欧米と日本とに分け検討する。

1　欧米の歴史的変遷にみるスーパービジョン

　本節では，SV に関する欧米の歴史的変遷に焦点を当て，中でもスーパーバイザーの取り組みの変遷を述べ，同じような悩みが日本における現場の SV 実践でも見られるかどうか，多文化領域における SV 実践を検討する。

（1）欧米の歴史的変遷にみるスーパーバイザーの取り組み
　欧米での確立された SV 体制の歴史的変遷を概観する。まず，1880～1920年，ソーシャルワーク発展の初期に焦点を当て，SV 体制の創設時期でのスーパーバイザー（以下，バイザー）の希望に満ちたその役割・機能について考え，バイザーの取り組みを理解したい。その結果，2016年現在のバイザーへの影響とその対応方法に何らかのヒントを見出しうるのではないかとの仮説に基づく。なお，Kadushin & Harkness（2014）*Supervision in Social Work* 第1章「歴史，定義とその意義」を参照し，当時の SV 体制の実体を理解する。

1）1880～1900年——初期のスーパービジョン体制でのスーパーバイザーの役割
　① 1880年頃のアメリカでの COS 運動にみるスーパービジョン体制
　地区担当の COS 機関が組織内外の2層の SV 体制に基づき展開されていた。この時代は，リッチモンド（Richmond, M.）が，対人援助技術論としてソーシャルケースワークを理論的に体系化したという点で，ソーシャルケースワークの創始期にあたる。しかもそのソーシャルケースワークの展開にあたり，SV の概念

と方法論がすでに編み出され，SV体制が確立されていたということは注目すべき事実である。

　COS運動は社会の経済状況が生み出したとされた貧困家庭に対する支援を，「施しでなく，友情を」を合言葉に，COS機関が個人的支援（ソーシャルケースワーク）による経済的支援を友愛訪問員が担っていたことはよく知られている。

　この地区COS機関の運営管理については，外部のdistrict committee（地区委員会）が，厳しい審査により訪問対象の家庭の選別やCOS機関の人員の配置，地区代表の決定を行っていた。事実，COS機関に対する外部機関によるSV体制が重要な役割を担っていたのである。また，COS機関内では，無給ボランティアである友愛訪問員に対するSVが機関の有給スタッフの責任であった（Kadushin & Harkness 2014）。つまり，組織外SV体制によって，組織内SV体制が稼働し，バックアップ体制の下での実践が行われていたといえる。

　この事実から，ボランティア精神の盛んなアメリカでの対人援助のボランティアの活動は友愛訪問が主流であったことを理解し，人材豊富なボランティア，しかも博識のある婦人たちへの指導という役割は，バイザーにとってスムーズなものであっただろうと想像できる。SV体制の確立も容易にできたのではないかとの幻想さえ抱いてしまう。しかし，現実はそうではなかった（Richmond 1917）。

　②　2層のスーパービジョン体制の稼働

　この組織内外の2層のSV体制は，実際には，援助実践自体と援助者自身とを，バイザーの役割として拘束していたのである。地区委員会が厳しい審査の下に支援活動の対象家庭の取扱件数を限定したために，機関内での担当件数枠が固定され，柔軟な対応ができなくなっていた。当時，ボランティアが頻繁に入れ替わっていたことから，COS機関は人材の採用，トレーニング，指導という問題と常に向き合い続け，その責任は，少数の有給スタッフであるバイザーが担っていた。バイザーは，友愛訪問員に対して，援助方法の指導だけでなく，運営管理上の多くの責任を負っていたのである。この創始期にすでにバイザーには過剰な負担がかけられていたといえる。

　具体的には，ある困窮家族が支援を求めると，1人のスタッフが調査を行い毎週開催される地区委員会議に報告し，ケース検討がなされ，担当者の配置が決定される。つまり機関のバイザーには実質的に施策決定権はほとんどなく，COS

機関のバイザーと友愛訪問員はどちらも地区委員会の決定の遂行者に過ぎなかったといわれている。

その後，地区委員会は全体的な機関方針を打ち出し総合管理をするものへと変わっていった。その意味では，各事例の決定権は次第に機関のバイザーへと移管され，入れ替わりの激しい友愛訪問員の業務遂行に関する責任を持ち，最も直接的な責任を負う運営管理代表者的な存在となった（Smith 1884）。

③ 友愛訪問員にとってのスーパーバイザー

友愛訪問員にとってのバイザーは，頼ることのできる運営管理部門との接点であり，コミュニケーションの経路であった。バイザーは常に一定時間その機関に常駐し，地域の仕事の中核的存在として友愛訪問員と地区委員会からの情報を受け取り，一方からもう一方へ的確に情報が伝達されるようにアドバイスを行ったとの記述がある（Kadushin & Harkness 2014）。

第1回慈善矯正会議（1884）では，業務の効率性と経済性の費用対効果の変革が提案され，慈善矯正会議の従事者に対してSVの方法を考えねばならないという組織運営方針を示した（Munson 1979）。その意味では，外部SV体制は，監査機構等での統制と調整の機能を果たし，組織的プロセスを経て，プログラムや組織の点検，再評価を行っていたといえる。組織内のバイザーには，その伝達係の役割を担って，コミュニケーション経路としての真摯な態度が求められていた。Fields（1885：18）は，「スーパーバイザーは，毎日アドバイスと援助をもらうためにやってくるボランティア友愛訪問員にとってのつなぎ役」であったと述べている。

2）1900年代初期～1920年代

社会の産業化が急激に進展し，個別SVの概念が出現し，専門教育を受けた熟練の常勤職がそれを担った。個別SVが体系化され，SV体制の要件や雇用体制が整えられた。バイザーには研修と文献学習の修了が求められ，新人ボランティアはそのSVの下に働き，有償バイザーの下でSVを受けながら仕事をすることを義務づけられた。「スーパービジョン」という用語を初めて用いたテキストは，『慈善におけるスーパービジョンと教育（*Supervision and Education in Charity*）』（Brackett 1904）であり，その内容は官公庁や協議会が福祉領域の相談機関・施設に対して行うSVについてであった。相談機関のサービスの効率的で効果的な

運営管理に加え，ソーシャルワーカー（以下，ワーカー）への教育とサポートを行うことで，ソーシャルワーク SV を確立へと向かわせたのである。

アメリカにおける初期のソーシャルワーク SV の形成時期を概観したことで，当時のバイザーへの負担の内容は，100年以上経った現在の福祉・保健・医療の領域でのバイザーの負担のそれに多くの類似点を見出すことができる。特に，人材不足への対応としての人材確保策，ワーカーを希望する人々の動機づけの弱さに対する力量の向上のための訓練法，組織内外からの縛りとしての運営管理上の書類整備，限られた期間内での援助展開など。特に COS 機関のバイザーが，「常に採用，トレーニング，指導という問題」と日々取り組まねばならない状況について，（友愛訪問員を）「採用することは難しく，失うことは（いとも）簡単である」（Kadushin & Harkness 2014）と叫んでいたとの記述が，100年以上もの長い歴史をたどってきたはずの現在のバイザーの叫びにも匹敵するという事実は実際に驚きであり，ソーシャルワーク SV の発展のなさを思い知らされたようにも思える。

3）1920年以降のスーパービジョン体制の変遷に見るスーパーバイザーの主要な役割

① 1920年代から1930年代

ソーシャルワークは，ソーシャルケースワークにファミリーケースワーク，同時に，グループワークが加わり，スタッフへの SV の形態が，個別 SV に，セルフ SV やグループ SV，ピア SV へと分化した。

教育指導型 SV の方法論には精神分析理論が適用された。ワーカーに対する SV と，クライエントに対する援助関係は同型であるとみなされた。即ち，擬似治療機能が SV に導入されたと考えられる。ソーシャルワークの理論が SV に適用され，ワーカー自身の感情への気づきや態度が SV 場面で重視されるようになった。間もなく，心理学的方法に基づいたケースワーク教育を行うワーカーの養成校が作られ，バイザーによる訓練が行われた。養成校において長期にわたる継続的な SV を行うことから，ワーカーのバイザーに対する依存が問題となり，ワーカーの自律した専門的実践が阻まれるという批判と抗議が出始めた。これは，スーパーバイジー（以下，バイジー）の自己覚知が重要視されたといえる。

② 1930～1950年代

1930年代の世界経済恐慌と第 2 次世界大戦の影響を受けて，貧困問題や傷痍軍

人への対応が最優先課題となった。SVでは，ソーシャルワーク業務中心に視点が移され，機能主義が台頭して機能遂行への志向が強まった。これはすなわち，SVがワーカーの個人的成長よりも組織の管理的プロセスに重点を置くようになってきたことを示すものである（Fukuyama 1998）。

1950年代にソーシャルワークでは組織論がSV機能に組み込まれるようになり，バイザーが管理・教育的機能を組み合わせて，官僚制からの束縛等の影響を受けたスタッフの緊張感や葛藤が研究対象として取り上げられるようになった。すなわち，バイザーには典型的な教師，治療者役割とはまったく異なる役割遂行が求められるようになった。その意味で，バイザーの役割がバイジーに専門分化した知識，技術を伝達するだけに留まらなかったといえよう。

SVの訓練として，教育機関による教育の重要性はいうまでもないが，もう一つの重要なものにスタッフや専門職への継続的研修がある（Fukuyama 1998）。当時，社会学理論や役割理論を適用するという流れが，家族療法，環境療法，コミュニティ・ソーシャルワークへと発展していった。加えて，社会学習理論が導入され，子どもを育てる過程での学習に関する知識と社会化の概念，成長理論をバイジーに適用した。その後，成人のための社会化過程がより有効なパラダイムとして紹介された。

③ 1970年代以降

1970年代には，ワーカーたちに学際的協働作業やチームワークが社会行動学の知識とともに導入された。この視点はバイザーとバイジーの責任が，相互的だと考え，SVはチームワークの場となった。そこでは，バイジーにも方針作りに関与することを促し，その機能は，サービスや専門職の発展の水準を向上させるものであるとした。

バイザー役割の主要特性に，SVの評価，利便性，認知を含むようになった。このようにバイザーの異なる専門性からの視点がバイジーのソーシャルワーク技術や方法を侵害することなく，その資質や能力を拡張することも可能になった。

その後の20年間にSVの新しい方法が概念化された。ソーシャルワークの準拠枠に行動-マネジメント方法を統合することになった。さらにシステム理論，認知理論，生態学的視点がソーシャルワークSVに適用された。また，短期型統合的ソーシャルワークとして生物・心理・社会的アプローチが唱えられ，SVに適

用された。

　また，2000年に入り，ソーシャルワークの特定分野において，特化した専門職としてのバイザーを雇用する傾向が見られる一方で，多種多様な専門職への生涯研修や継続的研修のプログラムがSVの機能を代替するようになった。

　このような欧米におけるSVの100年以上の歴史を概観して，わが国はどの段階にいるのだろうかとの疑問が生じる。特に，現場ではボランティアを重要な人材としてその活動に期待せざるを得ない現状である。そこでのSVはリッチモンドの時代のボランティア育成と共通点があるだろうか。それとも，新しいSV形態が繰り広げられているのだろうか。次項では，日本の国際福祉の領域で，ボランティアの養成にSV体制がどのように活用されているのかを検討する。

（2）多文化共生時代の外国籍家族支援に対するスーパービジョン[1]

■領　域	精神保健福祉，地域福祉，児童福祉，高齢福祉，母子・父子福祉，家族福祉，法人・管理 国際福祉，身体障害，知的障害，生活保護，司法・矯正・更生保護，医療福祉
■形　態	個別，グループ，ピア，セルフ，ユニット，ライブ

1）国際福祉（多文化）領域の位置づけとスーパービジョンの場

　「国際福祉」は，海外における福祉事情と日本国内での滞日外国人支援も対象とするが，本項では日本国内の滞日外国人支援について述べる。特に，「多文化領域」「多文化ソーシャルワーク」の領域に関する支援について，またその対象も厳密にいえば日本国籍を持たない「外国人」だけでなく，日本国籍を有してはいても，ことばと文化が異なる人々，日系人，中国帰国者なども含む。便宜上「外国人」とされている人々が「外国人」と呼ばれることについて，当事者からは，foreigner，つまり「よそもの」という冷たい印象が感じられるという意見が多いため，ある自治体で使われている，「外国籍住民」という呼称を使用する。

　「多文化」は，「高齢」「障害」というような一領域に限定されるのではなく，福祉のあらゆる分野に横断的に存在するが，本項では医療機関の事例を取り上げた。外国籍住民への支援は従来から，専門職によるより，ボランティア，NPO

等の支援者に支えられてきた経緯があり，それらの支援者の存在は大きい。
　これら支援者もまた現在，問題の重層化，複雑化への対応に困難を感じている事実を鑑み，スーパービジョン（以下，SV）の場として，外国籍住民支援を一義的な目的としない外国籍住民対象の相談窓口，および相談援助ではないが外国籍住民と密接な関わりを持つ医療通訳を行っているNPOを選んだ。その理由は，「専門職」だけでなく，すべての支援者がSVについて学べることを目的としたためである。なお，本事例は事実を曲げない程度に加工している。

２）スーパービジョン事例Ⅰ——障害のある夫を支える妻に対する支援
　① 事例概要——医療機関入院患者・家族
　脳出血で入院したB国の50代の男性が，救急病棟から回復期リハビリテーション病棟に転棟した。妻もB国出身で，在留資格は永住者と永住者の配偶者等２人の間の小学校１年生女児と妻の連れ子である中学１年生女児と中学３年生男子の５人家族だった。患者は右上下肢麻痺と高次脳機能障害があり，判断やコミュニケーションはごく単純な事柄以外は困難である。妻は簡単な日本語は理解可能であり，ひらがなは読み書きできる。本人は建設会社に勤務（資材の搬送）していた。現在傷病手当受給中だが職場復帰の可能性がないため，近々退職が予定されている（元々，既往があったこと，勤務時間等から，労災認定されず）。妻はスーパーマーケットで働き，本人の入院後は経済的な不安から時間を延長して働いている。
　本人の親族は疎遠であり，妻の親族は日本には居ない。教会の同国人の友人がサポートしている。医師とリハビリテーション・スタッフの見立ては，身体的には下肢は杖歩行，上肢も時間はかかるが日常生活動作に支障がないぐらい回復できるであろう。ただし高次脳機能障害は完全には回復せず，一般的な就労は困難であろうというものであった。
　入院中の妻の生活支援，退院支援のため，ソーシャルワーカー（以下，ワーカー）に依頼があった。
　② スーパービジョン目的・機能・手段
　担当者（スーパーバイジー）は，３年目で，定期的にSVを受けている。本事例のSVの目的は，担当者にとって初めての外国籍患者であり，その支援の留意点を学びつつ，適切な支援を目指すことであった。
　SVの機能としては，管理・教育・支持が必要である。手段としては，個別

第8章 スーパーバイザーの悩み

SV であり，コンサルテーションの意味合いの強いライブ SV である。

③ スーパービジョンプロセス

スーパーバイジー（以下，バイジー）は，外国籍患者がほとんど来ない病院であることもあり，不安ではあるが担当したいと希望した。リハビリテーション病棟転棟後も引き続き担当することになる。スーパーバイザー（以下，バイザー）は彼女の不安を受け止めつつ，この患者を担当することについては評価した。アセスメントに基づき，抽出された課題はコミュニケーション，経済的問題，退院後のケアであった。本事例の「強み」については，患者本人の回復が見込まれること，ある程度経済的保障があること，そして妻の明るさ，逞しさであった。

最優先課題は何か　コミュニケーションの問題を最優先とした患者本人はまだ簡単な言葉しか理解できず，判断も難しいため，妻をキーパーソンとせざるを得ないが，妻は簡単な日常会話はできても医師の説明や制度の話等はとても理解できそうもない。医師も困っている。

そこでバイザーは，医師との面談やワーカーとの面接で通訳してもらうために，急ぎ「医療通訳」の派遣を依頼するよう指示した。

また，バイザーからやさしい日本語で話すようにと助言したが，バイジーはどのように話してよいかわからないというので，バイザーが同行しモデルを示し，留意点を伝える（ライブ SV）。患者や家族が，日常会話では「わかった」「大丈夫」といっても，本当にわかったかどうかについては確認が必要であると伝える。スタッフに対してもその留意点を伝え，サイト等の活用も役立つことを伝える。その後，重大な局面には再度医療通訳を依頼することとする。

経済的問題──傷病手当と退職金・妻のパート収入　バイジーは健保資格喪失後の国民健康保険加入手続きのため，国民保険課に同行した。その後，妻は面会に来るたびに，連れ子の在留資格が短期で更新しなければならないことや高校受験についての不安を訴え，バイジーがそれらの対応に追われているのを知ったバイザーは専門の相談機関につなぎ，任せるよう指示した。

退院を検討する時期　その後本人の状態も安定し退院を検討する時期となった。ケアマネジャーも今までの関わりから適切な人に依頼し，バイジーも PT，OT，ケアマネジャーと家庭訪問を行い退院が具体化してきた。

そのような時期，バイジーが臨時に SV を求めてきた。内容は「リハビリテー

189

ション・スタッフが本人は ADL 的には十分家で生活できるが，あのような狭い，家族が雑魚寝をしているような家に帰してよいのか，また子どもたちもケアや家事を手伝わせるというが，それは問題だ。下の子は小学校1年生だし，上の子は受験もあるし，という。またたびたび妻が時間を守らないこと，面会に来る友人たちと陽気にしゃべっていること等も「不真面目」と捉え，「どうして母国の親族は来日したり，仕送りしたりと協力しないのか」という話さえ出てきた。

そしてスタッフからはバイジーに「施設の方が安全ではないのか。どこか施設を探しては」という話であった。バイジーは家族の「一緒に暮らしたい」という思いを強く感じており，また本人たちの経済状態に見合う施設はみつけにくいことから板挟みで悩んでいると言う。

バイザーはその辛さを受け止めつつ，この悩みが組織対スタッフとの関係であることを確認，さらに悩みを掘り下げて聴くと，「意見の対立」でなく自分も実は他のスタッフと同じ評価をしているため，代弁者になりえず悩んでいるということであった。

バイザーは妻や家族をさらに深く理解するため，B国女性を支援しているNPOスタッフをバイジーに紹介した。B国の経済状況や家族観等を説明してもらった。その結果，バイジーは，①日本との経済格差，②多くの日本で暮らす外国籍住民の厳しい生活，③B国のライフスタイル，④子どもであってもできる手伝いをして，家族が助け合うのが当たり前という家族観，⑤また楽天的な態度もキリスト教の信仰に基づいたそれなりの根拠があること，⑥教会とそのメンバーは重要なサポートシステムであること，を理解した。そして，バイジーは，特に子どもに関しては「受験」最優先の日本，自分もその中で育てられた「物差し」の違いに深く考えさせられたといった。また，これは日本とB国の「価値・文化の物差し」の違いだけでなく「医療」と「生活」の価値・文化の物差しの違いも含まれていると気づいたと付け加えた。

バイザーはバイジーの気づきを評価，支持した。さらに妻や家族の「強み」を見出す作業を共に行った。同時にバイザーはクライエントの文化に理解を示すとともに，このクライエントに対しては，日本で生きていく上の教育も忘れてはならないことも伝えた。たとえば時間を守ること等は日本で生きていく上で大切であることなどである。

バイザーは，バイジーに妻の生活背景についてコンサルテーションを行った後，通訳を依頼して，本人，妻，スタッフ，ケアマネジャーと退院前カンファレンスを開いた。夫婦は共に暮らしたいという思いの強さを語った。スタッフは起こりうるリスクを説明し，ケアマネジャーはデイサービス等を準備して退院となった。

この間，スタッフも妻の行動の背景に理解を示すようになり，日本人として学ぶべきこともあるというようになった。その後，ケアマネジャーの話では本人はバイザーの紹介した高次脳機能障害の支援団体から支援を受け，作業所に通うようになり，妻は昼夜働きつつ，子ども達の協力や，教会の友人たちの支えで，一家仲良く暮らしているとのことであった。

④ スーパービジョンの効果

バイジーにとって外国籍住民への援助は，初めての体験であったが，SVを受けたことで，次のような効果を得た。

- 不安や課題をアセスメントすることで現状が明確になり，援助可能となった。
- コミュニケーション手段の確保の重要性と，そのための資源やスキルを学んだ。クライエントがわかったかのように振る舞った事柄についても，確認する必要があることを学習した。
- このクライエントの抱える問題はバイジー自身や所属機関のみが関わる問題か否かを識別し，1人で抱えず関係機関につなぐことを学習した。
- 「困った人」の「強み」を見出すようになった。
- 自分の物差しで測らないことを学び，それを他のスタッフにも伝えてクライエントの代弁者となり，スタッフをも変化させた。

⑤ 事例Iに関する考察

外国籍住民支援のSVも一般のSVと変わることはない。ただ往々にして外国籍住民支援は最初に「困難ケース」とレッテルを貼ってしまうことがあるので，アセスメントで課題とともに強みを明確化する。

制度の面では，日本人には馴染みの薄い「在留資格」の問題などが日本で生きていく上で大きな影響を与えることを認識させる。制度の説明の際も同じ言葉を

第Ⅱ部　スーパービジョンの理論と実践の統合化に向けて

使用しても（「保険」等）国によってまったく内容が異なることも留意するよう伝える。また外国籍住民支援ではまだまだ使える制度が少なく（殊に非正規滞在者の場合）インフォーマルな資源が欠かせない。日頃の支援には使わない，教会や日本語教室などが重要な資源になることも多いので，バイザー自身にとっても柔軟でクリエイティブな発想が必要である。

　コミュニケーション手段の確保は，治療や支援を円滑に進めるとともに，クライエントの人としての権利の保障のために重要である。このことについての理解を促し通訳の確保，通訳のいない場合のコミュニケーションスキルについて教えることも大切である。バイジーが「自分自身の"物差し"に気づく」ことはソーシャルワークの重要な視点として，バイザーともども絶えず磨かなければならないであろう。外国籍住民もかつての「デカセギ」から定住化の時代に入り，日本人と共通の生活課題が生じてきた。一見同じに見えるそうした課題のなかの「物差し」に気づく繊細さを育てることが求められる。例えば在日3世，4世あるいは難民などのアイデンティティの問題なども日本人は見過ごしやすい。相手の文化を理解し，受け入れることは大切であるが，日本社会との「折り合い」をつける教育的な側面の指導も必要である。

　また，外国籍住民支援は不自由な言語での面接，「文化」の摩擦，院内スタッフや関係機関との交渉，同行とエネルギーを要する支援であることが多いので，SVの支持的機能は常に必要である。医療機関やその他の機関が「外国人支援」を一義的な目的としていない機関である場合，他のスタッフにコンサルテーションを行い啓発し，外国籍クライエントの代弁者となることが重要な役割であることをバイジーであるワーカーに認識させることも求められる。

　殊に非正規滞在者は，スタッフも「通報しなければ」等，誤った反応をすることもあり人身売買取引被害者や難民申請者などにはリスクマネジメントも念頭において，速やかにコンサルテーションを行う。一方でバイザー自身も文化や生活に関して当事者や経験ある支援者のコンサルテーションを受けることが望ましいと考える。

第8章　スーパーバイザーの悩み

3）スーパービジョン事例Ⅱ──多問題母子家庭への支援（外国籍相談窓口における聴き取り調査者の立場）[3]

① スーパービジョンの目的
　──個人では気づかない・視点・情報の活用を理解させる

SVは，管理的・教育的・支持的機能を果たし，SVの形態は，グループSVを行う。

② スーパービジョンプロセス

母子家庭を支援していた経験豊かな相談員が深く関わりすぎ，自分の携帯を教え，夜間休日にも相談にのっている。他の相談員から疑問が出ても「私はずっとこのやり方でやってきた」と聞き入れない。スタッフが相手の誇りを尊重しつつも，管理的立場からこの組織に属する限りその方法は取ってはならないことを伝えると不本意な様子であったが納得した。また他の相談員から「この人は自分の力を活用していますか」等の問いかけがあったことから，この相談員は自分でうすうす疑問を感じていたことにも気づき，他の機関とも連携することを了承した。

③ スーパービジョンの効果

バイジーは，組織における相談員のあり方を学習した。グループでの話し合いを通して，相談員は，自分が意識化していなかった課題に直面することができた。

④ 事例Ⅱに関する考察

外国人相談窓口を有する機関は，相談員が非常勤で「日替わり」も多い。通常，一般機関のように「相談員が新人」ではなく，この窓口での相談員は語学力も外国人支援の経験も豊富であることが多い。このような相談員に対して職員はそのプライドを尊重しつつ，意見を述べられるように配慮を行う。また一定の日しか来ないため，努めて顔を合わせる機会を作り，話しやすい雰囲気をつくる等に配慮をする。また，時に，外部からの有識者等を呼び，責任者も含めユニットSVを行い効果を上げている。

この窓口では，ソーシャルワーク専門職は関わっていない。しかし，行われていることはソーシャルワークのSVと変わりはない。

A県の国際交流協会では多文化ソーシャルワークの専門の教授を組織外バイザーとして年3回招聘している。バイジーは多文化ソーシャルワーク講座を卒業した社会福祉職，外国籍住民支援経験者（当事者含む）と協会のメンバーなど多

彩である。多くの課題はあるが，専門家が関わることにより，組織や非専門職にもソーシャルワークへの理解が広まるなどの効果もあり，今後の一つの示唆となる取組である。

4）スーパービジョン事例Ⅲ——医療通訳ボランティア団体におけるスーパービジョン（組織内における同質のスーパービジョン）

非営利活動法人であり，12言語の通訳を養成派遣しており，すべてボランティアで運営している。管理的機能は理事会が持つ。

① 事例概要

日系人の女性患者である。医師は夫に通訳を介してたびたび病状を説明する。しかし夫は「医師の説明が難しくてわからない。通訳が悪い」といって，医師や通訳に食ってかかる。

② スーパービジョンの目的

SVは，支持的と教育的機能を，その形態としてはグループを採用した。

③ スーパービジョンプロセス

バイジーである通訳は自分の通訳能力に自信があるといい，「わからない」といわれるとより一層きちんと訳そうとしたことを話し，それでも「わからない」という患者の夫を，困った人だと言い怒り続けた。

グループSVのメンバーが，その怒りを受容し，ねぎらい，事情を丁寧に聴こうとした。その対応にバイジーは次第に心を開き，患者の夫の「わからない」に意固地になって「正確な通訳」で対抗しようとした自分を顧み，夫の「わからない」は言語の問題ではなく，妻が病気になったこと自体が「わからない」すなわち受け入れ難いのではないか，もっとその気持ちに寄り添った態度を示さなければならなかったのではないか……と気づき，夫は「困った人」でなく「困っている人」なのだと受容的にみるようになった。

④ スーパービジョンの効果

メンバーから傾聴されることで安心感の中，自分への気づきがあった。メンバーから受けた対応が，そのままクライエントへの対応となるSVの「パラレルプロセス」を体験した。メンバーも自分のケースを振り返る機会となった。

⑤ 事例Ⅲに関する考察

このNPOの勉強会では，言語別グループ毎にさまざまなスキルを用いてSV

を行っている．ロールプレイをはじめ，その他文献購読や講演会を開催し，振り返りや知識を得る機会を作り「マンネリ化や愚痴の言い合いにならないよう」努めているグループもある．

これらの勉強会の効果として，医療通訳という命に関わる仕事のツールである言語のスキルアップは当然であるが同時にさまざまな気づきも得ていく．通訳の経歴は多彩であるが，たとえば富裕層を対象とした職業通訳の経歴を持つ通訳が，この NPO の通訳で初めてさまざまの生活背景（生活保護・DV など）の同国人に出会った驚きや戸惑いを，仲間と話し合うことで日本での同国人の生活を理解してゆく．主婦のボランティア感覚から行動していた通訳が，やはり仲間のアドバイスで組織の一員という新しい「物差し」を身に付けてゆく等である．

また殊に少数言語のグループは「母語で思う存分話せる」リフレッシュの効果もある．個人的な SV は，組織的には通訳派遣を調整する主としてベテラン通訳からなるコーディネーターがバイザーの役割をする．ここではバイジーから通訳場面で生じた精神的ショック，自分の能力に関する悩みなど深刻な問題が語られる．それに親身に応えながら，業務に忙殺されて十分に応じられないこと，自分の対応がよかったか等がバイザーの役割を担う多くのコーディネーターが悩む．

医療通訳は医療ソーシャルワーカーと同じく，時に厳しい状況の患者の傍にいて，業務を果たさなければならない．また医師をはじめ，スタッフ所属組織の関係に悩むことも少なくない．

そのような場合，現在は事例のようなピア SV の場で，コーディネーターの熱意と善意に頼り，相談に乗ってもらっている状態である．知識やスキルの習熟とともに SV 体制，特にバイザー格の通訳が学び，支えられる仕組みづくりが必要である．医療通訳のみならず DV など外国籍住民支援に関わっている NPO ボランティアは同じ状況ではないだろうか．

5）今後の取り組み

「多文化」領域の SV について，社会福祉専門職やそれ以外の支援者において考察してきた．基本的に双方に大きな違いはない．しかし，専門職と支援者の相互の連携は少なかったと思われる．

今後，専門職は「多文化」に関する知識やスキルを，それ以外の支援者はソーシャルワークの概念やスキルを学ぶことにより，そしてそれを支える SV はさら

に豊かなものとなる。殊にソーシャルワーク SV を，専門職以外の支援者の SV に活用してもらえるような試みが専門職には求められる。現実には「多文化」領域のスーパーバイザーはおろか，「多文化ソーシャルワーカー」が圧倒的に不足している。石河も述べている通り，専門職の場合には，教育の中に，「多文化を学習する機会が少ないこと，雇用体制が安定していないこと」(石河 2012：99-101)，「それ以外の支援者にとっても多文化ソーシャルワークを学んでも雇用には結びつかない現状」(石河 2012：166-167) がある。このような状況では多文化支援のできるワーカー，ましてやバイザーは育ちにくい。

　今後，日本において，外国籍住民との共生はますます進み，福祉的課題も増えていくであろう。そうした状況に対応できるワーカーの養成と，そのための優れたバイザーの育成は急務であり，それを支える環境整備も望まれる。また，専門職間でもコンサルテーションを行うことで外国籍住民への支援も充実してくるであろう。

2　日本の歴史的変遷が与えたスーパーバイザーへの影響

(1) 日本のスーパービジョンにおける歴史的変遷を理解する

　前節で欧米の歴史的事実を概観したが，日本においても同様のスーパービジョン (以下，SV) 体制の確立プロセスを辿ってきているのではないかと考えられる。ただし，ソーシャルワーカー (以下，ワーカー) が専門職として最初に社会的認知を得たのは社会福祉士国家資格であり，1987年5月の「社会福祉士及び介護福祉士法」公布によってであり，マクロレベル，すなわち国家レベルでの社会的認知を得たソーシャルワークという意味では，欧米の団体認定資格とは，全く異なる発展を遂げたといえよう。ただ，この法令では，この種の専門職の育成の責任は，だれが負うのかが明確に規定されず，実践現場へ専門職を送り込む教育現場の責任を規定したことに留まっているという特徴がある。

　社会福祉士は，社会福祉業務に携わるとされ，「身体上もしくは精神上の障害があること，または環境上の理由により日常生活を営むのに支障がある者の福祉に関する相談に，専門的知識及び技術をもって応じ，助言，指導，福祉サービスを提供する者又は医師その他の保健医療サービスを提供する者その他の関係者と

の連携及び調整その他の援助を行うことを業とする者」と定められた。中でも，社会福祉士に求められる役割として，以下の3つが規定された。

① 福祉課題を抱えた者からの相談に応じ，必要に応じてサービス利用を支援するなど，その解決を自ら支援する役割。
② 利用者がその有する能力に応じて，尊厳を持った自立生活を営むことができるよう，関係する様々な専門職や事業者，ボランティア等との連携を図り，自ら解決することのできない課題については当該担当者への橋渡しを行い，総合的かつ包括的に援助していく役割。
③ 地域の福祉課題の把握や社会資源の調整・開発，ネットワークの形成を図るなど，地域福祉の増進に働きかける役割。

　社会福祉士の専門職性の確立を推し進める上で，現場の相談援助者が，ミクロレベルからマクロレベルのソーシャルワークの専門性を積み重ね，ソーシャルワーク実践のレベル向上に励んできて，その間に精神保健福祉士資格が制定され，もう30年以上が経過した。
　現場での専門職の役割や機能の伝達には，教育機関をはじめとして，先輩や同僚，職場という組織，専門職団体等からなるSV体制が貢献してきたであろうと考えられる。
　しかし，現在でも，実践現場で活躍する，職場でソーシャルワーク専門職として業務をするベテランスタッフや新人，新任スタッフから，不満げな顔で，「SVは受けたことがない！」等，SVに関する不平，不満がきかれる。これは，ソーシャルワークの専門職性がいまだ未熟なのであろうか，人間でいえば，30代のSVであることを考えると，当然成熟度を増しているはずの彼らが，SVに関する新しい理論や技術への渇望を抱いていてもよいはずだと思われる。が，ここに，現実の実体と目指す者とのギャップがあまりにも大きいことに愕然とする。

1）日本のスーパービジョンの歴史的変遷
① 1950～1960年代頃
　SVは，ワーカーを支援する一方法として，わが国に導入され，施設・機関の外部のソーシャルワーク，精神医学，心理学，医学の専門家により，社会福祉機

第Ⅱ部　スーパービジョンの理論と実践の統合化に向けて

関や施設の対人援助の従事者に対して行われていた。このSVの内容は，個別のクライエントに関する援助方法，すなわち，ケースワークのクライエントの評価と精神力動療法，援助計画づくりに関する教育的機能が中心であった。また，このSVの目的は，スーパーバイジー（以下，バイジー）個人の能力の向上と自己成長の要求を充足することにあった。そのために当初のSVは専門職性の異なるスーパーバイザー（以下，バイザー）からの異質的SVであり，その意味では，専門領域や組織の外部からの今でいうコンサルテーションがSVという名の下に行われていたといえる。また，関西，関東という圏域別であったが独特の同質的SVの展開もなされていた（デッソー 1970a；1970b）。

　1961年には，所属組織外部からの監督の下，組織内部に同質的SV体制が設置されたのである（Fukuyama 1998）。行政により福祉事務所にバイザーの「査察指導」という地位が規定され配置され，組織内外の2層のSV体制が，稼働しはじめたのである。

　② 1970年代以降

　1970年代には別のタイプのSV体制が発展した。SVがソーシャルワークの専門職により提供され，その内容はバイジーの自己洞察，自己覚知に向けられた。すなわち，同質的SVが臨床現場で行われるようになったが，その目的は個人の力量向上に置かれた。焦点としては，ミクロレベルのソーシャルワークの知識と技術に重きを置いたものである。

　1980年代から現在に至るまで，SVの焦点は専門職個人の育成や訓練に重きを置くものと，組織の中でのスタッフに対する運営管理機能に当てられるものとが発展してきたが，所属組織内部での異質的SVが強化されるようになった。その理由は，組織長の頻繁な人事異動であり，社会福祉士や精神保健福祉士の国家資格制定，ケアマネジャーの認定資格ができて，多くの資格取得者が輩出されて以降は，資格保有者の経験が浅くとも，バイザーの役割と責任を担うことになり，ベテラン・スタッフとの葛藤が生じ，SVそのものに影響を及ぼした。

　この時期のわが国では，実践方法論の多様化が進み，一方では労働力の不足の問題を抱え，したがって，多くのワーカーはSVによる即効性を期待し，効果的な方法論を求め続けた。このような事象は，同質的SVを求めていることを示している。

③　ソーシャルワークの発展

　ワーカーが，実践現場で，たとえばスタッフ間のサポートや，教育訓練，各種の会議やミーティング等の計画づくり，援助業務全般を遂行できているのはなぜだろうか。バイザーの役割の中に SV の評価，利便性，認知が含まれるようになったが，組織から，あるいは誰から，またはスタッフ間でのサポートを受けているのだろうか。業務を遂行していることや部門間や職種間の連携ができるのは互いに認め合っているからだろうか。

　専門職としてワーカーは，効果的な，効率的サービス分配を求められ，SV においては対等な役割をバイザーに強く要求するようになった。実践現場では，ソーシャルワークの専門性はより拡大され，分化し，援助方法論に，ミクロレベルのケースワーク，ケアマネジメント，ケアワーク，そして，メゾレベルのグループワーク，SV，コンサルテーション，ソーシャルアドミニストレーションネットワーキング，ソーシャルワークリサーチに留まらず，マクロレベルのコミュニティ・ソーシャルワーク，ソーシャルプランニング，ソーシャルアクション等を，クライエントや利用者や家族への支援に加えて展開する必要性が生じた。バイザーは同質的 SV 体制として，個別 SV・システムを維持するだけでは十分とはいえなくなった。たとえば，ソーシャルワークの特定の方法論に基づくバイザーを同じ方法論をもつバイジーと組み合わせることがますます難しくなったのである。

　人材の確保，採用，育成，養成は，いつの時代においても中核をなす課題でもあり，それと取り組む責任が少なくとも組織内のバイザーに課せられていることも事実である。

2）これからのスーパーバイザーに求められるもの

　第 6 回厚生労働省福祉人材確保対策検討会（2014年10月14日）によると，今後の社会福祉士に必要な知識及び技術として，以下の 6 つが求められている。

①　福祉課題を抱えた者からの相談への対応や，これを受けて総合的かつ包括的にサービスを提供することの必要性，その在り方等に係る専門的知識。
②　虐待防止，就労支援，権利擁護，孤立防止，生きがい創出，健康維持等に関わる関連サービスに関わる基礎的知識。

③ 福祉課題を抱えた者からの相談に応じ，利用者の自立支援の観点から地域において適切なサービスの選択を支援する技術。
④ サービス提供者間のネットワークの形成を図る技術。
⑤ 地域の福祉ニーズを把握し，不足するサービスの創出を働きかける技術。
⑥ 専門職としての高い自覚と倫理の確立や利用者本位の立場に立った活動の実践。

これらは，バイザーに委ねられた役割・機能でもある。現場では，バイザーがワーカーの専門職の発達を促進する上で重要な役割を果たすものとされた。
そこで，バイザーに託されている一つの機能は，この訓練である。その構成要素には，一つは，習得の力を養い，2つ目は，創造力を養うことが含まれている。習得は学習することであり，適格に訓練を受けるために権威に適合することになるが，加えて専門職の実践には創造性の涵養が必要であるとの主張である (Clark 1995)。
次の時代には，さらに異質タイプの SV 体制が必要になるだろう。バイザーは教師と治療者の役割だけでなく，さらに別の役割を求められ，専門性の細分化が進み，同質タイプの SV 体制に加えて，新しい実践方法論が発達するにつれ，異質タイプの SV 体制がより効果を発揮するようになるだろう。その意味でも組織内の多職種，多部門間の連携に基づく SV 体制の活用をすることで，ワーカーはさらなる理論的開発へと歩を進めることができるのではないだろうか。次項以降では，SV 体制の2事例を通して，医療福祉領域での連携における SV 体制，および介護老人保健施設における SV 体制の必要性について検討する。

（2）経験の浅いソーシャルワーカーの戸惑いを他職種と検討する回復期リハビリテーション病院でのスーパービジョン

■領　域	精神保健福祉，地域福祉，児童福祉，高齢福祉，母子・父子福祉，家族福祉，法人・管理
	国際福祉，身体障害，知的障害，生活保護，司法・矯正・更生保護， 医療福祉

■ 形　態　│　個別，グループ，ピア，セルフ，ユニット，ライブ

1）回復期リハビリテーション病棟とは
① 回復期リハビリテーション病棟とは

　回復期リハビリテーション病院は，主に脳卒中，整形疾患等で急性発症（受傷）した患者を発症（受傷）から2カ月以内に受け入れ，集中的な回復期リハビリテーションを提供し，できる限り家庭復帰を目指す。患者・家族の多くは急な発病による命の危機を乗り越え，リハビリテーション（以下，リハビリ）による治癒への大きな期待と，不自由となった心身からくる大きな精神的ストレスを抱えている。障害を持ちながら生活の再スタートを切るために，リハビリの進捗に合わせ，経済的・心理的・社会的課題の解決が重要となる。

　回復期リハビリ病棟の患者の入院から退院までの入院計画はある程度クリニカルパス用にルーティン化されている。その分，患者・家族の個別的な状況によってそのプロセスが進まないと入院計画が滞りやすい。

　生活期リハビリ・在宅医療の時期の特徴としては，患者・家族が自宅にて生活する人として存在することがある。その結果，診療計画は，患者・家族の個人要因・環境要因に大きく左右される。たとえば，医療従事者の目から見たら到底安全が確保されないと思われる環境での在宅生活を強く希望する患者や，必須な在宅サービスを絶対に拒み，家族介護だけで生活を継続している患者もいる。

　また，在宅での診療は，各職種が個別に在宅を訪問し，短い時間でさまざまなアセスメントを行う必要がある。患者の24時間を把握できるスタッフはいない。そして，他法人の事業所との連携が多いため，チームアプローチの一番の要となる共通の目標を持ちにくい環境での多職種協働となる。

② 部門の組織図・教育体制の特徴

　A法人は，チームアプローチを徹底している。職種ごとの壁を取り払うために全職種が病棟や外来配属となる。ソーシャルワーカー（以下，ワーカー）も他職種である病棟責任者（チームマネジャー）が配属先上司であり，その下でワーカーは業務を実践する。同時に，それぞれの専門性の維持・向上のために，各部門のチーフが教育研修部に所属し，マトリックス組織を形成している。一人の患者に対する診療方針はチームマネジャーと主治医の下，横ラインのチームで検討され

第Ⅱ部　スーパービジョンの理論と実践の統合化に向けて

るが、そのチームに参画する専門職の質担保は、縦ラインの専門職管理となる。

③　病棟・外来配属制の特徴

病棟・外来担当制は、従来の職種ごとの部門制と比較し、一人の患者についての情報交換が密になり、職種ごとの理解、またはスタッフ同士の理解が深まることが特徴でありメリットである。ヒエラルキーや他職種の無理解から来る弊害は横割りのチームで解消される。そして、専門性の確保のためのスーパービジョン（以下、SV）が質向上のために重要となる。

④　ソーシャルワーカー部門のスーパービジョンの仕組み

ワーカー部門では、教育研修システムの一つに「ユニットスーパービジョン（以下、ユニットSV）」として「病棟（外来）SV」を取り入れている。

ここでいう「ユニット」とは、これまでに説明した、配属された病棟・外来でともに働くワーカー2～3名を指す。グループSVの小規模版ともいえるが、特徴としては、このユニットのワーカーたちは、多職種メンバー・チームの力動のなかで働いていること、同職種間で日常的にサポートをし合っていること、1名が先輩格（リーダー）であり、病棟の責任者会議に関わっている等の管理的な情報を持っていること等がある。SVが、事例そのもの・または事例とワーカーの関係にとどまらず、ワーカーとチームメンバーとの関係やチームの方針との関係に課題が及ぶとき、具体的なチーム力動を踏まえたSVが行われやすい点で、職場内SVに適すると考えている。職場内SVには、福山和女考案のFKモデル（福山監修 2001）を導入している。

この職場内SV体制について、一つの病院を例にとり紹介する。

A法人は、2つの回復期リハビリ病院、3つの診療所をもち、ワーカーは30名弱勤務している。ワーカーは病棟や外来に2～3名ずつ専従配属されている。筆者は法人本部に所属し、2つの居宅介護支援事業所を統括をしている。ここでは、複数のワーカーが働くある医療法人のユニットSVの展開例を紹介する。なお、本事例は事実を曲げない程度に加工している。

⑤　回復期リハビリテーション・生活期リハビリテーションの特徴

A法人は、回復期および生活期リハビリを主軸に、高齢者や障害者が住みなれた地域でその人らしく生きていくためのリハビリと在宅医療を専門としている。

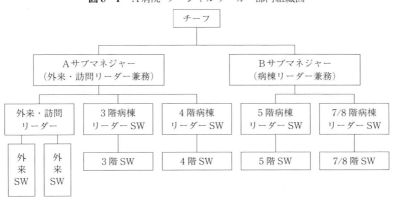

図 8-1　A病院　ソーシャルワーカー部門組織図

回復期リハビリ病棟を主に運営するB病院には，管理職であるチーフ1名の下，サブマネジャー2名がいる。サブマネジャーを含むワーカー11名は，外来に2名，3つの病棟にそれぞれ3名ずつ配属されている。その外来・病棟のワーカーをユニットとし，月1回，定例のSVを行っている。そのスーパーバイザー（以下，バイザー）はサブマネジャーが担当する。サブマネジャーはチーフのSVを受ける。ただし，サブマネジャーがまだバイザーとしての経験が浅い場合は，チーフがバイザーとなることもある。病棟・外来のユニットには，原則経験年数の多いワーカーのリーダーを任命している（図8-1参照）。

⑥　ユニットスーパービジョン以外のスーパービジョンの紹介

ユニットSV以外のSVシステムとしては，月1回勉強会があり，グループSV，事例検討（OGSV），ブレインストーミング法による事例検討等を行う。また，定例のユニットSV以外で，いつでもピアSVやサブマネジャー・チーフによるSVまたはコンサルテーションを受けられることになっている。

認定社会福祉士については，職場内で認定スーパーバイザーによる個別SVを，各自の希望と契約の下に実施している。

2）スーパービジョン事例

本事例は，担当の川添さんが患者の唯一のキーパーソンとの連絡が取れなくなり困惑した事例である。

第Ⅱ部　スーパービジョンの理論と実践の統合化に向けて

① 事例概要

患者は70代，外傷性硬膜下血腫手術後，高次脳機能障害と全身の筋力低下が著明で，認知機能低下，移動は車椅子，移乗一人介助，食事介助，排泄一人介助，危険行動がありベッドからの転落も見られる男性である。妻は80代で要介護4，長男は行方不明，次男は単身で別居しており，もともと本人との関係が悪く没交渉で，キーパーソンは40代独身の三男であった。川添さんは三男と退院計画立案について取り組みたいが，1カ月ほど連絡が取れなくなってしまった。退院予定日まであと3週間となり，川添さんは三男と連絡が取れなくなり，どうしたらよいかわからなくなっていた。

川添さんは経験2年目の女性であり，回復期リハビリテーション病棟におけるソーシャルワークを一通り経験しているため，社会的背景が複雑なケースや込み入った社会資源を活用するケースの担当を開始した段階のワーカーである。

② スーパービジョンの目的・機能・手段

スーパービジョンの目的　川添さんは「三男とどのようにすれば連絡が取れ，退院計画が立案できるか相談したい。ワーカーとしては具体的な退院計画案が考えられていない」と話した。退院時期が迫る中，キーパーソンの三男と連絡が取れないことで精神的に追い詰められているような印象をバイザーは受けた。

スーパービジョンの機能　バイザーは，川添さんを精神的にサポートしながら，事例援助プロセスを整理すれば援助プランが見えてくるのではないかと考え，主に管理的SVと支持的SVを実施した。

スーパービジョンの手段　ユニットSVを実施した。メンバーはバイザーの山手さん（ワーカー部門の管理者），事例を提出した川添さん（2年目），同じ病棟で働くリーダーワーカー（5年目）の3名であった。

③ スーパービジョンプロセス

SVでは，川添さんにFKモデル（福山 2001）の項目に沿って事例を報告してもらうこととした。川添さんの取り組み段階は，退院援助で，三男と何とか連絡を取ろうとしているところで，電話を毎日かけているが，留守番電話になり，折り返してもらえないとのことだった。バイザーの山手さんから，「ソーシャルワーク援助プロセスに当てはめると，退院援助業務のどの段階を実施していると思うか？」を問うと，「計画作り」を「実施したい」と答える。

次に，この事例の問題点と強みを列挙してもらった。川添さんがまず挙げた問題点と強みが，以下であった。

【問題点】
- キーパーソンの三男が病院に来ない
- 退院準備の話が進まない
- 経済的な問題がある。三男は，ご本人の療養には7万円しか拠出できない，といっている。これでは施設入所は困難。ご本人は年金収入なし。妻の老齢年金とアパートの不動産収入のみ。
- 81歳（要介護4）の妻と三男との3人暮らし。マンパワーがない。

【強み】
- 元々，妻の担当ケアマネジャーがいて，本人のこともよく知っており，三男はそのケアマネジャーに相談をしていた。本人がもし退院するなら担当してくれることになっており，また，ヘルパーによる吸引を手配できる，との情報も得ている。

問題点・強み共に，退院計画と家族のマンパワー不足等の問題，家族が来ないことに集中していたため，バイザーの山手さんより，ご本人自身についての問題点や，一緒に働く他職種に関する問題点，社会資源についての問題点等がないか，を質問し，問題点・強みが以下のように追加された。

【追加された問題点】
- ご本人の病状として，常に誰かの監視が必要な状態。
- 他職種から，リハビリテーションはゴールに達していて，ワーカー次第で退院はいつでも可能，と言われていてあせっている。
- 7万円で入所できる施設はない。

また，担当ワーカーは，この事例の強みをなかなか見出せず，苦しい状況であった。そこで，バイザーが質問をしながら強みを引き出していった。

第Ⅱ部　スーパービジョンの理論と実践の統合化に向けて

【追加された強み】
- 当初，経管栄養が外れないと予測されていたが，3食経口摂取が可能となった。在宅の可能性が以前よりは見えてきた。
- 三男は，まったく関わらないというわけではなく，最後に電話が通じた際に，「どうしたらいいの!!」と叫んだことから，悩んでいることが推察された。
- 三男は，ケアマネジャーの勧めに従い特別養護老人ホームの申し込みをすぐにしてくれた。
- 担当ドクターがワーカーを信頼し，理解してくれている。

　問題点と強みを膨らませる質疑を通して，三男と連絡が取れず物事が進まないという危機感だけにとらわれていた川添さんは，視野が広がり，事例に強みがあったことを改めて実感した。また，その強みを把握できていた自分に気づくことができた様子であった。山手さんも，「当初想像したよりも，事例の理解が深まりましたね」とサポートした。
　ここで，山手さんは，同席しているリーダーワーカーへ，質問・意見を聞いた。リーダーワーカーは，「病棟ではこの患者の方針が決まらないことが課題となっているため，川添さんはプレッシャーを感じていると思う。でも，今の事例の内容を聞くと現在の心身状態で退院を家族に迫られるほど患者の状態が落ち着いているのか，きちんと退院時のADLのアセスメントが終わっているのか，疑問を感じた。特に，看護師のサブマネジャーへは，痰の吸引を含め，夜間の排泄介助等をどの程度シンプルなケアに落とし込めるのか，アドバイスをもらうと良いと思った。また，主治医がとても理解があることは強みだと思う」と，病棟のスタッフの力動を理解した上での事例への意見を述べた。
　山手さんが川添さんに，今考えられる次の一手を質問すると，川添さんは「私もどうしたらいいかわからないと思うくらいだから，息子さんはどうしたいか，を聞かれてもどうしたらよいかわからず，重荷だったと思う。たとえば，在宅療養の可能性がある，という強みを活かして，自宅に退院することを前提に，ご本人のケアプラン案をケアマネジャーとワーカーで立案し，それを息子さんに提示してみてはどうかと思った。また，痰の吸引を無くせるかどうか看護師のサブマ

ネジャーヘリーダーワーカーとともに相談をしてみたい」と答えた。

その計画の支障の有無を訊ねると,「痰の吸引が夜間に必要という判断が出て,自宅退院が現実的でなくなること」と答え,さらにその支障が実際に発生した場合には,「入院・入所可能な施設の提案をする」と答えた。

バイザーの山手さんは,「もともとの相談理由であった『三男と連絡が取れていない』という課題は支障にならないのか？」と質問し,その課題について解決するために,問題点と強みをもう一度振り返って,どの強みを活かして次の一手を考えてみるとどうなるかを質問した。

川添さんは,息子がケアマネジャーに相談したこと,ケアマネジャーの具体的な提案によって息子が動いてきたことに着目し,ケアマネジャーから息子に連絡をしてもらうこと,場合によってはワーカーが面接に立ち会わずケアマネジャーに任せることもケアマネジャーと相談してみたい,と話した。

山手さんからの提案として,援助プランの第2案となる入院・入所施設を早めに検討し,ケアマネジャーがケアプランを提示する際に速やかに提示できるように備えておくこと,それが三男の選択肢を広げることと,援助期間の短縮につながることを伝えた。さらにリーダーワーカーより,「退院時期が予定より延びてしまうことについては,すみやかに主治医に今後の援助プランとともに報告し,主治医の了解の下に他職種にも伝達してもらう,という方法が良いのではないか」との発言があり,プランに加えることで合意した。

この援助プランの報告日は,計画に変更が出なければ2週間後,とした。そしてSVの2週間後に川添さんから山手さんへ報告することを決めてSVを終了した。

④　スーパービジョンの成果

2週間後,川添さんは,山手さんに報告した。川添さんはケアマネジャーと相談し,介護保険要介護5の結果に沿って,障害者総合支援法によるヘルパーを併用し,夜間は三男がケアをする予定でケアプランを作成してもらった。そして,ケアマネジャーが家族訪問して三男に提案した。その際,川添さんは三男の予算よりは5万円高くなってしまうが,療養病床の紹介も不可能ではないことをケアマネジャーから伝えてもらった。

その結果,三男は,患者の妻のケアもしながらご本人をケアする限界を強く感

じ，療養病床への転院を希望したので，現在入院申し込み中である，とのことだった。
　山手さんは，「三男と連絡が取れなくなったのはどうしてだったか？」を川添さんに尋ねた。川添さんは，三男自身が多忙であったこと，どうしたらよいかわからない気持ちであったこと，元々さまざまなことをケアマネジャーに相談してきたのでワーカーに何を相談したらいいか理解できなかったこと等が重なっていたことを理解できたと語った。そして，川添さんから病院に来院を促すことが，患者の妻を介護する三男にとって，ワーカーが想像するよりも負担が大きかったことがケアマネジャーの情報からわかった，とのことだった。そのため，面接は自宅で，ケアマネジャー単独で実施することになったのであった。川添さんは，「SVを受けたことで三男の理解や家族の理解が深まりましたし，ケアマネジャーと何を情報交換し，相談すればいいかもわかってきたように思います。病棟スタッフも，主治医を中心として今は療養病床申し込みのための時間が必要であることを理解してくれています」と言った。

3）考　察
① スーパーバイジーがもともと持っているプランを大切にすること
　バイザーは，SVの教育を受ける中で，「どんなに経験が少ないワーカーでも，それなりにプランを持っているから，まずそれを聴くこと」と教わった。それ以来，「次にどうしたらよいかわからない（＝次の一手が考えられない）」と発言するスーパーバイジー（以下，バイジー）にも，「良し悪しは別にして，何かプランはあるか？」を聞くようにしている。
　本事例のバイジーである川添さんは，2年目で，一通り回復期病棟業務を理解し実行できるようになったところだった。つまり，ルーティン化された退院までの手順が，何かの要因で予定通り進まない時にどのように考え，整えていけばいいのか，アセスメントできるようになることが課題であった。
　本事例では，バイジーの川添さんは，三男と連絡が取れなくなった，長男も次男も行方不明，といった，家族内に連絡が取れる人が誰もいなくなるという状況のためパニック状態となった。そして，三男のニーズの再アセスメントよりも，「連絡を取り退院を促進すること」に邁進していた。SVでは，川添さんが，自分の持っている情報の中から自分でプランを立案できた。その結果，三男のニー

第 8 章　スーパーバイザーの悩み

ズのアセスメントにつながる情報を入手でき，三男の理解が深まった。今後またパニック状態となったときにこのSVの経験を活かしていくことができると思われる。

②　「問題点」と「強み」を増やし広げること

バイジーは，自分が一番気になっている問題点に集中するあまり，患者・家族・多職種・組織・社会資源等，援助プロセス全体を取り巻く状況をアセスメントし損ねる時がある。クライエントの理解に役立つ重要な情報を手にしていながら，それを重要なものと認識せず，SVで報告できない可能性もある。

SVでは，バイジー自身が自分で気づけるようになることが目標ともなるため，自分で問題点や強みを列挙する際，患者・家族の身体・心理・社会的な側面，自分自身の課題や強み，多職種や組織に関する課題や強み，社会資源に関する課題や強み，を一通り挙げてみて，事例を見直すことが有効であると考える。それに，バイザーも，「他にはないか。たとえば……」と協力する。本事例で実施したユニットSVでは，先輩格のリーダーワーカーが他職種や組織に関する問題点や強みを付け加えたり，患者の身体・心理面についての課題や強みを付け加えてくれる場面が多くみられた。

③　ソーシャルワークプロセスのどの段階にいると思うかを共有すること

バイザーの立場からみてよく思うのは，バイジーが援助を「開始」して「援助計画を実施」しているつもりでも，クライエントがそのような援助が開始されたと認識していない，という相談事例が多いのではないか，ということである。

たとえば，本事例でも，元々三男がケアマネジャーに相談している状況下であった。川添さんは退院援助のために電話をかけているつもりだったが，三男は川添さんに何を相談すればいいのかわからなかったと話している。インテーク面接時に，主訴の把握，情報収集，アセスメントとともに，援助に関する契約等を行っているはずであるが，回復期リハビリ病棟のソーシャルワーク援助の多くは，患者の主訴から援助が開始されるのではなく，全患者担当制からスタートするので，理解の齟齬が特に起こりやすい。退院援助が三男を対象に「開始」されたかどうか？　どのように「開始」されたか？　そして「契約」をしたか？　をSVで話し合うことも，バイジーの課題解決の突破口になることが多い。

第Ⅱ部　スーパービジョンの理論と実践の統合化に向けて

④　スーパービジョンの結果のプランの実施と「報告」の重要性

　現在進行形の事例に対する SV の場合，SV 後のプラン実施とその報告はとても重要である。

　今回の SV では，川添さんがプランを実施し，約束どおりその報告をした。しかし，実際の現場では，SV で合意した援助計画を担当ワーカーが実施できないことや，実施しないことも多い。実施できない理由はさまざまである。SV で決めた計画の実施がバイザーとバイジーとの契約の下でなされる責任についての不十分な共有，立案したプランが担当ワーカーの能力を超えて高度すぎるあまり，実施ができない，実施しようとしても，事例の方に不測の事態が起こる等である。

　また，報告をする際も，「プランを実施したか，支障が起きたか」等，SV に沿って報告することが望ましい。プランを実施したか，しなかったか，それは支障が予測どおり起きたからか，予測しない支障が起きたのか等を振り返ることで，バイジーもバイザーも SV を振り返り，次に活かすことに繋がると考える。

⑤　複数回の SV の積み重ねで明確になるバイジーの課題

　定例の職場内 SV の時間は，一人のワーカーあたり 1 カ月30分程度であるが，毎月の積み重ねによってバイジーの特徴的な課題が見えてくる。

　たとえば，障害を持つ患者の家族が心理的援助を必要としていると判断し，心理的援助をしたいができていない，というテーマで繰り返し相談してきたバイジーがいる。SV で具体的なプランにまで落とし込むが，報告の際に確認すると，プランを実施できなかった，という報告となってしまう。その時は，心理的援助の知識が不足している可能性を検討し，グリーフワークの本を読むことを提案し，実際にロールプレイを行って準備し，バイザーが面接に同席するというライブ SV を展開するに至った。

　また，自分が問題を打開する制度を発見できない事例ばかりを繰り返し相談してきたバイジーもいた。複数の SV を通して問題を解決しようとする患者・家族に沿う，という相談援助のあり方を話し合い，そのバイジーは，自分が問題を解決してあげようとしていることに気づいた。その後，解決が難しい問題を持つ患者・家族との面接を避けないようになった。

　このように，SV をとおして，自身の知識・技術の習得や自己覚知の促進により，自分で軌道修正ができるようになっていくことが効果である。

第8章　スーパーバイザーの悩み

4）今後の取り組み
① スーパービジョンの「時間」の確保
職場内 SV は，業務として行われるので時間の制約を受ける。効率的かつ十分な時間はどの程度なのかと，その確保に工夫が必要である。
② スーパービジョンの「契約」の意識統一――援助計画を実施すること
SV で一緒に検討した内容（ほとんどの場合援助計画）をバイジーが実行し，その結果にバイザーも責任を持つことが効果的な職場内 SV につながる。このことを，部門全体で意識統一していくことが重要である。
③ 定例のスーパービジョン以外のスーパービジョンのあり方
各ユニット（病棟・外来）に所属して交替勤務で動くワーカー部門にとって，ユニットごとの定例 SV は効率的であるが，タイムリーでないことがある。必要なタイミングで管理・教育・支持が受けられるような定例以外の SV は，必要と感じた SW がバイザーに声をかける，または他部門等からの課題については，バイザーが担当ワーカーに報告を求めることになっているが，ワーカーによってその受け止め方に温度差がある。どのようなあり方が望ましいか，検討が必要である。
④ スーパーバイザー養成及びスーパービジョンの仕組みづくり
部長，チーフ（係長クラス）のみでなく，サブマネジャー（主任クラス）が，バイザーとなるよう仕組みづくりが必要である。バイザー養成は，専門職団体のバイザー養成研修と部門内の伝達研修で行っているが，その質の向上等に課題が残る。

（3）介護老人保健施設退所直前に不安を示す家族支援に対するユニットスーパービジョン

■領　域	精神保健福祉，地域福祉，児童福祉，高齢福祉，母子・父子福祉，家族福祉，法人・管理 国際福祉，身体障害，知的障害，生活保護，司法・矯正・更生保護，医療福祉
■形　態	個別，グループ，ピア，セルフ，ユニット，ライブ

第Ⅱ部　スーパービジョンの理論と実践の統合化に向けて

　戦後のわが国では，治療のすべての過程を1カ所の医療機関で診てもらうことができていた。救急車で運ばれ，検査を受け，手術を受ける。その後，リハビリテーション（以下，リハビリ）の訓練を受ける，あるいは長期療養をする等，様々なシーンを一つの医療機関で担っていた。

　しかし，今日では医療機関の機能分化が進んできた。クライエントはその治療の段階に応じて，身を移していくことになる。医療保険と介護保険の違いはあるが，介護老人保健施設（以下，老健施設）への一般入所はこの過程の一つとして活用されることがある。老健施設は「中間施設」といわれ，治療と生活の中間であり，施設と在宅の中間でもあると表現されている。終の棲家ではないことから，次の生活の場面へ移っていく，いわゆる通過施設である。これは今後の生活をどこでどのように過ごしていきたいか，また過ごすことができるのかを一緒に考えていくことが大きな目標となる。主な業務の一つ「退所支援」では，ソーシャルワーカー（以下，ワーカー）の果たす役割は非常に大きい。しかし，やり方によっては，「追い出された」としかとられかねない事態も起こりうるのが現状である。

　また，老健施設にはさまざまな専門職が従事している。ワーカー以外に，医師・看護師・介護福祉士・理学療法士・作業療法士・管理栄養士，介護支援専門員等の専門職が共存する場である。老健施設では多職種でかかわりを持つ「協働性」の比重が急性期の医療機関等に比べより大きく，日常業務の中での関わり合いが多いという特徴がある。

　こういった中で，多職種との協働の中で退所支援に関わったごく一般的な事例について，老健施設内におけるソーシャルワークのスーパービジョン（以下，SV）の課題・必要性を考えていきたい。なお，本事例は事実を曲げない程度に加工している。

1）スーパービジョン事例
①　事例概要

　老健施設のワーカーである川上さんは，一般入所をしている山本さんの退所支援に関わってきた。これまでやり取りをしてきた家族は，キーパーソンでありかつ主介護者の長女である。川上さんは，長女との関係性はよく，在宅復帰に向けてスムーズに経過は運んできたと感じている。

② スーパービジョンプロセス

　退所が近づいたある日，川上さんは，先輩ワーカーである主任の桑田さんのもとへ血相を変えやってきた。そして慌てて次のように言った。

　　川上さん：主任，聞いてください！　長女さんが先程面会の帰りに訪ねて来てくれたのですが，「退所が近づくにつれて不安でしょうがない……」と小さな声で言うのです。今になってどういうことでしょう！　今まで長女さんは明るく元気な声で話しかけてくれていました。こんな不安げな長女さんを見たことがありませんし，こんな話も今までに一度も出たことがありません……。正直とてもショックを受けています。どうしたらいいでしょうか？　すでに在宅復帰をする方向で居宅のケアマネジャーさんやヘルパーさんらともやり取りを進めています。私の何がいけなかったのでしょうか。自信喪失してしまいました……。

　　桑田さん：そうですか。それはとても大切な報告をしてくれましたね。あなたは，大きな失敗したと思っているようですが，それはどうなのでしょうか？　退所をしてしまう前に，長女さんはあなたにだけ胸の内を話してくれたのですよね。あなたにならば打ち明けてもいいという関係性が，長女さんとの間にできていたからではないですか？　それは一つ評価できるところだといえるでしょう。ただ，やはり今回の長女さんの様子は，そのままにしておくわけにはいきませんね。早急に対応する必要があるでしょう。そしてこれは川上さんと長女さん，2人だけの問題で終わらせてはいけないでしょう。もっと広い視点で考えていく必要があると思います。是非，この事について施設内でカンファレンスを持ちましょう（＝ユニットSVのきっかけ）。声掛けは私の方で行います。川上さんはこの件を5分で報告できるように準備をしておいてください。

　桑田さんは各職種へ向けて連絡を入れ，「15分で構いません。時間を作っていただけませんか？　できるだけ早急に集まっていただきたいのです。出席者は利用者の山本さんに関わる全職種の上司の方です」と声掛けを行った。その日の午後，早速時間を合わせ，集まることとなった（＝契約）。

第Ⅱ部　スーパービジョンの理論と実践の統合化に向けて

③　緊急カンファレンス——ユニットスーパービジョンの実施

司　　会：桑田さん
参 加 者：川上さん・看護師長・介護福祉士主任・リハビリテーション部主任（職種は理学療法士〔PT〕以下，リハ部主任）・管理栄養士・介護支援専門員（職種は社会福祉士）・施設長（職種は医師）

　川上さんが経過を報告すると，各スタッフから以下のような意見が交わされた。
　看護師長：そういえば，私の部下である看護師から，面会に来る長女さんの表情が最近暗いと，報告を受けていました。私は，師長として，現場の看護師，介護福祉士に長女さんの表情，言動に気を付けて観察をしてみるように，朝の申し送り時に指導しておきます。
　リハ部主任：実は山本さんのことで少し気になることがあります。リハビリ訓練としては順調に進み，身体機能としては屋内歩行も十分獲得できていると，担当PTからは聞いています。しかし，山本さんは「ここで歩くことはできるようになってきましたが，家でも歩くことができるでしょうか。今の状態で本当にまた家で生活できるようになるのか心配なのです……」と直接担当PTに話があったようです。私はリハビリ部門の主任として，担当PTに，在宅生活をイメージできるような関わりを持つよう指導していきます。具体的には，退所前の在宅訪問を行うことを提案してみようかと思いますが，どうでしょうか。
　介護福祉士主任：それでは介護の方からは外出，もしくは外泊訓練を提案したいと思います。実際生活する場面へ戻ることで，生活のイメージがわきやすくなるのではないでしょうか。
　管理栄養士：そういえば，先日昼食時に面会に来ていた長女さんは，「こんなメニューは思いつかなかったです。母には糖尿病がありますし，私もおかずを作って，持って行ってあげたいとは思うのですが……」と，おっしゃっていました。ご希望であれば長女さんに自宅でも簡単にできる糖尿病の方にあった献立をご紹介できますよ。

介護福祉士主任：長女さんの不安がきっかけでカンファレンスを始めましたが，山本さん自身も不安を抱えていたことが明らかになりましたね。では外出・外泊に合わせて退所前訪問を行ってはどうでしょうか。山本さんや長女さんとともに実際生活をする場所で動作の確認をすれば，在宅生活の状態のイメージがつきやすくなるのではないでしょうか。

リハ部主任：そうですね。これはちょうどいい機会になると思います。担当PTはご家族と会ったことがないので，長女さんと直接今の山本さんの状態をみてもらって話ができれば，在宅生活へ向けての問題点を一緒に確認し，アドバイスできるのではないかと思います。

看護師長：では，現場の看護師・介護福祉士には山本さんや長女さんの様子で気になることがあれば，すぐに川上さんに報告するように指導しておきますね。

介護支援専門員：私の方では，山本さんや長女さんの不安な気持ちを踏まえて，外泊訓練・退所前訪問の導入・栄養指導（献立の紹介）を施設サービス計画書へ盛り込むようにしてみます。今後の取り組みで新たな変化があればまた，川上さんと話し合い，計画書作成に反映させていきますね。

桑田さん：川上さん，皆さんの意見を聞いてどうですか？

川上さん：自分は長女さんが不安な思いを抱いていることに気づいていませんでした。まずその事で「ミスをした」という思いで頭がいっぱいになってしまいました。そして桑田さんから緊急にカンファレンスを行うと言われた時，「反省会」のような捉え方しかできていませんでした。しかし，こうして，それぞれの立場からご意見をいただき，これは単なる「反省会」ではなく問題点の整理をし，役割分担につながっていく，大きな意味を持ったものであることに気づきました。

今回，カンファレンスを通して，長女さんが退所後の生活に対するイメージができていなかったことが判明しました。また，不安に思っていたのは山本さん自身もそうであったことにも気づきました。そして，これから自分が何に取り組むべきなのか整理できました。これから私はまず山本さんや長女さんとの面接を行い，気持ちを受け止めることから始めたいと思います。そして現在の不安を軽減し，在宅復帰へ向けて進んでいけるよう関わってい

きたいと思います。
　このカンファレンスがなければ，不安な気持ちを打ち明けた長女さんの事を自分は否定して，関係性を崩してしまうことになっていたと思います。このカンファレンスでとても深い話がもて，再度業務に向かうことができました。ありがとうございます。

　桑田さん：そうですね，川上さん。たくさんの気づき，学びがありましたね。皆さん，たくさんのご意見をありがとうございました。このカンファレンスで川上さんだけではなく，皆さんの役割分担にまで発展しました。問題点が明らかになり，目指すべき所が具体化・明確化できたと思います。では，それぞれに出た課題に基づき，早速取り組んでいきましょう。次回は退所前の在宅訪問を行った上で，カンファレンスを行いたいと思います（＝次回の約束）。山本さんや長女さんの様子で気になる変化があれば川上ワーカーまでご相談ください。川上からは私に報告がありました際には，その内容によってはまた改めてこういった機会をもうけたいと思います（＝評価）。そして，再度援助の内容を見直しましょう。

　施設長：いろいろな意見が出ましたね。どれも大切なことを検討できたと思います。山本さんについての対応はこのような形ですすめていきましょう。今回は，ご家族が川上さんにこぼした「不安」な発言がきっかけでした。これは日常業務の中で，よくあるやり取りだと思います。しかし，これを見逃してしまった場合，山本さんや長女さんの気持ちに気づくことなく退所となり，納得のいかないまま生活を再スタートさせることになっていたでしょう。

　ここは老健施設ですから，退所支援は業務の中でも大きな柱の一つです。その際に「追い出される」と思われることは避けなくてはいけない。一つの家族の意見が地域での評判にもつながる。そうなると，老健施設として本来の役割を発揮することができなくなってしまうのです。「ご自宅へ帰るお手伝いをする」という本来の目的が地域に理解されず，ただ「通過する」だけの施設と捉えられてはいけませんよね。そのためにはクライエント自身，またその家族が納得して退所していけるような支援を重ねていくことが必須でしょう。

　今回の件は，施設内のリスク委員会でも報告し，職員全体で共有しておき

ましょう。

2）考　察
① 老健施設とユニットスーパービジョン
　この事例では，専門性の異なる職種が一人のクライエントを取り巻き関わる中で，それぞれが影響し合い，目的に向かっていく過程を表わしている。このような多職種協働によるカンファレンスは，SV の体系の中でユニット SV にあたる。
　福山はユニット SV を「一人のスーパーバイジーに対して複数のスーパーバイザーが同席する形態で確認作業が行われる」（福山 2005）と捉えている。これは今回の事例に照らし合わせると，スーパーバイジー（以下，バイジー）である川上さんに対して，上司である桑田主任だけではなく，看護師長・介護福祉士主任・リハ部主任・管理栄養士・介護支援専門員・施設長らがスーパーバイザー（以下，バイザー）となったのである。
　そして，「そのプロセスに同席している他の職員にとっても，自らの業務遂行の確認ができ，力量の向上につながった」といえる（福山 2005）とある。この事例においては，看護師・介護福祉士が山本さんや長女さんの変化を観察する，PT が退所前訪問に取り組む，それに合わせた外出・外泊を介護福祉士が提案する，といった業務遂行へ向けての確認作業ができたのである。これらの業務遂行を足並みそろえて行うためには，ワーカーの役割となった「クライエント・家族との面接」が必要となってくる。すべてが揃って初めて今回の SV は成果を挙げると考えられる。
　このように連携・協働の効果は，それぞれが自分の役割を果たすことである。役割を果たすためには，まずは自分の役割・専門性は何かを理解すること，そして，他職種の役割・専門性を理解しておかなければ連携・協働はかみ合わず，成立しない。
② スーパービジョンプロセス
　主任である桑田さんは川上さんから相談を受けた際，他職種に対して，必要な時間，参加メンバー，時期（早急に行いたい）等カンファレンスの概要を盛り込んだ内容で声かけを行った。これは緊急カンファレンスを「ユニット SV」と捉えた場合，「契約」段階に相当する。意図があって位置づけられた SV は，「仕事の

片手間や余った時間に行うというものではない」（福山 2005）。そして，この「契約」を元に行った緊急カンファレンス（＝ユニット SV）の終わりに，クライエントや家族に変化があったかどうか，もしくは退所前訪問を行ってどうだったかという「評価」の段階を経て，次回開催の提案・説明がなされている。

　カンファレンスは，川上さんがクライエントの長女から受けた言葉から始まっている。桑田さんに相談した時点では，川上さん自身のミクロレベルの問題として捉え，相談したのである。これが，最終的には施設という組織全体で考える問題としてメゾレベルの課題へと広がりを見せた。事例の最後に施設長からリスク委員会への報告の話があった。一つの事例の振り返りで終わらせず，この事例以外でも応用できるようになることが，重要となる。ミクロレベルの出来事が発信され，ユニット SV を展開する中で影響し合い，メゾレベルの力を生み出し効果を上げたのである。ワーカーのとった行動が，組織への提案へと発展し，組織への還元・貢献をしたといえるだろう。長女さんの声を聞き逃すことなく，このように話し合う機会を主任である桑田さんから提案してもらったことで，老健施設としての立場も保つことができた。振り返りは組織レベルでの成果へとつながっている。

　本事例において，多職種から得たワーカーへの気づきの投げかけは，ワーカー自身の役割を明確にし，他職種にとってもどのようにアプローチをしていけばよいのかについてカンファレンスの同席者全員で確認することができた。1 プラス 1 は 2 以上，総和以上の効果が期待できる。協働するということは足し算以上の効果をもたらすのである。また，この事例の実践から組織の課題へと発展している。これはワーカーが組織運営に貢献している成果といえるだろう。

　③　スーパービジョンの機能

　SV の機能は，①管理的機能，②教育的機能，③支持的機能の 3 つに分けられる。「上司やスーパーバイザーからスーパービジョンを受け，確認作業を通して支援されることで自分が専門家として業務を遂行しているという意識化ができる。また職員としての意識化が図られ，より専門性の高い業務を行える」（福山 2005：204）との記述がある。

　山本さんの事例では SV を川上さんが受けたことで，ワーカーの援助という業務行動への計画性を確認することができた。これは 3 つの機能の中では，①の管

理的機能にあたる。「スーパーバイザーは組織や職員の業務レベルを把握し，担当職員が所属組織の利用者の利益をはかり，利用者に対する責任を果たすように促す。…（中略）…スーパーバイザーは，『組織から委託された一定の責任を果たし，利用者の利益を守り，スーパーバイジーの成長を促す』管理的機能を果たしたといえる」（福山 2005：206）との記述については，まさに今回の事例における川上さんの成長へとつながっていった部分であることが理解できる。

また，桑田さんがカンファレンスを企画し，具体的な援助計画を多職種で作り上げていくことを実体験できるよう導いたことは②の教育的機能であるといえる。ここで言う「教育」は「新たな知識・技術を教えることだけではなく，すでに業務で用いられていることを意識化させること」（福山 2005：207）でもあるだろう。

④　スーパービジョンとコンサルテーション

多職種協働・地域連携が強化される現在では，院内・施設内だけにとどまらず地域も含めた関わり，カンファレンスが行われることがある。また，SV の中でも多職種協働で展開するユニット SV はコンサルテーションとの違いが分かりづらいものもある。

ケース会議で決定権をもつ人が，リーダーとして助言，あるいは，ケース会議でコーデイネートした場合は，SV と考えられる（奈良県社協編 2000）。コンサルテーションの場合，コンサルタントは教育的視点が強く，コンサルティーの方は組織的な業務遂行に責任を問われない。今回の緊急カンファレンスにおいて教育的視点もあるが，川上さんも他の専門職も業務遂行の義務があり，責任は持っているといえる。この緊急カンファレンスは SV の一環として位置づけられる。

⑤　「個」と「組織」

個から発信し組織へと発展した事例であったが，川上さんにはその後にフォローする必要もある。これは桑田さんと川上さんとの間で繰り広げられる個別 SV によって行われると考える。

ケースワークではバイスティックの 7 原則が有名である。この 7 原則を基に山本さんの事例を振り返ると以下のようになる。

山本さんや長女を一人の個人として捉えることはできており，「個別化」はできていた。しかし，長女の退所に対する前向きな感情と不安な感情の両面が引き出せていなかったことについては，「意図的な感情表出」が不十分であったとい

えるだろう。そして川上さんは不安を語る長女との出来事を感情的に桑田さんへと報告している。川上さんは自分自身の感情を統制し，長女の不安をありのままを受け入れることができていたのだろうか。「統制された情緒的関与」「受容」「非審判的態度」についてはやはり十分さに欠けていたと言える。

　これらのことを踏まえ，桑田さんによる川上さんへのSVが展開されることとなる。スタッフ個人をSV後にも個別でフォローすることは重要であり，またそうすることでユニットSVの成果をさらに発展させることができると考える。

3）今後の取り組み

　SVというと，どこか特別なものと捉えられがちであるが，この事例のように日常業務の中からその材料は提供される。スタッフなら誰しもが遭遇する問題や課題を取り上げてSVを実施することができるのである。これは実践の現場から組織の課題を明らかにしていく作業でもあり，その意味ではSVはなんら特別なことではないといえる。

　介護保険下ではサービス担当者会議のように，その制度上規定された会議類がある。それらは勿論行わなければならない。しかしこの事例のようなカンファレンスは制度上規定されたものではないが，専門職の技術・能力を高めていくためには非常に重要なことである。カンファレンスをSVとして活用していくのである。

　規定されたことを遂行するだけでも時間がなく慌しくなるのが現状だが，こうして得た成果は他の事例や場面に遭遇した際にも解決していくヒントとなるし，業務のバックアップへとつながるといえる。組織の構成メンバーがどのような組み合わせであっても，一定の援助技術の水準はキープできることが理想である。

　とはいえ，わが国の文化においては他人に対して「とやかく言わない美学」があり，SV体制が根づきにくいのも現状である。また，実際に業務を行う職場内だからこそ，ディスカッションを展開していくことへの抵抗もある。そのことが後々の職場内の人間関係や業務に影響するのでないかと，危惧する気持ちが芽生えるのも当然のところではある。しかし，振り返りは業務遂行のバックアップであり，組織レベルの成果になるということも事実である。

　対人援助職において，特にソーシャルワーカーにとって「自己覚知」は重要なことであり，必要なことでもある。決して個人を責めるものではなく，個人を，

そして互いを高め合うツールとして「SV」を活用し，交互作用を導き出していきたい。専門性の相異は引き出しあうことで大きな力につながると期待したい。

注

(1) 本項目は，石河久美子（日本福祉大学社会福祉学部），神奈川県立地球市民かながわプラザ，多文化共生情報班，上間ありさ，森田誠二，徳野早苗，下浦葉子，渡辺早織，富本潤子（神奈川国際交流財団），多文化社会リソースかながわ（MIC かながわ），細谷桃代（済生会神奈川県病院ソーシャルワーカー），井出みはる（国際親善病院ソーシャルワーカー）の協力により作成したものである。

(2) 非正規滞在者の通報義務は公務員にある（入管法62条）同時に守秘義務もあり，守秘義務が優先する（移住労働者と連帯する全国ネットワーク〔2004〕『移住連ブックレット！　まるわかり外国人医療　これであなたも六法いらず』現代人文社・大学図書）。

(3) 県の委託を受けた機関の事業の一つ。日替わりで言語別に相談を受けている。相談員は社会福祉士等の資格は持っていないが外国籍住民支援に多くの経験を持つ。スーパーバイザーの呼び名はないがまとめ役としてスタッフがいる。

参考文献
● 第1節（1）

Brackett, J. R. (1904) *Education and Supervision in Social Work*, Macmillan.

Fields, Mrs. James T. (1885) *How to Help Poor*, Houghton.

Fukuyama, K. (1998) *Influences of Selected Characteristics of Professional Supervision on Job Satisfaction, Productivity, and Autonomy of Professional Social Workers in Japan*, A Doctoral Dissertation, National Catholic School of Social Service of The Catholic University of America.

Hasenfeld, Y. (1983) *Human Service Organizations. Englewood Cliffs*, Prentice-Hall.

Kadushin, A. & D. Harkness (2014) *Supervision in Social Work, 5th Edition*, Columbia University Press.

Munson, C. ed. (1979) *Social Work Supervision: Classic Statements and Critical Issues*, Free Press.

Richmond, M. (1917) *Social Diagnosis*, Russel Sage Foundation.

Smith, Z. (1884) "Volunteer Visiting, the Organization Necessary to Make it Effective". in *Proceedings of the National Conference of Charities and Corrections*, George H. Ellis.

第Ⅱ部　スーパービジョンの理論と実践の統合化に向けて

- **第1節（2）**

Clark, C. (1995) "Competence and Discipline in Professional Formation", *British Journal of Social Work* 25, pp. 563-580.

福山和女編著（2005）『ソーシャルワークのスーパービジョン――人の理解の探求』（ミネルヴァ福祉専門職セミナー⑭）ミネルヴァ書房。

石河久美子（2012）『多文化ソーシャルワークの理論と実際――外国人支援者に求められるスキルと役割』明石書店。

村田久行（2010）『援助者の援助――支持的スーパービジョンの理論と実際』川島書店。

日本社会福祉士会編著『滞日外国人の実践事例から学ぶ――多文化ソーシャルワーク』中央法規出版。

鶴田光子（2014）「スーパービジョン」日本医療教育財団「医療通訳」多文化共生センターきょうと編，260-264頁。

植田寿之（2005）『対人援助のスーパービジョン――よりよい援助関係を築くために』中央法規出版。

渡部律子（2008）『基礎から学ぶ――気づきの事例検討会スーパーバイザーがいなくても実践力は高められる』中央法規出版。

- **第2節（1）**

デッソー，ドロシー／上野久子訳（1970a）『ケースワークスーパービジョン』ミネルヴァ書房。

デッソー，ドロシー（1970b）『日本の医療社会事業におけるスーパービジョンの必要性』日本医療社会事業協会。

Fukuyama, K. (1998) *Influences of Selected Characteristics of Professional Supervision on Job Satisfaction, Productivity, and Autonomy of Professional Social Workers in Japan*, A Doctoral Dissertation, National Catholic School of Social Service of The Catholic University of America.

　　HP（http://www. mhlw. go. jp/file/05-Shingikai-12201000-Shakaiengokyokushougai hokenfukushibu-Kikakuka/1.shiryo_1.pdf，2016年10月10日アクセス）。

- **第2節（2）**

日本リハビリテーション病院・施設協会，全国回復期リハビリテーション病棟連絡協議会編（2010）『回復期リハビリ病棟 第2版』三輪書店。

福山和女監修（2001）『スーパービジョンとコンサルテーション 改訂版』FK研究グループ。

- **第2節（3）**

福山和女編者（2005）『ソーシャルワークのスーパービジョン――人の理解の探究』ミネルヴァ書房。

柏木昭・中村磐男編（2012）『ソーシャルワーカーを支える人間福祉スーパービジョン』

聖学院大学出版会。
奈良県社会福祉協議会編集（2000）『ワーカーを育てるスーパービジョン――よい援助関係をめざすワーカートレーニング』中央法規出版。
日本医療社会事業協会編集（2001）『保健医療ソーシャルワーク原論』相川書房。
助川征雄・相川章子・田村綾子（2012）『福祉の現場で役立つ　スーパービジョンの本――さらなる飛躍のための理論と実践例』河出書房新社。
田中千枝子著（2008）『保健医療ソーシャルワーカー論』勁草書房。
手島陸久編集代表（1996）『退院計画――病院と地域を結ぶ新しいシステム』中央法規出版。

（福山和女〔第1節(1)・第2節(1)〕・對馬節子〔第1節(1)〕・鶴田光子〔第1節(2)〕・取出涼子〔第2節(2)〕・中本典子〔第2節(3)〕）

第9章 スーパーバイジーとスーパーバイザーの協働作業

1 社会的事象の限界に対峙する

　現在の医療・保健・福祉・教育等の領域において見られる対人援助職であるスタッフやスーパーバイザーが取り組まなければならない3つの喫緊の課題がある。①人材確保，②社会資源の創造，そして，③高離職率から発生するケアサービスの質の低下を防ぐ対策づくり，である。以下，本節では，これらの点について考察する。

（1）人材の確保
1）人材不足の事象がスーパーバイザーに与える影響
　対人援助職の人材不足という社会的事象は，非常に深刻である。少子高齢化という人口動態の変化が起きている事実から，人材不足の社会事象は予測可能なものであったが，現在訪れるとは誰も想像してはいなかったものである。
　産業界だけでなく，対人援助の関係機関においても，この人材確保の課題は，深刻なものである。新年度のスタッフ1名の新人募集も，1名の中途採用のスタッフ募集も，幾度となく募集を繰り返しても，応募数がゼロということも珍しくなくなった。
　スーパーバイザー（以下，バイザー）に人材確保の責任を負わせる機関が出てきている。1890年代，リッチモンドの時代においてバイザーの責務が機関の長からバイザーに，人材を補給するための，採用，トレーニング，実践研修という一連の流れの人材育成のプログラムを展開することが委ねられていた（Richmond 1922）。これと同じ事象が，現在においてもバイザーに生じている。これもバイザーの計画力と実行力に任されているといえよう。これまでは随分長い間，人材確保は，機関の総務ないしは人事担当者が担ってきて，現場実践を行う専門職に

は，人事権が認められていなかった。新人の採用にあたり，選定する権限もなく，新しく採用されたスタッフには入職後に初めて顔合わせになり，一人前のソーシャルワーカー（以下，ワーカー）に育て上げる役割がバイザーに課せられていたのである。つまり，採用されるワーカーのコンピテンス，専門職性のレベルに関しては，バイザーにとって未知数であった。

　しかし，現在では，人材不足から，機関全体のためのスタッフ獲得であっても，即戦力としての人材を必要とする状況に入り，「ソーシャルワーカー」の専門職性が認められ，その枠での人材選定が必要となった。そのような状況の中，人事権もバイザーに与えられ，面接での選定場面にも立ち会えるようになった。これは，ワーカーにとっては，やっとその専門性に対する社会的認知が得られた証であるが，半面，選定の責任を負わされ，その職場に適さないスタッフを選定した場合には，責任もとらざるを得なくなった。つまり，入職して1年後にやめるスタッフを選定したことについては，バイザーにその選定能力がないとみなされ，その責任を受け入れざるを得ない立場となったともいえる。その意味では，ワーカーの選定基準，レベル評価基準の作成がバイザーに新たに加わったことになる。

2）中間スタッフ層の空洞化がスーパーバイザーに与える影響

　この人材不足という社会的事象は，中間スタッフ層の空洞化という事象となって現れた。つまり，中間スタッフ層とは専門分野で4～6年ほど経験を積んできたベテランスタッフとして，研修にも積極的に参加し，専門知識や技術を備え，組織の中でも職責を担うほどまでに成長した人々であるが，この人たちが現場からいなくなったのである。この人たちは，年齢的にも，30代になり，自らの業績を上げるだけでなく，対人援助の専門職を育てる力をも身に付けていた。彼らは，組織からも活躍を期待され，リーダーや主任格に推薦される対象となった。しかし，職場で業務をこなしているこれらの人々が，なぜか，この時期に仕事の継続に対する熱意や意欲を失うという事象が生じている。

　彼らは，自らの人生を自覚し，今後の人生を考える上で，現在所属している職場についての期待が薄れ，他の領域での活躍に魅力を感じ始めたのだろうか。どのような理由であれ，中間スタッフ層の空洞化事象に対する責任をバイザーが取ることになってしまった。逆にいえば，人材を確保する責任が，バイザーの主要な役割となり，その遂行を期待されているということである。しかし，この種の

第Ⅱ部　スーパービジョンの理論と実践の統合化に向けて

業務は，対人援助職としてのワーカーにとって未知のものであり，これまでマネジメントよりも専門性に重きを置き，専門家としての高い知識・技術の獲得に力を入れてきた。この転換期にあって，バイザーは非常に苦しんでいるのが現状である。

（2）サービスや社会資源の創造——社会資源不足

　制度や施策が新しく立案され，改正されるたびに，それに見合うサービスや社会資源が不足する事象が生じるため，社会資源やサービスを創造・補足・補充をすることがワーカーに求められてきた。この役割を対人援助の専門家に委ねているのが現状である。多忙な業務に加えて，即戦力を発揮するためには，自らサービスや社会資源の企画・創出が必須となってきている。

　たとえば，介護保険法は度々改正がなされ，そのたびにケアマネジャーが担う書類業務量が増えてきており，2015年度介護報酬改定では，居宅サービス施設のサービスや介護予防サービス，そして介護施設のサービスにおける費用の算定に関する基準が規定され，また事業の人員，設備及び運営に関する基準，リハビリテーションのマネジメント加算が規定された。その規定に従い，地域を基盤に援助を展開することが求められ，これまでの介護保険サービスの見直しをも，現場のケアマネジャーに託されたのである。

　他方，2014年に生活困窮者自立支援法が制定された。寄り添い型の自立相談支援事業においては，就労支援と生活支援がその機能とされ，相談員が配置された。特に，この支援を担う人材確保と育成が2015～2016年度の課題となった。

　相談支援事業の決め手は，担い手となる人材にある。特に利用者個人の尊厳を保持し，「寄り添い」型の支援を行う相談支援員は，この事業の要の人材であるといえる。抵抗なく相談を持ち込めるよう，支援者は傾聴し，利用者と等しい関係で支援を行うこととされている。行政直営あるいは委託といった事業運営方式の違いを問わず，各自治体において，本事業を担う人材を確保・育成することは，極めて重要である。また，行政各課・機関等には，相談支援員のコーディネーターとしての役割を強力にバックアップすることが期待されている。

　その意味で，社会資源の不足は，バイザーの任務に大きく影響し，負担を強いる結果となった（「第2生活困窮者自立支援制度の円滑な施行に向けて」http://www.

mhlw.go.jp/iken/after-service-vol18/dl/after-service-vol18-01.pdf，2016年10月26日アクセス参照）。

（3）離職防止策と人材確保策との関係

　前述したような時代状況をふまえ，社会福祉の機関・施設において，人材をそれなりに確保できた場合には褒賞が出る仕組みが生まれた。

　現場では，上司や主任への昇進についての希望の有無をスタッフに尋ねると，「上位のスタッフにはなりたくない」という返答があると聞く。責任のある難しいことに足を突っ込む意志がないことを理由に辞退するようであるが，このような事象が生じ，新人の育成を託せるスタッフもいなければ，管理者であるバイザー自らが人材確保，採用，トレーニング，指導を含むすべての役割を担うことになり，負担過剰になってしまうのは明らかである。

　そのような状況の中で，退職願を出してくるスタッフが増えてきた。これまでは，そのような退職者への対応は，上位の管理者に委ねられてきたものであり，リーダーや主任レベルのバイザーには無縁のものであった。しかし，スタッフの就労に対する姿勢が，変化し，常勤職でありながら，半ば，非常勤職としての感覚を持ち合わせているスタッフが増えてきた。入職後1年未満で退職願が出ることも稀ではなくなった。彼らは，1カ月前に退職願を提出しているので，職務規定に準じていることは確かであるが，業務の引き継ぎの話し合いについては無関心であることが多々ある。スタッフの多くは，有給休暇を消化する形で，最後の1カ月を過ごす計画を組み入れることもあり，バイザーとしては，ますます人材補充の準備が難しくなったといえる。

　バイザーは退職願を出したスタッフへの対応にも苦慮している。人材不足という現実において，スタッフの引き留め策を講じなければならないとの必死の考えから，バイザーはスタッフに辞める理由を聞き出すという行動をとることになってしまう。他のスタッフとの人間関係の問題があれば，バイザーは，人間関係の修復を約束することや，退職願を出したスタッフが退職後どこに行くのかを尋ね，スタッフのその後の行動に干渉するようなことが生じている。また，退職願を出すことが問題行動とみなされ，スタッフの人権を守るという原則が軽んじられる結果となっている。人材確保策に焦点が当てられることから，サービスの質の保

第Ⅱ部　スーパービジョンの理論と実践の統合化に向けて

持が難しくなり，低下を余儀なくされている。

　このようなスタッフへの対応は，むしろ，退職願を出す時点でなく，それ以前のスタッフへの業務の保証が必要ではないだろうか。スタッフの業務行動を通して，スタッフの変化を察知できなかったバイザーや管理職側の問題であるとも考えられる。

　その意味では，スタッフの尊厳の保持は，いかにして維持できるのだろうか。スーパービジョン（以下，SV）において，スタッフが所属組織において，特定の期間であっても，エネルギーと専門性を発揮して取り組んできたことを，認められるべきであろう。

　離職は，専門性のコンピテンス不足が要因なのだろうか，あるいは専門的な技術や知識不足が要因なのか，SV体制の機能不全なのか，離職事象にはさまざまな課題が関係していることは明らかである。

　以下に，婦人保護の領域でのSV例を提示し，SV体制の有無がスタッフの業務行動にどのように影響を与えるのかについて考察する。

（4）ひとり親家庭を支援する福祉事務所の相談員が実施したセルフスーパービジョン

■領　域	精神保健福祉，地域福祉，児童福祉，高齢福祉，母子・父子福祉，家族福祉，法人・管理 国際福祉，身体障害，知的障害，生活保護，司法・矯正・更生保護，医療福祉
■形　態	個別，グループ，ピア，セルフ，ユニット，ライブ

1）スーパービジョンの課題

　わが国におけるひとり親家庭の支援は，母子への支援が主であった。戦後の混乱期，着の身着のままであてもなく歩く母子の保護が課題とされ，その後高度経済成長の時代になると，離婚を主たる理由とする「生別母子家庭」が増加した。そして現代では，母子家庭の貧困・就労問題・DV問題等に加え，父子家庭が抱える生活問題も明るみになってきた。このような時代の流れと共に変化するひとり親家庭の相談者への対応に関して，その専門性が重要視されるようになった。

第9章　スーパーバイジーとスーパーバイザーの協働作業

　ひとり親家庭が抱える困難の内容には，稼働所得が少ないことや就労に関すること，子育て・療育に関すること等，生活全般において生じている困難に加え，親と子それぞれが抱える疾患や障害に関すること，暴力・虐待に関すること等，多様である。このため，支援を行う支援者には基本的な面接技術はもちろんのこと，ひとり親家庭の利用者理解とアセスメント力，支援を展開するための社会資源に関する幅広い知識，そして，これらの技術・知識の土台となる価値を含む専門性が必要となる。この専門性を向上させるためにスーパービジョン（以下，SV）は有効であるが，ひとり親家庭への支援者の配置は少数で一人職場の場合もある。加えて，公的機関の支援者の場合には，正規雇用であれば数年で異動があり，地域によっては雇い止めを実施することもあるため，スーパーバイザー（以下，バイザー）の人材不足やSV体制の構築困難が課題として挙げられる。これらの実態をふまえ，ひとり親家庭への支援者には，セルフSVの形態を取り入れたSVについて検討をする必要がある。よって本項では，ひとり親家庭への支援者に焦点を当て，支援者のセルフSVについて概観する。

２）セルフスーパービジョン事例

① 事例概要

　ひとり親家庭の多くは経済的な問題を抱えていることが少なくなく，離婚を経験した親が多い（厚生労働省雇用均等・児童家庭局家庭福祉課 2015：3）。よって本項では離婚を経験したひとり親の事例を取り上げる。なお，以下の事例の概要は，事実について理解可能な範囲で，加工している。

　福祉事務所の相談窓口に，30代と見られる女性が相談に来た。相談窓口の職員が用件を尋ねたところ，「生活のことでちょっと相談したいことが……」と話されたため，相談員が対応することとなった。
　すぐに面接を開始した相談員は，「相談されたいことはどのような事でしょうか？」と尋ねた。離婚をして4カ月の三浦さん（35歳）は，離婚時の財産分与にて得たお金を新生活の整備に当て，現在はパートタイマーで得ている収入でなんとか生計を維持しているものの，子どもの小学校進学が迫ってきていることで出費がかさむことを考えると不安が募るようになり，相談にきたという。
　相談員は，三浦さんがこれまで話された内容をふまえて母子・父子寡婦福祉資

金の貸付を提案しようと考えつつ、まずはこれまでの生活歴について丁寧に聞くという面接を展開していくこととした。いつもの面接のように離婚について、「どうして離婚なさったのですか？」と尋ねたところ、三浦さんは怒り出し、「あんたに教える筋合いはない」と言って泣き出してしまった。相談員はあわててお詫びをし、なんとかその場を収め、三浦さんには改めて面接の場を持つことで同意を得て1回目の面接を終了した。相談員は「自分の聞き方の何が良くなかったのか」「次回の面接も同様の事態になってしまったらどうしようか」と不安になってしまった。

誰かに相談したいとも考えたが、自分よりも相談支援経験年数が少ない上司に相談する気持ちにもなれず、思いとどまってしまった。そこで相談員は次回の面接に向け、自分自身で何かできることはないかと考え、面接記録を作成し、振り返りをしつつ自分なりに文献を調べて対策を立ててみることにした。

面接記録を読んで、三浦さんとの面接開始時において自分がとった一連の言動をどうにか思い起こすことができた。面接冒頭から母子・父子寡婦福祉資金の貸付を念頭に置いて面接を進めていた。福祉資金の貸付専用の窓口ということもあるせいか、どこかで「お金の貸付を案内する」というパターン化された対応をいつの間にかしてしまっていることに気がついた。加えて、窓口にて対応した職員からも「生活相談なのでお願いします」と言われたまま引き受けてしまい、他の情報について特に確認することもなく面接を始めた自分に気がついた。

そこで、初回面接時に相談員に求められる姿勢について文献を調べてみたところ、以下の6点が書かれていた。

「ア．丁寧な態度。
　イ．関心を示す。
　ウ．一人の人間としてクライエントを見る。個別に見ていることを相手に感じさせる。
　エ．クライエントの言葉に耳を傾ける。クライエントが言葉に出せない内心のニーズにも耳を傾ける。
　オ．クライエントに感情を表出させる。ワーカーがその表現や内容を決して非難していないことをクライエントに感じさせる。

カ．効果的なアセスメントが立てられるように，事実と感情を知るための必要な時間をとる。」(福山 2005：7-8)

　これらを意識しつつ日々業務に努めていたつもりでいたが，自覚のないままパターン化した対応をしてしまっており，その結果，三浦さんを一人の人間として見ることが十分にできておらず，関心を示す姿勢がとれていなかったのかもしれないと考えた。また，文献には，「初回面接前に電話などで予約を取る段階から，クライエントのメッセージをキャッチする必要がある」(福山 2005：6) とも書かれていたことから，窓口にて対応した職員からも三浦さんが窓口で第一声を発した際の表情や身なり，雰囲気や印象など，可能な限り情報収集をした上で面接に臨む必要があったと感じた。
　「丁寧な態度」については，いつも強く自覚していたものの，離婚について丁寧に尋ねたとき三浦さんが怒り出してしまったことから，離婚を経験した人の心の状態についても調べてみることにした。すると，離婚は「対象喪失 (object loss) の一つとされており，人々にとって重大なストレスとなる生活上の変化で，配偶者の死をストレス値100とした場合，離婚は次いでストレス値73」とされていた (小此木 1979：29)。つまり，三浦さんは対象喪失によって強いストレスにさらされた状態で相談に来たことが考えられた。そして，子どもを抱え新たな生活基盤を整えるために気を張ってきた三浦さんは，離婚によって生じた自分自身の悲しみを心の中に抑え込み，目の前の作業に必死で取り組んできたことが考えられた[1]。つまり，三浦さんはまだ離婚をしたことを受けとめることができていないことが予測された。そこに相談員が発した「どうして離婚なさったのですか」という質問が，三浦さんにとってみると「あなたは離婚をした」という事実を突きつける形として伝わったことで，三浦さんの怒りと悲しみに繋がったのではないかと考えられた。
　このことから，本当の丁寧さとは，ただ丁寧な言葉遣いを自覚して行うことや，細かくクライエントの話を聞くことではないのだと気がついた。そして，離婚によって発生している三浦さんの心のメカニズムについて少しでも理解していたならば，「どうして離婚なさったのですか？」という単刀直入の質問はしなかっただろう。そして，「クライエントの言葉に耳を傾ける」上で，こうした予備知識

があるとクライエントの内心のニーズをより汲み取れるようになるのかもしれないと思った。

　以上，収集した知識とそこから得た気づきをふまえつつ，次回面接においては三浦さんの今の心のありようを尊重するように努めながら，面接を展開してみようと計画した。一方で，三浦さんの次回の面接予約は取れているものの，面接を受ける動機づけを弱める形で1回目の面接が終了していること，そしてその三浦さんの怒りの誘発要因として相談員自身の言動が影響していたことが考えられ，今後三浦さんが相談員変更希望を申し出る可能性もあることから，上司への報告・相談は不可欠と考え，三浦さんのケースを上司に報告をすることにした。

②　セルフスーパービジョンの目的・機能・手段

　セルフSVとは一人で行う確認作業であり，自己評価・点検の形を取るものである。この事例におけるSVは，相談員自身の自己評価・点検が目的とされている。そして，SVは，管理的機能・教育的機能・支持的機能のうち，「何をしたか」に焦点を当てた管理的機能と，「何が不足しているか」という教育的機能を持っている（福山 2005）。手段としては事例のように，相談員が自分自身でとった言動とクライエントの反応の振り返りを行う，調べものをして新たな知識を獲得する等がある。

③　セルフスーパービジョンのプロセス

　セルフSVは，相談員自身が自分自身の言動に焦点を当てて客観的に見ていく中で，できていなかった自分と向き合う作業から生じる怒りや苦しみ，そして，できている自分を確認する作業から生じる喜びや幸福感を伴いながら行脚し，次なる方向性を見出していくプロセスがセルフSVといえる。

④　セルフスーパービジョンの成果

　事例の相談員はセルフSVのプロセスを通して，「相談対応のパターン化をしてしまっている自分」についての自己覚知と，「初回面接時に相談員に求められる姿勢」「対象喪失の離婚に伴うストレス」「対象を失った人はその悲しみや怒りを一時的に抑え込む」という知識の獲得があった。さらには，獲得した知識を土台として，これまでに相談員が心がけてきた対応の「丁寧さ」の見直しが行われ，相談支援に関する知識を獲得することの有効性が強化された。つまり，相談員としての専門性向上の一助になっている。

また，三浦さんのケースについて振り返る作業を通して相談員自身の言動が整理され，さらには組織的対応が求められることも予測し，上司への報告の決断にも至っている。セルフ SV 前の段階では，「上司の相談支援経験年数が少ない」という理由で個人で抱え込もうとしていたが，セルフ SV 後の段階では相談員自身に課題があったこと，そして，三浦さんのケースで組織的対応が求められた場合に備える必要があることにも気づくことができるようになった。

　一方で SV の内容が，相談員自身が一人で調べ考えた内容にとどまっているため，「その考え・気づきが本当に合っているのか」という確認をバイザーにできないという限界がある。また SV 形態の構造上，バイザーからの支持的機能が発揮されないために，相談員が抱いた心情や気持ちをわかってもらえる場がないこともまた，セルフ SV の限界といえる。

3）考　　察

　ひとり親家庭の支援は主に母子への支援が主であり，その支援活動は，草の根的に広がってきた。しかし，時代の流れとともに草の根的な支援活動は公のものとなり，さらには，ひとり親家庭が抱える困難に多様さが加わり，支援者側にも経験則に依拠した支援ではなく，知識や技術が求められるようになった。リッチモンドはセルフ SV の必要性について，隣人と専門家との違いに触れ，以下のように述べている。

　　「人間の心の働きに関する知識と社会資源に関する知識に愛情や親切を加
　　えることができたならば，われわれはただおたがいに愛し合うという昔なが
　　らのやり方に一段と力が加わった新しい力をもつことになるであろう。」
　　（Richmond 1922＝2007：17）

　つまり，ひとり親家庭への支援に置き換えて考えてみると，支援者は社会資源に関する知識はもちろんのこと，ひとり親家庭が抱える困難の内容に加え，離婚や死別といった対象喪失に伴って生じる心のメカニズム等，人の心の理解の方法についても知っておく必要があるといえる。そして，これらを獲得するためのプロセスとしてセルフ SV を行うことが有効だと考える。

① ひとり親家庭のための社会資源の実態

「ひとり親家庭の支援事業として厚生労働省が規定しているものは，母子・父子自立支援員による相談・支援，ひとり親家庭等日常生活支援事業，ひとり親家庭等生活向上事業，母子生活支援施設，子育て短期支援事業である。母子・父子自立支援員は，ひとり親家庭及び寡婦に対する生活相談指導，就職相談指導，母子父子寡婦福祉資金の貸付けに関する相談指導，その他自立に必要な相談支援を行うとなっている」（厚生労働省雇用均等・児童家庭局家庭福祉課 2015：15）が，配置が行き届いているわけではなく，自治体によってひとり親家庭の支援の地域格差が発生していると考えられる。

② ひとり親家庭が抱える困難

わが国のひとり親家庭が抱える困難の中で特に指摘されているのが，貧困である。母子家庭の母自身の平均年収は223万円（うち就労収入は181万円），父自身の平均年収は380万円（うち就労収入は360万円）となっている（厚生労働省雇用均等・児童家庭局家庭福祉課 2015：3）。つまり，母子家庭は圧倒的な収入の少なさにより，家族の病気や子どもの進学など，生活上の起こり得る急な出費に対応することができないことも少なくない。また，父子家庭は一見高収入のように思われるが，主に子育てや家事の困難を抱えていることが少なくないため，家事を外部業者に依頼し，結果として出費がかさんでいることも考えられる。

さらには，配偶者暴力（以下，DV）や児童虐待といった家庭内の暴力を機に離婚を決断し，ひとり親家庭になる場合も考えられるため，DVや児童虐待が親や子，そして親子関係に及ぼす影響についても把握しておく必要がある。たとえば，家庭で暴力にさらされた子どもたちが感情・行動・認知・発達上の問題を示す事や，身体的虐待を受けた青少年は，全く受けなかった者に比べうつ病，分離不安，PTSD（心的外傷後ストレス障害）になるリスクが極めて高いこと，そして，「直接両親からの虐待を受けた子どもたちは，父から母への虐待を目撃していた子どもたちに比べ，2倍近くもPTSDの兆候を示していることが明らかにされている」（畑下ら 2003：1154）。つまり，暴力が身近にある，もしくは身近にあったクライエントに対して支援を行う上で，発達や精神疾患・障害の基礎知識は不可欠と言える。

③ 対象喪失

事例からもわかるように，対象喪失に関する知識もまた重要といえる。対象喪

失は,「近親者の死や失恋をはじめとする,愛情・依存の対象の死や別離」「住み なれた環境や地位,役割,故郷などからの別れ」「自分の誇りや理想,所有物の 意味をもつような対象の喪失」(小此木 1979:28-30) といった体験であると説明 されている。対象喪失は人間に重大なストレスをもたらす生活上の変化であるた め,これらの体験をしているクライエントには留意しなくてはならない。対象喪 失によって起こる一連の心理過程は悲哀または喪 (mourning) と呼び,この過程 の間に失った対象に対する「思慕の情,くやみ,うらみ等,その対象とのかかわ りの中で抱いた愛や憎しみを再体験することを通して,気持ちを整理し,その喪 失した対象像の存在を受け入れるようになっていく」(小此木 1979:45)。よって 支援者はこの対象喪失のプロセスを踏まえつつ,クライエントが生活上の変化に よる危機を乗り越えられるよう,そして,再び生活環境に適応していけるよう支 援することが重要と考える。

　以上3点については,セルフ SV の実施によって獲得可能な知識であると考え るが,事例にもあったように,支援者自身が一人で評価・点検をした項目内容に とどまってしまうため,過不足なく且つ適切に評価・点検できているかを他者に 確認できないことによる別の不安が生じることが考えられる。この不安は,支援 者がセルフ SV に取り組んでいるからこそ生じてくる不安と考えられ,この不安 を解消するためにはセルフ SV のツールを用いてみたり,他の SV 形態にて SV を受けたり,コンサルテーションを受けることが有効と考えられる。

　この事例の相談員は,上司への報告をしている点について,上司から個人 SV を受けていると考えることができる。特に,この相談員はバイザーに,ケースの 支援内容についてではなく,担当者変更の要請がクライエントからの苦情という 形で出されることについて報告をした点を考えると,このバイザーは SV の管理 的機能を遂行すると考えられる。

　ただし,先にも述べたように,ひとり親家庭への支援者の配置人数自体が少な いために,他の形態の SV を実施することが実質不可能な場合があるかもしれな い。加えて,上司はいるものの相談支援経験が短期であるために SV の教育的機 能として専門的な助言・指導が得づらい場合もあるかもしれない。この場合,所 属組織外の SV・コンサルテーションを活用したり,現状の職場環境の中ででき

うる取り組みを模索する必要があると考える。福山（2005：241-243）は同質性と異質性の SV について述べる中で，異質性の SV はバイザーとスーパーバイジーが異なる専門知識を持っており，この種の SV 機能は教育的ではなく，管理的であるとしている。つまり，上司と部下とで専門性が異なる場合においても SV の管理的機能を発揮することは可能といえる。よって，組織内における上司には，職員（支援者）の業務行動を効率よく効果的に遂行できるよう機能を発揮することが期待される。同時に，職員（支援者）には自分自身を律して職務に臨むことが重要と考えられる。

4）今後の取り組み

ひとり親家庭の支援ニーズが多様化し，高まってきている分，支援者の専門性の向上も求められるようになった。しかし実態としては，支援者個人のモチベーションによって個々の専門性を高めるための取り組み頻度とその内容は異なっており，また，支援者の専門性を向上するための組織体制に課題があることも否めない。このような中で，支援者が個々でできる取り組みの一つとしてセルフ SV を取り上げた。SV の機能を必要に応じて多様な形態で発揮できるようにするためには，ひとり親家庭の支援を行う組織が，専門性の確保と維持の重要性を認識し，SV 体制の整備・稼働に努めることが求められよう。加えて，ひとり親家庭の支援におけるクライエント理解には社会福祉，保健，心理といった多様な知識を土台とした領域の専門職との連携・協働も不可欠といえる。よって，コンサルテーションも積極的に取り入れていくこともまた，ひとり親家庭の支援において有効な方策と考えられる。

2　職場環境の限界に対峙する

本節では，職場環境において発生している限界について3つの事象として，①サービスの質の変化，②専門職性の同質化と異質化，③異領域に見る共通業務の争奪戦と業務の私的化との関係，を取り上げて概観する。

（1）サービスの質の変化

厚生労働省によれば，高齢者福祉の領域では，2015年度の介護保険法改正によ

り，特別養護老人ホームへの入所条件が要介護3以上と規定された。要介護状態区分別の状態像のなかで，要介護3は，80％の割合で，何らかの低下がみられる日常生活能力として，排尿，排便，口腔清潔，上着着脱，ズボン着脱に関してケアが必要であるとされた。この介護度のサービスを利用者に提供することがスタッフの機能であるが，その業務を遂行した際に利用者本人からの返礼や応答があまりないのが現実である。スタッフとしては，業務であることは十分に理解していて，コミュニケーションを取ることがほとんど難しい現実を受け入れているが，それでもなお，利用者からの何らかの反応を期待していて，実際にその反応を読み取れないことからくる疲弊感が増す。その意味では，養護老人ホームに異動した時に，ADLの高い高齢者とのコミュニケーションに出会い，ほっとすることがあるというスタッフの報告もよく理解できる。

また，組織レベルのものとしてサービス提供における，「ひやりハット」「リスクマネジメント」等の業務が増えてきたことで，スタッフのこの種の業務は業務行動の範囲を狭め，委縮させてしまう結果になり，業務遂行の充足感を実感することができなくなってきたと思われる。また，利用者への「死の看取り」が加算化されたことにより，「利用者との別れ」に立ち会うことが増える中，他の多忙な業務をこなさなければならないことから，喪失の悲嘆作業も十分に行えないまま，次の業務遂行に移行せざるを得ないのが現状である。

このように組織レベルで設定された業務規程が，サービスの質を変化させることになり，その影響がスーパービジョン（以下，SV）の内容にも偏りを生じさせてきていることが理解できる。

（2）専門職性の同質化と異質化

看護，生活支援等，多様な異なる専門職が一つの施設の中で業務をしていて，その専門職の独自性を発揮する必要性があるが，多忙な業務のため，その異質性や独自性を限りなく同質化する方が効率よく遂行できるようになったという傾向がみられる。その意味では，専門職性の境界線が不透明になりつつあり，あいまいさの中で，互いに助け合い，補足し合うことの心地よさが浸透するようになり，異質化する必要性を感じないという現状があると思われる。

この事象は，人材不足の影響を受けており，組織レベルでの機能を果たすこと

を高い優先順位に置き，互いに専門職性を理解している現場でも，チームとしての同質の活動が求められ，結束の強さを期待されることになる。チーム内での話し合いや会議において，職種間で業務内容に異質性が存在するのは当然であるにもかかわらず，他職種が相異性を主張することに対して，反発を感じることが多くなっている。それが多職種への批判へと発展し，いつの間にか，協働と共同との意味づけがあいまいになるという事象が生じている。その事象をスタッフは，他の専門職の理解が得られないとか，非協力的であると捉えて，異質性の尊重ができなくなっている。

つまり，協働と共同が境界線の無い状態で主張されている。協力し合うということは，自らの専門性を主張せず，他の専門職に合わせること，すなわち応じること，順応することであるとの捉え方もみられる。その結果，専門職性の類似性や共通性が相異性よりも優先されるようになったと考える。

しかし，協働とは，スタッフが高い自律度の下，SVで保証された，自らの専門職性を活かした見解や計画を提示することで，チームは，各メンバーの専門職性からの見解を包括的・総合的見解へと集約し，集合体として，互いに違いを了承し，合意の下で活動することである。協働の下では，それぞれのメンバーが各自の目標達成に向けて異なる独自の業務行動を遂行することになる。

チームでの会議の中でメンバー間の見解に齟齬が生じた場合，各メンバーが「なにを」貢献するのかに焦点を絞り，その調整には歩み寄りや，業務遂行の時期をずらせて互いの独自性を活かせるように工夫すること等が求められる。和気あいあいの雰囲気ではなく，ひとつの目的のためにそれぞれの力を活用し，メンバー各自の設定した目標に向かって達成する努力を展開することで，多様な専門職チームの意義があり，しかも専門職性や専門家としての存在感が一層強まるであろう。

一方，共同とは各メンバーが類似性の高い活動を共に行うことであると考えれば，業務分担ではなく，同一の目的と目標に向けて結集して活動をする事であり，同意の下で行われる。各メンバーの独自性よりもチームとしての独自性を創り出すことになるため，各メンバーには「いかに」貢献するかが強調される。その意味では，意見の相違は同意により縮小され，チーム全体に和気あいあいの雰囲気を醸成することになるだろう。

チームワークでは，各メンバーがSVを受けて，協働と共同とを目的に沿って明確に区別した上で，取り組むならば，おそらくより意義ある効果を期待できるであろう。この点で，各職種でのSV体制は各メンバーの業務行動をバックアップすることが可能になり，その効果が出ると考える。

（3）異領域にみる共通業務の争奪戦と業務の私的化との関係

現在，医療機関等でみられる事象として，退院支援は看護でもソーシャルワークでも業務に組み込まれるようになり，いわゆる異領域でありながら，同質の機能を果たすという事象が生じている。第三者から見れば，二領域間における退院支援機能の争奪戦のようにも見える。実際には，退院支援加算が設けられたことにより，争奪戦から，どちらが多くのケースを担当したかの量的競争合戦の意味合いが強まってもいる。前述したように，異職種間で共通業務をいかに遂行するかを競っている事象となった。この事象に対しても，職種性の尊重というよりも人材不足が大きく影響している。

この退院支援の競争合戦により，組織レベルでのスタッフの業務に対する認識不足や不明確さが表面化した。医療機関では，限定された治療集中型から地域を基盤とした医療の展開が求められ，治療に新たに予防，回復をも包含することになり，対応すべき領域が拡大された。つまり，この事象については，治療・回復・予防と取り組みの範囲が膨大になり，また対象者の幅も随分と広がった。利益追求型をその主要機能とした組織方針に反発し，抵抗してきたソーシャルワーカー（以下，ワーカー）（部門）においては，退院支援の加算が設定されたことにより，これまで莫大なエネルギーと資源，専門性を投入してソーシャルワーク支援をしてきたことがようやく認められたかのようにも受け止められている向きもある。また，ワーカーしかなしえなかった患者・家族への退院支援の必要性を今一度見直すきっかけを与えてくれているともいえる。この見直しにSV体制を活用することができると考える。

一方で，業務遂行責任の私的化　組織の一員としての自覚の希薄化が見られる。

あるSVのセッションで，「私の仕事が忙しく，どれを先にすればよいかが分からず，困っている。とても疲弊しきっている」と，1人のベテランスタッフからの訴えがあった。スーパーバイザー（以下，バイザー）は，このスタッフに，

第Ⅱ部　スーパービジョンの理論と実践の統合化に向けて

「あなたはベテランだから，きっと多くの業務行動をしているだろうが，その時に，どの業務行動を優先させるかは，即座に判断して責任を果たしてこられたと思いますが」と返答した。すると，スーパーバイジーであるこのベテランスタッフは，姿勢をただし毅然とした態度で，「そうなのです。多くの業務を適確に行うことが常に求められていますので，それに応じる責任を果たさなければならないのです」と言った。

バイザーはこのスタッフの努力をねぎらい，彼が組織の中の重要なポジションにいることを真摯に受け止め，その負担が過剰になったと感じていることは理解できると伝えた。このスタッフは，バイザーに，業務行動の配分に関して詳細に述べ，具体的に計画していることを報告し，成し遂げられている責務を確認した。彼は，「なんだか，気が楽になりました」と言った。

この場合，スタッフが私の仕事として捉え，完ぺきにやり遂げようとして，それができていない現実に直面し，当惑していた。それは，組織の一員としての自覚が希薄化され，ミクロ的に私的化していたのが，業務遂行責任を明確にすることで，メゾレベルとしての組織の業務という自覚が強まり，スタッフは，組織の業務を遂行するために，各自業務行動をできていたこと，また組織における自らの立場にあり，その責任を遂行できていることを再確認できたようである。

スタッフが各自の業務行動の境界線，そしてメンバー間の境界線を明確にすることで，あいまいさからくる不安定さや疲弊感を整理するためにも，職場のSV体制を稼働させることが必須である。

次項では，組織レベルで，専門職性を低下させることなく，質の保証をするために，スタッフをバックアップする体制がどのように展開されているかについて，組織レベルのSV体制に関する2つの事例，1）司法福祉におけるSVと，2）医療機関の退院支援における多職種協働とSVとの関係を取り上げる。

（4）家庭裁判所調査官補による非行少年に対する司法現場のスーパービジョン

■領　域	精神保健福祉，地域福祉，児童福祉，高齢福祉，母子・父子福祉，家族福祉，法人・管理 国際福祉，身体障害，知的障害，生活保護，司法・矯正・更生保護，医療福祉

| ■形　態 | 個別, グループ, ピア, セルフ, ユニット, ライブ |

1）感情労働としてのソーシャルワーク

　ここで取り上げる事例は，入職2年目の家庭裁判所調査官補（以下，担当者）による非行少年の審判と試験観察に関わる事例である。ベテランの家庭裁判所調査官（以下，調査官）からスーパービジョン（以下，SV）を受けながら少年と関わるプロセスを紹介したものである。なお，本事例は事実を歪めない範囲で加工している。

　不幸な生い立ちの少年と関わり，心を揺さぶられ，少年に同情的な気持ちになる反面，その父親に対して厳しい感情を抱き，その心情をしっかり受け止められない担当者が，その都度SVを受けつつ自分自身の心の揺れを自覚し，修正しながら約4カ月の期間少年に寄り添い，その役割を果たそうとしたものである。

　ソーシャルワークの仕事は感情労働であり，当事者のさまざまな感情の動きに影響を受けつつその職務を遂行するものである。心を揺り動かされつつ，その状況を言葉にしてスーパーバイザーに伝え，支持的なSVを継続して受けることはこの職務を遂行する上で不可欠のプロセスである。一定の距離を置きながら信頼関係を築くという困難な役割を果たすためにも，経験の浅い担当ワーカーにとってSVは無くてはならないものであったといえるだろう。

2）スーパービジョンの事例

① 事例の概要

　本件の少年は，児童自立支援施設を無断外出し，大都市郊外の空き地に放置されていた軽トラックに，近くのショッピングセンターから衣類等を万引きしてきて寝床を作り，ここで寝起きしつつ，食料も試食用の食べ物をもらったり，同じショッピングセンターから万引きしたものを食べて過ごしていた14歳の男子少年である。6歳時から児童養護施設で育ち，13歳から児童自立支援施設に措置変更されている。

　無断外出後約2週間が経過し，不審に思った近所の住民から警察に連絡があり，保護された。警察から元の児童自立支援施設に連絡がされたが，同施設ではもう7回目の無断外出であり，とてもこれ以上責任を持ってあずかれないと言われ，保護者の行方もわからず，万引きを重ねていたこともあり，また14歳という年齢

にもなっていたので，刑法235条の窃盗の罪（被害額約3万円相当）を犯したとして検察庁を通じて児童相談所ではなく家庭裁判所に送致されたものである。家庭裁判所では，心身の鑑別の必要と，少年が行方不明になる可能性もあるため身柄確保の必要から観護措置がとられ，少年鑑別所に収容されていた。少年鑑別所では，例外を除いて原則2週間から4週間の間に一定の結論を出す必要があり，その間に関係者と連絡を取りつつ，少年法の規定に従って少年の処分を決めなければならない。

担当者はこれまで調査官の下で指導を受けながら事件を担当していたが，本件は初めて筆者が主担当者として取り組むことになったものである。

② 登場人物
＊男子少年14歳，中学3年生
＊少年の父親45歳，瓦職人
＊少年の父親の妻（少年の義理の母）39歳，無職（他に父と義母の間に生まれた2人の幼児がいる）
＊担当者　男性家裁調査官補27歳，入職2年目（社会福祉士）
＊スーパーバイザー（以下，バイザー）　男性家裁調査官45歳，入職20年目

③ スーパービジョンの方法・目的

基本的には週に1度，約60分の個別SVを受けることがルール化されており，その際は個室に入り，誰にも邪魔をされない形で行うことを原則にしていた。それ以外にも担当者と調査官とは机を並べて仕事をしている関係で，担当者は日常的に調査官からインフォーマルな形でもSV的なアドバイス等を受けることができていた。また決められた時間以外でも，必要な場合は時間を取ってSVを受けることができた。かなり臨機応変な形でSVが行われていたといえるだろう。

このSVは主として担当者の気持ちを支えるという側面と，担当者の少年法や他の関連法規に関する知識不足を調査官から補ってもらうことや，適正な手続きを踏まえているかどうかのチェックを受けるという側面や，さらに面接の録音を調査官に聴いてもらいこれに対して指導を受けるという形で進められた。また，調査官から必要な文献を提示され，これを読んで報告することも求められ，担当者の成長を助けるという側面も重視されたものであった。

つまり，個別的で結構濃密なSVであり，主として担当者を心理面で支え，面

接のイロハがきちんと行われているかをチェックする等の教育・訓練を行うという目的を持ち，さらに適切な事件の処理が行われているかという管理的な目的も持つ SV であった。

④　スーパービジョンのプロセス

事件の受理　担当者は，バイザーである調査官から本件事件記録を手渡され，まず通して読むことと，第一印象を言葉にすることを求められた。その上で，2〜3週間で処遇の方針を決めることを前提に調査計画を立てることを求められた。

窃盗事件であり，14歳の中学生であり，身柄付きの事件であるけれども事件そのものは重大な事件ではなく，どちらかといえば軽微な事件といえることや，保護者の行方がわからないこと，元の児童福祉施設では引き受けを拒否していることなどがその特徴といえた。

担当者は，事件の概要を調査官に報告するとともに，記録を読む限り，この少年はどういう目的で施設を度々無断外泊しているのか明確には理解できないことを伝え，この点が大事なポイントと思われると述べた。

調査官からは，自分も同じように7回も無断外泊を重ねていることが気になることと，また，どうして無断外泊の度に同じような地域に行って保護されているのだろうか（これまでも同じ市ではないが，近隣の3つくらいの市にばかり行っていた）という問いかけがなされ，少年の気持ちを知る上で大事なポイントの一つではないかと思うという意見が述べられた。

この後，調査計画を作成し，調査官にチェックをしてもらった。

この計画では，まず，児童自立支援施設に照会の文書を送り，児童記録の閲覧と，施設としての意見を聴取すること，また以前暮らしていた児童養護施設にも紹介の文書を送ること，保護者の所在を探すこと，最悪の場合，少年を引き受けて下さる人を探さねばならず，協力者のリストから可能性のある人に問い合わせることなどの手はずを整え，必要な照会文書等を作成して送付し，関係先へ電話による問い合わせも行った。

少年との面接　少年鑑別所に出掛けて少年と面接をした。事前に調査計画と同時に，初回の面接計画についても調査官から求められていたので，最低限以下の点について明確になるような面接ができれば当面は良いだろうというアドバ

イスを受けていた。

　それは，a. 非行事実について，窃盗の容疑がかけられているが，事実関係を詳細に聴き，これに間違いないかを確認すること（裁判所は福祉機関ではなく，非行の事実がなければ介入できないのであり，まずこれを明確にしなければならないのは当然である），b. どういう事情で保護された街の界隈にいたのか，少年なりの理由を聴くこと，c. 元の児童自立支援施設やその前の児童養護施設へ戻る意思の有無を確認することと，今後どうしたいのか少年自身の希望を聴くこと，d. 両親や家族のことについてどの様な情報を持っているのか，また家族に対してどんな気持ちでいるのかを聴いておくことの4点である。

　少年鑑別所で，少年の居住する寮へ迎えに行き，法務教官に名前を呼ばれて担当者の前に現れた少年は，小柄で色白で，ニコニコしながら担当者の前に現れ，ペコリと頭を下げ，「○○です。よろしくお願いします」と挨拶をした。この様な環境に慣れているのか，あまり緊張している様子もなく，担当者は予想外の少年の様子に戸惑いつつ自己紹介をし，長い廊下を一緒に歩きながら調査室（面接室）へ向かった。

　この面接で明らかになったことは，窃盗の事実はその通りで間違いないこと，あの街は昔父親と暮らしていたときに住んでいた家の近くであり，父親に良く居酒屋等に連れて行かれたので，ひょっとして父親に会えるのではないかと思い，あちこちの居酒屋を覗いて廻っていたこと，施設には絶対戻りたくないこと，父親と一緒に過ごしたいこと等々の気持ちが語られた。思春期の少年にしては良く話をし，「笑顔がとても可愛い少年」という印象を担当者は持つことになった。

　スーパービジョンを受ける　　面接後，その結果を調査官に報告し，SVを受けた。調査官からは以下の指摘を受けた。少年との面接で，「一定の距離を置くことができたか」「気持ちの上で，かなりこの少年をひいき目に見ていないか」「担当者として，少年の言動に引きずられていないか」「もしそうだとすると客観的な判断ができなくなる」等々の指摘を受けた。

　担当者は，調査官の指摘の一つひとつに反発する気持ちと，「そうかもしれない」という気持ちの間で葛藤を覚えた。少年のために「自分が何とかしてあげよう」という，司法機関のスタッフであることよりも，社会福祉機関の社会福祉士の心境になっていたのではないかという思いがSVの後になってわき上がってき

た。

　バイザーとしての調査官はこの時,「担当者は社会福祉士の資格を持ち, 自分がソーシャルワーカー (以下, ワーカー) であるという自負心を持っている青年であること, そのことは司法機関の一員としても大事にしなければならない資質だと思うが, たまたま養護性のある少年であったために, 過剰な形で少年への強い思い入れがいきなり表面化したようであった。そこで, 最初に指摘しておくことが必要だと思い, 少し厳しいと思ったが, いくつかの指摘をさせてもらった」と後に語っている。

　「一定の距離を置きながら信頼関係を築く」という命題は, 福祉機関でも大切なものであるが, 司法機関ではなおさら大切で, 少年を支援したいという気持ちは大切だが, 残念ながら社会福祉の現場のようにはその役割は果たせないという現実も忘れてはならないということを担当者と調査官との間で確認することになった。

　その後の経過とスーパービジョン　　今回, この経過のすべてを記すことはできないが, その後の概略を SV と関わらせて記しておく。

　少年は父親が腕の良い職人であり, 本当は自分にもその技術を教えたいと思っているはずであると思い込んでいた。父親は児童養護施設にいた小学校3年生頃までは毎月一度は面会に来てくれていたのに, いつの間にか全く面会にも来てくれなくなり, それには何か事情があったからで, 本当は自分のことを今も心配してくれているに違いないと, 何度も何度も話していた。

　裁判所の調査で父親の所在が判明し, 事情を伝えたところ, 父親はすぐに裁判所にやって来た。がっちりとした体格の人物で,「何とか息子を引き取りたい」と言いながら, 酒の臭いをプンプンとさせていて, 担当者はこの父親には少年を育てることは無理だという強い印象を持ってしまった。少年鑑別所にも面会に行くと言うので「その際はお酒を飲んで行かないで下さいよ」と言うと, 大きな身体を小さくして恐縮した様子を見せ, 見た目とは違う気の弱そうな人物であることが垣間見られた。少年の母親とは少年が幼児期に離婚し, その後全く連絡を取っておらず, 当初は少年を連れて各地の現場に出掛けていたが, それも続かず, 児童養護施設にお世話になったと小さい声で話していた。

　引き取りたいという家に担当者は家庭訪問をした。そこは8畳一間と台所のあ

るアパートで，そこに父親の妻と2人の間に生まれた幼児が2人いて，ここで思春期の男の子も一緒に暮らすというのは現実的ではないと言わざるを得なかった。少年にとっては義理の母親になる父親の妻の意見を聞こうとしたが，妻は感情的になり，少年の父が全く現実的でない意見を言うと非難し，そこで2人は大げんかを始め，2人の幼児も泣き叫び，修羅場となってしまった。担当者は2人の間に分け入ってつかみ合いを分けようとしていたところ，たまたまそこへ父親の叔父という人物が現れ，2人に「裁判所の人が来て下さっているのに，おまえ達は何をしているのか！」と一喝し，2人はハッと我に返って座り直し，事なきを得る結果となった。その後，叔父を交えて少年の行く末について約2時間にわたって話し合うこととなった。結局，この家で一緒に暮らすことは無理であること，父の家から徒歩10分くらいの所にある叔父の家には，息子達が出て行った後の部屋が空いているから，少年を住まわせることは可能であること，少年には長く辛い思いをさせてきたから，自分の家で引き取って面倒を見ることに叔父の妻も賛成してくれているという話をし，父親も義理の母親も叔父に「よろしくお願いします」と頭を下げた。後は叔父さんにも少年と面談してもらい，少年自身の希望も聴く必要があることを確認した。この時義理の母も涙を流し，少年が不憫なのはよくわかっているんですが……，と話していた。

　この訪問の後，担当者は調査官から時間を掛けたSVを受けた。担当者は，父親のこと，義理の母親のこと，そのいずれも全く信頼ができないこと，それだけでなく，ひどく不愉快で且つ恐ろしい体験をしたことを報告した。

　調査官はこの報告に耳を傾け，担当者の「恐ろしい体験」を詳しく聴き取り，その労をねぎらった。その上で，父親の少年に対する「済まなかった」という悔悟の気持ち，義理の母親（この人のことは良くわからない部分もあるが）も叔父さんに「よろしくお願いします」と言い，その際涙を流し，少年のことを不憫だと言っていたとの報告は，この女性にも何かまだ担当者には分からない事情があると考えるべきだろうこと，一人ひとりにさまざまな事情があり，それぞれが必死に生きていると考えることもできるのではないか，簡単に当事者を決めつけたり，評価したりすることの方が恐ろしいのではないかという指摘をした。

　さらに，調査官はスーパーバイザーとして，見通しが甘かったという反省を述べた。それは，「家庭訪問では何が起こるか分からず，今回のような事態も十分

予想すべきだった」というもので，新人任せにせず，同行すべきだったと反省しているとのことであった。一方，担当者も，それにしても叔父さんがそこに現れて，まるで救世主が現れたように思えたと述べ，事前に全く予想していなかった自分の見通しの甘さを痛感させられたと述べた。さらに，家族成員一人ひとりに個別的な事情があり，その個々の事情を無視して簡単に人を決めつけてはいけないという，初歩的な学びを改めてする結果となった。

結局，この少年は試験観察決定を受けて父親の叔父の家に引き取られ，叔父の家から再び中学校に通いはじめ（担任教師や同級生の協力があった），中学を卒業する時に合わせて審判が開かれ，不処分決定の言い渡しがあった。すぐに高校に進学できず，父の叔父の会社で当面見習いとして働きつつ，1年後に高校進学を目指すことになった。

3）考　察

本事例のバイザーによる SV は，定期的に行われるものであり，まだ新人といえる未熟な職員が独り立ちをしていく過程に深く関わり，受容的・支持的な姿勢で行われており，同時に教育・訓練の要素も色濃く表れたものであり，適切な手続きがなされているかの管理的側面にも十分注意を払おうとするものであった。時にはヒントを与えて考えさせ，時には論文を読ませて課題を提示し，時にはズバリと解答を述べたりもするものであった。さらに自分のバイザーとしての見通しが甘かったことも率直に認め，同労者として共通の課題を背負って事に当たるという姿勢を維持するバイザーであった。このことで，バイザーとスーパーバイジー（以下，バイジー）の間に信頼関係が生まれ，結果としてバイジーはバイザーの仕事ぶりを見て，育っていく機会を得たと言えるだろう。

特に，インボランタリーなクライエントといわれる，自分の意思ではなくやむなく担当ワーカーの前に来させられる，罪を犯した少年とその家族の人々とも信頼関係を築くことが必要であり，それは社会福祉機関や施設でのそれ以上に，担当者としては，「一定の距離を置きつつ信頼関係を築く」という難しい命題を常に意識しつつ実践しなければならないことを学ぶ SV の機会であったといえるだろう。バイザー側からいえば，これらの課題に担当者を直面させて，意識化させ，自分でコントロールする必要を伝え，それを支えるという取り組みを終始行おうとした SV といえるだろう。

第Ⅱ部　スーパービジョンの理論と実践の統合化に向けて

　家族の誰かの味方になったり，他の家族成員を裁くのではなく，一人ひとりの事情を十分理解し，その上で互いが思いを出し合い，言葉を交わし，必要な妥協をして現実的な一定の判断ができるよう側面的に援助し，それを前提に法的な判断を求めることに貢献する。これが司法におけるソーシャルワークの基本といえるだろう。

　伝統的な裁判では規範的な解決が求められるが，家族関係の争いや少年事件等に現れる課題は，裁判所が規範を示すだけでは解決しない問題が多く存在するのである。たとえば，裁判所が「民法上，夫婦には同居協力義務がある」からと言って同居を命じても，当事者がその気にならなければ裁判所の命令には意味が無いのである。つまり夫婦や親子や親族間の争いや，少年による非行も，裁判所が規範を示せば，その通りになるというものではないのである。規範的な解釈だけではなく，実態的な解決を目指して支援するのが，司法福祉の役割なのである。司法という枠の中で，実態的な解決を目指して福祉的な視点で貢献することが求められているのである。

　この役割を十分把握しつつ，バイザーはバイジーを育て，バイジーはSVを求めるのである。

4）今後の取り組み

　本事例はその後どの様に展開していくか，楽観的にばかり考えることはできない。早晩父親に対する少年による評価は低くなるだろうし，叔父の家でずっとこのまま平穏に暮らすという保障もない。また何か罪を犯すかもしれない。

　しかし，約3カ月間問題を起こさず，担当者との定期的な面接にも休まず通ってきて，最終審判の日を迎えたのであるから，そのことは高く評価をし，しっかりと褒めることが必要であろう。

　一般に非行を繰り返す少年が完全に非行から遠ざかることは簡単ではないが，一定期間，普通の暮らしができたことは自信につながるはずと考えたいのである。司法における福祉活動は非常に限定的である。一般の社会福祉実践に比べると，長期間関わることは基本的にはできない。限定的であるが必要な場合は濃密な関わりが求められ，だからこそSVが不可欠なのである。SVによって，バイジーが育つだけでなく，バイザーも育てられると現場経験を通して痛感させられている。

（5）退院支援役割に葛藤する急性期病院ソーシャルワーカーの組織内グループスーパービジョン

■領　域	精神保健福祉，地域福祉，児童福祉，高齢福祉，母子・父子福祉，家族福祉，法人・管理 国際福祉，身体障害，知的障害，生活保護，司法・矯正・更生保護，医療福祉
■形　態	個別，グループ，ピア，セルフ，ユニット，ライブ

　医療福祉領域の独立法人型医療機関におけるグループ・スーパービジョンについて取り上げる。

1）組織内スーパービジョン実施の背景

　A医療センター（451床・27診療科）は，地域医療支援病院，救命救急センター，地域がん診療連携拠点病院，地域災害拠点病院の指定を受けた急性期医療機関である。なお，本事例は事実を曲げない程度に加工している。

　当院のソーシャルワーク（以下，SW）部門の歴史は浅く，2003年3月に初めてソーシャルワーカー（以下，ワーカー）が採用された。その後，10年後の2013年4月からは11名体制となっている。この10年の間に，ワーカーが複数職場になった医療機関は多く，特に国立病院等においては，2003年に「福祉職俸給表」がワーカーに適用され，その翌年の2004年には独立行政法人化し「国立病院機構」に移行したことで，ワーカーを採用する医療機関が増加したと考えられる（図9-1参照）。

　当院には，2015年4月1日現在，スーパーバイザー（以下，バイザー）としてソーシャルワーク室長が1名，スーパーバイジー（以下，バイジー）として医療社会事業専門職1名と医療社会事業専門員9名の10名が在籍している。10名のバイジーは，経験年数3年目から14年目のワーカーであり，新卒での入職者2名を除いた8名のバイジーは，回復期リハビリテーション病棟や療養型病床を有する医療機関，精神科単科の医療機関，介護老人保健施設，在宅療養支援診療所，有料老人ホームとさまざまな職歴をもち，各々によって臨床経験やスーパービジョン（以下，SV）経験は異なっている。また，当院のワーカーは病棟や診療科毎に配置されているため，指示命令系統はマトリクス構造になっている。

第Ⅱ部　スーパービジョンの理論と実践の統合化に向けて

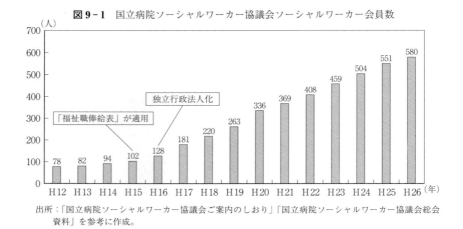

図 9-1　国立病院ソーシャルワーカー協議会ソーシャルワーカー会員数

出所：「国立病院ソーシャルワーカー協議会ご案内のしおり」「国立病院ソーシャルワーカー協議会総会資料」を参考に作成。

図 9-2　T総合医療センターのスーパービジョン体制

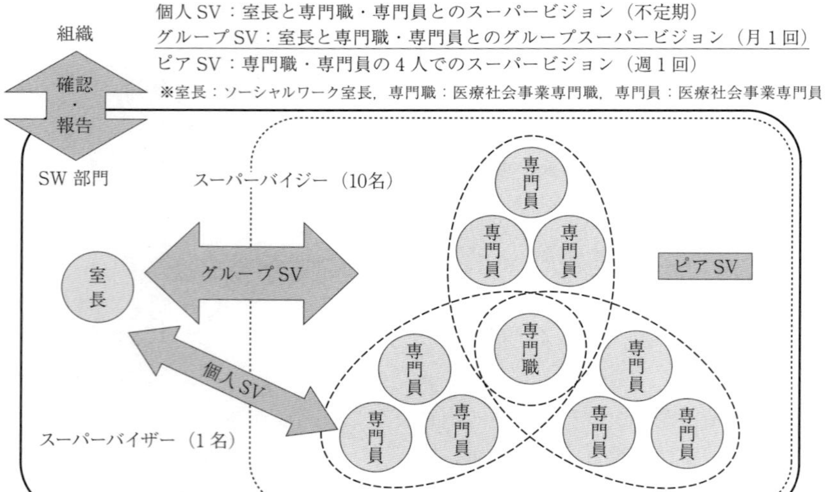

個人SV：室長と専門職・専門員とのスーパービジョン（不定期）
グループSV：室長と専門職・専門員とのグループスーパービジョン（月1回）
ピアSV：専門職・専門員の4人でのスーパービジョン（週1回）
※室長：ソーシャルワーク室長，専門職：医療社会事業専門職，専門員：医療社会事業専門員

このような背景を基に，複数職場となった SW 部門にとって，バイジーが専門的能力を発揮し，より良いソーシャルワーク実践をクライエントに提供するためには，組織内 SV が効果的かつ効率的に実施される必要がある。

2）スーパービジョン事例

当院では，組織内において「個人 SV」「ピア SV」「グループ SV」を実施している。本項では，バイザー 1 名とバイジー10名により実施されているグループ SV 事例を取り上げる（図 9-2 参照）。「退院支援」と「経済的問題の解決，調整援助」に関する事例である。

当院は急性期医療機関のため「退院支援」と「経済的問題の解決，調整援助」がソーシャルワーク業務の大きな割合を占めている。その中でも「組織から求められるワーカーへの期待とバイジー自身が抱くソーシャルワーク役割との間での葛藤が生じた事例」についてはバイジーよりグループ SV 事例として提出されることが少なくない。

① 「退院支援」に関する事例

　　スーパーバイジーからの葛藤の表出　　バイジーより「クライエントから退院への不安を聞きながらも，他職種から早期退院を求められる。そのことで私も焦ってしまう」「退院支援の課題を他職種と共有できないために生じるストレスがある」「どれだけ早期に退院したかだけが評価される」といった葛藤の表出がなされた。

このような事例は経験年数の少ないバイジーほど顕著に表出される傾向にあるが，10年以上の経験年数のバイジーにおいても例外ではない。

　　スーパーバイザーからの助言　　「退院支援とは，病気や障害のある方が自らの人生をどのように歩むかを選択し，適切な医療やケアを受けながら住み慣れた地域で生活を送るための支援[3]」であり，ワーカーはクライエントの療養の選択を支援する役割を担っている。ワーカーにとって早期退院や地域連携の促進は「目的」ではなく，クライエントのウェルビーイングの増進を図ることがワーカーの「目的」である。

しかし，診療報酬改定や病床機能分化の推進，マトリクス構造による指示命令系統の中，急性期医療機関のワーカーには「退院支援」とは異質な「退院促進」の役割を求められることが少なくない。そのため経験年数の異なる他のバイジー

第Ⅱ部　スーパービジョンの理論と実践の統合化に向けて

も同様の事例で葛藤している。

　課題の抽出　　グループSVにおいてバイザーとバイジーとの対話を通して，ミクロからメゾ・マクロ実践における本事例の課題を抽出した。

　ミクロ・メゾ実践での課題として「医療ソーシャルワーカー業務指針や医療ソーシャルワーカーの倫理綱領の理解・遵守」「経験年数の異なるワーカーでも適切なアセスメントができる」「面接技術や理論・アプローチの理解・習得」「限られた時間での効果的なソーシャルワーク実践」が，メゾ・マクロ実践での課題として，「他職種のソーシャルワーク理解を促進」「社会資源の把握と開拓」「地域関係機関との情報共有や連携システムの構築」が抽出された。

　具体的な取組みの計画　　抽出された課題を解決する具体的な取り組みとして，「アセスメントシートの作成」「研修・学会等への積極的な参加」「組織の研修・学会参加の保障」「ワーカー間の事例検討会の定期開催」「他職種向け勉強会の開催」「多職種協働による退院支援に関する事例検討会の開催」「社会資源マップの作成」「地域ネットワーキングの推進と活用」を計画した。

　②　「経済的問題の解決，調整援助」に関する事例

　スーパーバイジーの葛藤　　バイジーは，クライエントが経済的問題の解決に至らず，適切な医療を受けられない事例に出会う。クライエントが医療費の支払いが困難な場合，医療機関には医業未収金が発生する。医療機関にとって医業未収金は大きな損失であり，病院経営にも大きな影響を及ぼす。ワーカーは組織から「医業未収金の減少」を期待され，医療機関によってはワーカーに「未収金の回収」を期待し，強いることも少なくない。

　このような事例では，バイジーは自身のワーカーとしての経験や力量不足によって「クライエントが適切な医療を受けられなかった」「医業未収金が発生した」と感じ，バイザーや同僚のバイジーにその葛藤を表出できないことも少なくない。

　スーパーバイザーの助言　　急性期医療機関に救急搬送されるクライエントは，社会的に準備のない状態が多く，傷病を機に潜在していた問題が顕在化する。しかし，クライエントは経済的な問題や不安を抱えながら療養しているものの，それらを医療機関のスタッフへ表出し，自ら相談に至るクライエントは少ない。そのためにも，急性期医療機関においてはワーカーの積極的介入が求められる。

ワーカーによる経済的問題の解決，調整援助は「入院，入院外を問わず，患者が医療費，生活費に困っている場合に，社会福祉，社会保険等の機関と連携を図りながら，福祉，保険等関係諸制度を活用できるように援助する」ことであり，ワーカーにとって「医業未収金の減少」は「目的」ではない。

一方で，「医業未収金の減少」は，組織全体で取り組むべき課題であり，ワーカーは組織の一員として積極的に取り組まなければならない課題でもある。そこで，ワーカーは組織で唯一の社会福祉の立場から相談支援を行う専門職であり，ワーカーの専門的能力を活かした支援を展開することがクライエントにとっても組織にとっても効果的な実践となる。

経済的問題はクライエントにとって日常生活に直結する課題であり，治療の中断や遅れ等を生じさせることにも繋がり，症状が重症化してから救急搬送されるケースもある。ワーカーにとっての経済的問題の解決，調整援助の「目的」は，それらを予測し，クライエントの医療を受ける権利を守ることである。

課題の抽出　グループSVにおいてバイザーとバイジーとの対話を通して，ミクロからメゾ・マクロ実践における本事例の課題を抽出した。

ミクロ実践の課題として「経験年数の異なるワーカーでも適切なアセスメントができる」が，メゾ・マクロ実践の課題として「早期から適切なアセスメントができる支援体制の構築」「多職種協働でクライエントを支援する体制の構築」が抽出された。

具体的な取り組みの計画　抽出された課題を解決する具体的な取組みとして「アセスメントシートの作成」「病棟カンファレンスや病棟回診への参加」「ワーカー配置の見直しとワーカーの増員」「事例検討会の定期的な開催」「他職種向け勉強会の開催」「事務部門との定期ミーティングの開催と役割の確認」を計画した。

③　グループ・スーパービジョンの目的・機能・手段

目的　当院のSVでは，バイジーが専門的能力を発揮し，クライエントに対し，より良いソーシャルワーク実践の提供をすることを目的としている。

グループSVにおいては，バイジー個人だけではなく，SW部門の成長を目的にしている。また，バイザーは組織やSW部門のリスクマネジメント（危機管理）の観点からもグループSVを活用している。

第Ⅱ部　スーパービジョンの理論と実践の統合化に向けて

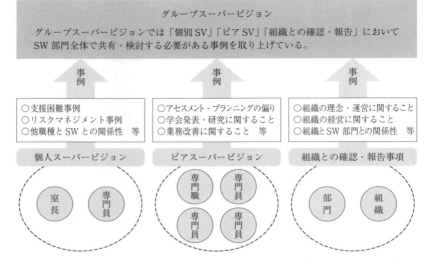

図9-3　グループスーパービジョンで取り上げる事例

機　　能　バイジーの情緒的なサポート（支持的機能）を意識しながら，教育的機能・管理的機能を中心に実施している。また，「個人SV」「ピアSV」「組織との確認・報告事項」においてソーシャルワーク部門全体で共有・検討する必要がある事例をグループSVにて取り上げている（図9-3参照）。

手　　段　当院ではワーカーが11名体制となった2013年4月から，グループSVを実施している。バイジーが参加しやすいように，グループSVを業務の一貫として業務時間内に実施し，月1回90分（曜日・時間を固定）と決めて運営している。

④　プロセスと成果

本項のグループSV事例では，バイザーはバイジーの「組織から求められるソーシャルワーク期待とバイジー自身抱くソーシャルワーク役割との葛藤」に焦点を当てている。バイザーは，バイジーがその葛藤に気づき，事例をグループSVの場に提出したことをバイジーの「強み」と理解し，認めている。そのことで，バイジーは，グループSVは安全な時間と場所であることを理解し，自身の葛藤について他のバイジーと共有することができた。

次に，バイザーは，バイジー自身に「何が不足しているのか」「今後，どのよ

うに成長していけばよいのか」を確認しながら助言をしている。バイジーは，バイザーの助言を基に事例を振り返ることで，事例の俯瞰的に理解し，課題を抽出することができた。

バイザーは，その課題を解決するための具体的な計画を実行するために，バイジーが専門的能力を活かした支援を展開することができる環境を保障し，グループSVによって検討された計画を組織へ提案し，働きかけることをバイジーに約束した。

また，本項で紹介した2つのグループSV事例では同様の課題が抽出された。その一つが「経験年数の異なるワーカーでも適切なアセスメントができる」ことであり，その課題への具体的な取組みとして「アセスメントシートの作成」が計画され，アセスメントシートは，当院のピアSVにおいて検討を重ね作成された。

当院ではワーカーが介入した全クライエントに対し作成されたアセスメントシートを活用し，病棟カンファレンスや病棟回診においても積極的に活用している。また，効果的かつ効率的にSVを実施するために，アセスメントシートをSVの際の事例検討資料としても活用している（図9-4参照）。

3）考　察
① グループ・スーパービジョンの共有・理解・活用

組織内においてグループSVを実施する前に，バイザーとバイジーは「組織におけるSW部門の位置づけ」「SW部門の業務範囲」「SW部門の責任の所在」を共有し，グループSVを実施することの目的を双方に理解することが必要である。

そうすることで，バイジー自身よりグループSVの機会を能動的に活用することが可能となり，バイジーのニーズに則した展開が可能となる。

② グループ・スーパービジョンの効果的かつ効率的な実施

組織内において定期的にグループSVを実施することで，バイジーに安全な時間と場所が提供される。しかし，効果的かつ効率的なグループSVが実施されなければ，バイジーの業務負担につながる。

従来はグループSV準備のためにバイジーは事例資料を作成していたが，現在では準備の効率化や効果的な事例検討を目的に先に紹介したアセスメントシートを活用している。アセスメントシートの活用は，効果的かつ効率的なグループSVの実施に有効であった。

第Ⅱ部　スーパービジョンの理論と実践の統合化に向けて

図9-4　アセスメントシート

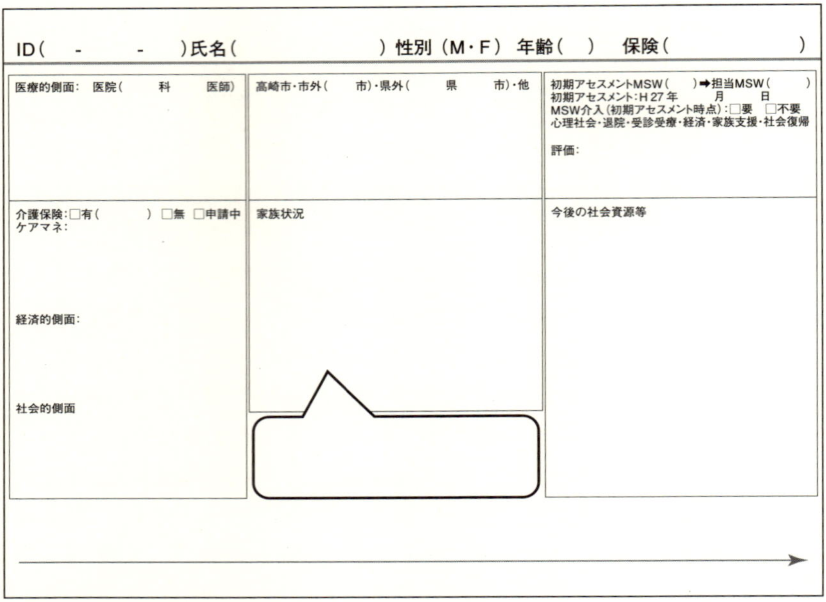

出所：国立病院機構高崎総合医療センター地域医療支援・連携センター。

③　リスクマネジメント（危機管理）

　SW部門のリスクマネジメント（危機管理）の観点においても，グループSVを活用することは有効であった。インシデント発生時において，まずは個人SVでバイザーがバイジーに状況確認をしているが，多くのインシデントでは，ワーカー個人の課題ではなくSW部門の課題として捉える必要がある。事例によってはグループSVを通じてSW部門全体で共有し，予防策を検討することで，インシデント予防に効果がある。

④　ソーシャルワーク部門での成長

　指示命令系統がマトリクス構造になる職場において，バイジーにとって同職種のいる部門へ帰属することは，大きな「支え」となる。本項で紹介した「組織から求められるワーカーへの期待とバイジーが抱くワーカーの役割との葛藤が生じた事例」においても，「組織と個人」で生じた葛藤ではなく「組織とSW部門」で生じた葛藤と位置づけ，SW部門全体で共有し，課題を抽出し，解決方法を計

画することができた。

　SW 部門がバイジーのソーシャルワーク実践を守るためにも，バイジー個人の成長だけではなく，ソーシャルワーク部門の成長を意識したグループ SV の実施が必要である。

4）今後の取り組み

　組織内のグループ SV にはさまざまな制約があり，継続的に実施することは容易ではない。また，この種の SV に継続性を持たせるためには，更なる効果的かつ効率的なグループ SV の実施が望まれる。

　また，当院では「個人 SV」「ピア SV」「組織との確認・報告」において SW 部門全体で共有・検討する必要がある事例をグループ SV にて取り上げているが，バイジーのニーズを適切に抽出し，充足できているのかの評価は十分ではない。グループ SV の継続的な実施にあわせて，今後はグループ SV の効果について評価していく必要がある。

3　プロフェッショナルの限界に対峙する

　本節では，プロフェッショナルの限界が現場実践で見逃されたことで生じた 3 つの事象，①専門化から非専門化への移行，②自立した個人としてスタッフが自己を捉えることの弊害，③自立性と自律性の混同と業務責任との関係，を取り上げる。

（1）専門化から非専門化への移行

　人材不足は，スーパーバイザー（以下，バイザー）など管理職に対して人材確保への対応策を生み出す役割を担う方向へと移行させてしまった。その結果，スタッフ募集の際に，質の高い専門家を求めることを強調するよりも，むしろ誰でもできる，やりがいのある業務として一般に普及させることを目指す結果となった。これは，専門的サービスの提供が誰もができる業務へと変換したとも捉えることができ，専門性の軽視を招くことになったと思われる。その意味では，プロフェッショナルの限界を超えた高い専門性よりも，親しみを持たれる職業であることのアピールをすることの方が，人々からの理解がより得られ，募集を増やす

ことができるというアイデアを導き出すことになったが，その専門職の非専門化への移行が，専門職性の質の低下を招くというリスクを伴うことにもなった。

（2）自立した個人としてスタッフが自己を捉えることの弊害

　ソーシャルワークの原則の一つとして，「個別化」が謳われている。この個別化の原則は，クライエントだけでなく，スタッフにも適用されてきているといえないだろうか。スタッフが自らの立場を組織の一員として位置づけるのではなく，一人の個人として位置づけることにより，この個別化の原則を当てはめることになったのかもしれない。そのため，個別化の尊重が，スタッフにとって，あらゆる不都合な状況にあてはめられるようにもなったと考える。

　その一つの例が，スタッフが多忙である時，業務遂行の免除はスーパービジョン（以下，SV）において上司からの指示として行われるべきものが，勝手に，個別化の原則を適用し，自らが業務行動を免除し，遂行されない業務行動が出現することになり，そのことについての報告もないという事象が起きている。

　また，個別化がさらに進み私的化に向かう傾向が見られる。人材不足のあおりを受けて，現場では，多忙で過酷な状況が発生していることは見逃すことのできない事実であるが，ある施設のスタッフが，自分は誰にも頼らず仕事ができていると自負していた。

　これは，専門職として，組織の業務遂行責任を私的化した結果となっていると考えられる。バイザーは，スタッフを，組織の一員として認め，専門的業務行動の保証をすることで，そのスタッフを守ることはできないのだろうか。その意味では，SV について個々のスタッフ自身の成長のための教育・指導であると捉えることは，結果的にスタッフのやりがいをミクロ化しているといえないだろうか。もし，組織レベルでの業務遂行の責任を担うために，スタッフが SV を受けたならば，メゾレベルやマクロレベルでの専門性の発展に寄与することが可能になるだろう。

　一方で，医療現場に新しい動きが始まった。それは，プライマリーケア（担当制）の導入であり，業務行動がより専門化された。このことが責任範囲や所属意識を強化したことは，その効果として認めることができる。しかし，担当の部署のみを実施することで，まさしく能力主義が強調され，担当者間に業務行動，業

務成果，コンピテンスの質に明らかな格差が生じた。その結果，部署と部署とのはざまに存在するスタッフ全体としての共通業務への無関心さが生じ，突然発生したリスクに誰も気づかなくなる。つまり，誰かが気づくであろうとして，誰の目からも遠ざけられてしまう結果を生むかもしれない。

（3）自立性と自律性の混同と業務責任との関係

　SV の捉え方に変化が生じている。それは，SV が上司に頼ることであるとして，上司から業務に対して指摘や指導を受けることは自らが自立していないことの証明であると捉え，スタッフは，自らが SV を受けるレベルにいることを恥じる事象が見られる。

　SV 体制は，組織の中でスタッフとその業務を保証するものであると考えるならば，SV を受けることで，スタッフが業務を遂行するためのリスク管理が行われ，安全性が確保され，保証される。スタッフは，専門職としての自律性をもって責任を遂行する。これは，業務遂行後の SV ではなく，業務遂行する前に，つまり事前 SV を受けることの効果である。

　また，現場では，専門職性を発揮することと組織方針を達成することとは対立するものであると捉えるスタッフが多い。それは，官僚制に対する抵抗，反発なのか，自律性と自立性を混同したことから発生している SV への抵抗なのか。これは，人々の自立と自律に関する考え方があいまいになってきている現れであると考えられる。その結果，専門職である個人として，よりよい自立を求めて組織外での SV を求めるニーズが高まってきていることも事実である。

　現在では，社会福祉の機関や施設において，スタッフの構成比が，常勤職 2 名に対して非常勤職 8 名という偏りが出てきているといわれている。業務内容が，常勤職と非常勤職との間で，かぎりなく類似してきた。スタッフは，交替制で業務に就くことになり，十分な SV をする時間が取れないとの主張もある。SV とは 1 時間ほどの個人面接であるとのイメージをもつならば，この主張は納得できる。しかし，多忙な現場で，しかも人材が足りないとなれば，分単位での短時間でできる SV がもっと活用される必要があろう。

　また，非常勤職員は業務遂行の責任が問われないとして，業務の評価等を受けず，時間枠内での業務遂行だけを重視するのであれば，専門職性が全く活かされ

ていないと感じるのではないだろうか。このようなスタッフ間の連携や協働を考えていないスタッフに対して、バイザーが対応を工夫する必要があるだろう。非常勤職員であっても、遂行した業務が認められ、その責任をもつことで業務行動をやりがいへと繋げることになるのではないか。

(4) スーパービジョンにおけるマネジメント機能と専門的知識や技術の提供機能との境界線の曖昧さ

　SV の機能には、管理、教育、支持があるが、管理的機能に関するスタッフの理解があいまいであり、業務を監視されるとして SV の管理的機能を毛嫌いするスタッフがいる。管理的機能は、業務の監視ではなく、バイザーが機関や施設を運営していく上で、スタッフの業務をマネジメントする機能のことである。つまり、業務配分や疲弊度を考慮し、負担を軽減する工夫等の責任を、バイザーが担うのである。一方、現場での SV に対するスタッフの期待は、担当ケースへの援助方法や技術についての教えを受け、専門性に関する教育であり、それはまさしく心理領域で展開されている SV と同質のものである。

　一方、社会福祉領域の機関・施設での SV は、教育的機能だけでなく、管理的機能や支持的機能を果たすことが求められる。スタッフは、援助業務だけでなく、多種の会議に参画する業務など業務管理や労務管理、プログラムの企画・計画業務、ネットワーキング、コンサルテーションや SV、役割や機能の遂行責任等、実に多くの業務行動をこなしている。これらの業務を遂行する上で、上司からのバックアップはとても重要である。

　カデューシンは、管理的機能について、2章分を当てて論じている。バイザーが管理的 SV で果たす職務として、以下の12項目を挙げている（Kadushin 2014＝2016：48）。それらは、スタッフの募集と選考、スタッフの就任と部署配属、SV の説明、業務のプランニング、業務配分、業務の委託、モニタリング・振り返りと評価の作業、調整作業、コミュニケーション機能、擁護者としてのバイザーの役割、運営管理の緩衝装置や変化をもたらす主体としての地域リエゾンの機能である。

　これらの機能は、相談援助業務だけでなく、組織運営と人材配置、またスタッフ間の調整やコミュニケーション、組織の上位層へのつなぎ役、緩衝装置として

第9章 スーパーバイジーとスーパーバイザーの協働作業

の役割，地域との連携と機関間のネットワーキングまで，ミクロから，メゾ，マクロの範囲で職務をこなせるようにスタッフに促すことになる。これらの範囲の職務を遂行しているバイザーは，組織内での変化だけでなく，周りの環境，制度・政策の変化に大きく影響を受けている。その意味では，バイザーも組織の上位層から SV を受け，彼らの職務の遂行を認めてもらい，保証を得ることが必要であろう。

（5）専門領域間の境界線の曖昧化と協働のあり方との関係

　社会福祉領域での機関や施設では，多くの職種が働いている。近年では，心理学の専門家も加わるようになった。また，利用者の死の看取りという新たな領域での業務をする上で，看護，介護，栄養，調理等の専門領域が協働して取り組まなければならない。

　これらの職種は，その領域自体に明確な境界線があるにもかかわらず，協働作業をする段階になると協力の名の下にそれらが曖昧にされてしまっている（境界線の曖昧化）。それぞれが自己の職種や専門性を自覚せず，同一の目的・目標を目指し，すべての意見を統一し，団結して同一の意見の下にその作業を行おうとする。その様は，チームのメンバーがそれぞれの専門性を自覚せず（無自覚化），互いに同じ業務を共同して行っているようである。そこには，各専門領域への干渉が生じ，強い力を持つ専門職がメンバー全員をコントロールすることや，他の専門職に命令することまでが行われるようになる。

　しかし，効果的協働作業を行うためには，専門部署内で SV が行われ，専門部署としての見解を確認してから，部署間会議に参画することが求められると考える。これによって，専門性は異質のままで存在でき，メンバーの専門性の尊厳の保持が可能となるだろう。

　このような SV 体制を稼働させるためには，個人を対象とする援助方法やアプローチだけではなく，家族というシステムに支援する方法論を理解することが必要である。そこで，次項では，家族療法を適用した場合の SV について検討したい。

（6）生活保護法の「引き取り廃止」制度をめぐる当事者・関係機関による ユニットスーパービジョン

■領　域	精神保健福祉，地域福祉，児童福祉，高齢福祉，母子・父子福祉，家族福祉，法人・管理 国際福祉，身体障害，知的障害，生活保護，司法・矯正・更生保護，医療福祉
■形　態	個別，グループ，ピア，セルフ，ユニット，ライブ

1）法の熟知と実施機関の理解

　保健医療の現場で相談援助業務を行っていると，生活保護法の活用を検討する場面や生活保護ケースワーカーとの連携を必要とする状況に数多く出会う。具体的には，保健医療の場を主体に考えれば時系列的には患者の入院時，入院中，退院時，外来受診時にその状況は生じる。

　入院時には経済的問題として医療費支払能力が医療機関側からは問題となる。医療機関のソーシャルワーカーは患者と面談し支払い問題がある場合，問題の背景と解決方法を話し合う必要がある。しかも，生活保護法では保護開始すなわち医療費の支払い対象とする日にちは，原則として保護申請日以降と定められているため，前述の面接は患者入院後速やかに行われなければならないことになっている。

　また，生活保護受給者は親族と関係が薄い単身者の割合が高いため，入院中の生活支援を誰が行うのかという問題も生じる。医療機関から生活保護担当ワーカーに衣類の準備や洗濯，小遣い管理等の依頼がしばしば行われるが，これらは生活保護法に定められている業務ではない。他に援助できる人がいない場合のみやむなく対応しているに過ぎない。入院時保障人や手術同意書の依頼については公務員には法的に不可能である。

　退院先に環境調整が必要な場合（たとえばアパートの2階に居住していた患者が階段昇降に困難な後遺症を持った状態で退院する場合），新たなアパートを設定するには所定の手続きを経ることを生活保護法は規定している。

　外来受診時については様々な理由で付き添いが必要な場合，担当ワーカーには対象者の病状把握が必要だが毎回の受診同行は制度上の義務ではない。

第9章　スーパーバイジーとスーパーバイザーの協働作業

主に上記のような状況で医療ソーシャルワーカー（以下，MSW）と生活保護ケースワーカー（以下，ケースワーカー）の間で相互不信が生じていることが多い。その原因は医療機関のMSWとしては生活保護法の理解不足と法の実施機関はどこかという認識不足にあるのではないかと思われる。本項では，事例を通して，医療機関のスーパービジョン（以下，SV）体制におけるMSWが多機関との連携支援を展開する上での課題を述べる。なお，本項で説明する事例に関しては，事実を曲げない程度に加工している。

2）事　例
① 事例概要

患者は40代男性の神田さん。区内で数年前から生活保護受給。結婚歴なし。生活保護受給が，職場を退職した後，再就職ができず家賃が払えなくなった状況にあることからである。両親は本人出生地で健在。

神田さんは，次男で地元の高校を卒業後就職のために上京した。飲食店関係の職場を数回変わったが約20年働いてきた。収入はアパート代と光熱費，食費を支払うと余裕は無く，国民年金保険料は未納であった。生活保護受給後も就労支援プログラムを利用して就職活動に取り組んでいたが，面接段階を通過できず，ややうつ傾向がみられ食生活も偏りがみられた。身体状況では既往歴なく，特に目立った自覚症状はなかったため健康診断も受けていなかった。ある日，神田さんに連絡が取れないと母親から担当ケースワーカーに連絡があり，家庭訪問を行ったところ，本人が室内で動けなくなっており，救急車を要請した。診察の結果は脳梗塞と診断されそのまま入院となった。入院後の経過で後遺症は右片麻痺と言語障害が残るとの医師から説明があった。担当ケースワーカーは，神田さんの住まいがアパートの2階で現在の住まいへの復帰は困難と考え，リハビリテーション（以下，リハビリ）の経過を見た上で1階のアパートへの転居か施設利用かを見極める予定でいた。

入院して2週間ほど経った時に，神田さんの担当MSWより，神田さんの母親が来院し神田さんを実家近くの病院に転院させたい意向があるとケースワーカーに連絡があった。病院としても，その方向で転院先を探したいと考えている。ケースワーカーは生活保護法との関連で，母親が神田さんを経済的に扶養する意向，すなわち現在地での生活保護を「引き取り廃止」した上での転院であるかを

263

電話で確認した。母親は，生活保護制度を理解していなかったが，一時的な転院ではなく将来的にも自分が通える範囲の生活圏に神田さんを置きたいという意向を持っていた。生活保護を継続したまま神田さんを，現在地から500kmほど離れた実家近くの病院に転院させると，生活保護の実施責任としての実態把握や援助が困難であることから，神田さんの転院先のある自治体へ移管の相談を行うことになる。

ケースワーカーがその相談を行う直前に，MSWより連絡があり転院の日が決まったとの連絡があった。ケースワーカーが移管相談の未決のままでの転院は延期してほしい旨の相談したをところ，MSWからは「家族がせっかく決めてきたことを病院としては延期できない。話にならないのでケースワーカーの上司を出してほしい」と強く迫られた。報告を受けた上司は，すぐに担当ケースワーカーと病院に出向くのでカンファレンスの開催をMSWに依頼した。

② コンサルテーションの目的・機能・手段

福祉事務所の上司は，他機関へのSV機能を実施できないので，情報提供というコンサルテーションの実施を決定し，医療機関との連携体制を組み，カンファレンスの開催を計画し，その目的を，（組織・機関の理念を遂行するため）MSWと母親に生活保護制度の実施責任の移管についての理解を図り，その上で改めて神田さんを交えて退院先が決定できることを説明することにした。このコンサルテーション機能は，管理的機能および教育的機能を果たした。手段はFK・SAS（事例のアセスメントシート）を活用し，コンサルテーション計画を立てた。

③ プロセス

カンファレンスの参加者は医療機関から医師，看護師，理学療法士（以下，PT），作業療法士（以下，OT），言語聴覚士（以下，ST），MSW，そして，福祉事務所からは担当ケースワーカー，査察指導員（係長）である。カンファレンスの内容は以下のとおりである。

MSWより今回のカンファレンスの開催依頼が福祉事務所よりあったこと，課題は神田さんの転院と生活保護法に関することであることが確認された。査察指導員は，神田さんの母親の希望に従った病院の転院を進める場合，現在の福祉事務所での生活保護の継続が困難であること，神田さんの生活保護の継続が必要であれば，転院先を管轄する福祉事務所へ「移管」の相談が必要であり，それが生

活保護制度の実施体制であることを説明した。

　医師からは，現在の福祉事務所が管轄できない理由の根拠として，生活保護法の条文を提示して説明してほしい旨の発言があったので，ケースワーカーが生活保護法の条文を説明した。生活保護法では実施責任者として受給者の生活を把握することが求められていて，遠距離ではそれが不可能であることが確認された。医師よりMSWに神田さんの母親が生活保護の継続を希望しているのか否かについて質問があり，MSWからは，母親は神田さんを実家近くに転院させたい意向を強く持っているが，生活保護について継続が難しいということを理解していないかもしれないと言った。

　ワーカーは，自分が母親に連絡を取った時も「引き取り廃止」についての説明と意向を聞いてみたが電話ということもあり，また母親がどちらかというと一方的に話をして終えたこともあり，理解については疑問がある旨を報告した。査察指導員は，母親が生活保護法を理解せずに住所地を管轄外地域に変えても，何の手続きも必要なく継続して生活保護を受給できると考えたのなら，転院してからトラブルが生じる可能性があると指摘した。

　これらの実践論をふまえ，まず母親に今回の転院に関わる生活保護法について説明し理解を求めることが先決であることが確認された。医師は，MSWに母親と早急に面接を行うことを求めた。査察指導員は効率を図るために，可能であれば，その場にケースワーカーが同席することを提案し，MSWは同意した。

　査察指導員から，さらに母親が「移管」を希望した場合を考え，匿名で転院先を管轄する福祉事務所へ相談しておくことが提案されたので，移管相談に必要な神田さんの状態を説明した。

　まず医師より，神田さんの病状説明が行われた。神田さんの左脳には，中等度の梗塞巣がみられ右半身にマヒが生じていること，また言語障害も見られ今後一定期間のリハビリが必要であることが述べられた。PTからは，病状が落ち着いたため，現在，拘縮予防のベッド上訓練からリハビリ室への訓練に移行しつつあること，年齢が比較的若いため，装具は使用しつつも杖歩行が可能になる可能性が述べられた。OTからは，右上肢のマヒは重度で，実用性が低いため，利き手交換の訓練を優先していることが述べられた。看護師からは，現在はベッド上の生活で排泄から食事までほぼ全介助であるが，これからリハビリスタッフと連携

265

して，できることから病棟でも自立訓練を始めるとのことだった。MSW からは，これまでの医療職の評価を踏まえ，リハビリの継続が可能な回復病棟のある医療機関への転院支援を考えたことが報告された。

査察指導員はケースワーカーにさらに確認しておきたいことがないか確認した。ケースワーカーは，復職の可能性が，移管相談先から質問される項目になる可能性と理由を説明した。地方都市では，障害者雇用がさらに困難であるので，復職の可能性があるなら一時的な転院のみで，現在の管轄地へ戻ればよいのではと言われることが，その理由であると説明した。

医師から歩行の実用性について問われた PT は，年齢が比較的若いことから長期的には不明だが3〜6カ月程度の期間で，屋内自立が目標であることを報告した。OT は，現在左手への利き手交換への訓練中だが，もともと飲食関係の仕事をしていて，他の職種への就職は難しいこともあり就労は困難と考えるとの見解が示された。ST は，神田さんの失語症が運動性失語なので，発語が困難で回復の可能性はあるが時間がかかることを説明した。

ケースワーカーは神田さんの状況がリハビリを必要とし，しかし何らかの就職に結びつくことが可能なまでの回復は見込めないであろうことと，日常生活も環境整備と介護を要するであろうことを，医療スタッフに確認した。

ここで査察指導員は，今後の神田さんの転院支援についての進め方についての提案が出された。まず MSW が神田さんにカンファレンスの結果を説明し，その後に母親との面談日を設定することになった。ケースワーカーは，①移管についての相談を母親との面接日までに転院先の自治体の福祉事務所に行うこと，② MSW と母親の面接日にケースワーカーが同席して生活保護制度の説明と理解の確認を行った上で，今後の神田さんの扶養の意思確認を行うこと，③母親が扶養の意思を示せばそのまま転院は進め，転院と同時に生活保護は「引き取り廃止」とすること，④生活保護の継続を求めた場合は，移管について受け入れ自治体の福祉事務所と相談した結果を説明することの4点について，出席者に了解を求めた。

MSW は生活保護受給者の「移管」について経験したことがなく，生活保護受給者は生活困窮の状況に変化がなければ，どこでも生活保護を継続できると考えており，「実施責任」という概念は全く知らなかったことを認識した。ケース

ワーカーに電話での発言を謝罪した。また，改めて医師に理解を求め，退院日の延期を求めた。医師も生活保護法の運用について理解できたので，なるべく早く母親との面接を進めることを確認した上で，退院日の再設定を許可することとしてカンファレンスを終了した。

④　協働の話し合いの成果

MSWおよび医療関係者に，生活保護法の運用についての理解が得られたことによって，改めて神田氏の母親との面談が設定される環境を整えることができた。

3）考　　察

MSWの退院支援業務と生活保護法の実施機関である福祉事務所のケースワーカーとの関係について，事例を通してみてきた。今回のコンサルテーションは，MSWがケースワーカーに「上司を出せ」と言った所から始まった。このような言葉で，MSWから要求を出せたのはなぜだろうか。現状では研修等で参加者であるMSWにケースワーカーとの関係を尋ねると，否定的な返答が多い。理由は「ケースワーカーは社会福祉士等の専門職ではなく，福祉のことがわかっていない。自分たちは生活保護法についても学んできている」という思いが多いからだと思われる。

生活保護法の実施責任者はだれか？　決定の権限はどこにあるのか。知識としてもっていることと実施の権限行使とは全く別のことである。生活保護の決定の権限は福祉事務所にある。この一見あたりまえに思えることが，生活保護法をめぐりMSWとケースワーカーとの相互不信を生んでいる。

決定の権限がない者は，決定権のある者に何も言えないのか。MSWとケースワーカーとの間で起こる多くのトラブルには，入院患者が要保護者であった場合（すでに生活保護を受給している人は「被保護者」と言う），保護はいつから開始されるのかという点である。MSWが所属している医療機関からすれば，入院直後が一般的に医療費は高額となるため，その時点の医療費を患者が支払うことが困難であれば大きな痛手である。MSWは医療機関からの要請も背負って，ケースワーカーへ相談することになる。

その時，MSWは，福祉事務所への連絡があった日からの開始となるという情報をケースワーカーから告げられ，「なぜ？」「連絡をした日と患者が入院してきた日とでは患者の困窮は同じ状態なのに」と感情的に不信感を募らせる。ケース

ワーカーの回答は，生活保護法の局長通知第10-3「保護の開始時期」が根拠である。「保護の開始時期は，急迫保護を除き，原則として，申請のあった日以降において，要保護状態にあると判定された日とするのである。なお，町村長経由の申請の場合には，町村長が申請書を受領した日，また管轄違いの申請があった場合には，最初の保護の実施機関が申請を受領した日をそれぞれ申請のあった日として取り扱うこと」が，その内容である。法の内容を理解していれば法に拠って立つ公務員としてのケースワーカーの発言は，理解できるであろう。その上で，入院日と同時に患者の経済的問題と内容がアセスメントできるかどうかの問題を，議論・提起していくことはできるのではないか。生活保護法を概論としてではなく，問題の内容に沿った運用面でも知っておく必要性がここにあると考える。

　事例で取り上げた「移管」についても同様である。神田さんの母親が，神田さんを自分の生活圏に置きたいと考えるのは自然の情と考えられ，相談者としてそこを支援しようとするのは間違ってはいない。母親の世帯が神田さんの健康保険料，医療費，生活費等を保障できるなら，すなわち扶養可能なら前述した「引き取り廃止」が可能であり，神田さんは生活保護法の制約を受けずに転院が可能になる。母親が，神田さんの生活保護の継続を希望しているかどうかの意思確認が，先決事項であったのは，このことが理由である。保護継続が希望であれば，「移管」の相談が必要となる。そもそも生活保護の実施責任は，「要保護者の居住地又は現在地により定められるが，この場合，居住地とは，要保護者の居住事実がある場所をいうものであること。なお，現にその場所に居住していなくても，他の場所に居住していることが一時的な便宜のためであって，一定期限の到来とともにその場所に復帰して起居を継続していくことが期待される場合等には，世帯認定をも勘案の上，その場所を居住地として認定すること」と定められている。

　実施責任については，たとえば，他の市区町村からの利用者が多い長期入院施設や老人ホーム等のある自治体の負担が重くならないように複雑な取り決めがある。神田さんが回復期リハビリを受ける期間だけ，実家近くの医療機関を利用するということなら現在の自治体が実施責任を負う。しかし，現在の居住地に戻らないことが明確な場合は，「移管」の相談が必要になる。このように生活保護制度の実施については詳細な規定があるため，理解するにはかなりの実践を要する。また，自治体によって運用に違いがある場合もある。そのために利用者，事例の

場合は母親にきちんと理解しておいてもらうことが必要となる。また，先方の自治体ときちんと協議しておくことが今後の神田氏の生活を支えることとなる。

最後に，査察指導員がケースワーカーにSVを行い，他機関の専門職に対して，コンサルテーションをユニット形式で行った点を考えておきたい。事例において査察指導員がMSWの求めに応じて，上司として電話でコンサルテーションを行った場合，MSWが生活保護制度の運用を理解したとしても，今度はMSWが医療スタッフに，同じ内容を理解してもらうよう働きかけなければならない。法の実施機関が説明する内容とは説得力に差が生じることは予想される。しかも時間的余裕は無い。また，電話でのコンサルテーションで，制度について理解を得ることは相当困難だと思われる。

今回のコンサルテーションの目的は時間的制約のある中で医療関係者に生活保護制度の運用面を理解してもらい神田さんおよび母親の希望する生活環境を決定する支援を行うことであった。効率的にMSWと医療スタッフに理解を求める方法として，法の実施責任者が医療機関に出向くという方法を選択したのである。医療機関の理解を得ておかないと「生活保護受給患者は退院調整が法律のせいで遅くなるので入院はあまり受けたくない」とか「医療機関が患者の治療を一生懸命行っても行政側が協力しないので診たくない」と言われてしまうことがある。行政側も積極的に法律の運用について医療機関側との情報交換に気を配る必要もあると考える。

4）今後の取り組み

生活保護領域では単身生活者の割合が非常に高い。単身者の終末期をめぐって医療機関との間で増加することが予想されるトラブルが，「最期まで家で過ごしたい」という問題である。生活保護法では単身者の死亡時の住居の「家財処分料」の支給を認めていない。アパートで孤独死した人の家財処分料は支給されないため，また扶養義務者が負担することは少ないため家主とケースワーカーとの間でトラブルが発生する。このことによって，これまでターミナルケア期で最期まで自宅で過ごしたい人には自分の死後の家財処分料を貯蓄し，手続きや支払を頼める親族・友人を確保するよう，また，家主の理解を得ておくようケースワーカーは情報提供を行ってきた。しかし，このことについては，医療機関ではまだそれほど認識されているとは言い難い状況にあると思われる。

第Ⅱ部　スーパービジョンの理論と実践の統合化に向けて

　2015年4月から「生活困窮者自立支援法」が施行された。社会保障制度を第1のセーフティネット，生活保護法を第3のセーフティネットとして第2のネットの創設である。生活保護法は対象者が「現に生活に困窮しているもの」で生活困窮者自立支援法の対象者は「今後生活困窮に陥る可能性があるもの」とし，なるべく早い時期からのアウトリーチによって生活保護世帯の減少を目指している制度でもある。違いを理解して対象者の自立を支援することも必要とされる。

　このように今後ますます医療・福祉に関連して福祉事務所も最近の動向と生活保護法の運用の関係に着目し，医療機関と相互に患者の利益を念頭に情報交換を行っていく必要があると考える。

（7）地域包括支援センターで家族への対応困難事例への家族療法を用いたスーパービジョン

■領　域	精神保健福祉，地域福祉，児童福祉，高齢福祉，母子・父子福祉，家族福祉，法人・管理 国際福祉，身体障害，知的障害，生活保護，司法・矯正・更生保護，医療福祉
■形　態	個別，グループ，ピア，セルフ，ユニット，ライブ

1）家族支援に向けたスーパービジョン

　社会福祉・保健医療分野における対人援助の専門家は，クライエントに対して家族を含む視点，地域社会の生活者としての視点をもって援助にあたることが当たり前のようにいわれている。しかし実際の家族支援は，家族システムの理解やアセスメントの下で行われているとはいえ，個人援助の同一線上でなされていることが多い。またクライエントとのパートナーシップや協働による実践が叫ばれても，本来クライエントが有している力が見えないまま，個人が示す問題の大きさに引きずられてしまったり，業務の効果を示せない状態で無力感を味わっている姿もよく見かける。さらに自分の業務を機関機能の一環として位置づけられないことで，組織的な承認や支援を受けているという実感が持てず孤軍奮闘している場合もあるだろう。

　本項では，スタッフの業務をバックアップする目的で，行き詰まった業務の打

開を目標に，スタッフが担当事例の理解を深めることと，クライエントの生活課題を共に担う関係形成についての内容で，管理的機能を中心に個人スーパービジョン形態で行う家族療法的アプローチのスーパービジョン（以下，SV）を紹介する。ここで取り上げる SV は家族療法の概念を使っているが，スタッフ業務のすべてを機関業務に位置づけ，機関の方針や手続に則って目標達成を図る運営管理者としてスーパーバイザー（以下，バイザー）を位置づけ，双方が明確な役割規定に基づいてそれぞれの機能を的確に果たす互恵的関係で業務の方向づけ・点検・モニタリングを行う等，基本的な SV 過程を踏襲したものである。

　パートナーシップや協働は，家族，職場，学校，地域といったクライエントを中心に，横軸の広がりをもつ取り組みイメージで捉えられがちである。しかし，横軸で構成される平面図では，さまざまな要素間の交互作用が見えてこない。家族療法的視点による SV は，クライエントのライフサイクル，核家族や拡大家族のファミリーライフサイクル，社会変動や文化的変遷といった縦軸のアセスメントを明確にすることで，平面図を海の深さや山の高さをしっかりとイメージできる立体図として，対人援助の専門家の業務を支えていくことができる。

2）家族療法的アプローチとは

　個別援助技術論で家族支援を展開しているスタッフが，家族をクライエントの単なる背景としてしか見ていないことや，個の集合体として家族を捉えている現象はよくみられる。家族療法的アプローチによる SV の場合，システム理論のレンズを通して現象を見ることで，個別援助の視点が家族支援の視点へと転換して行く。スーパーバイジー（以下，バイジー）は，個人の困難現象を家族全体の機能，兆候，力動のコンテクストの中で捉え直し，取り組み課題や取り組み方法の違いが出てくるのを体験することになる。家族療法的視点とは，どのようなものかについては，家族療法初心者に対するシステム理論的アセスメントのアウトラインとして挙げられている以下の6項目を参考にしてもらいたい（Lee & Everett 2004 ＝2011：51-52）。

① 対象家族の構造はどのようになっているか，例えばサブシステム，境界線，三角形，連合など。
② 個人の精神医学的診断に囚われることなく家族全体に見られる機能不全

のコンテクストに焦点を当てると，対象家族の症候は具体的にどのようなものか。
③ 個人の診断，および／または，家族システムの機能不全は，どのようにシステム全体のホメオスタシス的バランスを特徴づけているのか。
④ 第一子ないし末子の家からの巣立ちなど，家族の人生経験における発達的側面の予測。
⑤ 潜在的な世代的影響，および／または，子どもたちの学校のような過程ではない外的システムからの潜在的ストレス因子。
⑥ 上記の因子を三世代から四世代にわたるジェノグラム上に図式化する能力を効果的に示すこと。

3）家族の立体理解に至るスーパービジョンプロセス

個人支援で行き詰った援助過程を，家族療法アプローチで打開するSVの過程を辿ってみる。ここで示すSVは，スタッフが組織方針に基づく業務をより的確に，より効率よく実践できることを目指した確認作業であり，以下の3つの視点を導入している。

① 個（ミクロ）からシステム（メゾ・マクロ）に焦点を広げる視点の導入
② 生物・心理・社会的側面の包括的アセスメントの導入
③ 問題解決から生活課題と取り組むエンパワメントの解放・促進へとシフトした視点の導入

以下に，SV事例の概要を示す。なお，その内容は，事実を曲げない程度に加工している。

4）家族支援に関するスーパービジョン事例

65歳の女性，田口さん，夫は10年前に死亡。同居している息子である明さんは40歳，IQ 40の知的障害があり，現在作業所に週3日通所している。田口さんは椎間板ヘルニアで疼痛がひどく，家の中を這うようにして移動している。田口さんは2週に1回病院に通院していたが，いつも明さんが田口さんを抱きかかえるように連れて来ていた。長年親子を見てきた看護師が，「この様子では日常生活

第9章　スーパーバイジーとスーパーバイザーの協働作業

がたいへんだろう，介護保険で家事援助サービスが使えれば息子さんの負担も軽減できる」と田口さんに声掛けをして，同地区の包括支援センターに連絡をとった。連絡を受けた地域包括支援センターのソーシャルワーカー（以下，ワーカー）の長谷川さんは，電話で状況を確認し次の日の午前中に田口さん宅を訪問した。

長谷川さんが訪問をした時，田口さんは居間のベッドに横になっていた。とても痛そうで動けそうもない様子だったが，家の中はとてもきれいに片づいていた。長谷川さんが介護保険の説明をしたところ申請に前向きで，「息子は特別学級を卒業後，授産施設で仕事をして給料をもらっています。いくつかの民間会社への就労支援を受けて入職したのですが，仕事ができず知的障害を理由に何度もクビになっていましたが，今は作業所で落ち着いています。介護保険をつかうかどうかのことは息子の意見を聞いて決めたいので息子のいる時にもう一度来てもらえますか。息子は午後2時には作業所から戻るので，よろしくお願いします」と言った。

長谷川さんは，午後3時に再度田口さん宅を訪問した。明さんは田口さんを甲斐甲斐しく世話をしていた。明さんは，長谷川さんの説明をうなずきながら，じっと聞いていた。説明を終えて，長谷川さんが，「家事援助を導入すると明さんも自由な時間が持てるようになりますよ」と言った。明さんは首を縦に振って「うん，いいかも」と言った。長谷川さんが母親に向かって，「息子さんも賛同してくださいましたから，申請しましょうか」と問いかけた。すると田口さんは布団の上に正座をして，長谷川さんに向かって頭を下げ，「御足労いただいてありがとうございました。奇跡が起きました。痛みが消えました。この調子だと，息子と2人でやっていけそうです。大丈夫のようですので，介護保険の申請はお断りします」と言った。

長谷川さんは，この母子について，「介護拒否，対応困難事例」として職場の上司であるバイザー（以下，上田さん）に訪問の様子を報告した。報告を受けた上田さんは，今後の対応を巡って緊急のSVが必要だと判断して，長谷川さんに「5時から1時間会議室で個別SVを行う」と告げた。

SVでは上田さんは，個人支援ではなく家族支援の方針を打ち出し，家族療法理論に則った「立体理解のガイドライン」（福山 2004：159-164）として6つの項目を挙げ，業務点検を開始した。

第Ⅱ部　スーパービジョンの理論と実践の統合化に向けて

①　「知的障害は後天的ですか」との上田さんからの質問に、長谷川さんは、中途障害のエピソードはなく先天性だと思いますと言った。上田さんは、「先天性と理解したとすると、家族は40年間この障害と取り組んできた歴史を持っているということですね」という。上田さんの応答を受けて、「明さんの生活史から、この家族は明さんの障害を受け入れ、その時代の制度・資源を利用してきたことが窺えます。このように取り組んできた家族なので、制度や資源の利用を嫌がることや、社会的支援を拒否するような支援困難家族ではないことが理解できました」と長谷川さんは介護拒否、困難事例と報告した自分の業務報告の妥当性について点検し始めた。

上田さんの①の問いは、個々人の出来事を家族ライフサイクルの視点で捉え直すことを促したものだった。先天性の知的障害という生物学的側面は、息子の知的障害と社会的に取り組んできた40年間の家族の歩みという社会的側面のアセスメントに広がり、制度や資源に対して心理的な抵抗を示す家族ではないという心理的側面の理解に至り、長谷川さんには生活課題と取り組むことが可能な家族の力が見えてきたといえよう。

②　「息子が、『うん、いいかも』と云った言葉をどのように解しますか」と上田さんは尋ねた。

「その場のやり取りでは文字通り『了解』の意味でとれるのだが、田口さんはそれを受けてすぐ『介護保険の申請はやめにします』と反応した。時間にして5分くらいで、田口さんが話を打ち切った理由は今でも理解できない。明さんが嫌な顔をしていたわけでもなかった。ただ、私は説明していて、一人でしゃべらされている虚しさみたいなものを感じていた。『介護申請はお断りします』という一言は、申し訳なさそうで、疲れ切った弱々しい感じだったのに、二人でバシャンと関係を遮断する強い意志のようなものを感じた」と、長谷川さんは応えた。

上田さんは長谷川さんの話を受けて、「これは情動反応で、ほとんど非言語のコミュニケーションでしょう」と言う。長谷川さんは、言語的コミュニケーションだけに気を取られ、田口さんの感情の変化に全く気が付かなった。明さんの集中力の限界だったのか、話していることが理解できず苦痛だったのか、雲をつかむような感じに陥っている。上田さんは、「クライエントシステムとの関係遮断は、クライエントシステムに巻き込まれている現象で、援助者側の技術の問題で

はないことが多い。家族を理解するとても大切なポイントなのだが，ここで取り上げる時間がないので別な機会にしよう」と言って次の項目の点検に移った。

　③　「家の中が整理整頓されていたことをどのように解しますか」と上田さんは尋ねた。長谷川さんは，母親が動けないのに部屋が整理整頓されている状態なので，一瞬違和感を覚えた。自分が観察したことを基に検証してみると，IQ 40の知的障害の場合，家の中のあらゆるものが常に同じところにおいてなければ，明さんは非常に不安定になり，動けなくなる。このような推測から，整理されているように見える家の中は，40年間その場所を移動させていないことが明白になる。家の整理整頓は，明さんが母親の指示通りに動くためには必然的に必要なことである。この状態は，田口さんの夫の死亡後も家を管理し，整頓されてきたものである。つまり，明さんの障害に親子で，40年間取り組んできた結果である。明さんにとっては，社会人として自立する援助を受けてきたが，結局，彼に残されている役割は，母親の世話を息子として担うことである。母親は，息子が社会で知的障害を理由に解雇されてきた経験から，自分のケアのためにヘルパーを依頼することで，この息子の母親を世話する役割を奪ってしまうことだけはしたくないと考えた。だからこそ，介護保険のサービスを断ったのである。長谷川さんは母親と息子が置かれている状況を理解した。

　上田さんは，「このような家族は障害と長年取り組んできているため，外的サービスを活用する能力も持っている。だからこそ，息子が授産施設で働く能力を保つことができているのである。互いに自らの役割を遂行して生きてきたこと，それを認めるのが，人の尊厳の保持に基づく援助である」と言った。そして，訪問時の観察からは，緊急介入の必要性があるとは判断しないと付け加えた。長谷川さんは，「田口さんの腰痛は病院で取り組まれており，明さんの協力で家事機能もある程度維持されている。早急に危機介入を要する状態ではないと思います」と言った。ここで家族システムが機能しているという家族の力を認めた上で，田口さんたちの支援の方向性が出された。

　④　「息子への説明方法の妥当性はあるのか」と上田さんは尋ねた。長谷川さんは，明さんが予測と違い身なりも挨拶もきちんとしていたと言った。続けて「自分の持つ偏見のバイアスが，逆に知的障害であるという認識を薄れさせ，書類を提示するという普通の説明をしてしまった。この場合，明さんが理解できる

ように，もっとわかりやすい説明の仕方をするべきだった」と言った。しかし，上田さんは，知的障害であることを知っていたのなら，説明の仕方の工夫が必要であったと言い，長谷川さんに対して，「おそらく息子を尊重した母親に，どのような説明が妥当かどうかを尋ねた方が，母親の取り組みへの尊厳の保持をした関わりができたのではないかと思われる」と言った。これはシステムの相互作用に加わる際には，そのシステム独自の取り組みパターンに合わせるという基本的な技法である。

今回の訪問では，説明の意図は田口さんや明さんが個々に介護保険について理解し，申請の動機づけを高めることに置かれていた。「この意図を，家族間での検討あるいは合意形成に置き換えることで，説明方法がどのように変わるだろうか」と，上田さんから問いかけられた。そして，上田さんは，家族面接の意義，工夫について，ロールプレイを交えながら以下のように話した。

援助者はまず家族システムと向かい合い，家族の普段のコミュニケーションに加わる意識をもつことで，部外者ではなく会話のパートナーとしての立ち位置で関係づくりをする。そして，三者の交互作用を使って会話を展開していく。彼らの世界に入っていくのだから，わからないことがいっぱいあるのは当たり前で，「それはどういう意味でしょうか」といった質問をしながら，家族を理解していくことが面接の意義である。このようなパートナーシップや協働を意図した関わりは，家族療法的アプローチの基本的な姿勢で，これを実現する方法・技法については参考書籍やワークショップでの訓練を通して学んで欲しいとのことだった。

⑤ 「男性で40歳のイメージは何か？」との上田さんの問いに対して，長谷川さんは，40歳は，生物・心理・社会的な成熟に達した年代で，社会的には多くの役割を担い，女性，子ども，高齢者を支える頼もしい存在，とても忙しく動き回っているイメージをもっていたと，長谷川さんは言った。話しながら，長谷川さんは「40歳男性のイメージ」と明さんが合わないことに気づく。「明さんが，いかに社会的な位置づけをはく奪されてきたかということですね」という上田さんの指摘を受けて，明さんを社会的コンテクストに位置づけてみる。明さんの40年間の人生や家族・社会で担ってきた独自の役割に連想が及ぶ。40歳，男性として明さんの社会的存在や役割遂行が理解できると，明さんや家族がもつ力が見えてくる。

⑥ 「息子は自由な時間が持てるだろうからと考えたことの根拠は何か?」との上田さんの問いに,長谷川さんは,訪問時には息子についての理解が偏っていた。明さんは,作業所に行く日を増やしたり,友達と過ごす時間や外出機会が増えることで,母親の介護に拘束されることなく,自由な時間が持てると考えた。また明さんの場合,母子間が密着しすぎており,自由時間の確保は明さんが自立に向うためのニーズだとも考えていた。介護支援のメリットを紹介することで,介護申請の動機づけを促しているつもりもあった。

　この点について,上田さんと,次のようなリフレクティブな話し合いを行った。母親と息子は,すでにそれぞれの時間を自由に使えるという分化した関係性にある。これまでの点検から,この二者関係では一体性と個体性のバランスをうまくとって日常生活を維持してきた親子であることを十分に理解すべきである。その意味では,母親は,息子の自立を十分に視野に入れ,息子を育て,授産施設で,給料を得て働けるまでに育てている。しかし,社会では,すでに息子の自立を援助する体制が整っていないことを,母親が現実に十分に理解している。これらの事象を立体的に理解することが,この親子への援助には必要なことである,とのことであった。しかし,長谷川さんは,人は自立するもので,依存-支配の関係から解放された個の自立に価値を置く支援の方向性を選択していた。上田さんは,「これは結果として到達した家族の事象であって,母子密着の問題(病理)現象ではないので,介入によって改善したり修正したりする必要はないと言った。一体性と個体性のバランスの取れている家族システムは,自由な時間が持てるといった分化に価値を置いているのである。だからこそ,この家族はさまざまな課題に対処できてきたのである。これが,この家族の特徴であり強みである。このような家族は共に取り組む課題が明確になると,1プラス1は2以上のエネルギーを生み出すかもしれない」と言った。長谷川さんは,上田さんとのSVが,「家族の力を発見する探究の旅」のようなものだと感じた。

　SVによる業務点検を通して,長谷川さんには個人支援のレンズとシステム理論のレンズでは,見える現象が違っていることがわかってくる。現象を問題として捉え,問題の修正や解消を志向していたことを上田さんと確認し,「支援拒否・接近困難家族」に対する仮立てのアセスメントを,「生活課題と取り組む力

をもつ家族」に変更した。①説明不備を詫びる，②介護保険の申請の勧めではなく，今後生じるだろうリスク，母親ないしは息子の熱発等への緊急支援の必要性を予測した支援関係の形成を目標に，長谷川さんが再度訪問する面接計画を立て，SV を終了した。

5）考　察

　家族支援のリスク管理について考える。SV の管理的機能として挙げられるスタッフ業務のリスク管理について，家族療法の固有の視点で可能なことを検討してみる。クライエントシステムに巻き込まれることでケース展開が困難となることや，葛藤状態の中で多くのエネルギーを消耗して担当者がバーンアウトやドロップアウトする事態，また担当者がクライエントシステムの混乱をエスカレートさせる現象もある。このような事態を把握した場合，SV で，巻き込まれ現象（三角形化）の点検と巻き込まれからの離脱（脱三角形化）のコーチングをすることにより，機関業務のリスクマネジメントやスタッフ業務の保証が可能となる。前述した支援者の「巻き込まれ現象」を，三角形の概念を使って点検することで，以下のような流れを読みとることができるのである。

①　田口さんと明さんの関係は安定していた。
②　しかし，田口さんと明さんの間に何らかの混乱が発生すると，安定していたバランスが崩れる。
③　田口さんはこの関係に居心地の悪さを感じ，目の前に現れた援助者である長谷川さんに不安を流すようになる。
④　不安を伝達された長谷川さんは，田口さんの不安に共感し，田口さんの不安を軽減しようと不安の発生源と思われる明さんに接近し，田口さんと明さんとの関係に三角形化されることになる。
⑤　明さんは他者の介入を不快に感じ，長谷川さんに拒絶感を示す。
⑥　明さんと長谷川さんに居心地の悪い不安定さが発生すると，田口さんはすぐさま明さんの味方となり，長谷川さんとの関係から撤退，田口さんと明さんとの関係に安定が戻ってくる。
⑦　長谷川さんは三角形化の段階で，田口さんと明さんとの関係の部外者という立場に置かれ，両者から関係が遮断され居心地の悪い感情を向けられ，

第9章　スーパーバイジーとスーパーバイザーの協働作業

取り残される。

　長谷川さんは，自分に発生したこの居心地の悪い体験を，田口さんの支援拒否・接近困難家族と認識することで自分の不安を合理化していた。しかし長谷川さんは，この三角形化の中に巻き込まれて消耗し，自覚がない分，訳のわからない疲労感やストレスフルな感覚で悩まされることになった。また，傾聴が足りなかった，受容できていなかった等，援助者としての不全感に襲われることにもなった。これは長谷川さんが部外者となることで田口さんと明さんとの関係に安定が戻った過程だが，田口さんと長谷川さんの連合で明さんが部外者となり，田口さんと長谷川さんとの関係に葛藤をもたらす三角形化もよく起こる現象である。システムの防衛反応を感知したなら，意図的に三角形からの離脱を試み，システムに関与できる範囲で距離をとり，三者間で中立的な働きかけをしていく脱三角形化の動きが必要となる。

　三角形化は第三極を使って二者関係を安定させる関係過程で，霊長類はもとよりいくつかの哺乳類にもみられる原始的な現象といわれている。これは生物学的な基盤をもつ生理的な反応であるため，巻き込まれている当事者にはわかりにくい現象でもある。家族療法的視点によるSVは，システム内で働く情動反応を明確にする理論をもっており，スタッフ業務のリスク管理として活用できるものである。

6）今後に向けて

　家族療法の定義は明確に定まっておらず，家族全員が参加することを必須の条件とする学派も少なくなり，システム理論を基盤にした臨床であれば，たとえ個人面接であっても家族療法の理論を適用できると考えられている。精神保健福祉分野の臨床は家族を含む実践が多いにもかかわらず，個別支援の枠に囚われた取り組みが多くなされている。それは個別援助など自我心理学を基盤とした個人SVだけではスタッフ業務のバックアップが十分にできないということでもある。先人たちは個人心理学を基盤としながら家族支援を行ってきているが，家族支援を目指すスタッフが効果的に，安全に業務を遂行できるようにするためには，科学的に裏付けられた家族療法理論に基づくSVがソーシャルワークのSVとして体系化されることが必要である。

第Ⅱ部　スーパービジョンの理論と実践の統合化に向けて

注
(1) 小此木（1979：57）は対象喪失をした者は，失った対象を悼む気持ちをおいておき，とにかく社会生活や世間への適応を図らなければならないこと，そのために対象を失った悲しみや怒りを一時的に心の奥に抑え込むと述べている。
(2) 福山（2005：229）は FK・SAS（スーパービジョン・アセスメントシート）を使用し，セルフスーパービジョンの進め方を提示している。
(3) 厚生労働省（2014）「第3回地域医療構想策定ガイドライン等に関する検討会資料」4-13頁。
(4) 厚生労働省（2002）「医療ソーシャルワーカー業務指針」。

参考文献
・第1節
小此木啓吾（1979）『対象喪失——悲しむということ』中公新書。
福山和女（2005）『ソーシャルワークのスーパービジョン』ミネルヴァ書房。
畑下博世・守田孝恵・石川由美子（2003）「ドメスティック・バイオレンスの3つの要因」『保健婦雑誌』59(12), 1154-1158頁。
Kadushin, A. & Harkness, D. (2014) *Supervision in Social Work, 5th Edition*, Columbia University Press.（＝2016, 福山和女監修『スーパービジョン イン ソーシャルワーク』中央法規出版。）
厚生労働省雇用均等・児童家庭局家庭福祉課（2015）「ひとり親家庭の支援について」。
厚生労働省（2012）「平成23年度全国母子世帯等調査結果報告」。
Richmond, M. E. (1922) *What is Social Case Work*, Russell Sage Foundation.（＝2007, 杉本一義訳『人間の発見と形成』出版館ブッククラブ。）

・第2節(4)
西原雄次郎（2005）「ソーシャルワーク・スーパービジョンに関する体験的考察」『ルーテル学院大学研究紀要』39巻, 43-50頁。
西原雄次郎（2014）「ソーシャルワーカーが直面する困難事例を考える」『ルーテル学院大学研究紀要』48巻, 23-30頁。

・第2節(5)
厚生労働省（2014）『第3回地域医療構想策定ガイドライン等に関する検討会資料』4-13頁。
厚生労働省（2002）「医療ソーシャルワーカー業務指針」。

・第3節(4)
Kadushin, A. & Harkness, D. (2014) *Supervision in Social Work, 5th Edition*, Columbia University Press.（＝2016, 福山和女監修『スーパービジョン イン ソーシャルワーク』中央法規出版。）

・第3節（6）
『生活保護手帳 2017年度版』（2017）中央法規出版．
『生活保護手帳 別冊問答集 2017年度版』（2017）中央法規出版．
・第3節（7）
福山和女（2004）「家族臨床，私の見立て」『家族療法研究』24(2)，金剛出版，159-164頁．
Eda, G. & M. Noonan (1999) *Short-Term Treatment and Social Work Practice.*（＝2014，福山和女・小原真知子監訳『総合的短期型ソーシャルワーク』金剛出版．）
Kadushin, A. & D. Harkness (2014) *Supervision in Social work Columbia University Press.*
Kerr, Michel E. & Murray Bowen (1988) *Family Evaluation.*（＝2001，藤縄昭・福山和女監訳『家族評価――ボーエンによる家族探究の旅』金剛出版．）
Lee, R. E. & C. A. Everett (2004) *The Integrative Family Supervisor.*（＝2011，福山和女・石井千賀子監訳『家族療法のスーパービジョン』金剛出版．）

　　　　　（福山和女〔第1節（1）～（3）・第2節（1）～（3）・第3節（1）～（5）〕・
　　　　　野坂洋子〔第1節（4）〕・西原雄次郎〔第2節（4）〕・篠原純史〔第2
　　　　　節（5）〕・坪田まほ〔第3節（6）〕・荻野ひろみ〔第3節（7）〕）

第Ⅲ部　スーパービジョンの倫理・教育・研究

第Ⅲ部　スーパービジョンの倫理・教育・研究

　スーパービジョンの起源は，リッチモンドの時代まで遡ることができる。米国慈善組織協会により，1880年代のボランティアの教育を目的とした夏期養成講座がスーパービジョンの始まりと考えられており，その営みは今日に至るまで脈々と受け継がれている。わが国でも，福祉臨床の場でスーパービジョン機能が発揮され，知識や技術が伝承されてきた。しかし，今日の社会福祉状況の中で，さらに意識化・構造化されたスーパービジョン実践が求められている。

　ブトゥリム（Butrym 1976＝1986：12-13）は，「ソーシャルワークとは人間の内的世界と外的世界，またその両者の関係に目を向ける専門的活動である」と規定した上で，「ソーシャルワーク業務に対する専門的指導が行われなければ，残余的なソーシャル・サービスとなり，ソーシャルワークではなくなってしまう」と述べている。ソーシャルワークの対象となる貧困や虐待など深刻で複雑な生活背景の中にある人々を援助することは，ブトゥリムが指摘するように，ソーシャルワークの固有性・専門性に根ざした適切な指導がなければ，ソーシャルワーク実践は困難である。ソーシャルワークスーパービジョンは，そのような問題に応える重要な方法の一つである。

　全米ソーシャルワーカー協会倫理綱領には，「ソーシャルワーカーは，実質的な職務場面でサービスを提供したり，自分で初めて用いる介入技法や接近法を利用しようとするときは，これらの介入や技法について能力のある人から適切な研修，訓練，助言指導，スーパービジョンを受けた後にそうするべきである」（NASW 1996＝1997：7）として，スーパービジョンの必要性に言及している。

　ソーシャルワークの発展の歴史が示しているように，人と人を取り巻く環境，その関係性に焦点を当てたエビデンスに基づいた援助を展開するためには，ソーシャルワーク教育が不可欠である。スーパービジョンは，ソーシャルワーカー養成教育及びソーシャルワーク実践の中に深く根づいている。第Ⅲ部では，スーパービジョンの理論と実践を繋ぐものとしてスーパービジョンの倫理，教育・研修，研究の3分野について述べる。

　第10章では，スーパービジョンを実施する際の羅針盤となるスーパービジョンの倫理について考える。レヴィによるソーシャルワーク倫理の見解を，スーパー

ビジョンの観点からみると，次のようにいうことができる。「スーパービジョン倫理は，スーパーバイザーとしての能力，役割，地位をもってする行動を先導し，規制し，統制する。スーパーバイザーが専門職としての機能を遂行し，スーパーバイザーのメンバーとして行為していく場合に期待されるものを表わしている」(Levy 1993＝1994：27 一部改変)。

第1節はソーシャルワーク倫理を基盤とするスーパービジョンの倫理について，第2節はスーパービジョンの行動基準，第3節はスーパービジョンにおける契約の問題について述べる。

第11章ではスーパーバイザーの教育・研修を考える。

ソーシャルワーク領域で，スーパーバイザー養成が今日ほど組織的に行われたことは過去に例をみない。社会福祉士・精神保健福祉士実習教育における実習スーパーバイザーの養成をはじめ，ソーシャルワーカーの現任者を対象にしたスーパーバイザー養成プログラムが，職能団体の主導の基に積極的に行われている。

第1節では，スーパーバイザー教育について述べる。スーパービジョンは実習スーパービジョンと，現任者スーパービジョンの2領域がある。人材活用や養成教育におけるスーパービジョンとその枠組み，スーパーバイザーによる人材活用と養成の方法，スーパービジョンの実践上の困難とスーパーバイザー教育上の課題について述べる。

第2節では，スーパービジョンの異質性と同質性について述べる。スーパービジョンは主として同一職種によるものとする考え方が一般的であったが，他職種によるスーパービジョンの効果（コンサルテーション機能）も示されており（福山 2005：258-259），スーパービジョンの効果を高めていく方策として，ソーシャルワーク・スーパービジョンにおける異質性と同質性について考える。

第12章は，スーパービジョン研究を取り上げる。スーパービジョン研究はこれまでにも一定の成果を挙げているが，さらなる研究の深化が望まれる。スーパービジョンの効果や評価は重要な課題である。今後，質的研究と量的研究のコラボレーションが必要となる。第1節ではスーパービジョンの質的研究について，第

第Ⅲ部　スーパービジョンの倫理・教育・研究

2節では量的研究について述べる。

参考文献

福山和女編著（2005）『ソーシャルワークのスーパービジョン――人と理解の探求』ミネルヴァ書房.

Levy, C. S. (1993) *Social work Ethics on the Line*. (＝1994, 小松源助訳『ソーシャルワーク倫理の指針』勁草書房.)

National Association of social workers (1996) NASW Code of Ethics, 1996, Washington, DC USA. (＝1997, 日本ソーシャルワーカー協会国際委員会訳『全米ソーシャルワーカー協会――ソーシャルワーク実務基準および業務指針』相川書房.)

Butrym, Z. T. (1976) *The Nature of Social work*, The Macmillan Press. (＝1986, 川田誉音訳『ソーシャルワークとは何か――その本質と機能』川島書店.)

（浅野正嗣）

第10章　スーパービジョンの倫理

1　倫理綱領

（1）ソーシャルワークとスーパービジョン

　「ソーシャルワーカーの倫理綱領」は，2005年にソーシャルワーク専門職4団体の合意の下で取りまとめられた。これまでスーパービジョンに関する規範は，スーパービジョン（以下，SV）実践に対する留意点として，個々のスーパーバイザー（以下，バイザー）の判断に委ねられてきた。ソーシャルワーカー（以下，ワーカー）育成のための方法であるスーパービジョンは，「ソーシャルワーカーの倫理綱領」に準拠する。

　近年，精神保健福祉士や社会福祉士，医療ソーシャルワーカーなど社会福祉領域の専門職団体は，SVに対して積極的な取り組みを行うようになった。2015年3月には，認定社会福祉士認証・認定機構により，スーパーバイザーの行動規範が示される等，ソーシャルワーク・SVに関する新たな一歩が踏み出された。

　本章で述べるSVの倫理は，社会福祉実践研究をはじめ，SVの実践や研究においてその蓄積のある心理学や精神医学等，関連領域の知見を手がかりとして述べる。[1]

　なお，ここでいう倫理とは，「人倫のみち，実際道徳の規範となる原理，道徳」（『広辞苑　第6版』）を指し，「人間の根拠としての自然（人間の本来の姿）との関連を常に自覚しながら遂行され，それとの関連が曖昧になればその都度反省され，修正される行為」（村本 1998：43）と規定する。

　「一人の人格をケアするとは，最も深い意味で，その人が成長すること，自己実現することをたすけることである」（Mayeroff 1971＝1987：13）というメイヤロフの思想は，ソーシャルワークと視座を同じくするものである。このような観点からSVを捉えれば，「スーパービジョンは，クライエントに最善の援助を提供

するために，スーパーバイジー（以下，バイジー）が専門職として成長し，その自己実現を助けるための営みである」といえよう。

本章は，SV の倫理が，SV 実践の方向性を指し示すものであることを理解できるように構成した。SV 倫理の必要性，SV 倫理，バイザーに課せられた倫理，SV のプロセスにおける倫理についてみていく。

（2）ソーシャルワーカーの倫理

ソーシャルワーク専門職は「体系的理論」「権威」「コミュニティの認可」「倫理綱領」「文化」を要件としている（Weinberger 1974＝1978：278）。また「ソーシャルワークの基礎哲学は，人間の本質に内在する普遍的価値から導き出されるものであり，『人間尊重』『人間の社会性』『変化の可能性』という三つの価値前提によるもの」（Butrym 1976＝1986：59-65）であることはよく知られている。そのような枠組みや価値を基盤とする専門職は，一定の責任と義務を担う存在である。しかし，その機能はクライエント，社会情勢，ワーカー等さまざまな要因によって影響される。ソーシャルワーク専門職は，クライエントに対して，常に最善の援助を提供することが責務であり，ソーシャルワーク実践に際しては知識，技能，能力，価値観が必要といわれている。その価値基盤としては，個人の尊重，守秘性，社会変革，意志力（感情，自発性，一貫性），個別性，クライエントの自助能力，社会正義，専門職行為等の項目が挙げられている（NASW 1996＝1997：35；Reamer 1999＝2001：32-33）。

このような価値基盤の上でソーシャルワークが展開されるが，その過程でワーカーの個人的価値観と，専門職としての価値観が一致しない場合や，一般社会の価値観と，専門職者の価値観にズレを感じることはめずらしいことではない。そのような「価値上のディレンマに直面したとき，ソーシャルワーカーたちは，ソーシャルワークの価値の本質に関する信念のもとでの決定を根本的に基礎とする」（Reamer 1999＝2001：22）ことが重要になる。ソーシャルワーカーの行動を規定する「倫理綱領とは，専門職上の価値を具体化したものである」（Hepworth et al. 2006＝2015：115）というように，ワーカーの行動を規定するソーシャルワークの倫理は，ソーシャルワーク実践の方向性を照らし出すものである。

（3）スーパービジョン倫理の必要性

　ソーシャルワークは，ワーカーとクライエントの二者関係を軸とした人間的な交流を通して，さまざまなサブシステムの中で，クライエントの生活課題の軽減・解決を目指した援助実践である。その実践は，ヒューマンサービスの特徴でもある援助者のものの見方や考え方が，援助に大きく影響をする。ワーカーがクライエントやその状況，問題等を，どのように捉えるのかによって，援助の方向性は大きく変化する。また，私的な自己から専門職としての自己への役割移行に伴う戸惑いや悩み，専門職であることによって生じる葛藤等，常に中立的でクライエントに寄り添った援助を展開することが難しいと感じることは，多くのワーカーの実感であろう（Hepworth et al. 2006＝2015：114）。バイザーはクライエントの情報管理やバイジーの失敗など具体的な課題に関心をもたなければならない（Reamer 1999：248-250）といわれる所以である。

　SVを受ける環境にない職場などで，ワーカーが一人で援助をふり返ることは意味あること（Richmond 1917：349）といわれている。しかし，経験の浅いワーカーにとってみれば，一人で援助を振り返ることは難しさもあれば限界もある。同僚と話し合うことも一つの方法だが，バイザーがバイジーにとって語るべき他者として，バイジーのふり返りを促し，適切な指導をすることはバイジーの専門職としての成長に大きく寄与するものとなる。バイザーはバイジーに，ソーシャルワーク専門職としてのあるべき姿を指導することになるが，そのときにSV倫理は拠り所となる。同時に，「ソーシャルワーカーが官僚機構の中で監督する同僚に対しては，特別な倫理秩序が要求される。スーパーバイザーに比べて，指導を受けているスーパーバイジーが不利な立場にいることを考えれば，これは明らかであろう」（Levy 1983＝1994：189）とレヴィが指摘しているように，バイザーには，バイジーに対する倫理的責任がある。

　ワーカーが援助専門職として自らの行動を律するために，ソーシャルワーカー倫理綱領が置かれているように，バイザー自身がSVにおける行動を律するために，SV倫理が必要となる。[3]

（4）スーパーバイザーの倫理責任

　ソーシャルワークを遂行する上で，さまざまな矛盾や難題に直面して，価値葛

藤に陥ることはめずらしいことではない。ソーシャルワーク実践でよくみられる葛藤の一つに，クライエントの生活課題に対する援助過程で，クライエントのニーズと，組織の意向が異なる場面がある。クライエントに対する援助への理想と現実との狭間で，幾多の価値葛藤が生じる。そのような状況の中で，ワーカーは何らかの方向性を示さなければならない。SV は，バイジーが抱えている援助課題の解決を通して，クライエントの生活課題を軽減・解決するのである。SV で扱う範囲は，クライエントの生活課題をはじめとして，バイジーの援助方法やバイジーが所属する組織における課題，関係する地域資源等も視野に入れた，ソーシャルワーク業務全般に及ぶ[4]。バイザーはそれらに対して一定の倫理的責任を負う。

次にクライエント，バイジー，組織（職場）に対して，バイザーの取るべき倫理責任について述べる。

1）クライエントに対する倫理責任

SV ではバイジーの援助業務の中でも，クライエントに対する直接援助のあり方について指導することが多い。バイザーはクライエントが最善の援助を受ける権利を保障する意味からも，バイジーに的確な指導をする責任がある。

① クライエントにとって最善の援助が受けられるようにバイジーを指導する

バイザーはバイジーが持てる能力を最大限に発揮して，クライエントの生活課題の解決のために，人的，物的，情報，関係性資源等さまざまな社会資源を有効活用して，クライエントの利益を最優先した援助を提供できるようにしなければならない。クライエントが置かれている状況が複雑で深刻な場合や関係性の構築が困難な場合は，経験の浅いワーカーではクライエントに必要な援助が十分に提供できないことが予測される。

このような問題に対して，バイザーはバイジーに SV によって適切な指導をするが，さらにクライエントの了解の上で，ライブ SV としてバイザーが援助に直接加わる。また，バイザーはバイジーの了解の上で，担当ワーカーを熟練者に変更する等の判断を下すことも必要となる。

② クライエントの人権を尊重したクライエント主体の援助をバイジーができるように指導する

時として援助者による状況判断（客観的判断）による援助が展開されることが

ある。いわばパターナリズムを背景とした援助である。しかし，ポストモダニズムの思想的潮流の影響を受けたクライエントの主観を尊重したクライエント主体の援助が行われるようになってきた。バイザーはバイジーに対して，クライエントの人権を尊重するとともに，クライエントのニーズや自己決定を尊重したクライエント主体の援助が展開できるように指導しなければならない。

③　スーパービジョンで扱った内容は秘密保持の原則に準じる

バイザーには，バイジーから聞き取ったクライエントの状況や問題をはじめとして，SVを通して知り得たさまざまな情報及びバイジーの個人情報等に対して，守秘義務が課せられる。SVで扱った内容は，原則としてSV場面に限定される。それらの問題や課題解決に際して，組織管理者と調整や情報共有の必要がある場合には，バイジーの了解の上で情報提供をする。また，バイジーはSVを受けるにあたり，事前にクライエントの了解を得ておくことも重要である。

2）スーパーバイジーに対する倫理責任

前述したようにSVは，バイジーがその専門性を通してクライエントに最善の援助を提供するように指導する方法であり，SV場面におけるバイザーの直接の指導や支援の対象はバイジーである。そのバイジーの目に，クライエントやその問題状況がどのように映し出されているのかといった，バイジーという援助者のフィルターを通したクライエント理解に焦点を当てることが重要となる。すなわちバイジーの援助力（レベル）の見立てが不可欠であり，その判断がSVの方向性を左右し，ソーシャルワーク実践に大きく影響する。

バイザーがバイジーに対して求められる倫理責任は，バイジーの安全性の保障や，バイザーの権威性の自覚といった，SVの場のあり方についても問われるのである。

①　ソーシャルワーカーとしての成長を促す

バイザーはSVを通して，バイジーのワーカーとしての成長を図るようにする。バイジーは初心者といえども，すでに大学や専門学校等の教育機関や，専門職団体による研修会や研究会，福祉臨床の場などで多くの学びを得ている社会福祉専門職である。専門職としてすでに一定の蓄積のあるバイジーの考えを尊重することは，SVの基本的姿勢といえる。

専門職であることは，つねに質の向上を図ることが責務とされ，そのための努

力と場の確保が不可欠である。社会福祉専門職としての自己の確立をはかるためにも，さまざまな状況下にあるクライエント理解を深めるとともに，ワーカーとしての自己理解をはかることが必要となる。そのような学びの場として，計画的で継続的な SV が提供されなければならない。

また，「ヴァイジーのものの見方，考え方，立ち位置などを掘り下げる…（中略）…。それを深めていくと，ヴァイジー自身の人生経験を深めることになり，当初は見えなかったヴァイジー自身の人生の困難が見えてくることがある。それが臨床能力に関係する場合は，スーパーヴィジョンで扱う方法と限界を検討しなければならない」（田村 2013：98）といった指摘は，バイジーの援助者としての成長を図る上で重要である。バイジーの内的問題を SV では扱わないとする立場もあるが，ソーシャルワーク実践に影響を及ぼす問題に対する指導は，SV の範囲である。その際，バイジーを尊重し，内的問題の留保も可能であることや，深刻な精神・心理的問題に対しては適切な機関を紹介するなどの慎重な配慮が必要である。

② スーパーバイジーに必要な理論や方法を教授する

バイザーは，バイジーがクライエントに最善の援助が提供できるように，ソーシャルワーク方法論を教授しなければならない。SV は，不特定多数を対象とする講義や講演とは異なる。バイザーはどのような形態の SV でも，クライエントの生活課題だけでなく，バイジー自身や，クライエントとバイジーの関係性や，バイジーの所属する組織との関係等にも焦点を当てることが必要となる。

バイザーは，バイジーの SW としての知識や技術など，バイジーのレベルに相応しい学習テーマを提示することが必要である。バイジーの能力に添った段階的な指導は，バイジーの成長に不可欠である。

③ スーパーバイジーの安全性を確保する

SV で扱う問題は，バイジーのクライエント理解やクライエントとの関係，援助方法，連携のあり方，職場の体制など幅広い。バイジーの直面する問題はバイジーにとって否定的な自己評価につながりやすい。また，バイザーとしても，そのようなバイジーは未熟なソーシャルワーカーとして映ることがある。バイザーはバイジーが委縮することなく，困難に感じている問題を SV の場に提示できるようにしなければならない。ことに「管理的機能を極力抑えていくということも，

専門職の自律性を高める」（秋山 2007：265）という指摘は，管理的機能の及ぼす影響がワーカーの専門職性を抑制させる可能性のあることを示唆している。いわゆる人事考課につながる管理の一環となることへの警鐘ともいえる。バイジーが自身の弱みや課題など困難に感じている問題を，安心してバイザーに提示できるような場の提供や，関係性への配慮が必要である。

④　スーパーバイザーのパワーに留意する

SV は，バイザーの権威と責任性の中で，バイジーを指導する方法である。バイザーとバイジーの関係は，上司・部下のように上下の関係性を土台とする中で，密着性が高くなり，バイジーがバイザーに対して依存を強くする傾向がある。バイジーにとって SV を受けるということは，自身の知識不足や未熟さを露呈するといった予期不安から，「スーパービジョンへの畏怖」（浅野 2011：117）の念や，「拒否の始まり」（荒川 1991：153-155）といった感情を抱くことがある。

また，SV の展開にともないバイジーが新たな難しさや不安を意識する「高次の悩みの出現」（山口 2011：106）や，SV を受けていないと不安になるなどの「新たな不安の出現」（浅野 2011：121-122）がみられることもある。

SV という言葉は俯瞰や鳥瞰するというように，全体を上から見下ろす意味があり監督，指導，監視といった上下関係を背景としている。そのような関係性ゆえに，バイザーの何気ない言動がハラスメントとなって，バイジーに「外傷ともいえる経験」（塩村 2000：139-140）をもたらすことがある。

バイザーは自身のパワーの及ぼす影響を，十分に自覚することが必要である。また，SV の進捗状況や，バイザーとバイジーの SV における関係性などについて，バイジーがバイザーに自由に意見や疑問を述べることができるようにすることは，バイザーの重要な役割である。

3）組織や職場に対する倫理責任

SV は業務の一環として行う職場内 SV（OJT）と，職場の業務を離れて行う職場外 SV（OFF-JT，SDS）がある。

業務の一環として行う職場内 SV は，バイザーが組織から委嘱されて実施することが望ましい。すなわち主任や課長等の中間管理職の職務として SV を行うのであり，バイザーには指導者として一定の権限が付与されることになる。いいかえればバイザーは組織の委託に応えなければならない存在であり，部署に対して

管理的機能を発揮することが求められる。バイザーの役割は，バイジーに適切な業務を提供すること，円滑な業務の推進，SVで得た情報を必要に応じて上司や当該部署に提供することなどである。

　一方，職場外SVは，バイザーを職場以外のワーカーや大学の教員等に求めることになる。バイジーはバイザーと個別契約を結び，SVを実施することになるため，組織との関係は薄いものとなる。

　職場外のSVでは，ソーシャルワーク方法論に焦点を当てた教育的SVが中心となることが多い。しかし職場外SVでバイジーが提示する問題は，クライエントに対する援助方法のみならず，チーム連携のあり方や業務負担，ワーカーの位置づけなど組織に関係することもある。それらの問題に対してバイザーは適切な指導や助言をするとともに，組織や職場に対する配慮と慎重さが求められる。

　また，「所属組織内外の異質性スーパービジョン体制をコンサルテーションとして活用することにより，コンサルテーションの有効利用ができ，スーパービジョン体制を補完できる」（福山 2005：258-259）というように，他職種を視野に入れた助言の方法であるコンサルテーションの有効なあり方についての検討も必要となる。

　①　スーパービジョンで得られた情報を組織にフィードバックする

　職場内のバイザーは，「スーパーバイザーとして役割転換を体験しなければならない」（黒川 1992：270-276）という指摘があるように，一人のスタッフからバイザーという中間管理職に役割を移行しなければならない。ワーカーと雇用者の関係は，「ソーシャルワーカーがクライエントに対すると同様に，ソーシャルワーカーが雇用者に対しても献身や忠誠心はあてはまる」（Levy 1983＝1994：174）という考え方は，バイザーに対しても同様である。バイザーは管理職の一員として，組織運営に資することが求められる。バイジーが提示するさまざまな問題は事例援助にとどまらず，組織のあり方や業務改善に関する内容であることが少なくない。スタッフの配置や関係機関との連携，各部署の関係性，業務量のコントロール等といった職場環境の問題等がある。これらの問題に対してバイザーは，バイジーから得られた情報を基に，予想されるリスクや課題等を組織管理者に報告する義務が発生する。バイザーは中間管理者として，スタッフと組織管理者の調整役を担い，組織の発展に寄与する存在であることが求められる。

② 組織の将来を担う人材を育成する

　今日の保健医療領域は少子高齢化社会を背景にして，限られた資源の中で地域包括ケアシステムなど新たな制度が導入されるようになり，ワーカーもそのシステムに関与している。ミクロレベルのソーシャルワーク実践にとどまらず，メゾ，マクロレベルのソーシャルワークへと展開することが求められている。

　「ワーカーは雇用機関との関係を持つ間は関係機関に対して忠実に，申し分なく行動し，かつ機関を代表する義務がある」ことや「雇用機関の公の目的とサービス機能を果たすために働く」（Levy 1983＝1994：175-176）存在であることから，ワーカーは雇用機関に対して果たすべき倫理的責任があるといえる。すなわち「ソーシャルワーク倫理は，ソーシャルワーカーが雇用者に対して誠実であること，雇用者に対する責任を果たすため良心的に努力することを求めている」（Levy 1983＝1994：71）のである。バイザーはバイジーを育て，質の高い援助業務が展開できるようにするとともに，組織の発展に寄与することが求められている。しかし，「自分が機関の"とりこ"であると感じれば感じるほど，葛藤に悩まされ，従ってそれだけ倫理的でなくなる」（Levy 1983＝1994：182）といったアンビバレンスな感情の中に身を置くこともある。ワーカーが所属する機関の規範を重視する所属集団タイプか，専門性に依拠する準拠集団タイプかといった問題は，「専門的な知識や技術に由来する自律性」や「プロフェッショナルな自律性」（田尾 1999：109）をどのように獲得するのかという課題でもある。バイザーは，このようなバイジーの葛藤に対して，専門職であり且つ組織の一員として機能することができるように指導することが求められる。その一方で組織は，ソーシャルワーク専門職が適切な業務が行えるように支援をする責務がある。

③ スーパービジョン機能とソーシャルワーク機能のバランス

　一人のワーカーが，バイザーの役割を担うためには，バイザーへの役割転換が必要である。しかし，わが国では，バイザーが SV に特化した業務に専念することは現実的ではない。日常業務では，バイザーも一人の SW として，相談援助業務を担うことが求められる。1人のバイザーが，バイザー役割とワーカー役割の2つの機能を発揮することになる。いわばバイザーとワーカーのバランスを取ることである。どちらか一方に偏れば，他の役割が果たせなくなり業務の低下を招きかねない。そのためバイザーはバイザー・ワーカーの2つの役割のバランス

第Ⅲ部　スーパービジョンの倫理・教育・研究

を取ることが必要となってくる。

（5）ソーシャルワーク・スーパービジョンの課題

　SV 倫理は，SV 実践に不可欠である。今日のソーシャルワーク実践は効率，効果，評価を重要視する傾向がみられる。いいかえれば「プロセス重視」から「結果重視」へと，ソーシャルワークの力点が移行しているように感じられる。

　これまでもソーシャルワーク実践は科学化する努力がなされてきた。しかしソーシャルワーク実践の核となるものは，クライエントの生活課題の解決であり，クライエントの自己実現をはかることである。そのように規定するならば，援助プロセスそのものが，クライエントにとって価値あるものといえるだろう。人の成長や自己実現を図るという営みにおいては，何を得たかという結果だけではなく，どのように得たのかという過程を重視する視点は欠かせない。ソーシャルワークがソーシャル・サービスに終わることのないように，ワーカーとして立ち返る場所が倫理綱領であり，その橋渡しをするものとして SV がある。そのためにもバイザーには，SV 実践の指針となる SV 倫理が必須である。

　クライエントを援助するために必要な知識や技術，職場（組織）の目的の達成，社会資源の有効活用や開発といったさまざまな課題に対して，ソーシャルワークの専門性とその方法論を切り結ぶ作業としての SV は今後一層求められるだろう。

　本章で述べてきた SV 倫理は，SV 実践を底支えするものである。隣接領域では，スーパービジョン学（Lee & Everett 2004＝2011：269；皆藤 2014：30-33）の構築が試みられている。ソーシャルワークにおいても，SV 倫理が整備される等して，ソーシャルワークのスーパービジョン学が構築されることを期待したい。[5]

2　スーパーバイザーの行動基準

　日本医療社会福祉協会は，1953年に200名ほどの医療ソーシャルワーカーが全国から集まり職能団体として医療社会事業の普及，医療社会事業部門の設置・確立を目的に発足した。しかし当時は戦後間もない時期でもあり，社会保障に対する厳しい状況も続き，医療社会事業に対する予算化もないまま設立活動が行われた。しかし設立に集う人々は「この仕事は医療社会事業家自身が自ら努力して進

めていくのでなければ我が国に根づかず，正しい発展も望めないだろう」と日本医療社会事業協会編（2003）に書かれているように，自らの研鑽を継続することを基本に，医療ソーシャルワーカー（以下，MSW）の職能団体として設立された。それからすでに64年の時が経ち，その間に資格制度問題等いろいろな変遷はあったものの，保健医療分野にソーシャルワークは定着し複数のソーシャルワーカー（以下，ワーカー）が業務にあたる今日を迎えた。ワーカー自身が自ら努力して自己研鑽をし，クライエントに対するよりよい支援を提供できるように技術を磨くことは，昔も今日も変わらず継続される課題である。私たちがSWの資質を常に担保し向上させていくためには，スーパービジョン（以下，SV）は欠かせない方法と考えている。SVを行うためにはスーパーバイザー（以下，バイザー）の存在が必須であり，バイザーがスーパーバイジー（以下，バイジー）のために管理的・教育的・支持的SVを実施するためには，安定したバイザーの力量が求められる。

　日本医療社会事業協会は，発足後の1957年にSWとしてわが国最初の倫理綱領を策定し発表した。その後，2005年にソーシャルワーク専門職4団体（日本ソーシャルワーカー協会・日本社会福祉士会・日本精神保健福祉士協会・日本医療社会福祉協会）で取りまとめられた「ソーシャルワーカーの倫理綱領」を，各団体の共通の倫理綱領として採択し活用してきた。日本医療社会福祉協会は，2007年にMSWが価値・原則・倫理基準に基づいた実践を展開するための行動基準について検討しまとめたものを会員に向けて提示している。

　保健医療分野におけるSVを行うに当たり，バイザーが意識して従うべき行動基準については，歴史あるワーカーの行動基準に照らし合わせて考える必要がある。日本医療社会福祉協会が提示する倫理綱領における行動基準を基に，①利用者に対する倫理責任，②実践現場における倫理責任，③社会に対する倫理責任，④専門職としての倫理責任の4項目に沿ってバイザーの行動規範をここに示す。

（1）スーパーバイザーの行動基準
1）スーパーバイジーに対する倫理責任
①　スーパーバイジーとの関係

　バイザーはSVの開始にあたって，バイジーに対してこれから始まるSVにお

第Ⅲ部　スーパービジョンの倫理・教育・研究

ける両者の専門的援助関係のあり方を説明しなければならない。そのことはクライエントとワーカーの専門的援助関係につながる教育的指導になる。バイザーは，バイジーとの間に良好な信頼関係の構築を重視しなければならない。その信頼関係のある中でバイジーが自分自身を正直に語ることができるような対等なコミュニケーションが取れることが重要である。そのためには，バイザーは常にバイジーに対する積極的関心を絶やさず示し，バイザーとバイジーとの良好なパートナージップを築けることが大事な課題である。

　また，バイザーは契約関係で決められた以上にバイザーから金銭的報酬を得てしまうことがあってはならないし，個人的・宗教的・政治的・名声を上げるため等にバイジーを利用することがあってはならない。

　②　スーパーバイジーの利益の最優先

　バイザーは，バイジーが求めるSVにおける目標を理解し，目標とするワーカーとしてのあるべき姿に向けてバイジーが成長できるように信頼関係をもって支援することが最優先の課題である。バイザーは自分自身の利益のために，または宗教，思想信条や政治目的のためにバイジーとの関係を利用してはならないことはもちろん，バイジーの目指す結果の方向性について両者で違いが表れた場合においても，バイジーを非難することがあってはならない。常にバイジーの利益につながるための目標を見失わず，バイジーの成長を促すSVであることが最優先であることを意識する。

　③　受　　容

　バイジーは，SVを受けるための不安や緊張を感じてバイザーの前に現れる。バイザーはバイジーに対し，SVを実施する専門職であると同時に，一人の人としてバイジーに積極的温かい関心を向け，良き相談者であるためにまず相手の不安や緊張を受け止めパートナーシップの構築に心がける。バイジーがワーカーとしての経験が浅く，専門職としての成長が十分ではないことが明らかになったとしても，バイザーの価値観や自分自身のワーカーとしての経験から批判的対応を取ってはならない。バイジーが自分自身の考えを安心して表出できるように，対話に心がける等の受け入れる姿勢を示す必要がある。バイジーのあるがままの現状を受け入れた上で，成長につなげるための指導方法を工夫する責任がある。しかし，現状をあるがままに受け止めることと，良い関係を壊したくないために必

要以上に過剰評価したりする事などがないように気を付けなければならない。

④　アカウンタビリティ（説明責任）

バイザーは，バイジーとの初回契約時に，どのような関係においてSVが実施されるかについて説明しなければならない。バイジーが求めるSVに対する目標を共有した上で，提供すべきSVの内容やそれぞれの役割等を明確に説明する責任がある。バイジーが聞きたいことを十分質問できるバイザーとのコミュニケーションが展開できるように，バイジーの緊張をほぐすことで進めることの重要性を提示する必要がある。何を行うか，それがどのような理論や技術を基に進められるかを説明することで，SVの方向性がより確認できる。そのことは日常の業務において，バイジーが実践している状況を周囲に対して説明することにより，評価を得るために必要な方法であることを実感できることにつながる。説明を十分行わない中で，情報提供することによるクライエントの混乱や不安につながることを理解できるように指導する。

⑤　自己決定の尊重

SVにおいては，バイザーはバイジーの抱える課題について，自らが乗り越えられるように支持し自己決定できる環境を整えることが必要である。バイジーは抱える課題を解決するために，バイザーの答えや考えを求めることがある。またバイザーも自身がもつ価値観やこれまでの経験から考える援助方法を伝える可能性が高い。バイザーは解決の方法を安易に伝えるのではなく，バイジーが自分で問題解決できるように，バイザーの力を借りて自己信頼性を高め自分で解決する力を習得できるように寄り添い見守ることがバイザーには求められる。しかしバイジーの自己決定の内容が，ソーシャルワークの定義及び倫理綱領に反する場合にはその限りではない。

⑥　意思決定能力への対応

バイザーはバイジーが目標とする課題を達成するために，バイジーの意思決定能力を評価し，その力が低下している場合には必要に応じてエンパワメントする。バイジーが抱えている不安や自信が持てない状況をバイザーと共に明らかにすることから，自分自身が専門職として行ってきた実践に対する振り返りを行い，さらにバイザーにエンパワーされることにより，今後不足する知識や技術獲得への動機づけにつながる。

第Ⅲ部　スーパービジョンの倫理・教育・研究

⑦　プライバシーの尊重

　バイザーは SV をするに当たり，バイジーが考えるプライバシーについては慎重にその内容を把握し，必要以上に詮索したり内容に踏み込んで情報をさらに深く把握することは避けなければならない。バイジー自身がプライバシーとして尊重したいと思う事柄や感覚は，SV を受ける環境の中で守られなければならない。また，プライバシーに関してバイザーが慎重に取り扱う姿勢を示すことや，バイジー自分自身のプライバシーが守られているという認識を持てるような対応を心がける必要がある。そのためにはバイザー自身がバイジーのプライバシーに対する考えに気持ちを寄せる丁寧な対応をしなければならない。

⑧　秘密の保持

　SV においてはバイジーの提示する事例の取り扱いについては，特に慎重に秘密の保持にかかわる取り扱いに注意する。事例の特定ができないように内容に変更を入れることはもちろんの事，クライエント本人からの了解と職場関係者にも承認を得ることを踏まえる等，事例の秘密の保持関する管理的指導，教育的指導を特に丁寧に行い，その必要性についてバイジーに説明を行うことが重要である。

　また SV で話し合われた内容を，バイザー自身が SV の場面以外で不用意に口外しないようにすることも，バイザーとしての秘密の保持の厳守として当然の対応である。

⑨　記録の開示

　バイザーは記録に関しては，バイジーがクライエント支援にかかわる記録の書き方や保管方法及び廃棄方法，記録の開示方法等についてはそれぞれの所属する組織内規定を明確にし，どこまですでにできているかを確認した上で指導する必要がある。またバイザー自身が SV において記録しているバイジーに関する記録の管理については，プライバシーが他に洩れることのないように秘密保持を徹底する配慮をしなければならない。保管方法及び廃棄方法については，バイジーにその方法を明確にして共有する必要がある。場合によりバイジーの記録を開示する必要が生じた場合には，バイジーに伝えた上で了解を取ることが前提となる。

⑩　情報の共有

　バイザーは，バイジーに関する情報を本人の許可なく開示することはしてはならない。SV における専門的援助関係の契約に基づいて，バイジーの情報は常に

守られる。しかし，組織がワーカーに対する評価をSVの評価機能を目標におく場合は，契約の段階で組織に対する情報の共有がなされることをバイジーとの間で明確にしておく必要がある。

⑪　性差別・虐待の禁止

バイザーは，SVを行うに当たり自分自身の抱える課題を自己点検し，自分自身がどのような価値基準や感情転移の傾向や，性的問題についての反応をもっているか事前に明確化しておく必要がある。バイジーを熱心に指導するあまり，成長してほしいという強い思いから指導が厳しくなり，SVに過度な肉体的な負荷をかけることや，精神的な負荷をかける事を当然の指導として行うことがある。バイジーに対するパワー・ハラスメントやセクシュアル・ハラスメント等のハラスメント行為は行ってはならないことであり，自分には関係ないと考えるのではなく，その兆しがないかどうかを振り返る必要性について自覚する。

⑫　権利の侵害の防止

バイザーはバイジーに対する誹謗中傷等，人の尊厳を傷つけるような事態が発生していることを把握した場合には，毅然とその事実に向き合い対応しなければならない。本人に対する不当な扱いを公表する等して，バイジーの権利が侵害されることがないよう，状況を改善するための対処をしなければならない。また，バイザー自身もバイジーに対しての感情転移や逆転移，反動形成や，嫉妬心等の感情のコントロールの不足により，バイジーが安心して学ぶ機会を侵害していないか自ら評価し確認しておくことが重要である。

2）実践現場における倫理責任

①　最善の実践を行う責務

バイザーはバイジーが業務の遂行状況をどのように捉え，その実践をどのように進める計画を持っているか，また支援後の予測されるリスクなどをどのように把握しているか，緊急性のあるケースへの対応をどのように対処しているか等についての現状をまず確認・把握をする。その上で最良の業務を常に提供できるように，クライエントに対する理論や知識，情報，面接技術等が不足することなく行えているかについても確認をする必要がある。個別支援だけでなく，集団を対象とするグループワークの技術・知識等についても十分な実践ができているかを確認し，そのための技術の備えを指導する必要がある。

バイジーも，ワーカーである前に社会人として自分自身の体調管理や社会生活に対するゆとりや物事の考え方や価値倫理等，人としての生き方を学ぶことも大切であること等について，バイザーとともに SV を通して意識する必要がある。

② 他の専門職との連携・協働

社会情勢が変化する中で，バイジーが所属する組織の目標課題の変化は，ソーシャルワーク実践を制限せざるを得ない現実に直面することも起こりうる。ワーカーだけで解決できない組織全体の方針については，バイザーとともにその仕組みを明確に理解して評価を行う。その上で組織の考え方や方向性にソーシャルワークがどのように介入するかについては，業務の妥当性を検証し，そこに理論や技術，知識，ソーシャルワークの価値が存在するかどうかを検証し，バイジーが専門職として業務を実践できるように検討することが重要である。また医師，看護師，薬剤師，検査等の医療チームそれぞれ，各職種の専門性や考え方を把握・理解し，組織内のメゾレベルのネットワーキング構築にかかわる技術の検証，地域関係機関に関する地域アセスメントをどのように実施しているか等を確認し，不足する内容に関しては教育的機能として指導することが重要である。

目先のソーシャルワーク実践に翻弄されることなく，組織や周辺地域全体のネットワーキングを理解するためには，多職種・他機関との円滑なコミュニケーション手法についても，バイジーの力量を向上させる必要がある。

③ 実践現場と綱領の遵守

医学の進歩に伴い，疾病で亡くなることよりも重篤な障害状態を抱えながら次の生活を考えることや，本人の意思決定が難しい場合など難しい判断を求められる場面が増えている。バイジーが方向性に迷う場面で必ず立ち返るべき倫理綱領の存在を改めて理解し，綱領の中から実践を読み解き組織に対して説明する力を養えるよう支援する。

④ 業務改善の推進

バイザーはバイジーがより効果的にソーシャルワーク実践できるように，組織内の体制整備状況を特に管理的機能の状況について評価チェックを行う。バイジーの組織内の役割により，ミクロの業務に留まらず，メゾレベルの業務改善がどのように推進されているかについて，ケースの依頼方法，記録の管理体制及び日報月報等の組織に対する統計報告等の現状を把握する。その上でバイジーの考

える部門全体の業務改善について，その実施計画と実施後の改善予測及び予測されるリスクについてバイザーとバイジーの中で協議を進め，管理的機能の面から業務の実施については検討する必要があることを指導する。

3）社会に対する倫理責任
① ソーシャル・インクルージョン

バイザーは，バイジーがSVを求めて相談に来た時に，それぞれ個性があり，抱えている問題もソーシャルワーク実践にも個別性があることをバイザーは認め，その個性に合わせた指導を心がけることが必要である。またバイジーが抱える課題には，社会的環境が複雑化する現代において，年齢，宗教，国籍，性差別や未婚既婚の別，政治信条，精神的及び身体的障害等いろいろな状況で差別，抑圧，孤立，排除，誹謗中傷等を受けることがあり，個人的な問題とはいえない社会環境が影響する問題が存在する。バイザーは課題の一つひとつが全体につながる問題の糸口であり，一部分に目を囚われず全体を視野に入れたかかわりを支援しなければならない。

② 社会への働きかけ

バイザーは，バイジーが不当な中傷や批判を受けていることがわかった場合には，その事実を公表し解決のために組織や社会に対し働きかけなければならない。

また，バイジーがSVにおいて提出事例の中で，ミクロの支援の中から導き出された個々の事例に存在する社会的問題について，ソーシャルワークとしてどのように取り扱うかを，バイザーとバイジーは協議する必要がある。その上で社会への働きかけを，どのように取り扱うかを検討しなければならない。

③ 国際社会への働きかけ

バイザーは，世界のソーシャルワークの動向やグローバルスタンダードについて考えを巡らすことを怠らず，研鑽を常に心がけなければならない。対日外国人問題など日本国内でも年々増加傾向にある多民族文化にかかわる課題も視野に入れ，SVの実際の指導に反映させることも必要である。また，世界のソーシャルワーク団体に対して，SVの専門職教育の効果等の発信に努めなければならない責任がある。

4）専門職としての倫理責任

①　スーパービジョンの啓発

バイザーは，SV の必要性を社会に対して発信する責務がある。バイジーが SV を受けたことにより，自分自身の実践を言語化し社会に向けて，ソーシャルワークの有効性を発信できることは大切なことである。SV は，専門職の技術を向上させるための育成方法として欠かせないことの表明である。あらゆる実践現場において SV 体制が構築されることが重要であり，常に専門職は継続した研鑽のための教育が求められているということを伝え続けなければならない。

②　信用失墜行為の禁止

バイザーはバイジーに対し，不用意に傷つける発言や行動をとってはならない。バイザーの立場を優位にし，自分自身の感情に任せてのパワー・ハラスメントや性別の違いによるセクシュアル・ハラスメント等の行為はあってはならない。そのために，SV そのものがバイジーの成長を後退させる原因になる。それらのハラスメント行為は，SV そのものの社会的信用を貶めるものとなる。また，バイザーは自分自身の立場を使って，反社会的行為・非社会的行為を行ってはならない。個人的な活動であっても，バイザーとしての自覚を忘れずに行動し SV に対する社会的信用が失墜するような行為はあってはならない。

③　社会的信用の保持

バイザーは，他のバイザーが反社会的行為や倫理に反する行動をとっていることを知った場合や，他のバイジーが不当な扱いを受けたりしていることを知った場合にも，その事実について確認し，本人への通告も含め専門職団体への連絡，または社会への働きかけなど状況に応じた行動を取らなくてはならない。倫理綱領に照らし合わせ，それぞれの職能団体に通報し厳重な対応をとる必要がある。

④　スーパーバイザーの擁護

他のバイザーが不当な批判を受けている事実を知った場合には，その事実を明らかにし，当事者であるバイザーとともに，その事実が本人の名誉および権利を侵害している事実を明らかにし，擁護する行動をとる必要がある。バイザーの所属する専門職団体に連絡する等の具体的行動を進め守らなければならない。

⑤　スーパーバイザーの専門性の向上

SV は対人援助職の成長に対し重要な役割を担っている。そのためバイザーが

継続してバイジーの成長につながるSVを提供するためには，バイザー自身がその責任を全うするために基本となる必要な価値・知識・技術の向上に努めなければならない。バイザーとしての専門知識を，常に研鑽する姿勢を持ち続け，理論に基づいた指導が実施できるように備える必要がある。また知識と理論に合わせてSVの力量の向上にも努めなければならない。

⑥ 教育・訓練・管理における責務

SVを，常にワーカーが受けることができるような体制整備が必要であり，そのためにバイザーはバイザー養成の研修・教育・訓練に携わる責任がある。SVを実施するにあたり，バイザーの研修を受けただけで，すぐにSVが可能ということではない，実際のSV場面での実習や研修が実施されるような体制構築についても急がれる。初級から上級にわたる人材育成を念頭に置いて，SVシステムの構築や教育に貢献する役割がある。

⑦ 調査研究

バイザーは，バイジーに対する管理・教育・指導に関するSVの実践的指導内容を研究としてまとめ，広くその効果について学会などで発表する責任がある。バイザーはバイジーとともにその実証的研究のプロセスを記録化し，バイジーの専門職としての成長の段階，クライエントに対する適切な支援介入および権利擁護を意識した介入技術の変化等をまとめる責務がある。またその経過の中で，バイジーおよびクライエントのプライバシーを守る姿勢および研究倫理に基づいたアカウンタビリティ（説明責任）等の経過についても，教育的指導を踏まえた指導をする役割がバイザーにはある。SVが専門職育成に欠くことのできない要素であることを明らかにし，SV体制の発展やさらなるSVに対する社会的評価へとつながる調査研究は欠かせない。

（2）行動基準の遵守のために

SVは，バイジーが抱える課題をバイジーのすでに持つ力を評価した上で，バイジーがバイザーから受けた指導により自ら考え，より自身を高めながら成長を促すプロセスであり，バイザーとバイジー双方が協力関係にあることにより，お互いをさらに高めて成長していくことに欠かせない専門職教育の方法である。

両者の関係性が重要ではあるが，やはりバイザーがSVを進めていく力量を担

第Ⅲ部　スーパービジョンの倫理・教育・研究

保していることが当然必要である。SVを受けたいとバイジーが思った時に，専門職教育の必須要件として，SV体制が組織において構築されていることが重要であり，ワーカーがわが国に専門職として定着し発展していくためには，SVを受ける機会を増やすことが大切な要因となる。残念ながらSVの体制整備については，効果測定も含めて今少し時間を要することが予測される。

　大切なことは，バイザー自身がバイジーの成長を支援する重要な役割を持っているという自覚とバイジーとの良好な関係性の構築に視点を持ち，ここに提示したバイザーの行動基準を遵守し，倫理綱領に基づいたSVの実施が重要である。

3　契　　約

（1）契約の意義

　ソーシャルワーカー（以下，ワーカー）とクライエントがエンゲージメントに基づくプロセスを歩むのと同様，スーパービジョン（以下，SV）においてもまた，契約は重要である。SVの目標や目的，扱う内容，実施期間などを互いに共有し，理解し合い，初めてSVの実施に至るのである。これらは，スーパーバイザー（以下，バイザー）から伝えるだけでなく，スーパーバイジー（以下，バイジー）がSVへ有する期待を把握しておく必要が有る。相澤は，契約について「スーパービジョン関係もひとつの契約で成立する。スーパーバイザーが，スーパービジョンを必要と認めた場合，或いは，スーパーバイジーがスーパービジョンを必要と感じた場合，すなわち，『意識化』されたときに両者の合意によって成立する」と述べている（相澤 2006：19）。また塩村は，「スーパービジョンを始める前に確認すべきこと」として，①バイザーは誰か，②バイジーは誰か，③扱う内容は何か，④スーパービジョンの実施形態はどのようにするのか，⑤バイザーとバイジー関係がうまくいかなかった場合にどうするか，⑥SV評価，報告はどのようにするか，の6項目を挙げている（塩村 2000：94）。

　私たちは，バイジーとして，バイザーとの契約書にサインしたことはあるだろうか。バイザーとしてバイジーとの契約書を使用しているか。使用していないならば，口頭同意を得ているだろうか（リー＆エベレット 2011：193-195）。以下では，契約で取り決める事柄とその留意について例を挙げる。

① 基本的な取り決め（1回当たりの時間や期間，間隔や頻度）

臨床現場で働くバイザーやバイジーの場合，業務を遂行しながら，SV の時間を作り出すことは容易ではない。しかし，組織内の場合，時間を取り決めておくことが，SV の業務内の位置づけについて共通認識することに繋がり，意識化にも有効であると考える。

② スーパービジョン関係

SV 関係は，後述する管理的な側面の影響を受けやすいため，互いに認識しておく必要がある。もし，バイジーにとって求める関係ではない場合，SV 課題への取り組みに影響を及ぼす恐れがある。

また，バイザーが複数の場合，各々の責任を定め，また，バイザー同士がバイジーについて議論する状況について明確にしておくことが望ましい（リー＆エベレット 2011：193-195）。

③ スーパービジョンで扱う内容や目標

契約書には，SV で扱う内容を明記する。たとえば，知識やさまざまな情報，業務管理の方法や考え方，ネットワーキングの方法論や調整方法等である。それら SV で扱う内容は，多様でなければならず，バイザーの持ちうる要素が合致するか，話し合っておくべきである。また，それらの扱う内容が，ソーシャルワーク実践において，一般的であるか，あるいはバイジー，もしくは SV 関係において特徴的なものであるか，合意し，さらに SV の目標は，バイザーとバイジーとで異なる場合でもできうる限り一致させることが重要である。

④ スーパービジョンの実施形態

SV では，どの形態をどのくらいの期間，用いるか，話し合い，契約書には，形態の変更についても認める旨を記載するのが望ましい。

⑤ 責　　任

バイザーは，ソーシャルワーカーの倫理綱領，ならびに法律の遵守が求められ，その遂行に責任を有している。したがって，事例を扱う場合においてクライエントが危機的な状況にあれば，臨時に SV を求められることを予期し，合意の上，契約書に明記するのが望ましい。その場合，組織外ではこの限りで無い場合もあるだろう。したがって，SV の責任が及ぶ範囲は組織内であるか組織外であるか，バイジーの実践環境に応じて考慮すべきである。

第Ⅲ部　スーパービジョンの倫理・教育・研究

⑥　スーパービジョン実施要件

バイザーの認定団体やSVを求める組織のニーズを充たすためには何をすべきか，バイジーがバイザーに何を期待しているか。先の基本的な取り決めにおいて，記録方法やツールを話し合っておくことが望まれる。

⑦　評　　価

バイザーは，認定団体やSVを求める組織から評価基準を規定されている場合は，それを常に意識しておく必要がある。バイジーの主観的な評価も含め，成長を促す要素として，バイジーの安全を保障し，評価を支持的に行うことが有用であると考えられる。

⑧　料　　金

社会福祉の領域では，指導に関する料金徴収は一般的でない。しかし料金が発生することによって，バイジーの動機づけを高め，バイザーへの役割意識を高めるとも考えられる（浅野編2011：61）。

⑨　目標の修正から終結へ

バイザーとバイジーとの意見の相違が発生した時，どのように取り扱うか，前もって話し合い契約を中断する権利を明記し，どのような状況が想定されるか，またその対処について明記しておくべきである。

以上，留意点をいくつか挙げた。これらの留意点を盛り込んだ契約書を作成するのであるが，契約書は現状にあっていることが重要であり，認定団体や組織の求めるスーパービジョン体制においては，適宜契約書の追記や追加が求められる。

（2）認定団体のスーパービジョン契約

認定社会福祉士認証・認定機構では，ソーシャルワーク専門職団体や教育研究機関からの推薦の下，認定スーパーバイザー登録制度を有している。契約の目的として，2つの事柄を示している。第1に，SV契約することでSVを行うことを明確にする。第2に，バイザー及びバイジーの権利と義務を明らかにし，双方が責任を持ってスーパービジョンに取り組めるようにする。

契約の構成として，「スーパービジョン実施契約書（案）」「スーパービジョン実施覚書」を規定し，話し合いにおいて仕上げていく。また，前項で述べたよう

に，契約の実態に合うよう，契約書の追記を認めており，必要に応じて加筆修正するよう，求めている。詳細は，認定社会福祉士認証・認定機構のホームページを参照されたい。

（3）組織内スーパービジョンと組織外スーパービジョン

　SV契約に際し，留意すべきこととして，組織内か組織外かという点がある。同一組織内のSVで，バイザーが上司であれば，組織の機能を理解しているため，SVで取り扱う内容は，バイザーから求められることもある。たとえば，バイザーである管理者が，組織の中長期ビジョンに基づき，ソーシャルワーク部門の目標設定に関与する。ワーカー個々の成長段階やワーカーとしての関心に応じた目標課題を設定し，ワーカー集団としての機関内役割の遂行と関連づけ，目標を話し合うことができる。ソーシャルワーク部門が地域や組織において果たすべき役割の範囲が共有されているため，SVの自由度は少ないが，バイジーの目標課題をバイザーが把握しやすく，組織における専門職人材の育成プロセスにおいて，SVが重要な役割を果たしているともいえる。また，組織内のSV体制は，支持的，教育的で，ワーカー個々の成長に有用であり，リスク対処も含めた管理的機能が高い傾向に有るといえる。

　しかし，一方，近年の保健医療分野での組織内スーパービジョン体制構築には，課題もある。第1に，バイザーが考課者である場合である。目標成果制度の導入に伴い，ソーシャルワーク部門においても，成果に基づく給与の査定が行われるようになった。このような場合，バイザーが考課者の一面を有しているため，SVの遂行が可能な関係かどうか，バイザー，バイジー共に留意する必要が有り，時にバイジーに対し，SVを外部に求めることを保障するのも良いと考える。第2に，ワーカーの人員要請の高まりとともに，経験年数が近いワーカーの組織では，教育的，管理的な側面が薄らぎ，SVの形態が狭まる可能性が否めない。このような場合，より経験豊富な外部のバイザーを求め，組織全体でワーカー部門の成長を目指していくことも良いと考える。塩村は，バイザー，バイジーの関係上のトラブルを例に，「スーパーバイザーとバイジーの関係がうまくいかない場合，どちらかの意思でこの関係を解消することは容易ではないので，そのような場合の解決システムを作り，組織として対応する」と述べている（塩村 2000：

92)。関係上のトラブルでない場合であっても，解決システムは，SV 契約において保障されておくべき事柄である。

では，組織外 SV ではどうだろうか。保健医療分野では，がんや先進医療，NICU 等，ワーカーの配置要請の高まりとともに，組織内のバイザーが，職場内で実施する SV に限界を感じ，専門領域や特定のテーマにおいて，外に求める傾向も高まっている。近年は，経済的な事情を抱える外来患者や，神経難病，障害者の就労支援等クライエントが抱える問題が多岐にわたるだけでなく，関わる組織が多様であり複数である特徴がある。ワーカーには，地域での組織の役割期待に応えていくために，組織外連携もまた求められている。したがって，ミクロレベルはもちろんのこと，機関間連携を前提とした SV 体制が欠かせないとも考えられる。

このように，組織内に留まらず，組織外 SV 体制を考慮するならば，協働的 SV 体制に見合った契約が望まれる。組織外 SV では，所属機関が外部のバイザーと契約を結び，SV を委託する場合である。その場合，SV で扱う範囲，バイジーに対する評価の扱い，バイザーの責任と権限などの契約を明確にし，職場の管理者，バイザー，バイジーそれぞれがその内容を知っていることが望ましいとされる。この場合の契約とは，バイザーとバイジーの契約だけではなく，その前提として，バイジーが所属する機関とバイザーの契約書の追加が望ましい。さらに守秘義務や記録の取り扱い等，必要な倫理的配慮について記載しなければならない。

近年の保健医療分野において，SV 体制の構築は，人の尊厳を守ることを前提に，擁護の対象は，クライエントおよびその家族のみならず，バイジー，バイザー自身，所属組織システムに関するすべての人を含めると考えられる。社会情勢の変化に伴い，SV はミクロレベルの実施のみならず，メゾ，マクロレベルに耐えうる体制であらねばならない。そのために，実態に見合う契約に加筆修正し，内容を理解し合い，合意していく作成段階から参画することが，バイザー，バイジーを守り，体制の維持発展につながると考える。

注
(1) 社会福祉領域のスーパービジョンの倫理に関する研究は小山隆，石田敦らにみるこ

第10章　スーパービジョンの倫理

とができる。カウンセラー，臨床心理士，家族療法家などの関連職種における，スーパービジョンの倫理に関する先行研究や取組みなどを参考とする。
(2)　「価値基盤」とは，全米ソーシャルワーカー協会編著／日本ソーシャルワーカー協会国際委員会訳『全米ソーシャルワーカー協会　ソーシャルワーク実務基準および業務指針』によれば，①社会の中で個人が最重要であることの責任，②クライエントとの関係についての守秘義務の尊重，③社会的に認知されたニーズを充たすための社会変革に対する責任，④専門職関係と個人的な感情やニーズを切り離す意志力，⑤知識と技能を他者に伝達する自発的な意志力，⑥個人差および集団の差異に対する尊重と理解，⑦クライエントの自助能力を促す責任，⑧フラストレーションにもかかわらずクライエントのために一貫した努力をしつづける意志力，⑨社会正義と社会のすべての人々の経済的，身体的，精神的なウェルビーイングに対する責任，⑩個人的かつ専門職的行為の高い基準保持に対する責任，のことをいう。
(3)　認定社会福祉士認証・認定機構は2015年3月22日付で「認定社会福祉士制度におけるスーパーバイザーの行動規範」を作成した。その概要は1．説明責任，2．個人情報の取扱い，3．スーパーバイジーとの関わり，4．研鑽の義務，5．社会的責務の5項目に及ぶ。今後更にスーパーバイザーの倫理が整理・確立していくことが期待される。
(4)　日本医療社会福祉協会主催「2012年スーパーバイザー養成認定研修」の準備段階で，講師の福山和女先生を中心に堀越由紀子先生，小原眞知子先生と筆者らがスーパービジョンの範囲を検討した。
(5)　一般社団法人日本社会福祉教育学校連盟はソーシャルワーク・スーパービジョンを体系的に著した『ソーシャルワーク・スーパービジョン論』を2015年5月に刊行した。

参考文献
・第1節
秋山智久（2007）『社会福祉専門職の研究』（社会福祉研究選書③）ミネルヴァ書房。
浅野正嗣（2011）『ソーシャルワーク・スーパービジョン実践入門――職場外スーパービジョンの取り組みから』みらい。
荒川義子編著（1991）『スーパービジョンの実際』川島書店。
皆藤章編（2014）『心理臨床におけるスーパーヴィジョン――スーパーヴィジョン学の構築』日本評論社。
黒川昭登（1992）『スーパービジョンの理論と実際』岩崎学術出版。
塩村公子（2000）『ソーシャルワーク・スーパービジョンの諸相――重層的な理解』中央法規出版。
田尾雅夫（1999）『組織の心理学』有斐閣。
田村毅（2013）「シェリル・ストームのスーパーバイザー研修」『家族療法研究』Vol.30

第Ⅲ部　スーパービジョンの倫理・教育・研究

No.1，金剛出版．
中原淳（2014）『駆け出しマネジャーの成長論――7つの挑戦課題を「科学」する』（中公新書ラクレ）中央公論新社．
日本社会福祉教育学校連盟監修（2015）『ソーシャルワーク・スーパービジョン論』中央法規出版．
日本社会福祉士会（2009）『改訂　社会福祉士の倫理――倫理綱領ハンドブック』中央法規出版．
日本社会福祉士会編集（2014）『改訂　社会福祉士の倫理　倫理綱領実践ガイドブック』中央法規出版．
平木典子（2012）『心理臨床スーパーヴィジョン――学派を超えた統合モデル』金剛出版．
福山和女編著（2005）『ソーシャルワークのスーパービジョン――人の理解の探求』ミネルヴァ書房．
村本詔司（1998）『心理臨床と倫理』朱鷺書房．
山口みほ（2011）「職場外スーパービジョンを通したスーパーバイジーのソーシャルワーク実践に関する認識変化のプロセス」『ソーシャルワーク・スーパービジョン実践入門――職場外スーパービジョンの取り組みから』みらい．
Butrym, Z. T. (1976) *The Nature of Social work*, The Macmillan Press．（＝1986，川田誉音訳『ソーシャルワークとは何か――その本質と機能』川島書店．）
Frawley-O'Dea, M. G., J. E. Sarnat (2001) *The Supervisory Relationship: A Contemporary Psychodynamic Approach*．（＝2010，最上多美子・亀島信也監訳『新しいスーパービジョン関係――パラレルプロセスの魔力』福村出版．）
Hepworth, D. H., Rooney, R. H., G. D. Rooney, K., Strom-Gottfried, J. A. Larsen (2006) *Direct Social Work Practice*, Brooks/Cole, Cengage Leaning．（＝2015，武田信子監修，北島英治・澁谷昌史・平野直己・藤林慶子・山野則子監訳『ダイレクト・ソーシャルワークハンドブック――対人支援の理論と技術』明石書店．）
Lee, R. E., C. A. Everett (2004) *The integrarive Family Therapy Supervisor*, Taylor & Francis Book．（＝2011，福山和女・石井千賀子監訳『家族療法のスーパーヴィジョン――統合的モデル』金剛出版．）
Levy, C. S. (1976) *Social work Ethics*, Human Siences Press．（＝1983，B. ヴェクハウス訳『社会福祉の倫理』勁草書房．）
Levy, C. S. (1983) *Social work Ethics on The Line*．（＝1994，小松源助訳『ソーシャルワーク倫理の指針』勁草書房．）
Mayeroff, M. (1971) *On Caring*, Haper & Row Publishers．（＝1987，田村真・向野宣之訳『ケアの本質――生きることの意味』ゆみる書房．）
National Association of social workers (1996): *NASW Code of Ethics*, Washington, DC

USA.（＝1997，日本ソーシャルワーカー協会国際委員会訳『全米ソーシャルワーカー協会――ソーシャルワーク実務基準および業務指針』相川書房。）

Neufeldt, S. A. (1999) *Supervision Strategies for the First Practicum*, American Counseking Aoociation.（＝2003，中澤次郎監訳『スーパービジョンの技法――カウンセラーの専門性を高めるために』培風館。）

Raubolt, R. (2006) *Power Games Influence, Persuasion and Indoctrination in Psychotherapy Training*, Richard Raubolt（＝2015，太田裕一訳『スーパーヴィジョンのパワーゲーム――心理療法家訓練における影響力・カルト・洗脳』金剛出版。）

Reamer, F. G. (1999) *Social work Values and ethics*, Columbia University Press.（＝2001，秋山智久監訳『ソーシャルワークの価値と倫理』中央法規出版。）

Richmond, M. E. (1917) *Social Diagnosis*, Russel Sage Foundation.

Weinberger, P. E. (1974) *Perspectives on Socialwelfare*, Macmillan Publishing.（＝1978，小松源助監訳『現代アメリカの社会福祉論』ミネルヴァ書房。）

- 第2節

日本医療社会事業協会編（2003）『日本の医療ソーシャルワーク史』。
日本医療社会福祉協会（2007）『医療ソーシャルワーカー倫理綱領』。
認定社会福祉士認証・認定機構におけるスーパーバイザーの行動規範（2015）。
福山和女編著（2005）『ソーシャルワークのスーパービジョン――人の理解の探求』ミネルヴァ書房。

- 第3節

相澤譲治（2006）『スーパービジョンの方法』（ソーシャルワーク・スキルシリーズ）相川書房。
浅野正嗣編（2011）『ソーシャルワーク・スーパービジョン実践入門』みらい。
荒川義子編著（1991）『スーパービジョンの実際』川島書店。
黒川昭登（1992）『スーパービジョンの理論と実際』岩崎学術出版社。
塩村公子（2000）『ソーシャルワークスーパービジョンの諸相――重層的な理解』中央法規出版。
福山和女編著（2005）『ソーシャルワークのスーパービジョン――人と理解の探求』ミネルヴァ書房。
リー，ロバート，E., エベレット，クレッグ，A.／福山和女・石井千賀子監訳，日本家族療法研究・家族療法学会評議員会訳（2011）『家族療法のスーパービジョン――統合的モデル』金剛出版。
認定社会福祉士認証・認定機構編（2015）「スーパービジョン実施マニュアル」ver. 1.3。

　　　　　（浅野正嗣〔第1節〕・佐原まち子〔第2節〕・林　真紀〔第3節〕）

第11章 スーパーバイザーの教育

1 人材活用・養成教育

（1）人材活用・養成教育におけるスーパービジョンとその枠組み
1）スーパーバイザーによる人材活用・養成教育の特徴

　社会福祉・保健医療分野のソーシャルワーク部門の人材活用・養成におけるスーパービジョン（以下，SV）・システムの形成は，当事者のみならず社会に対してもソーシャルワーク・サービスの質を保証する上で重要な課題である。さらにシステム形成の主体的担い手であるスーパーバイザー（以下，バイザー）に対する教育の充実は，専門職団体あげての取り組むべき課題となり，バイザーの人材活用・養成のための教育とは何か，その内容や方法が実習指導を含め盛んに検討されている。バイザーによる人材活用・養成教育の特徴は，以下の通りである。

① 　バイザーが対応する対象が，現役専門職およびその志向性をもった学生であり，成人や成人途上にある「大人」であること。
② 　成人教育に有効な学習とは，書物や講義による静態的受動的な知識や技術の獲得のみならず，実践現場にひきつけた事象の学びを帰納的に展開する「演習や模擬による」「現実の状況・具体的事例や，その時の自分の実践上の判断の振り返り作業を介した」手法が効果的であること。
③ 　こうした学びを実践において再現できるよう，専門職のコンピテンシーとして修得できるまでの効果を狙っていること。
④ 　実践現場での専門職の人材活用や養成とは，現場の上司・部下関係において，業務として組織ぐるみの教育であることが多く，特に日本の現実では，組織外 SV 以上に，現実的に切実に求められていること。
⑤ 　上司であるバイザーは，業務の一貫として SV を捉え，人材活用・養成

第11章　スーパーバイザーの教育

　　教育の実施をソーシャルワーカー（以下，ワーカー）として，組織として，部門として，介入するメゾレベルの体系的介入計画が必要であり，その環境介入計画の作成能力も含め要求されること。

　以上を踏まえて，認定社会福祉士認証・認定機構（以下，認定機構）による認定社会福祉士特別研修のプログラムや日本医療社会福祉協会の人材養成のための福山（2005）を中心とした企画研修群の内容を参考に，バイザーに必要な教育の内容と習得枠組みについて検討する。

2）スーパーバイザーによる機能の発揮とその構造

　SVには多様な定義や領域が存在するが，本節では「ソーシャルワークの支援者支援」「ミクロのみならずメゾマクロまでの範囲による重層的ソーシャルワーク」「運営管理的・教育的・支持（援助）的3機能と関係・プロセスを中心にした」SVであり，Wonnacott（2012）やMunson（2002）の機能的モデルを越えたSVまでは言及しない。「スーパービジョンをすることが，専門性の高さを証明する」としたSV・システムの社会化の時代を迎えたわが国の現状で，3機能を基にスーパーバイザーに必要な教育として捉えることとする。

　3機能のうちどの部分を強調するかは，SVの内容や性質に影響する。支持的機能の発揮は困難事例を抱えたスーパーバイジー（以下，バイジー）のセルフ・エスティームを挙げて，エンパワメントすることで，バイジーの支援に並行的間接的に力を与える。支援者の「燃えつき症候群」に対する緩衝効果として，とくにわが国の実践や研究報告においては，SVは支持的機能が基盤であると強調することが多い。

　機能的モデルによるSVのタイプはおおむね2方向で捉えられている。一方はMunson（2002）のバイジーの成長や力量の向上を第1に目指すクリニカルSVである。倫理的行動規範や相互作用性を持つ教育的機能を強調し，その成果をミクロレベルでの事例を抱えたバイジーの変容・成長に集約していく。

　他方，Kadushin & Harkness（2014）は部署・組織のメゾレベルに展開する運営管理的機能を強調する。バイジーとバイザーの環境的要素を各レベルのシステムとして，その構造をアセスメントしつつ，支持的教育的に介入していくことを考える。そのため職場環境に直接介入できる職場や部門の上司・部下関係を，バ

イザー・スタッフ関係として整理し，組織の締め付けではなく，組織・制度との間の交互作用のマネジメントの観点から運営管理的機能を発揮することとした。本節が人材の育成・養成とともにSVによる「人材活用」を強調するのはこの意味である。バイザーにはバイジーとの相互作用性を大切に，組織としての人材養成装置の仕組みや運営，および支援環境を整えることに関するメゾレベルに繋がるコンピテンシーが重要である。

3）日本におけるスーパーバイザー教育の枠組みと実際

日本医療社会福祉協会によるバイザーのための一連の教育研修では，ミクロの当事者のみならず，バイザー・バイジー関係も含んだすべての「人や集団・組織・社会システムの尊厳」を大切にした支持的機能，価値的態度を基盤とし，メゾとしての職場のソーシャルワーク部署を基点に，組織・地域の各システムに運営管理的機能を展開しSVの有用性を見出す。それゆえバイザーである上司が，部下であるバイジーに対して支援をする支援者支援の関係性の中で，バイザーに必要な教育目標について「ミクロをメゾレベルにあげて考え，組織環境に向けても行動できること」が強調される。会議の運営等のメゾレベルの運営管理機能はSV装置としての成果をもたらし，スタッフがSWとして職場において，専門職として動けるようにする教育的機能が発揮される構造を持つ。

一方，認定機構による認定社会福祉士特別研修のプログラムでは，研修生は自己の実践事例を振り返り，実践を価値や知識・理論で説明・整理することを目的に，セルフまたピアによるグループSVを体験する。そのSVは自らの実践を「省察」（Schoen）することで，自己の専門性を説明することを目標とする。そのソーシャルワークの専門性は価値とソーシャルワーク知識と理論の統合を押さえることで説明される（図11-1）。このことから，倫理原則や倫理綱領，ソーシャルワーク理論を基に，ピアの相互作用性を仲立ちに，演繹的なアプローチによって専門性の証明を行うことが，バイザーに必要な業務となっている。その意味でミクロレベルの実践を専門職集団の基準に挙げてメゾレベルに展開するための教育プログラムと考えられる。

SVのあり方の総体を図にすると，図11-2のようになる。メゾレベルを中心にした支援者支援の装置としてのスーパービジョンの構造である。バイザーとバイジーの間での3機能と契約からなる関係性を基礎に組織が社会に保証し，また

第11章　スーパーバイザーの教育

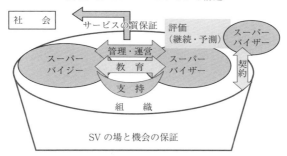

図11-1　専門性の構造

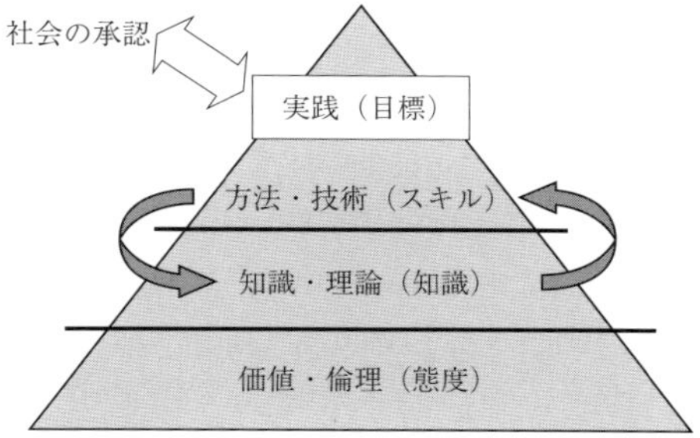

出所：筆者作成。

図11-2　スーパービジョンの構造

社会が組織に，組織が社会に影響する相互作用性と，予測と永続的循環から成る評価的機能が付置されている。こうした装置をシステムとして形成するためにそれぞれの知識・能力を核とするコンピテンシーが求められていると考える。

（2）スーパーバイザーによる「人材活用および養成」の方法に関する展開
1）ソーシャルワーク・スーパービジョンの枠組み

認定社会福祉士特別研修（認定社会福祉士認証・認定機構 2014）では，自己の事例を振り返り実践を専門性によって説明・整理することを目標に，セルフまたピアによるSVを体験する。そこでは専門性の価値を自己の実践に関わる倫理的ジレンマ「ひっかかり」を感じる。その状況を倫理原則や倫理綱領等に基づいて確認し整理する。さらにIFSW（国際ソーシャルワーカー連盟）の定義「人間行動と社会システムに着目した視点を持つソーシャルワークの理論」（生態学，システム

317

理論等）で，自分の実践を説明することにより，専門性発揮の根拠とする。自分の実践に対して省察を行い，自らのワーカーとしての思考とアセスメントおよび介入行動を対話等で振り返り，専門性を基にコンピテンシーを価値（態度）と理論（知識）技術（スキル）で裏づけ，自分の実践がソーシャルワークであることを証明するプログラムである。これは家族療法のバイザーの要件である「スーパービジョンのプロセスを踏まえ，家族療法の主要な学派が貢献してきた理念上の仮説および実践上の示唆に精通していること」また「スーパービジョンはコンピテンシーに基づいて行なわれる」（福山 2016：7；Lee & Everet 2004＝2011：35）に通じるものである。

2）スーパービジョンにおけるアセスメントのずれ

　SV プロセスにおいて，当面最も重要な核となる局面は互いのアセスメントのずれを認識し，それを扱うことにある。SV の最初は，一定の契約に基づく関係において，バイジーが事例や事態の振り返りを提示し，それをバイザーが問い返したり，説明の追加を促したりして相互作用を促進する。そしてバイジー自身が自分の抱えている問題状況とそれに対する考え方，捉え方としてアセスメントを明確化することを促す。それが「気づき」となる。しかしバイジー側のアセスメントは，バイザーの行ったアセスメントとの間にずれやひっかかりが存在することがある。バイザーにとってはそのずれのあり方，構造を分析すること，そしてそのずれ・ひっかかりを，いつ，どのような形で指摘するまたは修正する必要があるかどうかの介入計画に関する判断も探ることになる。

　その際，バイザーはバイジー側のアセスメントに対して，クライエントシステムの長所を引き出す，見出せるようにストレングス視点でみていくことが，支持的機能を発揮することにつながることも留意すべきである。またそのずれや違和感は，直接バイザー自身が指摘，説明，説得することではなく，バイザーの問いかけや追加説明の促しなどの相互作用により，バイジー自身の「気づき」として伝達できることがよい。それはバイザーによる価値認識のリフレイミングや経験の書き直しによる意識の変容であるともいえる。このことを，バイジーは「目からウロコ」体験として語ることが多い。

3）アセスメントのずれと修正に関する分析軸とツール

　人材活用や養成からスーパービジョンを見た場合，バイザーはバイジーの専門

第11章　スーパーバイザーの教育

表11-1　価値・倫理の方向性と視点の確認のためのグリッド表

関心の焦点 ＼ 倫理責任	ミクロ・メゾ 利用者への倫理責任	メゾ 実践現場における倫理責任	メゾ 専門職としての倫理責任	メゾ・マクロ 社会に対する倫理責任
ミクロ　　Svee 当事者				
ミクロ・メゾ　Swer				
メゾ　　Svor 職員間 職場・組織				
メゾ・マクロ　専門性				
マクロ　社会資源・制度 地域社会・文化 専門職集団				

（中央に吹き出し）視点・見方　ストレングス　病理欠陥　問題志向　解決志向　社会モデル　等

家としての視点や行動について振り返りを行う中で理解し，バイジーのアセスメントを明確にする。さらにバイザーとして自らの視点や支援システムの構造を踏まえて事態・環境のアセスメントを行い，バイジーのものとのずれを確認する。SVとは，そのずれを互いの認識の中で修正しあう対話のプロセスであることがわかる。その修正のための有効な分析軸とツール，手順等について整理する。

① 価値に関するスーパーバイザーとスーパーバイジー間のアセスメントのずれと修正をみる分析軸

専門性のベースである価値に関しては，福山（2008：97）のFKグリッドにおけるミクロ・メゾ・マクロに展開する縦第1軸「関心の焦点」を使う。それに横第2軸「倫理の方向」（倫理綱領の4方向　利用者・実践現場・専門職・社会）と空間第3軸視点内容（ストレングス，診断的，病理欠陥的，社会モデル的視点等）に関する3側面のグリッドで見ていく方法を提案する（表11-1参照）。

② 価値に関するバイザーとバイジーの認識やアセスメントのずれに対する手順

a) バイザーは「関心の領域」に対して，バイジーがストレスを感じているのかを確認し，その点に関する解決や取り組み課題に関するニーズをできる範囲で認め，充足しようとする。

b) バイザーとしては，優先すべき関心の領域と価値・倫理の内容・方向性やストレスの領域を確定し，そのずれを埋める必要度や時期，タイミング，

その手順を検討する。
 c）バイジーが，簡単な指摘では重要価値やストレス，価値，ジレンマとして感じられないと判断される場合は，さらにその時感じてほしい関心の領域や価値の方向性の程度を勘案し，省察による問いかけや促しの対話・相互交流を行う。
 d）視点の転換を試みると決めた場合は，「関心の焦点」をバイジーから意識の継続性に留意しつつ，バイザー側の領域に誘導・変更するための視点・見方の変換に関わる働きかけを行う。
 e）必要に応じて，倫理的配慮を発揮する方向性の変更や多面性に関する指摘を行う。
 f）価値観や視点の相違に関する気づきにいざなう働きかけを行う。そして，気づきを得たバイジーの体験を，バイザー側の世界から共有し確認し強化する。
 g）気づきが，今後のバイジーの支援の態度やスタンスに影響を及ぼす可能性を広げることを，バイザー自身が理解し，その後のSV場面でも繰り返し提示し共有する。

以下，各項では事例を用いて説明するが，各々の事例の内容は事実を曲げない範囲に加工している。

【事例1】認知症高齢者に対する家族の経済的身体的虐待に関する事例

バイジーはミクロの高齢者への直接支援よりも，同居者の搾取として憎む気持ちが強く，関心の焦点はマクロレベルの地域社会の無策や無関心にあり，ワーカーとしては社会に対する倫理責任として，社会に見られる不正義の改善のために，地域社会や行政に働きかける方法を探すことに主な関心をもっていることがわかった。

しかしバイザーとしては，当事者と同居家族への直接支援の計画を地域包括支援センターの組織レベルの社会的責任として，至急計画を立てねばならない状況であり，かつ虐待状況の改善に向けて，メゾレベルの地域の関係機関間協議に入る必要があった。さらにミクロレベルの当事者と家族

第11章　スーパーバイザーの教育

> の関係は，虐待以外の生活局面ではよく機能しており，親子とも今後とも一緒に暮らしたいと願っていると，バイザーはストレングス視点でアセスメントした。一方，バイジーは2人の生活を続けることは，危険でありいつかは事件が起こるのではないかと心配し，危険を未然に防ぐために引き離す強い思いをもっていることがわかった。
> 　バイザーとバイジーとのアセスメントのずれについて，マトリックス表を介して，ともにポインティングしながら，その内実を家族システム論をもとに，グリッドを介して協議し視覚的に気づきや理解を深めようとすることができた。

③　ソーシャルワークの知識と理論を基盤にしたアセスメントのずれを修正するツールと手順

　人と環境およびその交互作用，人間の行動と社会システムに関するソーシャルワーク理論は，エコマップとタイムラインを介して伝えることが効果的である。エコマップとタイムラインを両者で作成することで，時間・空間におけるシステム内・間の交互作用性，循環性や仕組みを見定め，個人や家族，組織，地域，社会の各システム内・間の暗黙のルールや課題解決システムとしてのコーピング・ストラテジーを理解し，ライフコースとライフイベントを辿りつつ，ミクロ・メゾ・マクロに展開する各システム内・間の交互作用とその関係性等のストーリーを読み，適応を見極める。

　これらの取り組みを通じて互いの視点や状況の捉え方について議論し，アセスメントを比較する体験が有効である。バイジーが判断し行動したその根拠をエコマップやタイムラインで図面上辿ることは，バイザーにとっても，バイジーの判断の軌跡が辿れ，マッピング技法で視覚的に捉えられたエコマップとタイムラインの紙面を指差しながら，合議することが事例検討としても有効である。これらマッピング技法によるツールの使用は，カンファレンスやグループスーパービジョン等でも，また多職種協働に向けてソーシャルワークの視点や期待できる実践を説明し，チームに対してコンサルテーションを実施する機会でもよく使われる。

【事例２】支援を拒否する一家の事例

　ゴミ屋敷同然の一軒家に，80歳の祖母と知的障害があると思われる30代の孫２人が住んでおり，隣近所から臭気や火事の危険があるので，民生委員を通じて地域包括支援センターに介入の申し入れがあった。しかし，担当するバイジーは，何度も門前払いをされ家の中にも入れてもらえない中で，窓越しの会話と周辺の調査からアセスメントを行い，エコマップとタイムラインを作成し，バイザーと話し合った。

　一家は昔からそこに居住していたが，どのように暮らしているのかも皆知らないでいた。特に孫２人は入所施設にいた時期があったらしいが，20年前に退所し祖母に引き取られてからは，引きこもり状態で学校にも通っていない。「この家族は固く閉ざされたシステムで，最近祖母の認知症が進み，外回り用事ができなくなったことで，このままだと一家全員餓死などエントロピーになります」というバイジーのアセスメントに対して，「これほどの閉ざされたシステムなのに，30年間どのようにそれが維持され・継続できていたのか」について，「もう少し情報を得ないとわからない」とバイザーは指摘し，「このシステムを維持・継続させていたもの」が何で，今後の支援にそれが使えるかどうかをさらに検討しようと提案した。

　その結果，バイジーは以下の情報を得た。施設に入所していた孫２人は管轄住所の異なる障害者手帳を持っており，施設の入退所は祖母ではなく，当時から祖母が信心している神社の神主とその妻が手続きをしたこと，祖母は認知症が進んだ今でも日に１回お参りがてら，話をしていることもわかった。一家は祖母が神主と相談し，その関係者に動いてもらうことによって，ものごとを動かすという家族のやり方，ルールを持っていることがわかった。このルールが現在でも機能しているというアセスメントは，今後，この一家と社会とのつながり方に，大きな力になるものであるとバイジーも理解した。

（3）スーパービジョンの実践上の困難とスーパーバイザー教育上の課題

　支援者支援の方法としてスーパービジョンを現場で実施する上で，バイザーが抱える困難は，さまざまな形で数多く存在する。特に今後充実が切実に求められる組織内の上司・部下の関係で SV を行う場合は，その関係性や環境，ポジション，パワー，密室性，距離等特有の要因が絡んで，システムの課題を複雑化させる可能性がある。そうした困難を打開するためのバイザー教育として伝授・教育すべき内容と課題について検討する。

1）ミクロレベルでの「関係性」

　SV の関係は，バイザーとバイジーの両者の出会いと契約による社会的関係によって基礎づけられる。しかもそこには直接交流による情緒的感情的交流が存在する。この関係性は間接的支援でありミクロのみならずメゾ・マクロシステムにも影響されるものであるが，特にミクロレベルの相互作用に帰結する課題について，ここでは考えていく。

　上司としてのバイザーの部下であるバイジーへの対応をみると，クライエントとバイジーの直接的支援関係とクライエント＝バイジー＝バイザー関係の間接支援関係との，並行したシステム（福山 2016：7）間で境界が不透明で柔軟性がありすぎること，メゾの取り決めとして職位のパワーが介在することで，叱責や注意，ないしはそれがハラスメントとして表現されて，SV にならないという悩みを持つことがある。バイジーの行動が，支援場面やクライエントの様子が通常目に見えることで，SV としての振り返りが不十分になりやすい。アセスメントのずれを相互交流の中で気づき，応答を待つという「対話」ができにくい。この状況は上司ばかりかスタッフにとってもストレスフルであり，職場での専門職養成の土壌として適地になりにくい。

　その点職場において，時間や場所等を特別に設定して SV 関係を営む場面を作り，改めて関係を意識して互いの役割を果たしていくことは有益である。職場でも直接の上司―部下ではない組み合わせでの SV 関係を作るような，組織・部署レベルの工夫・試みもなされている。しかし業務との兼ねあいで困難でもあるので，バイザーは特に組織の管理業務とは異なる SV とは何かについて，十分に理解し部署内に定着させていく必要がある。

2）ミクロ・メゾレベルでの「リーダーシップの力量」

　職場内バイザーは特に上司として，SV 環境を作り出し，個別やグループによる SV が機能することを組織からも期待されているが，うまくいかないことが多い。うまくいくには，変容する人として SV の大切さを自ら学ぶ体験をし，環境の変化を促し組織に認可された専門職集団としての部署の力を発揮することで，SV として人と環境との相互・交互作用の変化が生じやすくなる。その作用の核はリーダーシップである。

　ワーカーは組織の中で，部署のパワーを持つこと，発揮することの経験も少なく不得意である。部署を民主的に運営しようとすればするほど，上司がリーダーシップを発揮することが困難になる。上下関係のない人間関係では，パワーの発揮は困難である。またリーダーシップをとれることが SV での運営管理機能を発揮できる。バイザーには組織の運営管理にきちんと部署の話を通すスキルが必要であり，そしてその組織内のリーダーとしての力量の発揮の様子を，スタッフであるバイジーが実際に現場で理解でき，それを助ける交互作用のプロセスを体験させ見せていくことも必要である。そうしたリーダーシップに関する力量は，組織のビューロクラシーの中で学習され発揮されることは特に指摘されている（Kadushin & Harkness 2014）。

3）メゾ・マクロレベルでの「責任を伴うマネジメント」

　最近ワーカーの世界でも中堅者や主任相談員研修が盛んに行われるようになったが，その席で管理職の責任が問われることが話題となる。SW にとって専門職の価値と，組織の価値との異なった方向性の板ばさみになって，SV においてもそのジレンマに悩むことが増えてきた。人材活用・養成の SV 体制を社会に対して保証するには，特に SV の運営管理機能を，組織の目的・ミッションを基にした機能として捉える（Munson 2002：17；Kadushin & Harkness 2014：9）。

　組織や社会に対して責任を果たすマネジメントを行うには，組織の生き残りや各種の事情を抱えながら，SV においても実践的な判断をしていくことが必要である。その際の SV の運営管理機能の指針となる価値は，対人支援組織の使命，ミッションから導くことができる（田中 2015：14）。組織の理念やミッションを SV の価値として，運営管理のマネジメントに組み込むことで，価値のジレンマ状況およびその選択の根拠を明確化する。社会に対する責任を果たすために，

SVの運営管理機能には，組織の使命を実践価値に組み込むマネジメントとしてSVを行うバイザーの働きが求められる。

4）マクロレベルでの「自発的なスーパービジョン文化の醸成と発信」

　SVにとって，文化の醸成は究極のマクロ目標として設定される。文化とはある社会・組織や地域の成員として，獲得し共有している行動様式や生活様式，価値観や信念，振る舞いのパターン等の総体をいう。ここでは「ソーシャルワーク・スーパービジョンの文化とは，支援組織や地域社会の一員として，人と環境の交互作用性や支援の関係性を基盤にした，ソーシャルワークの価値や理論にもとづく行動様式としての支援者支援の重層的総体」として操作的定義を行う。

　バイザーはSV文化を社会や組織に醸成し，そこからソーシャルワークを発信することが役割として位置づけられていると考える。しかし現実は，組織や地域にソーシャルワークをわかってもらえず，その一員として視点や姿勢が取り上げられにくいと感じている。それに対して，SVという行動様式でバイザーが自発的に関わっていくことは，解決に向かう方向性と考える。バイザーは，組織や地域で構成員の無理解にさらされた社会的認知に悩むソーシャルワークを，SVという行動様式によって，自発的にその文化の伝播に寄与することになる。さらにソーシャルワークを組織内で展開することにもつながるであろう。

2　異質性と同質性のスーパービジョン

（1）グローバリゼーションとスーパービジョン・システム

　近年，保健・医療・福祉の領域に押し寄せるグローバル化の波は，ソーシャルワークにも大きな影響を与えている。たとえば，医療機関では，地域医療連携室等の職種横断的な部門が新設され，ソーシャルワーカー（以下，ワーカー）が配属されるようになってきている。その場合，ワーカーは，部門の機能を発揮する一員であることを求められ，異職種の上司または部下として業務を行うことになる。そのため，機関内では必ずしも同質性のスーパービジョン（以下，SV）が成立しているとは限らず，わが国においては，同質性と異質性のSVが混在していると思われる。

　専門性の伝承や専門職の社会化の方法として専門職制度がある。専門職化とい

うプロセスは，ある種の閉鎖性を保ちながら，訓練・資格審査・実践をコントロールし，知識・スキルを創造・洗練することで，専門職内の専門性の伝承作業と社会化を進展させ，同質性のさらなる深化が見込まれる。各専門職は同質性を保つことで，領域を確立し，領域の維持と発展を遂げることによって，専門職を守り続けてきている。

　このように考えると，スーパーバイザー（以下，バイザー）とスーパーバイジー（以下，バイジー）の間で行われる確認作業には，専門性の確認により質の担保が期待され，そのプロセスを経て，バイジーが，専門職として十分な役割を果たせるようになると思われる。わが国では，主に教育的機能が発揮され，同職種の熟達したワーカーと新人との間で行われることが多く，同職種として共有する価値観，知識，技術という専門性の中身に関して，伝承し，専門職としてのアイデンティティの醸成が促進されてきたと思われる。

　わが国の保健・医療・福祉領域は，制度的にも，ケアのあり方という面でも大きな変革を迫られている。その一つとして，地域包括ケアシステムの構築に向けた施策誘導は，従来，同質性を守ることで成り立ってきた専門職が，価値観の多様性をもつ異質性との統合化を目指している。このような変革の時には，社会全体として，新しい知を生み出すためのプロセスを歩むことになり，従来，良しとされてきたことが否定され，社会不安や混乱が予測される。ワーカーは過去においても，社会の変化の時に，対応力が求められてきた専門職であり，力量を発揮するためにSVは貢献する方法論であると考える。職場内外に混在する同質性・異質性のSVを整理し，活用しやすいシステムにすることによって，出せる成果が見えてくると思われる。本節では，同質性と異質性のSVを有効活用するためのSV・システムの重要性と必要性を述べる。

（2）わが国におけるスーパービジョン・システム

　わが国においてSVが社会化され，システム化されたのは，1961年に福祉事務所の査察指導が定められてからである。さらに介護保険法における主任介護支援専門員の登場，認定社会福祉士認証・認定機構のバイザー登録制度であろう。これらは，バイザーは誰なのかを示しており，それぞれSV体制であり，同質性と異質性が存在している。福祉事務所の査察指導は，行政行為の適切さの確認であ

り，組織における同質性 SV，主任介護支援専門員における SV は，26職種からなる異なる専門性が混在しており，異質性の SV，認定社会福祉士認証・認定機構のバイザー登録制度は，専門性における同質性のスーパービジョンであると考える。

しかし，バイザー養成は必ずしも十分にシステム化されていないのが現状であろう。バイザー養成の先駆的取り組みは，日本ソーシャルワーカー協会，全国社会福祉協議会や職能団体である日本社会福祉士会，日本医療社会福祉協会，日本精神保健福祉士会等で行われている。これらは実践現場におけるスーパービジョン体制の構築に向けた貢献度が高いと思われるが，いずれも，実践現場である機関内においては存在することが望ましいという任意の位置づけであり，システムのあり方を提案するレベルにとどまっている。

2011年には，認定社会福祉士認証・認定機構が発足し，民間資格として，認定社会福祉士・上級認定社会福祉士を認定している。同機構では，認定社会福祉士及び認定上級社会福祉士の取得および認定更新に際し，機構に登録されたバイザーからの SV 実績の積み上げを義務づけており，そのためバイザー登録制度を設け，SV の実施による専門性の担保を試みている。

同機構はバイザーには，その専門性においては同質性を求めているが，SV を所属機関内での取り組みの中で，どのように位置づけるかについては今後の課題であろう。

SV には管理的機能，教育的機能，支持的機能があるが，実践現場では，教育的機能を発揮できるバイザーが不足しており，機関外に SV の場を求める場合が多い。同機構のバイザー登録制度が，現場の実践力を高めるために活用できるには運用面での課題があり，整備されるまでには時間を要すると思われる。しかし，SV 体制を所属機関の内外に構築するメリットを考えると，バイザー登録制度は，専門性と組織性に連動性をもたせられるので，SV の活用可能性が広がるといえる。

（3）ソーシャルワーク・スーパービジョンにおける同質性と異質性

一般的に，同質性（homogeneity）とは，種類や性質が構造，構成上一貫して一様である性質をいう。主な例として，人種・性別などの社会生物学的同質性，民

第Ⅲ部　スーパービジョンの倫理・教育・研究

表11-2　スーパービジョン体制の4軸構造

		スーパーバイジー	
		SW	他職種
スーパーバイザー	機関内SW	同質性SV	異質性SV
	機関内他職種	異質性SV	同質性SV
	機関外SW	同質性SV	異質性SV
	機関外他職種	異質性SV	同質性SV

出所：福山和女（2005：241）。

族性や言語・宗教・文化等のサブ・カルチャーとしての同質性，そして社会経済的地位や所得，教育水準等の社会経済的同質性が挙げられる。また，異質性（heterogeneity）とは，それらが異なっている様をいう。

専門性（professionality）の伝承とアイデンティティの醸成を目的として，同質性のSVは，研究・教育機関や職能集団，実践現場で取り組まれてきた。実践現場では，相談支援サービスは，機関のサービスとして提供されるため，所属機関が責任を負う。

SVが機関内で行われる場合，組織の構成が影響を与え，部門の職種構成によっては，同職種間と異職種間のSVが存在する。さらに，SVが所属機関外で行われると，2種類のSVが存在することになる。

SVの種類は，理論的には，バイザーとバイジーの専門性と所属機関の同異という軸が存在する。福山は，わが国での4軸8タイプのSVに分類し（福山2005：241），同質性のSVと異質性のSVが存在するとしている（表11-2参照）。

1）専門性（professionality）の同異

ここでは，福山のSV理論を援用し，専門性（professionality）の同異について述べる。バイザーとバイジーの教育背景と職種が，ソーシャルワークである場合を同質のSVであると見なし，職種及び教育背景が異なる者同士で行うSVを異質のSVと見なす。同質性であるとはどういう意味なのか，また同質でないとはどういうことなのかについて，専門職化ということを媒介として考えてみることにする。

専門職化の尺度として，独占領域をもっているか否かがある。たとえば，国家資格における業務独占と名称独占の区別がそれにあたると思われる。通例，専門

第11章　スーパーバイザーの教育

職化のプロセスは，職能集団を組織化し，教育や訓練を行い，資格審査（集団の認定や国家資格）によって，実践の質をコントロールし，知識・スキルを創造・洗練することで，集団内部で標準化を図り，外部に対しては差異化を行うことに特徴があると思われる。職能集団をシステムとしてみると，専門職内部には研究・教育・実践をめぐる3つ機能が存在し，専門職化を目的として稼働していると捉える。

　研究者は研究機関または教育機関に所属し，理論と概念形成に取り組み，知の創造を担当し，創造した情報とアイディアを実践現場に提供している。実践者は，理論や概念，アプローチを現場に適用し，実践現場で培ったスキルと統合し，支援効果を出す役割を担う。実践者は単独または研究者と協力しながら実証研究ができる環境にあり，実践（専門業務）の中から得られた知見や技術の科学的妥当化も期待されている。研究者は教育者を兼ねていることも多く，大学や資格取得のための養成校に所属し，専門職の養成に携わり，標準化された養成カリキュラムをもって専門性（専門的価値・知識・技術）を学生に提供し，資格取得を希望する学生を教育的側面からサポートしている。実践家となったあとも，社会的使命を負った所属機関（組織）に所属することによって，機関の機能の一部として専門性を発揮することが期待される。このようなSVシステムの稼働によって，専門職は専門性の質と量を担保されてきた。国家資格化された場合は，国策としての専門職の育成と活用のビジョンからの影響を受けながら，プロセスを歩む。

　専門職化は，専門職が同質の専門性を獲得し，維持，発展させるための方法として優れていると認識され，多くの専門職種は職能集団を組織化して，自らの専門性を社会的価値へと転換する作業を続けている。つまり，他職種にはない専門領域がその職種の独自性の追求であり，その独自性の社会的貢献度が高ければ，職種の社会化が進むと認識されてきた。それゆえに，同質性SVは，同じ教育背景やライセンスをもつバイザーとバイジーの間で行われる必要があるといえる。バイザーは，ソーシャルワークについて，一定以上の習熟度が保証された者である。認定社会福祉士認証・認定機構，日本精神保健福祉士協会，日本医療社会福祉協会などにみるスーパーバイザー養成研修・認定医療社会福祉士にみる認定バイザー制度の取り組みは，バイザーとは誰のことを指すのかを明確にしようとしている点で，SV体制の社会化を進展させている。

同質性SVは，バイザーが，教育的機能を発揮することによって，職能の醸成を図ろうとするものであり，ソーシャルワークの概念枠を用い，共通の内容と質が反映されるコミュニケーションを通じて，一人ひとりのワーカーを養成していくことに力点が置かれる。

2）所属機関（agency）の同異

ここでは，所属機関という組織性とSVの関係について述べる。

SVの同異の検討でもう一つ重要なのが，組織性である。この要因により，SVの3機能のうち管理的機能・教育的機能・支持的機能のどれを発揮できるかが決まる。専門性を同じくする同質性SVは，教育的機能の発揮によって，専門性の質の担保が可能である。その専門性の発揮は，機関という場でなされるものであり，SVを組織の機能の一部と位置づけることは，専門性の質の担保にとって重要な要素となると思われる。所属機関の同異は，SVの管理的機能を発揮する上で鍵となる要素であると思われる。

ソーシャルワークは機関を基盤として行われる仕事なので，所属機関の方針や機能，実情に応じて業務内容や配属部署・職位・職責等が決まる。機関外で行われる場合，SVのもつ効果に限界が生じる。すなわち，得られた成果を即座に業務行為に反映することができない。つまり，所属機関外のバイザーは，組織的な業務上の決裁権がない場合が多い。

ソーシャルワーク専門職が組織の一員としてその職責を果たすためには，SVが組織の人材育成とその人材育成の機能を果たす側面との接点を持つ必要があると思われる。組織性の要素を帯びたSVに対しては，専門性への組織権力の行使等として否定する立場の研究も存在するが，専門職は機関で機能することで，具体的な社会貢献が可能となることから，組織の運営管理との接点を持ち，極端な権力行使を回避できるものであると考える。ワーカーを所属機関の社会的使命，理念，目的や目標を共有し，事業化された業務と位置づけることは，組織運営の適正化にもつながる可能性がでてくる。そのように考えると，機関の業務の確認作業を通じて，専門職の役割遂行を支えるSVは，機関の目的に合致する重要な業務として位置づけることができると思われる。SVに組織マネジメントの要素を加えていくことは，SVの社会化を進展させるともいえる。

ここでは，SV・システムを，バイザーとバイジーの間でソーシャルワークの

表11-3 スーパービジョンのタイプと発揮されるスーパービジョンの機能

NO	SVのタイプ／SV機能	管理的機能	教育的機能	支持的機能
1	機関内SW―SW	◎	◎	◎
2	機関内SW―他職種	△	×	△
3	機関内他職―SW	△	×	△
4	機関内他職―他職種	△	×	△
5	機関外SW―SW	×	○	○
6	機関外SW―他職種	×	×	△
7	機関外他職―SW	×	×	△
8	機関外他職種―他職種	×	×	△

業務内容を確認し，職責を果たすために支援するシステムとして定義し，そのシステムは，機関内・外に存在すると設定する。

3）スーパービジョンのタイプと発揮されるスーパービジョンの機能

　福山の分類によると，理論上は4軸8つのタイプのSVが存在する。SV機能を管理的機能，教育的機能，支持的機能の3機能と定め，8タイプによって果たせる機能との関係を表11-3に示した。

　管理的機能とは，バイジーが行った業務に関して，運営管理，専門性の両方から確認作業を行い，教育的機能と支持的機能とを補完しながら，責任の所在を明確化していく機能である。バイジーが，職種・職責からどのような専門性を活用し，どのような業務計画を立て実施したのかという事実を明らかにし，専門業務の妥当性と課題を検討する機能である。この機能を発揮できるのは，タイプ1～4であり，機関内の同職種および他職種の上司部下間で行われるSVである。所属機関の理念，組織方針と事業計画にソーシャルワーク業務を位置づけることができ，業務遂行とその結果に対する責任の所在が明確であるからである。SVで承認された内容は，組織としての決裁事項と同レベルであるという認識が必要であろう。機関の理念や組織方針，事業内容のどこに接触面を設置し，専門性をどのように織り込み業務計画を立て，実施し，事後評価を行っていくかは，タイプ1のバイザーにその妥当性が高い。異職種による管理的SVでは，専門性の質の管理は困難であり，バイジーまたは，外部の同質性を持つSVに委ねざるを得ない。バイジーの知識や技術，価値前提が自己判断できる水準まで達していない場

第Ⅲ部　スーパービジョンの倫理・教育・研究

合，所属機関と外部のコンサルテーションまたは SV 契約を締結し，質の担保を行うことが考えられる。

　教育的機能とは，管理的機能で明らかになった専門性のコンテストの不足に関してより詳細に確認作業を行い，知識の補足や訓練をも含める機能である。この機能の発揮に関しては，タイプ1の機関内のワーカー同士で行われる SV と，タイプ5の機関外のバイザーとの間で行われる SV である。その他のタイプは，職種と教育背景が異なることから妥当性が低いと思われる。同じ所属機関の異職種の上司から受ける助言内容の場合は，事業実施に際する知識や技術も含むため，ソーシャルワークの専門性外にある内容については，他職種の専門性からの助言（コンサルテーション）であると解釈される。ワーカーが他職種の上司である場合も，同様である。

　タイプ5の SV は，専門性の深化やアイデンティティの醸成に効果を発揮できる。わが国の場合，タイプ5の SV は研究者，熟達したワーカー，職能集団，SV を職業とする人によって行われている。このタイプの限界は，管理運営上の責任や権限を持たないため，ワーカーの専門業務に対しては責任を負うことはできない。過度な影響性を持った場合には，組織干渉となるリスクを負う。業務への反映については，上司の承認を得るという手続きが必要になる。

　支持的機能とは，バイジーの達成程度や強み，さらなる深化・開発を検討する機能である。バイジーの悩みや不安や自信のなさ，さらには職務満足度等に対して，心情をくみ取ることや取り組み努力への労いも含むことから，8タイプすべてが発揮しうる機能であるといえる。専門性のコンテキストと組織管理上の両側面からの確認作業が可能なタイプ1の場合が，もっとも機能を発揮でき，タイプ5の場合は，管理運営上の責任を伴わない部分での支持的機能の発揮に留まる。

　SV のタイプと SV 機能の関係を考察してみると，理論上では専門性（professionality）と所属機関（agency）の同質性をもった SV のタイプ1が，SV の3つの機能を発揮し得ることがわかった。

　タイプ1について，所属機関内に SV・システムがあることは，組織方針・事業計画を反映した組織システムとしての位置づけを得たことになる。SV では，上司であるバイザーと部下であるバイジーの間で，遂行されたソーシャルワーク業務の確認作業を行うことによって，バイジーが行った業務の妥当性，不足やリ

スクを明らかにし,専門的な見解を加味した対策をとることができる。SVの内容が,業務遂行上の権限と責任を持つバイザーによって承認と指示を行うことができる。特に,専門性のコンテキストの確認は,バイザーとバイジーが同質の専門性を持っていることで深まり,専門性の伝承やアイデンティティの醸成にもつながる。このように,同質性のあるSVが所属機関内で行われると,バイジーの養成や活用を通じて,所属機関内に専門性が伝承・蓄積され,組織の強みになっていくと考えられる。

4）スーパービジョンが組織体制として位置づけられる重要性

専門職化の進展により,ワーカーは組織で機能することが求められるようになってきている。専門性と組織性の両方を兼ね合わせた人材育成と活用が必要となる。ここでは,SVの組織に関連づけられた定義を援用して,SVが組織体制として位置づけられる重要性について考察する。

SVの定義について,「専門職の能力を養成するための訓練」「スーパーバイジーの成長と成熟を促す教育的援助の過程」「教育的機能に重点を置いた教育訓練」「専門職養成の過程」等,教育方法か養成の過程かの議論が中心であり（福山 2005：195-196），SVと組織に触れている定義としては,「専門職の業務全般の遂行をバックアップするための職場の確認作業体制」である（福山 2005：198）。この定義は,SVの場を職場であると規定することで,SVの構造やバイザーとバイジーの立場等を明らかにしている。また,SVを実施することによって,専門業務に関する組織管理上の責任は機関が負うものであることを示している。

職種横断的な部門の新設は,SW業務の開拓を意味すると同時に,異質性のSVを増加させている。同質性SVによる効果は,機関外で発揮されているが,限界がある事も明らかである。

所属機関におけるSVの実績の有無は,所属組織のシステム構築を遅らせる可能性がある。機関の組織マネジメントの中枢にあるのは管理部門であり,その立場にある人が,SVを組織体制に位置づける有用性を認識する必要性があるからである。

現場のSWたちは,機関内SVの不足を,機関外SVで補うことを求めている。機関外スーパービジョンとは,多様性を持ち,仲間同士の勉強会（ピア）も含め,学会や大学,職能団体,民間企業の研修等が主催するや研修会や講習会等の事で

ある。大学や養成校を卒業後，多くの新人SWは，リアリティショック，知識・情報の不足，ソーシャルワーク援助技術のトレーニング不足を解決するという個人レベルのニーズ充足に強い意欲を持っている。このような自己研鑽の形で学びの場を求める行動は専門職として当然の行動である。

　しかし，組織の運営管理面で課題が多い。教育的機能重視のわが国においては，バイジーはミクロレベルの知識や技術の習得への意欲が高く，組織マネジメントへの関心は高まってこなかった。個人レベルに位置づけられた知識や技術は，個人の所有にとどまり，機関としての知識や技術の蓄積とはならない。そのため，所属機関のために自分の技術や知識を提供するか否かは，個人に委ねられるため，機関の理念や特性を反映した強みとしての伝承にはなっていかない。そのこと自体は，人材育成と人材活用が好循環に導くものではない。

　機関外SVの実施には，リスクも伴う。個人情報や組織の秘密等が機関外に流失する可能性があり，職員が業務上知り得た情報を所属機関外に持ち出すことに関するルールを明確にしておかなければならない。

　専門職化を進めてきた専門職の性質として，組織への帰属意識よりは専門性へのアイデンティティの方に意識が傾きやすいため，専門職で構成されている組織の特徴として，専門性と組織性の統合を目指した組織マネジメントは難易度が高いとの見解がある。そのため，専門職は，組織マネジメントをするために，管理運営に関する知識やスキルを持ち合わせている必要があると思われる。特に，異質性SVに対するワーカー自身の否定感や敗北感等が強い場合，組織管理から逃避して，外部に活路を見出す傾向があり，それゆえに，組織への経営側との折衝が不十分となってしまうこともある。所属機関にSV・システムを構築していくためには，専門職側からの組織マネジメントが重要となってきていると思われる。

　ソーシャルワークは機関を基盤とした仕事である以上，異質性と同質性にかかわらず，専門業務は，機関の組織方針や事業内容を反映したものとなる。それゆえに，SVの管理的機能を発揮することによって，専門業務の遂行についての計画性や実施確認をし，リスクマネジメントをすることができる。専門性の不足に関しては，教育的機能，専門性の妥当性に関しては，支持的機能で取り組むことができる。SVの管理的機能には権限と責任がつきまとい，職位に応じて職場から賦与されることによって，バイザーも，組織からバックアップを受けてSV業

務の実施ができることになる。ワーカーが管理職の職位になかったとしても，管理的機能を発揮したSV体制があれば，決裁権者への報告による承認・指示が受けることによって，機関内のSVを有効に活用することができる。人材育成は経営論においても重要な要素であり，SVが効果を出すことができれば，組織体制の一部としてSVを位置づけることは難しいことではないと思われる。

5）所属機関内の異質性スーパービジョン活用

SVが組織体制に位置づけられる重要性が認識されたとしても，現場への定着は思うように進んでいない。ソーシャルワークに関する同質性のSVが組織体制として位置づけられていかない背景は以下のような要因から複雑である。

1つ目として，ワーカーやバイザー側の課題として，組織へのマネジメント力の未熟性が挙げられる。

2つ目として，ワーカーが得られる職位の限界がある。また，より大きな環境からの影響もあり，病院においては医療福祉相談室やソーシャルワーカー室が廃止され，地域連携室や総合相談室，患者サポートセンター等が新設されている点が挙げられる。これらは，職種横断的な組織の再編成であり，ワーカーは，多職種チームの一員として機能することを期待されている。再編成された部門では，医師や看護師等の異職種等がワーカーの上司になることも多い。今後も，職種横断的な部門やチーム編成への志向性は継続されると予測される。

このような状況から，決裁権を持つ同質のバイザーの確保が難しい段階においては，異質性SV体制を有効活用して，ソーシャルワークの組織内外への貢献度を向上させていくことが必要である。異質性SVを受けることで，次の行うべき2つのマネジメントがあると思われる。1つ目は，機関内に同質性SV体制を構築するための企画を練り，異職種の上司の理解と協力を得ることである。2つ目は，コンサルタントの導入に関する企画を練り，機関とコンサルタントの契約を締結して，組織の業務の一環としてコンサルテーションを受けられる体制を確保することであると考えられる。

6）所属機関外のコンサルテーション活用

これまでは，SVとコンサルテーションを区別せずに述べてきたが，改めてコンサルテーションについての再定義を行う。コンサルテーションとは，専門性を持った組織や個人と，ある特定の問題を解決するための専門性を必要とする個人，

集団，組織等に対して行われる情報・知識・技術を提供する過程であると捉えられる。その場合，同質性と異質性の両方がある。

　福山は，バイザーとは区別して，業務上の責任を負う場合をバイザー，負えない立場をコンサルテーションと定義づけ，「コンサルタントは，組織的な業務上の責任をとらず，教育機能が重視され，また受け手のコンサルティも遂行義務や責任が問われない」（福山 2005：142）としている。

　コンサルテーションは，所属機関が異質性 SV のタイプの場合，専門性の担保を保持するための専門情報や知識の補足，専門技術の習得に有効である。コンサルテーションを受ける側の準備として，コンサルテーションを受ける目的と目標を設定し企画書を作成し，決裁を取ることが大切である。機関決定になることで，所属機関とコンサルタントの契約を締結し，定期的，または不定期にコンサルテーション過程を歩むことができる。また，同質性スーパービジョンの体制が整っている場合も，理論選択が異なる場合や，特定の領域の情報や知識，技術習得が必要な場合，技術開発，新規事業の企画のための活用が考えられる。

　コンサルタントは自らの専門性の提示内容の質への保証はするが，運営管理面の権限を持たないため，運営上の責任は負わず，コンサルタントから提示された専門性の内容を機関の業務に取り入れるかどうかは，異質性 SV において，承認を得る必要がある。その際に，企画書や計画書を作成し，組織機能の促進とコンサルテーションの導入を結び付けた説明が必要であろう。上司が決裁をするためには，コンサルテーション導入の効用，限界，リスクに関する情報提供や説明書類作成も業務に入ってくる。

　特に，外部者へ相談を持ちかける際には組織の許可を得ておく必要がある。なぜならば，クライエントの情報が，担当者により無断で持ち出されることは職務規定や関連法制，職業倫理に抵触するからである。たとえ，同職種同士の信頼関係が成立していたとしても，クライエントの情報は，機関とクライエントの契約関係において管理しているものであり，バイジーの個人に裁量はない。そのことについては，機関の上司，バイジーと外部バイザーの三者が認識し対策を講じておく必要がある。たとえば，機関・個人が特定されない方法を原則にする必要がある。コンサルテーションは，一般化，普遍化された知識・情報，基本的なスキルトレーニングの役割を果たすことになる。

7）異質性スーパービジョンの活用

　異質性 SV を管理的機能として捉えると，その活用が明らかになるだろう。たとえば，外部のコンサルテーションを受ける際，決裁を要するだろう。さらに，ワーカーが，組織マネジメントのサービス管理，人事管理，労務管理，会計管理，財務管理，情報管理，戦略的広報の側面と深くかかわる職種であることへの理解を得るチャンスともなり得るだろう。

　長い間，社会福祉の現場においては，組織論や経営学への関心が薄く，管理運営の要素が SV に反映されづらかった経緯があるが，従来の専門性であるソーシャルワークの専門的価値・専門知識・専門技術には，社会の概念がある。ソーシャルワークの実践規模が，ミクロ，メゾ，マクロであることを鑑みると，管理運営に関する知識と技術とはミクロレベルのスキルをもったバイザーが必要とされる。管理運営の要素を加えることによって，SV の内容がミクロレベルの実践に留まらず，メゾレベルの実践であると位置づけることができる。

　組織内において，ワーカーが，管理職としてのポジションを得ていない場合には，特に，異質性スーパービジョンを有効活用することが，組織の中でソーシャルワーク業務を定着させていく近道であるといえる。

（4）課題と展望

　SV に関して，同質性と異質性を検討することで，それぞれのタイプの特性を整理することができた。そのことによって，同質性の SV・システムの充実が必要であると同時に，組織の中で，同質性のスーパービジョンをシステムとして位置づけ，実践していくことの困難性も見えた。

　地域包括ケアの実現に向けた，保健・医療・福祉の領域において，機関との関係を度外視した人材育成は成り立ちにくく，SV は，組織システムとして融合していくことで，機能を発揮できると思われる。本節で検討した，同質性，異質性の SV や機関内部・外部におけるコンサルテーションの有効な活用を検討していくことが，生産性の向上につながると思われる。そのためには，専門性の質の担保を目的とした実践・研究・教育が連携を図っていきながら SV の体系化を進めていくことと，機関に適用していくための組織マネジメントのスキルを開発していくことが課題であると考える。

第Ⅲ部　スーパービジョンの倫理・教育・研究

注
(1) 福山は，専門性（professionality）が同質であるか，異質であるかを切り口としてスーパービジョンを捉え，さらに，管理運営（member of the organization: management）の要素として，所属機関（agency）を取り上げ，4軸8タイプのスーパービジョンが存在するとしている。

参考文献
田中千枝子（2015）「ソーシャルワーカーの専門性と役割」『ソーシャルワーク実践研究』1，ソーシャルワーク研究所，12-18頁。
認定社会福祉士認証・認定機構（2014）「認定社会福祉士特別研修資料」
福山和女・田中千枝子責任編集（2008）『新医療ソーシャルワーク実習——社会福祉士などの養成教育のために』川島書店。
福山和女・田中千枝子責任編集（2016）『介護・福祉の支援人材養成開発論——尊厳・自律・リーダーシップの原則』勁草書房。
福山和女編著（2005）『ソーシャルワークのスーパービジョン——人の理解の探求』ミネルヴァ書房。
福山和女（1992）「スーパービジョン研修の現状と課題」『ソーシャルワーク研究』19(13)，174-179頁。
村田久之（1994）『ケアの思想と対人援助』川島書店。
Kadushin, A. & Harkness, D. (2014) "Supervision in Social Work" Fifth edition, *New York, Columbia University Press*（＝2016 福山和女監訳『ソーシャルワークのスーパービジョン』中央法規出版）
Lee, R. E. & Everet, C. A. (2004) *The Integrative Family Therapy Supervisor : A Primer*（＝2011 福山和女・石井千賀子監訳「家族療法のスーパーヴィジョン——統合的モデル」金剛出版）
Morrison, T. (1993) *Staff Supervision in Social Care; An Action Learning Approach* Longman, Pavilion Publishing.
Munson, C. (2002) *Handbook of Clinical Social Work Supervision Third edition*, Bing Hampton, New York, Columbia University Press.
Shohen, D. A. (1998) *The Reflective Practitioner ; How Professionals Think in Action*（＝2007 柳沢昌一・三輪健二訳『省察的実践都は何か——プロフェッショナルの行為と思考』鳳書房）
Wonnacott, J. (2012) *Mastering Social Work Supervision Jessica Kingsley*.

（田中千枝子〔第1節〕・山田美代子〔第2節〕）

第12章 スーパービジョンの研究

1 スーパービジョンに関する質的研究

　研究は，効果的なスーパービジョン実践を支えるものである点で，重要な課題である。研究手法には，数値で示された量的データを使用し，統計的手法を用いた量的研究とインタビューや参与観察によって得られたデータ，諸文書等のテクスト，事例等の質的データを使用した質的研究に区分できる（中谷 2006：143-145）。

　本節では，このうち特に質的データを使用した質的研究を取り上げる。質的研究の意義を明らかにした上で，国内外のスーパービジョン（以下，SV）に関する質的研究論文をレビューすることを通して，SV の質的研究の動向と課題を検討する[1]。

（1）スーパービジョンにおける質的研究の意義

　実証研究における質的研究について2つの意義を考える。第1は，フリック（Flick）が「私たちが生きる世界の多元化が進んでいる」という時代背景上の意義，第2は，「量的研究の限界」というスキルに関する意義である（Flick 2007＝2011：13-17）。フリックは，今の時代は「『客観的に正しい命題』という観念をもはや無批判に受け入れることはできなく」なっているとして，そのような中，「ここで残された可能性といえば，人（主体／主観）と状況に結び付きのある主張を行うことである」とする（Flick 2007＝2011：17）。グローバリゼーションを背景に文化・社会の多様性が再発見される中で，客観的に「正しい」といえるものに疑念がさしはさまれるようになった。また，抽象的なレベルにおいては適切であるとみなされている理論であったとしても，実践現場においていかに適用されるかという形を考慮する際には，文化的社会的文脈が無視することはできないこと

339

が認識されることとなった。このような背景のもとで，状況に根差し，限定された範囲で適用される知見をデータから生成することの意義が注目されるようになったといえる。フリックは，生活世界の多様化の中で演繹的方法での対応が困難な状況が生じ，帰納的な研究の戦略が必要となっているとする（Flick 2007＝2011：14）。

　第2の意義は，量的研究の限界を補うものとしての質的研究である。量的研究は，現象をモデルに基づいて概念化し変数に落とし込み，その変数間の関係性を検証するものである。フリックは，これを「因果関係と妥当性をできるだけ明確にする」ことを目指す作業であるとする（Flick 2007＝2011：15）。ここでは，変数間の関係が客観的に検証されることに意義があるとされる。その一方で，量的研究には，カテゴリー間の関係の意味やそれらが生じるプロセスの探究に関しては限界がある。この点で，対象者が表現する豊かな意味やプロセスを含むデータをもとに探索を行える質的研究の意義があるといえる。また，量的研究に先立って，検証するべき変数を検討し，仮説を構築するための探索的研究としても質的研究手法は不可欠である。

　ソーシャルワーク・SVにおいて質的研究が重要である理由には，SVの一般理論が存在している場合であっても，現場においてSVを実践する際には，それぞれの現場のもつ文化的・社会的文脈を考慮することが必要であること，そして，実践に際して生じる困難や課題も文脈依存的である点が挙げられる。SVは，実施の根拠となる制度，SVが実施される場，スーパーバイザー（以下，バイザー）とスーパーバイジー（以下，バイジー）の関係性等から影響を受ける。したがって，SV実践における展開や効果について検討・検証する際に，これらの固有な状況をふまえることが必要となる。SV研究において質的研究を行う意義はこのような点にあるといえるだろう。

　SVにおけるわが国の今日的な研究課題として，SVプロセスの明確化，SVプログラムの策定及びプログラムの効果測定，SVがバイジー及び利用者，機関に及ぼす効果，SVモデルの構築及びその効果の検証，SVを取り巻く状況が効果に与える影響，バイザーとバイジーのもつ文化や社会的背景が効果に与える影響，バイザーとしてのスキル獲得プロセス等が挙げられる。

　以下では，ソーシャルワーク・SVに関する質的研究手法による国内外の研究

をレビューすることを通し，質的研究が対象とする研究課題を検討する。

（2）わが国におけるスーパービジョンに関する質的研究の文献レビュー

　わが国において，ソーシャルワーク領域において質的研究が一定の手法に基づいて実施されるようになったのは1990年代後半からであるといえる。国立情報学研究所の文献検索サイト Cinii Articles で2000年以降の国内におけるソーシャルワークにおける SV に関する論文を検索したところ44本の論文がヒットした。[2]そのうち実習 SV をテーマとした論文が11本あり，これらを除外した33本が現任者の SV，あるいは SV そのものをテーマとした論文であった。掲載された雑誌の内訳は，13本が『ソーシャルワーク研究』（相川書房）をはじめとする専門誌であり，20本が紀要であった。33本の現任者の SV に関する論文をレビューしたところ，専門誌に掲載された論文のうち浅野，山口，小松尾による3本が質的研究手法による論文であった（浅野 2010；山口 2011；小松尾 2014）。また，質的データとして特定の SV システムを対象として，SV・プログラムについて論じた論文として齋藤，藤田のものが認められた（齊藤 2002；藤田 2012）。一方，紀要論文には，質的研究手法による論文は見当たらなかった。このように質的研究における論文数が少ないことは，わが国においては，SV 研究における質的研究手法の導入は端緒についたところであることを示していると考えられる。

　ここでは，質的研究手法による論文として，浅野（2010），山口（2011），小松尾（2014）の3本を取り上げる。

　浅野（2010）は，職場外における10回をワンセットとした SV・プログラムを対象とし，3名の受講生を対象に半構造化面接法を用い M-GTA の手法により，分析を行った。分析テーマを「スーパーバイジーのソーシャルワーカーとしての自己理解の深化プロセス」とし，【困惑に向き合う】【検討課題の吟味】【学びの深化】【自己意識の再構築】【スーパービジョンの再評価】のカテゴリーと23の概念を生成し，バイジーが SV を通して「新たな困惑に向き合う」螺旋状のプロセスを明らかにした（浅野 2010）。同研究は，SV の本質的な課題である「自己理解の深化」に焦点を当て SV がバイジーにもたらす変化のプロセスを明らかにしたといえる。

　一方，山口（2011）は，浅野と同じ職場外の10回をワンセットとした SV・プ

ログラムを対象とし，3名の受講生を対象とした半構造化インタビューによるインタビューデータを基に，調査を行った。分析テーマを「職場外個別スーパービジョンを通したスーパーバイジーのソーシャルワーク実践に関する認識変化のプロセス」として，M-GTA の手法により分析を行い，【職場外スーパービジョンへの契機】【気づきの機会の構造化】【実践の向上】【内面の変化】【支援の積極的活用】【専門職性意識の高まり】のカテゴリーを生成した。山口はこの結果を踏まえて，職場外での継続的なセッションであると SV・プログラムが設定されていることによって，バイジーが職場での抑制から解放されること，自らの実践を振り返って気づきを得る機会を構造化させることができ，その結果として専門家としての意識を高め，視野を広げることに寄与したことを考察し，職場外 SV の固有の意義について論じた（山口 2011）。

小松尾（2014）は，主任介護支援専門員の SV の実態とバイザーとしての成長をテーマに，2回にわたり3名の介護支援専門員を対象としたグループインタビューを実施し，佐藤郁哉による質的データ分析法により分析を行った。その結果，①バイザーとしての成長の要因として【環境とモティベーション】【言語化】【事例検討会で学ぶ】の3カテゴリー，②スーパービジョンの実践方法として【スーパーバイジーを尊重する】【支持的な働きかけ】【問いかけ】【情報の整理】【事例検討会の活用】【言うべきことは言う】の6カテゴリー，さらに，③主任介護支援員の背景として，【支援者の存在】【スーパーバイザーとしての自己】の2カテゴリーを生成し，これらの結果より，バイザーとしての自己の確立が十分でない現状において，バイザーとしての自己とバイジーとしての自己の二面性を意識した上で SV 実践を行うことによってバイザーとしての自己の確立に一歩近づくと考察した（小松尾 2014）。

浅野の調査は特定の SV・プログラムが，その効果に影響を与える要因と意味を明らかにし，山口の調査は職場外という設定が，バイジーの認識変化のプロセスに影響を与えることを示唆した。さらに，小松尾の調査では主任介護支援専門員がバイザーとして成長するプロセスに焦点を当て，効果的なバイザー養成に関する課題を提示した。

SV の形態としては，場の設定に関しては，個人—グループ，職場内—職場外，バイザーに関しては同一専門職者—異専門職者，直属上司—上司以外等のバリ

エーションが考えられる。特定の形態のSVのプロセスや，バイジーにもたらす効果を明らかにし，さらに，形態による効果の相違を明らかにすることは重要であるといえる。特に，わが国においては，認定社会福祉士制度にSVが位置づけられたが，この制度においては基本的にはバイザーは職場内外の社会福祉士が担当することになった。また，従来は，職場内で実施されるものと考えられていたSVであったが，職場外でのSVも制度として位置づけられたことを考慮すると，浅野，山口が職場外の場におけるSVを研究テーマとして取り上げ，その効果を明らかにした意義は大きいといえる。

一方，小松尾の研究は，わが国の高齢者領域において地域包括支援センターが制度化されるのに伴い，主任介護支援専門員（主任ケアマネジャー）が地域の介護支援専門員に対してSVを実施することが求められるようになった現状を踏まえたものであり，2000年代後半以降のわが国における固有な社会背景によって生じた課題に関する調査であるといえる。この調査で得られた知見は，特定の時代の特定の制度下において，有効なものであるといえる。

これらの論考は，ただちに一般化を目指したものではないが，特定の状況におけるリアリティを示し，現状に対する課題を具体的に示したものであるといえる。これらの研究成果は，SVの理論から演繹的方法で導くことは困難なものであり，質的研究の意義を示したものであると考えられる。

（3）英語圏における質的研究成果

英語圏においてはSVに関する質的研究はどのようなテーマで実施され，どのような成果を得ているのだろうか。英語圏の質的研究をレビューすることによって，さらに広い視野を持ち質的研究の可能性を探索するとともに，今後，わが国において取り組むべき研究課題の手がかりを得ることができると考えられる。

オドナヒューとツーイ（O'Donoghue, K. & Tsui, M.）は，1970年から2010年の40年間に発表された86本のソーシャルワーク・SVに関する論文のレビューを行った。[3]その結果，質的研究による論文は40年間で24本発表されており，全体の28％であったこと，そのうち20本が2000年代に発表されたものであることを明らかにした。これらの研究は，大多数が個人インタビューかフォーカスグループインタビュー結果をデータとして分析したものであり，多くの場合，分析にはグラウン

デッドセオリーを使用していることを明らかにした（O'Donoghue & Tsui 2015：620-621）。本節では，オドナヒューとツーイが取り上げた論文に加え，EBSCO（外国語雑誌記事・論文検索）によりソーシャルワーク・SV に直接関連する論文を検索し，要約より質的研究であると判断される2010年以降の論文を 4 本追加し，検討を行った。

質的研究のテーマには以下のものが認められた。

① SV 歴が SV の活用に及ぼす影響（O'Donoghue 2012）。
② バイザーの SV 実践に関する内省（Kuechler 2006）。
③ バイザーとバイジーの文化的要因が SV に及ぼす影響（Tsui 2006, 2008 ほか）。
④ リスク社会，社会経済環境等の社会的要因が SV に及ぼす影響（Beddoe 2010 ほか）。
⑤ 医療・児童等，特定領域における SV のあり方（Virtue & Fouché 2010, Kadushin, Berger & Gilbert, et al. 2009, Schmidt 2008 ほか）。

これらの論文より，本節では SV 全般に関わるテーマである「①SV 歴が SV の活用に及ぼす影響」に関わるオドナヒュー（O'Donoghue）論文（2012），「②バイザーの SV 実践に関する内省」に関わるキューヒラー（Kuechler）論文（2006），「③バイザーとバイジーの文化的要因が SV に及ぼす影響」に関するツーイ論文（Tsui 2008）を取り上げる。

オドナヒューは，「バイジーとしての SV の理解や参画 SV の活用には，どのような経験が影響を与えるのか」と問いを立て，ニュージーランドにおいて16人のソーシャルワーカーを対象に，SV 歴に着目したインタビューを行った。その結果，以下のことが明らかになった。①SV の【基盤となる体験】は学生としての経験及び「職場での SV」であり，それらを通してバイジーとなることや SV を活用することを学んできていた，②【スーパービジョンをうける実践者】としての経験を経て，【訓練を受け，スーパーバイザーとなったこと】が，SV に対する理解と参画の度合いを高めた，③過去の SV の経験は，肯定的にせよ否定的にせよバイジーに変化をもたらしていた。

これらの結果から，オドナヒューは，バイジーが自分自身のニーズと希望をアサーティブに発信すると同時に，SVをいかに活用するかを教えるような明確なメッセージが，バイジーに伝えられることが必要であること，バイザー及びバイジーとしてのSV歴が彼らのSVに影響を与えることから，場合によってはバイジーがバイザーに自身のSV歴を話すとよいことを考察し，バイジーの観点からSVを理論化することの必要性について論じた（O'Donoghue 2012）。

　キューヒラーは，ソーシャルワーク実践の文脈におけるグループSVのあり方を探索することを最終的な目標として，「グループSVを実施する理論的根拠，バイザーとバイジーの両者にとってのグループSVに伴う利益と困難課題，使用されている理論的枠組み，グループから生まれるソーシャルアクション，専門職としての発達ニード，新たなグループSVへの提言に関するバイザーの考え方」をテーマに，4つのフォーカス・グループを持ち，内容分析を行った。この結果から，①バイザーのためのグループ・リーダーシップの教育と訓練を行うこと，②グループSVの目的とプロセスに関わる明確な契約を行うこと，③個々および専門職としてのバイザー，バイジーの発展とクライエントのサービスの発展への貢献と，グループ・リーダーとしての役割とのバランスをとることが困難であることを論じ，より一層グループプロセスやリーダーシップに関する訓練を行うことについて提言し，このことは，教育とさらなる研究への提案となるものであるとした（Kuechler 2006）。

　ツイは，香港におけるSVをテーマとして2000年以降に共著を含め6本の質的研究による論文を発表している。Tsui（2008）では，SV実践が中国という特定の文化の文脈の影響を受けていることに鑑み，「香港におけるソーシャルワークSVの特長——スーパービジョンの形式，目的，関係性における性質，SVの過程における権威の使用がいかなるものか」と問いを立て，香港においてバイザー，バイジー両者の観点から探索した。バイザー20名，ソーシャルワーク教育を受け，常勤で職を得ているバイジー20名の合計40名を対象にインタビューを行い，グラウンデッドセオリーアプローチの手法で分析を行った。

　その結果，①文書化されたアジェンダやスーパービジョン契約書はほとんど使用されていないこと，②バイザー・バイジーともSVで最も優先されるのはクライエントの権利と利益であると考えていたこと，③一方で，そこへ到達する方法

第Ⅲ部　スーパービジョンの倫理・教育・研究

に関しては異なっており，バイザーはSVをスタッフメンバーの仕事ぶりをモニタリングすることによってサービスの質を守るための合理的でシステマティックな道具であると見做しており，バイジーは情緒的な支持とチームワークであると捉えていること，④SVにおける緊張は，情，縁等の伝統的な中国の文化的価値によって低減されていることが示された。

　インタビュー結果よりツイは，バイジーは，理想的なSVを，定期的に実施され，進歩について計画されたものであり，安寧な物理的環境で行われ，バイザーの助言と指導が明確，具体特定されたもので，実践しやすいものであることとした。さらに，バイジーは，バイザーに関して，フィードバックを評価しており，よく話を聞き，困難を理解し，実際的な問題を直接的な専門的方法で解決することを通して，スキルと力量を示すことを期待していたが，これは学生のSVに似ているものであるとした。一方，バイザーは，バイザー自身に訓練への動機づけがされている場合，SV実践は理想であり，このような状況では，管理的権威の使用が最少限まで低減するとした。

　これらから，ツイは，香港におけるSV実践は，北アメリカのSVの原理とイギリスの哲学と中国の文化的価値という起源の異なるものを組み合わせたものであるといえるが，三者は対立することなく相並び立っているのは，暗黙知による。日常のITPプロセスにおいて，必要な要素を適宜判断しているからであると論じる。また，SVセッションの様式と場面はSVの目的のみではなく社会や組織の文化を反映しており，香港においては，SVのセッションはとても短く，場面はリラックスしたコミュニケーションを意図されていないことを指摘し，バイザーとバイジーが異なった文化的背景や生活経験を持つ異文化間のSVにおいては相互理解，相互の敬意，文化に対する敏感さが強調されるべきであり，その際，SV契約やアジェンダといった合理的なメカニズムと専門的道具がSVを確実なものにすることについて考察した。

　また，学生へのSVに似た形式をバイジーが理想の形としたことについては，これを困難な場面での'退行'と見做すのではなく，学生へのSVに優れている点が多くあると認めるべきであるとの考えを示した（Tsui 2008）。

（4）スーパービジョンに関する質的研究の課題

　ソーシャルワーク・SV に関する質的研究を概観したところ，課題に対し，バイザー，バイジー，またはその両者を対象として，個人の語りや，フォーカスグループインタビュー，インタビュー等によってデータを収集し，分析には，グラウンデッドセオリーアプローチや内容分析等の手法が採られていた。実際の SV 経験をデータとして取り扱い議論が進められた結果，SV 理論から演繹的に導き出され得ない，現実的な課題と知見を提示することが可能となっているといえる。

　研究テーマとしては，SV 体験が SV に与える影響，グループ SV の課題の検討が認められた。ここでは，SV の質の向上，バイザーとしての力量を高める具体的な方策の検討に関わるものが取り扱われていたといえる。

　さらに，研究テーマとして特定の形態，特定の領域，特定の社会，そして特定の文化圏での SV における課題が取り上げられていた。これは，SV の理論が現実場面でどのように展開されているかを明らかにすることによって，バイザーが的確に取り扱うことができるようにする取り組みであるといえる。SV 理論は普遍的な概念であるといえるが，SV 実践は，国や地域等，場合によっては実践領域においても固有な文化や価値があり，SV 理論との間に相互作用が生じる。このプロセスを認識し，肯定的な相互作用が生じる方策を模索し，それぞれの実践の場に独自な SV のあり方を検討することは，より効果的に SV を運用するために不可欠であるといえるだろう。

　また，本項のレビューでは取り上げなかったが，医療領域，児童領域等，特定の領域の固有のプロセスや課題抽出を目的とした研究は，その領域における実践の可視化，課題提示であり，SV のモデル構築を目的とした取組みの一環と位置づけられる。このような領域における質的研究の意義は大きいといえる。

　前述の通り，近年わが国においては，認定社会福祉士制度や主任介護支援専門員の配置等，SV の制度化が進むとともに，SV が急速に普及しつつあるといえる。このような現状において，SV の質の向上に資する質的研究は実践現場から期待されているところであるといえるだろう。

第Ⅲ部　スーパービジョンの倫理・教育・研究

2　スーパービジョンに関する量的研究

　社会福祉分野における調査研究手法は，一般的に，量的研究と質的研究に大別できるが，スーパービジョン（以下，SV）研究においても両者の研究手法のどちらかが採用されるのが一般的だと思われる。しかし，そもそも SV と量的研究との関係，あるいは SV における量的研究の位置づけそのものについて直接言及している文献は，アメリカの SV のテキストの中にも，また，わが国のスーパービジョンに関するさまざまな文献の中にもほとんどなされていないのが現状である。2016年6月に出版された SV のテキスト的な書籍ともいえる『ソーシャルワーク・スーパービジョン論』は，内容的には非常に豊富ではあるが，それでも本書の項目の中にも SV の研究手法に関する項目はなかった。そこで，本節では，SV に関する量的研究の意義を検討し，わが国の SV の量的研究の文献レビューし，その上で，SV における量的研究の活用のあり方について検討してみたい。

　なお，SV において質的研究あるいは量的研究のどちらを採用するのか，その研究手法を選択する上で重要なポイントの一つは，その研究目的や研究テーマと調査方法を照らし合わせることである。設定したテーマについて，それが結果的に統計的な手法によって一般化あるいは普遍化したいかどうか，仮説をたてその仮説を検証したいか，あるいは様々な福祉ニーズを把握したり，政策やプログラムの策定につなげるためのデータを入手したいかどうかなどを検討する。

　もし，結果について一般化や普遍化することを目的とするならば，量的研究（統計調査）の方法を採用することになる。一方，調査テーマに関して洞察的あるいは主観的な見方を重視したい，何らかの仮説を生成したい，個別データの内容を重視したい，対象者の個々の情報を大切にしたい，あるいは，当該テーマについてよく状況が把握できておらず，どうなっているのか事例的にみたい場合等は，質的研究を選択することが望ましい。質的研究には，面接法，観察法，フォーカスグループインタビュー，グラウンデッド・セオリー，エスノグラフィー，事例研究，などさまざまなアプローチがあり，調査目的やテーマの種類と実際の対象者の状況によって，どのアプローチを採用すればよいのか異なってくるので，それぞれの特徴をしっかりと把握して採用することが必要である。

第12章　スーパービジョンの研究

（1）スーパービジョンにおける量的研究の意義

　まず，SVにおける量的研究の意義について述べてみたい。量的研究は，社会科学系の研究領域においては最も頻繁に用いられている研究手法であり，その最大の特徴は，質問紙等を用いた量的調査によって得られたデータを統計的に分析し，その結果が一般化できるところにある。また，量的研究を用いることの利点は，さまざまな学問分野において長年に渡って用いられてきたので，データ収集方法や分析方法などの調査手法が明確であり，すでに確立されているところにある。従って，量的調査を実施するには，一連の統計調査のプロセスに乗っ取って進めていけばよいことになる。しかも，文献の内容が理解しやすいかどうかは別にして，社会福祉調査や統計関連の参考文献は，他の研究手法のそれと比較して圧倒的に多いことも利点である。わが国のSVに関する先行研究をみると，量的手法を用いた研究は決して多くはないが，SV研究においても量的研究手法を採用することの意義は十分にある。これが第一の意義と位置づけられる。

　また，2つ目の意義として，近年，社会福祉専門職に対するアカウンタビリティ（説明責任）の意識の高まりや証拠に裏づけられた実践（エビデンス・ベースド・プラクティス）の考え方の高まりなどにより，社会福祉サービスやプログラム，さまざまなソーシャルワーク実践の効果測定等，その結果やプロセスの評価が求められ，重視されるようになってきていることがある（石川 2010）。SV実践については，2011年10月に認定社会福祉士認証・認定機構が設立され，その後，認定社会福祉士と認定上級社会福祉士からなる「認定社会福祉士制度」がスタートし，本制度ではSVの実施が必要要件とされている。本制度の実施により，今後，SV実践は実践現場においてますます重視され，SVが今まで以上に必要とされることが予測される。

　そして，それとともに，SV実践の効果測定や結果の評価が一層求められることは間違いない。SVにおける評価のあり方の詳細については後述するが，SV実践を評価するためには，実施したSVに関して何らかのデータを収集し，その結果について実証的に検討する必要がある。その点で，統計的な検定を含めた量的研究の手法は必要であるとともに，重要な位置を占めることが予測され，その点からもSVにおける量的研究の意義がある。

（2）わが国におけるスーパービジョンに関する量的研究の文献レビュー

　前節では，SV に関する質的研究について国内外の文献をレビューし，SV における質的研究の課題や今後のあり方を検討しているが，その一方，量的研究の現状をみると，わが国の社会福祉研究あるいはソーシャルワーク研究分野においては，SV の量的研究のあり方や方法などに焦点を当てた先行研究は，前述したように，ほとんどみられない。また，SV の研究に量的手法を用いた研究そのものも多くはない。その理由としては，SV がソーシャルワーク実践そのものであり，実践方法として SV の理論，機能や方法，SV の事例等に関する研究がメインとなっているからだと推察される。そのことを裏づけるために，国立情報学研究所の文献検索サイトである CiNii Articles により，教科書的な書籍やテキスト等を除いた，1980年代以降の国内の SV に関する研究論文を検索した。その結果，SV に関して95本の論文がヒットした。

　なお，SV に関する論文の中には，CiNii Articles ではヒットしなかった論文が無かったわけではないが，CiNii という一般的に活用されている論文検索システムによる検索という枠組みを用いたということをここでは断っておきたい。ヒットした95本の論文のうち，17本は，『ソーシャルワーク研究』の Pettes の翻訳「現任職員と学生のスーパービジョン」の一連の翻訳論文であり，それらの論文を除いた78本論文の要旨内容を検討し，研究手法の内訳による分類を試みた。その結果，SV の理論や方法論に関する研究（文献研究を含む）が52本と最も多く，7割近くを占めていた。次に，事例研究やインタビュー法を用いた論文が17本と約2割を占めており，諸外国の SV の紹介等の論文が3本であった。最後に，量的手法を用いた論文はわずか6本と1割に満たなかった。

　次に，SV に関する量的研究の手法を用いた6本の論文のレビューを行った。和気（2014）の研究は，地域包括支援センターの3職種が抱える支援困難ケースへの対応に関する量的調査研究であり，スーパービジョンそのものに関する研究というよりも，SV の授受がさまざまな独立変数の一つとして取り上げられ，研究の枠組みに組み入れられたものであった。門田ら（2013）の研究では，スクールソーシャルワーカーに対する SV の体制の実態を明らかにするために，25の地方自治体を対象に聞き取り調査を実施している。なお，本節では，聞き取りの項目内容やその結果の詳細がほとんど記述されていないので，量的研究としての

詳細を検討することができなかった。一瀬（2013）の研究は，地域包括支援センターの社会福祉士を対象に，社会福祉士の「高齢者虐待対応専門職としての専門職性自己評価」に関する尺度開発を目的としたものである。その尺度を構成する項目の一つとして「スーパービジョン・コンサルテーション機会をもつ」が取り上げられている。本研究では，高齢者虐待発生事例への対応に関してSVやコンサルテーションの機会を持つことが必要な要素であると認識されているが，その実践レベルで十分でないとの考察があり，統計的な検定の結果，SV実践が重要であると指摘した研究となっている。

また，大松（2010）は，医療ソーシャルワーカーの業務困難性に焦点を当て，厚生労働省管轄医療機関に勤務するソーシャルワーカーを対象として量的調査を実施し，「業務困難性」に関する尺度開発を試みている。大松の研究においては，「業務困難性」尺度を構成する項目の中にSVに関する項目がいくつか含まれ，主成分分析の結果，第1因子に「スーパービジョンの不足」が抽出されたと報告されている。これら2つの研究はいずれもソーシャルワーク専門職の業務を測定するための尺度開発を目的としたものである。

次に，梅谷ら（2013）は，社会福祉士養成教育を行っている神戸医療福祉大学において，2012年度に社会福祉士の実習を行った学生全員を対象として，実習状況，教員・実習先職員からの教育・指導，実習中における困りごとの有無に関して，質問紙を用いて調査を実施した。分析は，単純集計やクロス集計等の記述的な分析が中心であった。なお，梅谷らの資料にある質問紙の項目内容をみると，SVそのものに関する項目はなく，実習での困りごとに関する項目があり，そこで明らかになった困りごとへの対応策としてSVの理論が考察の部分で用いられている。その意味では，本論文は，SVそのものに関する研究論文にはならないであろう。

最後に，大野（2009）の研究は，大阪の医療機関や高齢者施設に所属する大阪医療ソーシャルワーカー協会の会員であるソーシャルワーカーを対象に質問紙による量的調査を実施，SVの関心，認知，SV経験の有無，その形態や頻度など，SV実態を明らかにしようとしたものである。分析手法としては，単純集計やクロス集計などを用い，記述的な分析結果が中心であったが，本論文でレビューした6本の論文の中では，唯一，SVそのものに焦点を当てた研究であった。

第Ⅲ部　スーパービジョンの倫理・教育・研究

　以上のように，SV に関する量的研究は，その数はまだ多くはなく，分析も記述的な分析が中心となっており，要因分析を意図した多変量解析を採用したものはほとんどみられなかった。そういう意味では，SV に関する量的研究は，まだまだ未発達といえる。

（3）質問紙を用いたスーパービジョンの量的研究の概要
　わが国の SV の量的研究の文献レビューの結果，まず，SV と量的研究の関係，あるいは SV 実践において量的研究の手法を採用することの意義やその位置づけに関する研究がまったくなされていないことがわかった。SV に関する量的研究としては，地方自治体に対して SV の実施体制に関する調査を行い，その単純集計を用いた実態調査的な報告があったり，また，質問紙を構成する項目の一つとして，あるいは独立変数の一つとして SV が用いられている量的研究があることはわかった。
　しかし，SV に焦点を当てた量的研究の手法は，非常に限られていることがわかった。なお，興味深いことに，これらの6つの研究は，すべて2009年以降と比較的最近のものであり，ここ数年の間に，SV に関する量的研究が行われていることが明確となった。今後，SV がますます浸透していく中で，SV に関する量的研究は，増えることが予測されることもあり，次に，SV に関して質問紙を用いて行う量的調査の方法の概要を簡単に説明する。

1）質問紙調査のプロセス
　質問紙を用いての統計調査は，概ね次のプロセスを通して行われる。それらは，①問題（テーマ）の明確化及び仮説の設定，②調査対象者，データ収集方法など調査計画の決定，③質問紙（アンケート）の作成，④プリテスト（予備調査）の実施，⑤プリテストの結果を受けての質問紙の修正及び質問紙の最終版作成，⑥調査の実施（実査），⑦データ回収と記入漏れや論理チェックなどのデータ点検，⑧データ入力とデータのクリーニング，⑨単純集計，クロス集計，その他の分析手法を使ってのデータ分析，⑩結果のまとめとデイスカッションを通しての考察，⑪報告書の作成，である。SV に関して量的研究を行う場合でも，調査プロセスに従って調査のデザインを設定する必要があるだろう。

2）標　本

　量的調査には，母集団すべてを対象とする全数調査（悉皆調査）と母集団から標本を選び，その標本を調査対象とする標本調査，の2種類がある。統計調査の多くは，全数調査ではなく，標本調査である。標本調査を用いる際には，母集団から標本を抽出することを標本抽出あるいはサンプリングと呼ぶが，どのようにして標本を抽出するかが重要なポイントになる。サンプリング方法には，母集団を構成するどの要素も標本として選ばれる確率を等しくするようにする手続きである無作為抽出法（確率標本抽出法）と，無作為抽出法以外の有意抽出法（非確率標本抽出法）の2つに大別できる。どのような抽出法を用いるかは，母集団の特性，母集団のサイズ，標本を抽出するために必要な母集団リストの有無等によって決まる。ただし，SVに関して量的研究を実施する際には，対象者がスーパーバイザーやスーパーバイジーとなることが多いので，対象者の特性から，無作為抽出法を用いるのは困難であり，現実的には，多くの場合，有意抽出法を採用することになると考えられる。

3）統計調査のデータ収集方法

　次に，統計調査は質問紙を用いるが，その質問紙によるデータ収集方法についてである。代表的な収集方法は，以下の通りである。それぞれの方法には，メリットとデメリットがあるので，それらを十分に把握した上で相応しい方法を選択する必要がある。

① 郵送法：調査対象者に調査票を郵送し，記入の上返送してもらう方法である。
② 留置法：対象者に調査票を配布し，一定期間内に調査員が回収する方法である。
③ 面接法：対象者に直接インタビューし，調査員が調査票に記録していく方法である。
④ 集合調査法：対象者を一定の場所に集め，調査票を一斉に記入してもらう方法である。
⑤ 電話調査票：対象者に電話を使って話しながら，調査員が調査票に記入していく方法である。

SVに関して質問紙調査を実施する場合，上記のいずれの方法も採用する可能性がある。

4）測定値の水準

量的研究において重要な課題の一つに測定値の水準がある。質問紙調査はさまざまな質問項目によって構成されているが，いずれの質問項目も何らかの選択肢を用いて測定される必要がある。SVに関して，質問紙を用いた量的研究を行う場合は，各項目の測定値を意識して設定することが求められる。アメリカの「Supervision in Social Work」の第8章の評価（Kadushin & Harkness 2002：363-369）では，順序尺度を中心としてさまざまな測定値が使われており，測定値の水準についての基本的な知識が必要であることがわかる。測定値の水準あるいは尺度の水準には，次の4つがある。

① 名義尺度

名義尺度は，性別における「男性」「女性」のように，研究対象の属性を他の対象の属性と区別するために用いられるものであり，単に名前だけの意味しかない尺度である。

② 順序尺度

順序尺度は，「軽度」「中度」「重度」など，値に大小や優劣などの一定の順序や序列をもつが，等間隔性がない尺度である。

③ 間隔尺度

間隔尺度は，知能指数のように数値で表されるものであり，値の等間隔性は保証されているが，0という絶対的な原点をもたない尺度である。

④ 比率尺度

比率尺度は，所得や体重・身長など，絶対的な原点をもち，しかも値の等間隔性が保証されているものである。

5）尺　度

質問紙調査においては，年齢や性別など直接測定できる項目があるが，SVの量的研究の場合，その実施の有無や回数など比較的測定しやすい形で項目が立てられている。しかしその一方，質問紙調査では，主観的な健康感，ニーズ，幸福などのように，抽象的な概念で直接測定することが不可能な項目もある。そこで，抽象的な概念については測定可能にするために，尺度という測定のための道具を

用いることになる。たとえば，抑うつ状態を測定する用具として CES-D（Center for Epidemiologic Studies of Depression）尺度（Radloff 1977）がよく用いられるが，質問紙調査においては，そのような信頼性や妥当性が検証されている既存の測定尺度を使用することは一般的に行われている。わが国の SV の量的研究では，SV そのものに関する尺度はほとんどなく，ソーシャルワーカーの業務を測定する尺度の一部として使用されていることがある（一瀬 2013，大松 2010）。いずれにせよ，量的研究で尺度を用いる場合は，その妥当性と信頼性がすでに検証されたものを用いる必要がある。

6）分　　析

　分析についてであるが，現在は，SPSS や SAS 等の統計分析専門のソフトウエアが非常に使いやすく設計されており，統計に関する十分な知識がなくても，それらのソフトウエアを用いることで分析を容易に行えるようになっている。分析方法としては，調査項目一つ一つの現状や実態を示したい場合，度数分布，比率，最大値，最小値，中央値，最頻値，平均値，標準偏差などの単純集計を用いることになる。2つの変数間の関係を検討し，統計的な有意差を含めて記述的なデータとして示したい場合，2変数間の分析手法であるクロス集計，平均の差の検定，相関関係や単回帰等を用いて分析することになる。なお，どの分析手法を用いるかは，2つのデータの属性が量的なデータなのか，質的なデータなのかによって異なる。3つ以上の変数を同時に分析したい場合，因子分析，重回帰分析，パス解析，ロジスティック回帰分析，分散共分散分析，共分散構造分析等，多変量解析を用いることになる。多変量解析には，数多くの手法があるが，独立変数と従属変数との関係の有無（仮説），データの属性などにより，手法が異なるので，それらを明確にした上で分析することが必要である。多変量解析について比較的わかりやすいテキストとして，『数学が苦手な人のための多変量解析ガイド』（古谷野 1988）があるので，それを参照されたい。

（4）スーパービジョン実践と評価における量的研究の必要性

1）量的研究におけるスーパービジョン実践の評価研究の意義と位置づけ

　SV に関する量的研究において重要な位置を占めるもとのとして，SV 実践における評価を挙げることができる。SV の先進国アメリカで SV 研究の際に頻繁

第Ⅲ部　スーパービジョンの倫理・教育・研究

に引用されている Kadushin & Harkness の「Supervision in Social Work」をみると，本書の目次には，量的研究の項目はないが，第8章の「評価」(Evaluation) においては，さまざまな尺度の活用を含めて量的調査の手法が用いられていることがわかる（Kadushin & Harkness 2002：329-388）。

　一方，わが国の SV 研究をみると，前述した通り，近年，ソーシャルワーク実践における効果測定や評価は，社会福祉専門職に対するアカウンタビリティ（説明責任）の意識の高まりや証拠に裏づけられた実践（エビデンス・ベースド・プラクティス）の考え方の高まり等により，その必要性や重要性が増大している。なお，最近の社会福祉研究の動向をみると，実践における効果測定は，「効果測定」という用語で説明されるよりも，実践や援助の「結果評価」「アウトカム評価」「実践評価」等，評価の一部として説明される傾向にある。たとえば，冷水（1993）は，福祉サービスの評価の一つにケースワークやグループワーク等の個々の「処遇レベルの評価」があるとしており，その評価方法として効果測定の技法を挙げている。渡部（2005）は，個別援助の介入成果を評価していく「個別実践評価」と位置づけており，冷水と同じように具体的な評価方法として効果測定の技法を用いている。さらに，芝野（2009）は，社会福祉援助のプロセスと結果を計画的な効果測定と評価によって分析する必要性を示し，援助プロセスを評価することをプロセス評価，援助による結果を評価するアウトカム評価（結果評価）と説明し，効果測定をアウトカム評価として位置づけている。以上のように，ソーシャルワーク実践において，評価あるいは効果測定に関する研究は，社会福祉における結果評価あるいは効果評価の一部と位置づけられる中で，その重要性が改めて指摘されている。ここ数年で，認定社会福祉制度の中に SV 実践が位置づけられ，SV 実践が一層重視されつつある現状を鑑みると，SV 実践の評価研究は，今後，求められることは間違いないだろう。

2）スーパービジョン実践の評価研究の内容

　SV 実践における評価とは，「一定期間にわたり，ワーカーの職務全体に関する客観的な査定である」と定義されている（Schmidt & Perry 1940：629）。また，評価は，ワーカーが従事する機関でワーカー自身がどの程度職場から要求される仕事を果たしているかを決定する，信頼性と妥当性をもった体系的な手続きのプロセスであるともされている（Kadushin & Harkness 2002：329）。その点で，SV

第12章　スーパービジョンの研究

をより確かに，積極的に，生産的に実施するためには，SV 実践の評価において，指針あるいはガイドラインを活用することが有効である。これらの指針やガイドラインによって，評価基準の明確な定義やその詳細を保障するものとなる。SV 実践の評価道具は，一般的には，①妥当性，②関連性（これは何を評価しようとしているのか，評価項目は仕事に関連しているかなどを現実的に評価するもの），③信頼性（一貫して評価ができるもの），④識別性（職務遂行のレベルの明確な違いをもたらすもの），⑤バイアスフリー，⑥実践的で活用しやすいもの，であることが必要である。このようなことから，SV における評価には，さまざまな尺度や測定道具が用いられ，それらによって客観的に評価されることになり，量的研究の手法が採用されていることがわかる。SV 実践の評価内容をまとめると以下の通りになる（Kadushin & Harkness 2002：358-360）。

① クライエントシステムと意味があり，効果的で適切な専門的関係が築き，維持する能力には，クライエントに対して適切な行動でもって接する態度，クライエントのために自身を公平かつ厳格に活用できること，専門職としての価値と倫理に忠実であること等が含まれる。
② データ収集技術，診断技術，介入技術，面接技術，記録技術等のソーシャルワークプロセスに関する知識や技術。
③ 所属する組織の目標，政策，手続きなど組織の運営管理に対する姿勢。
④ SV への関わり方と SV の活用には，必要に応じて会議を開く等の管理的な側面，SV に対する姿勢やその関わり方等の対人関係的な側面等が含まれる。
⑤ スタッフとコミュニティ関係には，どの職員と協調的で効果的な関係を維持したり，組織を代表して他機関の専門職やコミュニティに関わること等が含まれる。
⑥ 職務要件と仕事量の管理には，適切な仕事量をこなす，期間内に仕事のスケジュールを設定・組織化する能力を示す等が含まれる。
⑦ 専門的に関連する属性や態度には，自身の限界を現実的かつ批判的にアセスメントできる，適切に自己覚知ができている，自己評価の能力がある，専門職としての価値と倫理に基づいて仕事ができる等が含まれる。

⑧ 文化能力に対する評価。近年，文化能力に対する評価が評価のアウトラインに付け加えられる傾向にあるが，これには，スーパーバイジーが自身の価値やバイアスをどれくらい評価できるか，異文化やマイノリティに対する理解と知識，価値や態度を備えている等が含まれる。

以上の評価内容に関して，スーパーバイザーとスーパーバイジーは，面接，多様な観察法，記録，録音・録画テープ，機関や組織の成果物等，さまざまなデータ収集方法と評価方法と手続きでSV実践の評価をすることになる。その重要な方法の一つとして，信頼性と妥当性の確認されている尺度や評定尺度が用いてデータを収集し，統計的に評価することが含まれることになる。

（5）スーパービジョンに関する量的研究の課題

最後に，SVに関する量的研究の課題について述べてみたい。まず，本節を執筆するにあたり，SVに関する量的研究の文献レビューを行ったが，量的研究の手法を採用した研究が非常に限られていることが挙げられる。一方では，SVの理論・方法論に関する論文は数多く報告されていることから，今後，SVに関するさまざまなタイプの量的研究の試みとその報告が必要であろう。ただし，わが国の場合，ソーシャルワーク実践といっても，アメリカのように臨床ソーシャルワークがベースにあるわけではないことと，社会福祉固有の目標である生活援助という概念が統合的で生態的な特性をもっていることから，その効果や評価を客観化して把握することは困難な面がある。つまり，SV実践の中には，操作化・具体化できないもの，客観的に把握できないものなどがあり，そもそも量的研究に馴染まない側面があるのも事実である。

次に，わが国の場合，まだ，現場レベルにおいてSV体制の確立も含めて，SV実践そのものが十分根づいていない面があり，SV実践の拡充・充実が課題となるであろう。筆者は現場職員に対するSV研修の講師を何度も経験したが，現場職員の中には，たとえベテラン職員であっても，SVの経験がないといわれる職員は少なくはない。実際に現場でSVが実施されているかどうかは別にして，現場職員の意識レベルでは，まだまだ浸透していない面があるのは否めない。2007年の社会福祉士法改正により，社会福祉士の現場実習におけるSVの位置づ

第12章　スーパービジョンの研究

けが明確にされ，それが定着してきたことや，認定社会福祉士制度において SV 実践が必須になったことを考えると，今後，現場レベルにおいて SV 実践が拡充・充実していくことは期待できる。

　最後に，スーパーバイザーやスーパーバイジーとなる現場のソーシャルワーカーの中には，調査や統計を苦手とする人が少なくはないという課題がある。ソーシャルワーカー自身が量的研究に対する苦手意識が持っているために，それを現場レベルで採用しようという方向にならないことが予測される。SV に関する量的研究が少ない現実をみると，同じことは研究者レベルでもあてはまる。量的研究の手法は，テキストを読んで理解できるものではない。実際に量的研究を行い，多くの失敗や課題を抱えながら取り組んでいく中で身に付いていくものである。そういう意味で，失敗を恐れず，研究者と現場のワーカーが協働し，SV に関する量的研究に取り組んでいくことが必要であろう。

注
(1) 本節では質的研究の手法については言及していない。フリック『新版　質的研究入門：「人間の科学」のための方法論』をはじめとした，質的研究に関する文献の記述を参照されたい。
(2) 2015年7月10日に検索。
(3) 同論文では，論文選定基準を，①1970年から2010年の雑誌論文であること，②学生のスーパービジョンは除外，③データを実測経験によって直接入手した論文に限る，④英語によって出版されたものとしている。
(4) 一般社団法人日本社会福祉教育学校連盟がその設立60周年記念事業として『ソーシャルワーク・スーパービジョン論』（中央法規出版）を出版した。
(5) この点の詳細については，平山尚・武田丈・呉栽喜・藤井美和・李政元著『ソーシャルワーカーのための社会福祉調査法』（ミネルヴァ書房）を参照されたい。
(6) なお，量的調査法が比較的わかりやすく説明されているテキスト的な書籍は，以下の通りである。
　　＊岩田正美ら編（2006）『社会福祉研究法』有斐閣アルマ。
　　＊坂田周一（2003）『社会福祉リサーチ』有斐閣アルマ。
　　＊古谷野亘・長田久雄（1992）『実証研究の手引き』ワールドプランニング。
(7) 本制度の詳細については，認定社会福祉士認証・認定機構のホームページを参照されたい。URL は次の通りである。http://www.jacsw.or.jp/ninteikikou/　（2015年12月4日現在）

第Ⅲ部　スーパービジョンの倫理・教育・研究

参考文献
- **第1節**

浅野正嗣（2010）「スーパーバイジーのソーシャルワーカーとしての自己理解の深化のプロセス」『医療社会福祉研究』18，21-32頁（浅野正嗣編（2011）『ソーシャルワーク・スーパービジョン実践入門』みらいに所収）．

小松尾京子（2014）「主任介護支援専門員のスーパービジョン実践に関する研究——成長の要因と実践方法」『ソーシャルワーク学会誌』（28・29合併），1-11頁．

齊藤順子（2002）「OGSV（奥川グループスーパービジョン）モデルを用いた事例検討の方法——実践する力を育む事例の活用の仕方」『ソーシャルワーク研究』28(3)，196-203頁．

中谷陽明（2006）「lesson7　研究資料の収集と分析」岩田正美ら編『社会福祉研究法』141-174頁，有斐閣．

藤田さかえ（2012）「現場から提起するソーシャルワークの課題——アルコール関連問題に対するソーシャルワーク・スーパービジョン事業の取り組み」『ソーシャルワーク研究』38(2)，246-251頁．

山口みほ（2011）「ソーシャルワーカーを対象とした職場外個別スーパービジョンの意義——『ソーシャルワーク・サポートセンター名古屋』の実践をもとに」『ソーシャルワーク研究』36(4)，324-330頁（浅野正嗣編（2011）『ソーシャルワーク・スーパービジョン実践入門』みらいに所収）．

Beddoe, L. (2010) "Surveillance or Reflection: Professional Supervision in the Risk Society," *British Journal of Social Work* 40, pp. 1279-1296.

Dill, K. & Bogo, M. (2009) "Moving beyond the Administrative: Supervisors, Perspectives on Clinical Supervision in Child Welfare," *Journal of Public Child Welfare* 3, pp. 87-105.

Flick, U. (2007) *Qualitative Sozialforschung: An introduction to qualitative research 3rd. ed.*（＝2011，小田博志ら訳『新版　質的研究入門——〈人間の科学〉のための方法論』春秋社．）

Kadushin, G., Berger, C., Gilbert, C. & Aubin, M. (2009) "Models and Methods in Hospital Social Work Supervision," *Clinical Supervisor* 28(2), pp. 180-199.

Kuechler, C. F. (2006) "Practitioners' Voices: Group Supervisors Reflection Their Practice," *The Clinical Supervisor* 25(1/2), pp. 83-103.

O'Donoghue, K. (2012) "Windows on the Supervisee Experience: An Exploration of Supervisees' Supervision Histories," *Australian Social Work* 65(2), pp. 214-231.

O'Donoghue, K. & Tsui, M. (2015) "Social Work Supervision Research (1970-2010): The Way We Were and the Way Ahead," *British Journal of Social Work* 45(2), pp. 616-633.

Schmidt, G. (2008) "Geographic Location and Social Work Supervision in Child Welfare,"

Journal of Public Child Welfare 2(1), pp. 91-108.

Tsui, M. (2006) "Hopes and Dreams Ideal Supervision for Social Workers in Hong Kong," *Asia Pacific Journal of Social Work and Development* 16(1), pp. 33-42.

Tsui, M. (2008) "Adventures in Re-searching the Features of Social Work Supervision in Hong Kong," *Qualitative Social Work* 7(3), pp. 349-362.

Virtue, C. & Fouché, C. (2010) "Multiple Holding: A Model for Supervision in the Context of Trauma and Abuse," *Aotearoa New Zealand Social Work*, 21/22, pp. 64-72.

・第2節

石川久展(2010)「ソーシャルワーク実践における効果測定の技法」『ソーシャルワーク研究』35(4)，294-302頁。

一瀬貴子(2013)「高齢者虐待対応専門職としての社会福祉士の『専門職性自己評価』に対するアイデアルイメージと実践的対応との比較」『関西福祉大学社会福祉学部研究紀要』No.16(2)，19-28頁。

日本社会福祉教育学校連盟(2015)『ソーシャルワーク・スーパービジョン論』中央法規出版。

岩田正美ら編(2006)『社会福祉研究法』有斐閣アルマ。

梅谷進康・畠中耕・黒木利作ら(2013)「ソーシャルワーク実習中における学生の主観的困りごとへのスーパービジョン――実習生へのアンケート調査から」『神戸医療福祉大学紀要』14(1)，115-130頁。

大野まどか(2009)「医療ソーシャルワーカーのスーパービジョンの実態と意識について」『大阪人間科学紀要』No.8，31-41頁。

大松重宏(2010)「医療ソーシャルワーカーの業務困難性調査指標開発の試み」『ソーシャルワーク研究』36(1)，49-57頁。

門田光司・鈴木庸裕・半羽利美佳他(2013)「スクールソーシャルワーカーに対するスーパービジョン体制の同項調査結果の概要」『学校ソーシャルワーク研究』8，81-84頁。

古谷野亘(1988)『数学が苦手な人のための多変量解析ガイド――調査データのまとめかた』ワールドプランニング。

古谷野亘・長田久雄(1992)『実証研究の手引き』ワールドプランニング。

坂田周一(2003)『社会福祉リサーチ』有斐閣アルマ。

芝野松次郎(2009)「援助のための経過観察, 再アセスメント, 効果測定, 評価の技術」社会福祉士養成講座編集委員改編『相談援助の理論と方法Ⅰ』中央法規出版, 214-238頁。

冷水豊(1993)「サービス評価」『現代社会福祉学レキシコン』雄山閣出版, 177頁。

平山尚・武田丈・呉裁喜・藤井美和・李政元(2003)『ソーシャルワーカーのための社会福祉調査法』ミネルヴァ書房。

第Ⅲ部　スーパービジョンの倫理・教育・研究

和気純子（2014）「支援困難ケースをめぐる3職種の実践とその異同：地域包括支援センターの全国調査から」『人文学法』No. 484, 1-25頁。

渡部律子（2005）「社会福祉実践における評価の視点」『社会福祉研究』No. 92, 20-29頁。

Kadushin, A. & Harkness, D. (2002). "Supervision in Social Work" 4th edition, Columbia University Press.

Radloff, L. S. (1977). The CES-D Scale: A Self-report Depression Scale for Research in the General Population, Applied Psychological Measurement, 1, pp. 385-401.

Schmidt, F. & Perry, M. (1940) "Values and Limitations of the Evaluation Process. I: As Seen by the Supervisor. II: As Seen by the Worker." In Proceeding of the National Conference of Social Work, pp. 629-647. Columbia University Press.

（高山恵理子〔第1節〕・石川久展〔第2節〕）

おわりに

　本書を読んで，どのような感想をお持ちになっただろうか。総勢33人の研究者と実践家の共同作業の成果である本書の意義は，「実践の現状」がわかりにくかったわが国における「スーパービジョンの持つ多様な機能や形態を援用しながら，わが国で実践されてきている具体例」を数多く示せたことではないだろうか。本書では，第1～3章と第12章を除く全章が，ソーシャルワークの実践課題とその課題解決のために実施された具体的事例からできている。実践場所の中心は医療領域だが，テーマは児童虐待，多文化，一人親家庭，司法福祉等と広範である。方法も個人，ピアグループ，コンサルテーション，等が含まれており，読者の中には「これもスーパービジョンと呼べるのか」と疑問に感じられる形態のものも含まれているだろう。このような疑問に応えるためにも，事例を含む章では，スーパービジョンという枠組みにおいて具体的事例を筆者がどのように位置づけているかも論じられている。また，実践事例の中には，バイザーとバイジー間のやりとりの詳細な記述が含まれているものもあり，さまざまな設定で実践を代理体験する機会を提供している。

　このように，スーパービジョンの機能や形態を援用したわが国での実践事例を実践に必要な理論枠組みや課題と統合していく作業には，多大なエネルギーと時間を要する。本書の大部分は，編者たちと具体事例提供者たちの間での細やかなやり取りを通じてできあがったものである。

　近年，医療，介護，などの実践現場では，わが国の財政難という事情もあり，「より早く，より経済効率の良い仕事」をすることが要求されている。退院・転院支援，在宅介護支援にたずさわるソーシャルワーカーたちが本来の使命を見失うこと無く，クライエントの福利を優先させた支援をすることが困難になっているとも言える。これまでも，ソーシャルワークは，「仕事の実態が見えにくい」「専門性が無くてもできる」などと外部から誤解を受ける要素を持った専門職である。そのような専門職であるからこそ，「ブラックボックスの中に入っている」

と非難されてきた「支援の中身・質」を検証する方法としてのスーパービジョンは必要不可欠であるといえよう。

　スーパービジョンとはどのようなものか，という理解の仕方は，個々人の経験によって大きく左右される。自分の職場環境では到底無理なもの，自分が非難される厳しいもの，単発の指導，感動を伴なう劇的な変化を起こすもの，等々，とさまざまな捉え方があるだろう。もちろん，スーパービジョンには一定の枠組みと厳しさが必要である。しかし，本書を読んでおわかりいただけたように，スーパービジョンは決して手の届かないものではなく，さらに，そのエッセンスを援用したバリエーションも重要なトレーニングとなり得る。対人援助におけるスーパービジョンの原型をしっかりと理解した上で，バリエーションのメリット・デメリットを自覚した実践を期待している。スーパービジョンの最終目標は，「クライエントに，より良い支援を提供すること」であり，そのために必要なことは「ソーシャルワーカーの成長」であること，そして，ソーシャルワーカーを成長させてくれるのは，クライエントであること，を忘れることなく実践してくださることを願っている。

　最後に，本書の刊行を可能にしてくれた多くの方々の力，また，丁寧な校正作業で本書刊行を支えてくださったミネルヴァ書房の編集者音田潔氏に感謝の意を表したい。

2017年10月

渡部律子

索　引

あ 行

アイデンティティ　10, 192
アウトカム評価　356
アカウンタビリティ　57, 299, 349
アサーション　128, 131, 132
アジェンダ　345, 346
アセスメント　165, 318
「アドボカシー」の機能　148
安全策（セーフティ・プラン）　167, 168
安全性の保障　291
移管　266
意思決定支援　175
意思決定能力への対応　299
異質性スーパービジョン　294
異質性の尊重　238
一体性と個体性のバランス　277
意図的な感情表出　219
医療ソーシャルワーカー　128
医療通訳　189
　──ボランティア団体　194
医療保険　212
インタビュー　339
インフォーマルな資源　192
インフォーマルネットワーク　161, 167
エコマップ　321
エドワーズ，S.　163
エビデンス・ベースド・プラクティス　349
援助手続きの枠組みシート　116
援助力（レベル）の見立て　291
オリエンテーション　146

か 行

解決志向型アプローチ　163
外国籍住民　187
介護職員　74
介護保険　212
介護予防マネジメント事業　62
介護老人福祉施設　72
介護老人保健施設　212
（スーパービジョンの）開始期　126
外傷ともいえる経験　293
外泊訓練　214
会話　164, 165, 170
学際的協働作業　186
（スーパービジョンの）確認作業　217
家族支援のリスク管理　278
家族システム　161
　──の機能不全　272
家族療法的アプローチ　271
価値観の多様性　326
価値上のディレンマ　288
家庭裁判所調査官　241
間隔尺度　354
関係遮断　274
看護職　74
感情労働　241
カンファレンス　321
管理体制　71
管理的アプローチ　34
管理的機能　4, 78, 99, 218, 232, 327, 331
管理的権威　346
管理的スーパービジョン　143
官僚機構　289

機関外スーパービジョン　122
危機介入　275
機能主義的ケースワーク　26
規範的な解決　248
機密保持に関する同意文書　120
教育指導型スーパービジョン　185
教育的機能　4, 70, 90, 99, 134, 135, 198, 218, 219, 232, 316, 327, 331
共通業務の争奪戦　239
協働関係の構築　iv
協働的スーパービジョン体制　310
業務行動の境界線　240
業務の保証　228
緊急カンファレンス　214, 218
クライエント　66
　　──・システム　29
　　──主体の援助　290
　　インボランタリーな──　247
グリーフ　131-133, 136, 137
　　──ケア　137
　　──ワーク　133, 135
　　権利を奪われた──　134
クリニカルスーパービジョン　315
クリニカルソーシャルワークスーパービジョン　21
グループスーパービジョン　78, 92, 97, 100, 105, 128, 316, 321, 345
　　──モデル　38
ケアマネジャー　68
契約　306, 316, 345
ケース・カンファレンス　39
ケース研究　29
ケース検討　29
ケース・スタディ　29
結果評価　356
権威性の自覚　291
建設的な問いかけ　12
権利の侵害の禁止　301

権利擁護　172
　　──事業　62
効果測定　349
交互作用　54
高次脳機能障害　50
行動基準の遵守　305
高離職率　224
効率的サービス分配　199
高齢者虐待防止法　64
高齢者ケアモデル　66
国際交流協会　193
国際ソーシャルワーカー連盟　44
個人情報　334
個人的成長　47
子育て短期支援事業　234
コーディネーター　195
「個」と「組織」　219
子どもの事実確認面接　161
コーピング・ストラテジー　321
個別化　219, 258
個別支援計画　104
個別スーパービジョン　15, 39, 91, 94
コミュニケーション手段　191
コミュニティソーシャルワーカー　84
雇用期間　295
コンサルタント　219
コンサルテーション　219, 235, 294, 321
困難事例　274
コンピテンシー　162, 164, 166, 314, 318
　　──・ベイスト　161
コンピテンス　166
コンプライアンス　57

さ　行

在宅復帰　215
サインズ・オブ・セーフティ・アプローチ　161
査察指導員　264

索 引

サービスの質　236
サポートシステム　190
三角形化　278
　脱——　278
参与観察　339
自我心理学　279
試験観察決定　247
資源の提供　5
自己覚知　185, 220
事後評価　331
事後ミーティング　170
自己理解の深化　341
事実確認面接　168
支持的機能　4, 90, 134, 135, 218, 232, 315, 327, 331
システムの相互作用　276
システムの防衛反応　279
システム理論　186, 317
　——的アセスメント　271
慈善矯正会議　184
事前ミーティング　169
悉皆調査　353
実施責任　266
実習指導　314
実践の可視化　347
実践の現状チェックシート　116
実践の質をコントロール　329
実践評価　356
実態的な解決　248
質的研究　285
私的化　258
児童虐待事案　166
児童自立支援施設　241
児童養護施設　241, 245
社会学理論　186
社会資源の創造の必要性　224
社会資源の不足　226
社会的コンテクスト　276

社会的事象　224
社会的信用の保持　304
社会的認知　iv
社会的要因　344
社会に対する倫理責任　303
社会福祉協議会　83
社会福祉業務　196
視野狭窄過程　107
（スーパービジョンの）終結期　126
集合調査法　353
周産期医療ソーシャルワーク　115
就労支援　109, 226, 273
　——プログラム　263
手術同意書　262
主任介護支援専門員　342, 343, 347
受容　220
順序尺度　354
障害者生活介護事業所　102
情緒的な支持　346
情動反応　274
少年鑑別所　242, 244
情報収集　14
情報伝達　108
職位のパワー　323
「職員間・組織間のコミュニケーション」の機能　148
職場外スーパービジョン　294, 342
職場内研修　→OJT
職場内スーパービジョン　293
「職務分担」の機能　147, 148
職務満足度　81
「職務を委任する」機能　147, 148
所属意識　258
所属機関外でのスーパービジョン　328
所属機関内でのスーパービジョンシステム　332
事例記録　96
事例検討会　97

367

人材育成　47
人材確保　224
　──策　227
人材活用　314
人材補充の準備　227
身上監護　174
新人教育　94, 99
診断主義的ケースワーク　26
信用失墜行為の禁止　304
信頼性　356
心理社会的アプローチ　26
スーパーバイザー　20, 89, 128, 219
　──の権威　293
　──の行動基準　297
　──の責任性　293
　──のパワー　293
　──の擁護　304
　──養成研修　329
スーパーバイジー　20, 89, 128
　──に対する倫理責任　297
　──の安全性　292
　──の内的問題　292
スーパービジョン・システム　325
スーパービジョン・プログラム　341
スーパービジョン学　296
スーパービジョン契約　346
　──書　345
スーパービジョン研究　285
スーパービジョン実施覚書　120
スーパービジョン実施契約書　120
スーパービジョン体制　iii, 182, 310
スーパービジョンにおける緊張　346
スーパービジョンにおける契約　285
「スーパービジョンについての説明」機能　147
スーパービジョンの3機能　81
スーパービジョンの6形態　91
スーパービジョンの管理的機能　278

スーパービジョンの計画づくり　125
スーパービジョンの契約　125
スーパービジョンの原理　346
スーパービジョンの行動基準　285
スーパービジョンのモデル構築　347
スーパービジョン振り返りシート　116
スーパービジョンへの畏怖　293
スーパービジョン倫理　289
スーパービジョン歴　344
優れた援助者　8
優れた教育者　8
スタッフの尊厳の保持　228
ステークホルダー　55
ストレングス　163, 164
　──視点　318
　──・ベイスト・モデル　161
生活困窮者自立支援法　226
生活保護法　262
正規滞在者　192
成功体験　9
省察　316
性差別・虐待の禁止　301
精神分析モデル　82
精神分析理論　185
精神力動療法　198
精神療法的アプローチ　34
生態学　317
　──的視点　186
成長理論　186
セーフティ・プラン　161, 162
責任範囲　258
「責任部署の職務全体の計画」の機能　148
説明責任　→アカウンタビリティ
セルフスーパービジョン　92, 103
全数調査　353
全米ソーシャルワーカー協会　28
専門職化　325
専門職協働　iii

368

索　引

専門職性　198
　——の境界線　237
　——の同質化と異質化　236
専門職としての倫理責任　304
専門的業務行動の保証　258
組織運営　218
　——の適正化　330
組織外スーパービジョン　309, 314
　——体制　310
組織内スーパービジョン　309
組織のストレス　49
組織の秘密　334
組織プロセス　108
組織への還元　218
組織への貢献　218
組織レベルでの成果　218
ソーシャルアクション　100
ソーシャルアドミニストレーション　100
ソーシャルワーカー　137
　——の倫理綱領　287, 307
ソーシャルワーク　197
　——・スーパービジョン　20
　——・プラクティス　20
　——業務　331
　——専門職　288
　——のグローバル定義　45, 102
　——の構成要素　122
　——専門職としてのゴール　17
　——の定義　44
尊厳の保持　276

た　行

対象喪失　231
退所支援　212
退所前訪問　215, 217, 218
対人援助の専門職　v
タイムライン　321
対話　323

多職種　78, 212, 217
　——協働　71, 219
　——連携　74
妥当性　356
タネル, A.　163
多文化ソーシャルワーカー　196
「多文化」領域のスーパーバイザー　196
地域移行支援　98
地域福祉活動計画　84
地域福祉コーディネーター　84
地域福祉推進基礎組織　83
地域包括ケアシステム　62
地域包括支援センター　62, 86
地域連携　219
知識・スキルの構造　329
知的障害　102, 272
中間施設　212
中間スタッフ層の空洞化現象　225
通過施設　212
定住化　192
ディスカッション　220
デモンストレーション　165, 167
（スーパービジョンの）展開期　126
電話調査票　353
同質的スーパービジョン　198
統制された情緒的関与　220
特別学級　273
特別養護老人ホーム　71
留置法　353

な　行

内省　344
日本医療社会福祉協会　329
日本精神保健福祉士協会　329
入院時保障人　262
認知理論　186
認定社会福祉士　349
　——制度　343, 347

369

認定社会福祉士認証・認定機構　287, 315, 327, 349
認定上級社会福祉士　349
ネグレクト　65
　セルフ——　65
ネットワーキング　100
能力主義　258

　　　　　は　行

バイオ・サイコ・ソーシャル　105
バイザー登録制度　327
バイステックの7原則　219
配属　146
パターナリズム　291
パートナーシップ　276
パラレルプロセス　163, 164, 194
パワーインバランス　176
バーンアウト　134
半構造化面接法　341
ピア・レビュー　162
ピアスーパービジョン　15, 84, 92, 128, 170
非審判的態度　220
非専門化　257
ひとり親家庭等生活向上事業　234
ひとり親家庭等日常生活支援事業　234
秘密保持の原則　291
ビューロクラシー　324
評価的機能　317
標本調査　353
比率尺度　354
福祉事務所　229
部署のパワー　324
ブトゥリム, Z.　284
プライバシーの尊重　300
振り返り　71, 77
プロセス重視から結果重視へ　296
プロフェッショナル　iv
　——な自律性　295

——の限界　257
文化的・社会的文脈　340
文化的価値　346
文化的要因　344
文化の伝播　325
偏見のバイアス　275
法務教官　244
母子・父子寡婦福祉資金　229
母子生活支援施設　233
ポストモダニズム　291
ボランティア　85
　——活動　76
　——の教育　284

　　　　　ま　行

巻き込まれ現象　278
マクロレベル　45, 102
マッピング　164, 165
　——技法　321
マトリクス組織　56
マネジメント機能　260
看取り　71, 73, 75
　——ケア　76, 77
見守り　86
民生委員　65, 85
無給ボランティア　183
無作為抽出法　353
名義尺度　354
メイヤロフ, M.　287
面接プロトコル　169
面接法　353
燃えつき症候群　81, 315
モニタリング　346
「モニタリングと評価」の機能　147
問題解決志向　45
問題解決モデル　26
問題把握　14

や 行

役割遂行　276
役割理論　186
友愛訪問員　183
有意抽出法　353
有償スーパーバイザー　184
郵送法　353
ユニットスーパービジョン　51, 92, 106, 147,
　214, 217, 219
養成教育　314

ら・わ行

ライフイベント　321
ライフコース　321
ライブスーパービジョン　55, 92, 161, 162,
　170, 290
螺旋状のプロセス　341
立体理解のガイドライン　273
リッチモンド，M. E.　233, 284, 289
リフレイミング　318
リフレクション　128, 131
量的研究　285, 339, 340
療養看護　175
臨時スーパービジョン　95

臨床的スーパーバイザー　37
倫理責任　290
倫理的ジレンマ　317
レヴィ，C. S.　289
（スーパービジョンの）歴史的変遷　182, 196
レベル評価基準　225
ロールプレイ　6
ワーカーの選定基準　225
ワールドカフェ　88
ワンウェイミラー　162

欧　文

CFI　162, 171
CornerHouse　161, 171
DASC　67
FK グリッド　319
FK スケール　112
FK モデル　204
IFSW　→国際ソーシャルワーカー連盟
NASW　→全米ソーシャルワーカー協会
NPO スタッフ　190
OGSV　11
OJT　76, 101
SofS　164, 165, 168, 171
　——の過程　166

執筆者紹介（所属，執筆分担，執筆順，＊は編者）

＊福山和女（ルーテル学院大学名誉教授：はじめに，第Ⅱ部リード文，第8章1(1)・2(1)，第9章1(1)～(3)・2(1)～(3)・3(1)～(5)）

北島英治（元・日本社会事業大学大学院特任教授：第Ⅰ部リード文・第2章・第3章）

＊渡部律子（日本女子大学人間社会学部教授：第1章・おわりに）

＊小原眞知子（日本社会事業大学社会福祉学部教授：第4章1(1)・2(1)～(3)，第5章1(1)・2(1)，第6章1(1)・2(1)，第7章1(1)・2(1)）

榊原次郎（霞ケ関南病院医療福祉相談部長：第4章1(2)）

渡邉姿保子（河北総合病院医療ソーシャルワーカー：第4章2(4)）

松田光子（至誠学舎立川至誠ホームソーシャルワークセンター副センター長：第4章2(5)）

秋貞由美子（中央共同募金会基金事業部長：第5章1(2)）

赤畑淳（立教大学コミュニティ福祉学部特任准教授：第5章2(2)）

大塚淳子（帝京平成大学現代ライフ学部教授：第5章2(2)）

萬歳芙美子（FK研究グループ代表：第5章2(3)）

宮崎清恵（神戸学院大学総合リハビリテーション学部教授：第6章1(2)）

金子絵里乃（日本大学文理学部准教授：第6章2(2)）

野口百香（戸田中央医科グループ本部医療福祉部部長：第7章1(2)）

早坂由美子（北里大学病院ソーシャルワーカー：第7章1(3)）

菱川愛（東海大学健康学部准教授：第7章2(2)）

池田惠利子（あい権利擁護支援ネット代表理事：第7章2(3)）

對馬節子（FK研究グループ研究員：第8章1(1)）

鶴田　光子（鎌倉リハビリテーション聖テレジア病院福祉医療相談室スーパーバイザー：第8章1（2））

取出　涼子（輝生会 教育研修局部長：第8章2（2））

中本　典子（介護老人保健施設仁淀清流苑支援相談員：第8章2（3））

野坂　洋子（昭和女子大学人間社会学部助教：第9章1（4））

西原雄次郎（ルーテル学院大学名誉教授：第9章2（4））

篠原　純史（高崎総合医療センター地域医療支援・連携センターソーシャルワーク室長：第9章2（5））

坪田　まほ（日本医療社会福祉協会事務局長：第9章3（6））

荻野ひろみ（文教町クリニック理事：第9章3（7））

＊浅野　正嗣（ソーシャルワーカー・サポートセンター名古屋代表：第Ⅲ部リード文・第10章1）

＊佐原まち子（WITH医療福祉実践研究所代表理事：第10章2）

林　　真紀（やわたメディカルセンター地域連携部医療福祉相談課長：第10章3）

田中千枝子（日本福祉大学社会福祉学部教授：第11章1）

山田美代子（西片医療福祉研究会代表：第11章2）

高山恵理子（上智大学総合人間科学部准教授：第12章1）

石川　久展（関西学院大学人間福祉学部教授：第12章2）

新・MINERVA 福祉ライブラリー㉚
保健・医療・福祉専門職のための
スーパービジョン
——支援の質を高める手法の理論と実際——

2018年7月1日　初版第1刷発行　　　　　〈検印省略〉

定価はカバーに
表示しています

編著者	女子絹知嗣子 和律眞正 山部原野原 福渡小浅佐
発行者	杉田啓三
印刷者	坂本喜杏

発行所　株式会社　ミネルヴァ書房
607-8494　京都市山科区日ノ岡堤谷町1
電話代表　(075)581-5191
振替口座　01020-0-8076

© 福山和女ほか, 2018　冨山房インターナショナル・清水製本

ISBN 978-4-623-08057-1
Printed in Japan

ソーシャルワークのスーパービジョン

福山和女 編著

Ａ５判／280頁／本体2800円

ジェネラリスト・ソーシャルワークにもとづく社会福祉のスーパービジョン

山辺朗子 著

Ａ５判／224頁／本体2500円

グローバルスタンダードにもとづくソーシャルワーク・プラクティス

北島英治 著

Ａ５判／236頁／本体3200円

福祉職員研修ハンドブック

津田耕一 著

Ａ５判／210頁／本体2000円

福祉現場OJTハンドブック

津田耕一 著

Ａ５判／258頁／本体2800円

ミネルヴァ書房

http://www.minervashobo.co.jp/